中倫 ZHONG LUN

# 知识产权：
## 技术颠覆背后的法律智慧

INTELLECTUAL PROPERTY:
LEGAL WISDOM BEHIND THE TECHNOLOGY DISRUPTION

中伦研究院 编

法律出版社 | LAW PRESS

**图书在版编目(CIP)数据**

知识产权：技术颠覆背后的法律智慧／中伦研究院编. --北京：法律出版社，2018
ISBN 978-7-5197-2111-4

Ⅰ.①知… Ⅱ.①中… Ⅲ.①知识产权-研究 Ⅳ.①D913.404

中国版本图书馆CIP数据核字(2018)第056156号

**知识产权：**
技术颠覆背后的法律智慧
**ZHISHI CHANQUAN：**
JISHU DIANFU BEIHOU DE FALU ZHIHUI

中伦研究院 编

**策划编辑** 李 群
**责任编辑** 李 群 李 璐
**装帧设计** 鲍龙卉

**编辑统筹** 法律应用·大众读物出版第一分社
**出版** 法律出版社
**开本** 710毫米×1000毫米 1/16
**总发行** 中国法律图书有限公司
**印张** 22
**经销** 新华书店
**字数** 356千
**印刷** 三河市兴达印务有限公司
**版本** 2018年4月第1版
**责任印制** 胡晓雅
**印次** 2018年4月第1次印刷

---

法律出版社／北京市丰台区莲花池西里7号(100073)
网址／www.lawpress.com.cn
投稿邮箱／info@lawpress.com.cn
销售热线／010-63939792/9779
举报维权邮箱／jbwq@lawpress.com.cn
咨询电话／010-63939796

中国法律图书有限公司／北京市丰台区莲花池西里7号(100073)
全国各地中法图分、子公司销售电话：
统一销售客服／400-660-6393
第一法律书店／010-63939781/9782　西安分公司／029-85330678　重庆分公司／023-67453036
上海分公司／021-62071010/1636　深圳分公司／0755-83072995

---

**书号**：ISBN 978-7-5197-2111-4　**定价**：128.00元

# 编委会

# 序言

“时间乃是最大的革新家。”英国哲学家培根如是说。改革开放以来，我们的祖国欣欣向荣，法制日益健全，法律服务市场得到长足发展。作为司法部最早批准设立的合伙制律师事务所之一，中伦的成长史也成为了中国律师群体发展历程中的一个缩影。

中伦律师事务所建所二十五周年之际，由中伦研究院出品的系列文集也问世了。这套文集共五卷，由资本市场、公司业务、房地产与基础设施、争议解决、金融与知识产权等专业领域的合伙人和律师撰写。这五卷凝聚智慧与经验之作是为中伦二十五岁生日献上的一份厚礼，更是中伦人为读者精心准备的一场盛宴。

我们庆幸，所处的时代是律师群体日益受到重视、得以发挥作用的时代。我们欣然，二十五年间，中伦从五位合伙人的“小作坊”发展成为国内规模最大的综合性律师事务所之一，一千八百余名优秀的专业人员在全球十六个办公室为客户提供综合性法律服务。我们感恩，二十五年来，客户、同仁和各界朋友给予我们充分的信任与支持，一路陪伴，共同成长。我们庆幸着、欣喜着、感恩着，同时也清醒着、思索着、努力着，因为肩负的使命从未忘却，因为客户的重托不敢辜负，因为前路仍然充满挑战。

二十五年来，我们持续汲取新知，精进律师业务，力争用高水平的专业服务和对客户高度负责的态度，与客户共同创造社会价值。经过多年的不懈努力，我们的执业理念与执业水平获得了业内同仁与客户的认可。二十五年来，中伦业务的精进与规模的壮大齐头并进，近五年来重庆、青岛、洛杉矶、旧金山、杭州、南京办公室相继启航，国内的服务网络进一步完善，全球布局稳步推进。“学有渊源流不竭”，中伦全方位推进实践创新，陆续成立了中伦研究院和知识管理部，开展了形式多样的学术交流活动,向行业贡献了中伦智慧,向同仁展示了中伦风采。二十五年来,我们倾尽心力,创造平台,培养了大批积极向上、努力钻研的律师,建立了团队协作、共同发展的良好机制,形成了乐观开放、和谐奋进的健康氛围。我们看到一批批初出茅庐、志向高远的年轻律师,在中伦大家庭里磨砺、拼搏,挥洒汗水、发挥才干,成长为各专业领域的骨干精英。二十五年来,我们善尽社会责任,积极回馈社会。我们设立了"中伦公益基金",在环保治沙、救助灾害、留守儿童素质教育、高校助学、希望小学、防盲事业与公益律师培养等诸多领域均有我们活跃的身影。回首二十五年,我们无愧于"言中伦,行中虑"的初衷。

二十五年驰而不息的努力,让中伦在新产业、新模式、新业态层出不穷的今天,充满自信,勇立潮头。在汇聚专业精英、创造社会价值、共筑法治梦想的使命引领下,我们明确了"立足中国,国际一流,推动中国法治进程,成为百年传承的律师事务所"的发展愿景。我们将不断提升专业素养和执业技能,恪守职业道德,勇担社会责任,力争在国家法治、经济建设中贡献自己的一份力量。

倡导终身学习、注重总结、交流与分享的事务所文化是此书得以问世的土壤。中伦人既能持续跟进所关注领域的法律动态及市场动向,又能坚持对已有案例和项目进行梳理、思考与总结;既注重实务经验的丰富与积累,又注重理论上的体系化与条理化。这套书的面世离不开中伦各业务领域合伙人和律师们的不辞辛劳。在繁忙的业务之余,他们精心准备,将各自在执业经历中的点滴心血和宝贵经验凝结为一篇篇具有很高专业水准和突出实用性的文章。这不但充分展现了他们的专业素养和敏锐的洞察力,也体现了他们对中伦、对律师业的一份感情。文集的出版,不仅仅是为了纪念中伦二十五年来的耕耘与收获,更是为了与各位同仁分享我们的所思所得。

纸短情长,难尽言。在中伦二十五岁到来之际,我诚邀各位读者、业界同仁一道品鉴这套凝聚着中伦人心血的法律专业读物。

是为序。

**中华全国律师协会副会长**
**中伦律师事务所主任**

# 目录

# 一、知识产权侵权与权利保护

## 1. 理论研究与制度探索

# 从最高法指导案例看专利司法解释(二)的部分规则溯源

孙志敞*

*作者简介:

孙志敞,律师,中伦律师事务所北京办公室。

最高人民法院于2014年7月公布了《最高人民法院关于审理侵犯专利权纠纷案件应用法律若干问题的解释(二)》(以下简称《专利司法解释(二)》)的征求意见稿,向社会各界广泛征求意见和建议。2016年3月22日,《专利司法解释(二)》获得最高人民法院审判委员会正式颁布,已于2016年4月1日起施行。

通读《专利司法解释(二)》可以发现,其中一部分条款中的裁判规则已经在过往最高人民法院发布的知识产权指导案例中有所体现,《专利司法解释(二)》既保持了一致性和连贯性,同时部分裁判规则也经提炼和修改而更加贴近实务需求。指导案例可以帮助业界更好地理解《专利司法解释(二)》相关条款的适用。下面我们结合指导案例对《专利司法解释(二)》的相关条款进行梳理,并给出我们对此的解读。

## 一、先行裁驳,另行起诉

**【《专利司法解释(二)》】**

第二条 权利人在专利侵权诉讼中主张的权利要求被专利复审委员会宣告无效的,审理侵犯专利权纠纷案件的人民法院可以裁定驳回权利人基于该无效权利要求的起诉。

有证据证明宣告上述权利要求无效的决定被生效的行政判决撤销的,权利人可以另行起诉。

专利权人另行起诉的,诉讼时效期间从本条第二款所称行政判决书送达之日起计算。

**【案例】**

可以反映《专利司法解释(二)》第二条的裁判规则的指导案例有:

**申请再审人深圳万虹科技发展有限公司与被申请人深圳市平治东方科技发展有限公司、新诺亚舟科技(深圳)有限公司、创新诺亚舟电子(深圳)有限公司侵犯实用新型专利权纠纷案**

在该案中,最高人民法院认为,涉案专利虽然被专利复审委员会第13590号无效宣告请求审查决定宣告全部无效,但专利权人已经针对该决定在法定期限内提起行政诉讼,北京市第一中级人民法院对此已经立案受理,二审法院以涉案专利已经被第13590号无效宣告请求审查决定宣告全部无效为由直接判决驳回万虹公司的全部诉讼请求,属于法律适用错误。人民法院在民事案件审理过程中,为保证审判工作的顺利进行,可能就诉讼程序方面的事项做出多个裁定,并非所有这些裁定都不受宣告专利权无效的决定的影响。

**【评论】**

在《专利司法解释(二)》第二条第一款中,最高人民法院进一步明确了专利侵权诉讼的审判过程,一旦涉案专利被专利复审委员会宣告无效,受理法院可以裁定驳回起诉,而非判决驳回诉讼请求;第二款规定了如果无效决定经司法审查被撤销的,则权利人可以另行起诉,为权利人保留了救济机会;第三款还明确了诉讼时效期间从行政判决书送达之日起计算,该行政判决书指的应是已生效判决。

《专利司法解释(二)》第二条明确了专利确权诉讼中,涉案专利被专利复审委员会宣告无效的情况下,审理法院一般的处理方式为“先行裁驳,另行起诉”。该处理方式的合理性在于专利复审委员会所做决定被法院撤销的概率较低,避免了侵权诉讼程序不必要的延长,提高了审判效率。

如果法院裁定驳回起诉,对于被诉侵权人来说,就意味着侵权诉讼已经告一段落,被诉侵权人的相关被诉行为亦未被法律定性,如果诉讼中有诉前禁令的话,该诉前禁令也应被撤销;如果无效决定最终被生效判决撤销,权利人另行起诉针对的应是之前被裁定驳回起诉的被诉侵权人的被诉侵权行为。从裁定驳回起诉到另行起诉的期间,如果被诉侵权人仍未停止相关行为,权利人还可以增加主张该期间内的被诉侵权人的侵权责任。

## 二、全面覆盖原则

**【《专利司法解释(二)》】**

第五条　在人民法院确定专利权的保护范围时,独立权利要求的前序部分、特征部分以及从属权利要求的引用部分、限定部分记载的技术特征均有限定作用。

**【案例】**

可以反映《专利司法解释(二)》第五条的全部特征原则的指导案例有:

**(1)申请再审人张建华与被申请人沈阳直连高层供暖技术有限公司、二审上诉人沈阳高联高层供暖联网技术有限公司侵犯实用新型专利权纠纷案**

在该案中,最高人民法院再审审理认为,人民法院在判断被控侵权技术方案是否落入专利权保护范围时,应当将被控侵权技术方案的技术特征与专利权利要求记载的全部技术特征进行对比。如果被控侵权技术方案缺少专利权利要求记载的一个或者一个以上的技术特征,或者被控侵权技术方案有一个或者一个以上的技术特征与专利权利要求记载的相应技术特征不相同也不等同,人民法院应当认定被控侵权技术方案没有落入专利权的保护范围。至于被控侵权技术方案是否因缺少某专利技术特征而导致技术效果的变劣,不是专利侵权判定时应当考虑的因素。

**(2)申请再审人与被申请人扬州金自豪鞋业有限公司、包头市同升祥鞋店侵犯实用新型专利权纠纷案**

在该案中,最高人民法院经审查认为:被诉侵权产品的弧形勾心片与鞋跟勾心片与鞋跟立柱为一整块材料弯折形成的带有凹槽整体结构,不具有本案专利弧形勾心片与鞋跟立柱通过插头连接的特征,因此被诉侵权产品未落入本案专利权的保护范围。

**(3)申请再审人哈尔滨工业大学星河实业有限公司与被申请人江苏润德管业有限公司侵害发明专利权纠纷案**

在该案中,最高人民法院审查认为:通常情况下,在确定权利要求的保护范围时,对权利要求记载的主题名称应当予以考虑,而其实际的限定作用应当取决于该主题名称对权利要求所要保护的主题本身产生了何种影响。

**【评论】**

《专利司法解释(二)》第五条强调了专利侵权判定中的全面覆盖原则。以上三个指导案例在判断专利侵权是否成立时,严格遵循了全面覆盖原则,排除了案件中其他因素(如被诉侵权人的主观恶意等)的干扰。该裁判规则实际上对专利撰写和申请提出了更高的要求,权利要求既要符合专利授权的法定条件,也要避免在权利要求中写入不必要的导致权利要求保护范围限缩的技术特征。举例来说,权利要求中的用途特征,如果该用途由产品本身固有的特性决定,而且用途特征没有隐含产品在结构和/或组成上发生改变,那么该用途特征就对权利要求没有限定作用。但是在专利侵权判定中,根据第五条的规定,该用途特征一般是具有限定作用的,这就导致了权利人只能主张该用途的产品或方法的侵权责任。因此,对欲申请专利的创新主体应审慎地对待要求专利保护的权利要求范围,避免"画蛇添足"式的非必要性技术特征在权利要求中的引入。

## 三、可以用于解释权利要求的审查档案及裁判文书范围

**【《专利司法解释(二)》】**

第六条　人民法院可以运用与涉案专利存在分案申请关系的其他专利及其专利审查档案、生效的专利授权确权裁判文书解释涉案专利的权利要求。

专利审查档案,包括专利审查、复审、无效程序中专利申请人或者专利权人提

交的书面材料，国务院专利行政部门及其专利复审委员会制作的审查意见通知书、会晤记录、口头审理记录、生效的专利复审请求审查决定书和专利权无效宣告请求审查决定书等。

**【案例】**

可以反映《专利司法解释（二）》第六条的解释涉案专利权利要求方法的指导案例有：

**（1）申请再审人沈其衡与被申请人上海盛懋交通设施工程有限公司侵犯实用新型专利权纠纷案**

在该案中，最高人民法院认为，根据涉案专利的说明书及附图、申请再审人在专利行政诉讼中的起诉状、专利复审委员会作出的第8127号决定及第37号判决均可以用于解释权利要求。

**（2）申请再审人孙守辉与被申请人青岛肯德基有限公司、上海柏礼贸易有限公司、百胜（中国）投资有限公司侵犯实用新型专利权纠纷案**

在该案中，最高人民法院认为，在专利无效宣告程序中，专利权人陈述的关于涉案专利具备创造性的理由导致了专利复审委员会最终维持涉案专利有效，其所陈述的理由在专利侵权审理中具有约束力，可以用于解释权利要求。

**（3）申请再审人江苏万高药业有限公司与被申请人成都优他制药有限责任公司、原审被告四川科伦医药贸易有限公司侵犯发明专利权纠纷案**

在该案中，最高人民法院根据专利权人在涉案专利授权和无效宣告程序中作出的意见陈述，以及涉案专利说明书中记载的有关不同工艺条件所具有的技术效果的比较分析，认定被诉侵权产品中的相关技术特征与涉案专利中的对应技术特征不构成等同，被诉侵权产品没有落入涉案专利权利要求1的保护范围。

**（4）申请再审人邱则有与被申请人山东鲁班建设集团总公司侵犯专利权纠纷案**

在该案中，最高人民法院认为，母案申请构成分案申请的特殊的专利审查档案，在确定分案申请授权专利的权利要求保护范围时，超出母案申请公开范围的内容不能作为解释分案申请授权专利的权利要求的依据。

**【评论】**

第六条给出了用于解释权利要求和导致禁止反悔原则适用的文档和材料范围，将其延及至与涉案专利有分案关系的专利及其审查文档以及审查文书等，这也是《专利司法解释（二）》要强化权利要求公示性的体现。专利申请人通过分案扩大保护范围时应当更加谨慎处理，避免对同一技术特征给出不同解释，导致两边实际均不得利。在同一个专利的不同程序之间，也应当衔接一致，避免不当的权利限缩和前后自相矛盾。

第六条也导致决定专利侵权案件审理结果的因素增多，在专利侵权诉讼中，权利人和被诉侵权人都应广泛寻找对己方有利的文档和材料以支持起诉或抗辩。

## 四、封闭式组合物的权利要求不做扩张性解释

**【《专利司法解释（二）》】**

第七条　被诉侵权技术方案在包含封闭式组合物权利要求全部技术特征的基础上增加其他技术特征的，人民法院应当认定被诉侵权技术方案未落入专利权的保护范围，但该增加的技术特征属于不可避免的常规数量杂质的除外。

前款所称封闭式组合物权利要求，一般不包括中药组合物权利要求。

**【案例】**

可以反映《专利司法解释（二）》第七条的裁判规则的指导案例有：

**（1）申请再审人山西振东泰盛制药有限公司、山东特利尔营销策划有限公司医药分公司与被申请人胡小泉侵犯发明专利权纠纷案**

在该案中，最高人民法院认为，对于封闭式权利要求，一般应解释为不含有该权利要求所述以外的结构组成部分或者方法步骤，对于组合物封闭式权利要求，一般应当解释为组合物中仅包括所指出的组分而排除所有其他的组分，但是可以包含通常含量的杂质，辅料并不属于杂质。

**（2）申请再审人河北鑫宇焊业有限公司与被申请人宜昌猴王焊丝有限公司侵害发明专利权纠纷案**

在该案中，最高人民法院认为，对于封闭式权利要求这种特殊类型的权利要求，如果被诉侵权产品或者方法除具备权利要求明确记载的技术特征之外，还具备其他特征的，应当认定其未落入权利要求保护范围。

**【评论】**

第七条确定了在专利侵权判定中，法院对待封闭式权利要求应区别于开放式权利要求。如果权利要求通过授权固定为封闭式的，那么在侵权判定中，就一般不能将其解释为开放式的，但不可避免的常规数量的杂质除外。该条同样体现了最高人民法院强化权利要求公示性的指导思想。

在化工、冶金等涉及组合物的技术领域，申请人应慎重采用封闭式权利要求来

保护研发成果，授权和确权阶段，法律法规以及行政规章并未禁止采用开放式组合物的在先技术方案来评价封闭式权利要求的新颖性和创造性，而获得授权后，他方又很容易采用绕道方案规避专利，从而使得专利障碍形同虚设。

## 五、使用环境构成对权利要求保护范围的限定

**【《专利司法解释（二）》】**

第九条　被诉侵权技术方案不能适用于权利要求中使用环境特征所限定的使用环境的，人民法院应当认定被诉侵权技术方案未落入专利权的保护范围。

**【案例】**

可以反映《专利司法解释（二）》第九条的裁判规则的指导案例有：

**申请再审人株式会社岛野与被申请人宁波市日骋工贸有限公司侵犯发明专利权纠纷案**

在该案中，最高人民法院认为，已经写入权利要求的使用环境特征属于必要技术特征，对于权利要求的保护范围具有限定作用，使用环境特征对于权利要求保护范围的限定程度需要根据个案情况具体确定，一般情况下应该理解为要求被保护的主体对象可以用于该使用环境即可，而不是必须用于该使用环境，但是本领域普通技术人员在阅读专利权利要求书、说明书以及专利审查档案后可以明确而合理地得知被保护对象必须用于该使用环境的除外。

**【评论】**

第九条同样体现了最高人民法院强化权利要求公示性的指导思想。从指导案例可以看出，第九条的适用前提是使用环境特征应限定在权利要求中。一般情况下，被诉侵权技术方案如可以应用到该使用环境就排斥第九条的适用，但本领域普通技术人员从其他文档可以明确必须应用到该使用环境的除外。

## 六、方法权利要求的步骤顺序解释

**【《专利司法解释（二）》】**

第十一条　方法权利要求未明确记载技术步骤的先后顺序，但本领域普通技术人员阅读权利要求书、说明书及附图后直接、明确地认为该技术步骤应当按照特定顺序实施的，人民法院应当认定该步骤顺序对于专利权的保护范围具有限定作用。

**【案例】**

可以反映《专利司法解释（二）》第十一条的裁判规则的指导案例有：

**申请再审人 OBE－工厂·翁玛赫特与鲍姆盖特纳有限公司与被申请人浙江康华眼镜有限公司侵犯发明专利权纠纷案**

在该案中，最高人民法院认为，在方法专利侵权案件中适用等同原则判定侵权时，可以结合专利说明书和附图、审查档案、权利要求记载的整体技术方案以及各个步骤之间的逻辑关系，确定各步骤是否应当按照特定的顺序实施，步骤本身和步骤之间的实施顺序均应对方法专利权的保护范围起到限定作用。

**【评论】**

第十一条对未明确记载技术步骤先后顺序的方法权利要求的保护范围进行了限缩性解释，将其解释为专利申请文件中记载的特定顺序，甚至排除了说明书中实施例的等同方式。因此，对于以方法权利要求申请专利保护的申请人来说，如希望对多种顺序的工艺和方法进行全面保护，应注意在说明书中尽量全面地公开不同步骤的次序关系、技术方案以及实施例，避免法院在专利侵权审理中对方法权利要求的限缩性解释。

## 七、专利方法直接获得产品的范围

**【《专利司法解释（二）》】**

第二十条　对于将依照专利方法直接获得的产品进一步加工、处理而获得的后续产品，进行再加工、处理的，人民法院应当认定不属于专利法第十一条规定的“使用依照该专利方法直接获得的产品”。

**【案例】**

可以反映《专利司法解释（二）》第二十条的裁判规则的指导案例有：

**申请再审人石家庄制药集团欧意药业有限公司与被申请人张喜田、二审上诉人石家庄制药集团华盛制药有限公司、石药集团中奇制药技术（石家庄）有限公司、一审被告吉林省玉顺堂药业有限公司侵犯发明专利权纠纷案**

在该案中，最高人民法院认为，根据《专利法》第十一条的规定，方法专利权的保护范围只能延及依照该专利方法直接获得的产品，即使用专利方法获得的原始产品，而不能延及对原始产品作进一步处理后获得的后续产品。

**【评论】**

第二十条的规定基本与指导案例中的裁判规则一致：专利保护仅延及专利方法直接获得的产品，而不能延及后续产品。这类专利方法直接获得的产品一般是一种中间产品，是生产环节中一定时期形成的，并在其基础上形成后续产品。在中间产品本身并非专利法意义上的“新产品”的情况下，第二十条实质上是对该类中间产品拒绝专利法意义上的保护。在此类专利方法的侵权案件中，权利人无法主张后续产品的生产、销售是一种侵权行为，仅能主张相关工艺或方法侵犯了专利方法。

## 八、标准必要专利的适用规则

**【《专利司法解释(二)》】**

第二十四条　推荐性国家、行业或者地方标准明示所涉必要专利的信息，被诉侵权人以实施该标准无须专利权人许可为由抗辩不侵犯该专利权的，人民法院一般不予支持。

推荐性国家、行业或者地方标准明示所涉必要专利的信息，专利权人、被诉侵权人协商该专利的实施许可条件时，专利权人故意违反其在标准制定中承诺的公平、合理、无歧视的许可义务，导致无法达成专利实施许可合同，且被诉侵权人在协商中无明显过错的，对于权利人请求停止标准实施行为的主张，人民法院一般不予支持。

本条第二款所称实施许可条件，应当由专利权人、被诉侵权人协商确定。经充分协商，仍无法达成一致的，可以请求人民法院确定。人民法院在确定上述实施许可条件时，应当根据公平、合理、无歧视的原则，综合考虑专利的创新程度及其在标准中的作用、标准所属的技术领域、标准的性质、标准实施的范围和相关的许可条件等因素。

法律、行政法规对实施标准中的专利另有规定的，从其规定。

**【案例】**

可以反映《专利司法解释(二)》第二十四条的裁判规则的指导案例有：

**(1)在辽宁省高级人民法院关于朝阳兴诺公司按照建设部颁发的行业标准《复合载体夯扩桩设计规程》设计、施工而实施标准中专利的行为是否构成侵犯专利权问题请示案(“朝阳兴诺请示案”)**

最高人民法院在(2008)民三他字第4号答复函认为，鉴于目前我国标准制定机关尚未建立有关标准中专利信息的公开披露及使用制度的实际情况，专利权人参与了标准的制定或者经其同意，将专利纳入国家、行业或者地方标准的，视为专利权人许可他人在实施标准的同时实施该专利，他人的有关实施行为不属于《专利法》第十一条所规定的侵犯专利权的行为，专利权人可以要求实施人支付一定的使用费,但支付的数额应明显低于正常的许可使用费,专利权人承诺放弃专利使用费的,依其承诺处理。

**(2)申请再审人张晶廷与被申请人衡水子牙河建筑工程有限公司及一审被告、二审上诉人衡水华泽工程勘测设计咨询有限公司侵害发明专利权纠纷案("张晶廷案")**

在该案中,最高人民法院认为,专利权人对纳入推荐性标准的专利技术履行了披露义务,他人在实施该标准时,应当取得专利权人的许可,并支付许可使用费。未经许可实施包含专利技术的推荐性标准,或拒绝支付许可使用费的,构成侵害标准所含专利权的行为。

**【评论】**

相比于朝阳兴诺请示案,张晶廷案在涉及标准必要专利案件的裁判规则上发生了重大改变,最高人民法院在张晶廷案中也明确个案批复不应作为裁判依据。第二十四条关于标准必要专利的裁判规则与张晶廷案基本一致,其意在保护推荐性标准中履行了标准必要专利信息披露义务和进行了 FRAND 承诺的专利权人的合法权益。

但是第二十四条对标准必要专利的规定仅局限在推荐性国家、行业或者地方标准,排除了强制性标准和国际标准的适用,可见《专利司法解释(二)》对标准必要专利的规定是相对保守的,在实践中也不宜做类推或反向的推理。第二十四条在专利披露和 FRAND 规则两方面的内容可以参考 2013 年国家标准委、国家知识产权局发布的《国家标准涉及专利的管理规定(暂行)》。

综上,研究指导案例不仅可以帮助我们认识《专利司法解释(二)》的裁判规则,更可以帮助我们理解这些裁判规则背后的法律逻辑和精神。从上述《专利司法解释(二)》中的裁判规则与指导案例的关联可以看出,专利司法审判的裁判规则随着专利司法实践的发展而得到扩充和清晰。相信中国的专利司法审判的裁判规则发展并不会因《专利司法解释(二)》的发布而完成,其将构成中国法治进程的重要部分。

# 知识产权侵权损害赔偿现状的程序法理论纠问与破解之路

张　鹏*

* 作者简介：

张鹏，非权益合伙人，中伦律师事务所北京办公室，电邮为 zhangpeng@ zhonglun. com。

## 引 言

我国知识产权保护力度不断加大,但是知识产权保护仍然在一定程度上存在时间长、举证难、成本高、赔偿低等问题,而时间长、成本高的原因在于赔偿低,赔偿低的关键在于举证难,举证难是这些问题的核心。据此,需要从程序法角度进行理论纠问、寻求破解之路,构建符合我国国情的知识产权侵权损害赔偿证明制度。通过分析可知,知识产权侵权诉讼举证难问题,属于司法首位性与辩论主义结合所导致的根本性问题,也是知识产权所具有的客体非物质性所导致的突出性问题。解决"举证难"的根本之道是,引入知识产权侵权损害赔偿数额确定方面的举证妨碍制度,引入知识产权侵权损害赔偿数额确定方面的法院调查取证权,适度调整知识产权侵权损害赔偿数额确定方面证明标准与证明责任的适用。

改革开放以来,我国逐步建立起中国特色知识产权保护制度,权利保护是我国知识产权制度发展的本质特征,推动创新是我国知识产权制度发展的根本要求①。应当说,权利保护制度是中国特色知识产权制度最为重要的组成部分之一。正如刑法学由犯罪论和刑罚论共同构成一样,知识产权权利保护制度理论应当由侵权构成论和损害赔偿论共同构成。同时,从实务角度而言,我国知识产权侵权损害赔偿存在时间长、举证难、成本高、赔偿低等问题。例如,全国人大常委会专利法执法检查报告指出,"专利保护效果与创新主体的期待存在较大差距。专利维权存在'时间长、举证难、成本高、赔偿低''赢了官司、丢了市场'以及判决执行不到位等状况"②。目前正在开展的著作权法执法检查也反映了类似的问题。③

## 一、知识产权侵权损害赔偿"举证难"的程序法理论纠问

在知识产权保护方面存在的时间长、举证难、成本高、赔偿低等问题中,时间长、成本高的原因在于赔偿低,赔偿低的关键在于举证难。"举证难"是知识产权侵权

---

① 吴汉东:《中国知识产权法制建设的评价与反思》,载《中国法学》2009 年第 1 期。

② 全国人大常委会副委员长陈竺:《全国人民代表大会常务委员会执法检查组关于检查〈中华人民共和国专利法〉实施情况的报告》,2014 年 6 月 23 日第十二届全国人民代表大会常务委员会第九次会议,http://www.npc.gov.cn/npc/xinwen/2014-06/23/content_1867906.htm,最后访问时间:2017 年 6 月 24 日。

③ 全国人大常委会著作权法执法检查组在广东检查时,张宝文副委员长指出,"著作权法在贯彻实施中还存在一些短板和弱项,如版权行政执法监管队伍薄弱,权利人维权举证难、成本高、赔偿低等"。参见《全国人大常委会执法检查组分别在青海广东两省检查》,载《法制日报》2017 年 6 月 10 日第 1 版。

损害赔偿现状所存在问题的核心，需要从程序法角度进行理论纠问，进而从程序法角度寻求破解之路，构建符合我国国情的知识产权侵权损害赔偿证明制度。知识产权侵权损害赔偿责任，以专利权实际损害（实际损失）为要件，权利人要获得赔偿，就应该存在实际损害。① 然而，知识产权客体的非物质性，决定了知识产权权利使用的非损耗性，从而有时不易确定侵权行为给权利人造成的实际损害②，这就给知识产权侵权损害赔偿的证明带来了一定的挑战。

具体而言，知识产权侵权损害赔偿数额的计算标准包括：造成损失、违法所得、合理的专利许可费和法定赔偿。就“造成损失”的举证证明而言，从理论上讲，证明侵权行为人占有的市场份额和侵权行为人的销售量，即可得出知识产权侵权行为使得权利人所失去的利润。然而，其中“侵权行为人占有的市场份额”可以通过市场调查等方式加以证明，但是“侵权行为人的销售量”的证明材料完全在侵权行为人手中，权利人往往因为侵权行为人拒绝提供或者提供虚假材料而无法完成证明责任。就“违法所得”的举证证明而言，权利人要证明侵权行为人的违法所得，通常需要证明侵权行为人的知识产权侵权产品销售总量以及销售过程中的合理利润。其中的“侵权行为人的销售量”的证明材料完全在侵权行为人手中，“销售过程中的合理利润”侵权行为人财务会计账簿是直接的证明材料，虽然可以通过行业一般情况作为佐证，但是显然不如侵权行为人财务会计账簿更为直接。就“合理的专利许可使用费”的举证证明而言，我国司法实践中几乎没有建构合理的专利许可虚拟交易模型的经验。因此，绝大多数案件以法定赔偿作为知识产权侵权损害赔偿制度的适用标准③。

## 二、知识产权侵权损害赔偿证明制度分析

就知识产权侵权损害赔偿证明制度的理论基础而言，建构于被称为“诉讼法的脊梁”④的现代证明责任制度。知识产权侵权损害赔偿制度中的证明责任，是指在

---

① 唐义虎：《知识产权侵权责任研究》，北京大学出版社 2015 年版，第 228 页。

② 张广良：《知识产权侵权民事救济》，法律出版社 2003 年版，第 10 页。

③ 据统计，我国 78.54% 的著作权案件、97.63% 的商标权案件和 97.25% 的专利案件采用法定赔偿标准，平均金额分别为 7.7 万元、6.2 万元和 15.9 万元。参见詹映、张弘：《我国知识产权侵权司法判例实证研究—以维权成本和侵权代价为中心》，载《科研管理》2015 年第 7 期。与之对比的是，德国 95% 的专利侵权诉讼、美国约 80% 的专利侵权诉讼采用合理的许可使用费计算侵权损害赔偿数额。参见张鹏：《专利侵权损害赔偿制度研究——基本原理与法律适用》，知识产权出版社 2017 年版，第 71 ~ 73 页。

④ ［德］莱奥·罗森贝克：《证明责任论——以德国民法典和民事诉讼法典为基础撰写》（第四版），庄敬华译，中国法制出版社 2002 年版，第 64 页。

知识产权侵权损害赔偿诉讼中，诉讼当事人应当对其主张的事实提供可以用于证明的证据，如果举证期限内，根据现有证据不能判断诉讼当事人主张的事实真伪，则由该诉讼当事人承担不利后果①。从程序法角度分析知识产权侵权诉讼“举证难”问题，具体如下。

首先，司法首位性与辩论主义结合所导致的根本性问题。在大陆法系，法院垄断了调查证据的权力，并且并不认为“当事人有直接要求其对造（甚至诉讼外第三人）提供有关事实、证据资料之权利”②，大陆法系将正确地认定事实及适用法律作为司法功能和责任的核心，不得授予私人行使或者不与居于私人地位的当事人分享。这就产生了法官垄断调查取证的权力但是几乎不会主动搜集证据，当事人需要承担行为意义和结果意义上的证明责任，但是没有直接搜集证据的权力和基本能力，从而在民事诉讼中出现“法官不会、而当事人不能搜集所需要的证据”③局面。

其次，知识产权客体的非物质性导致的突出性问题。由于侵权损害赔偿制度的主要功能在于补偿受害人的损害，所以一般赔偿数额以受害人受到的损害为限，相对于积极损害而言，除了消极损失和精神损害之外，当属知识产权侵权损失数额较难计算，我国法律制度仍然以受害人举证证明为原则，但知识产权损失数额往往难以计算④。专利权所具有的客体非物质性使得因果关系证明更加困难。尤其是，按照“造成损失”标准计算专利侵权损害赔偿数额时，需要证明侵权行为和造成损失之间的因果关系。证明“违法所得”的相关证据又在被控侵权人一方，由此导致“违法所得”的证明也存在较大困难。可见，专利权客体的非物质性使得司法首位性与辩论主义结合所导致的“法官不会、而当事人不能搜集所需要的证据”⑤这一举证难问题更为突出。

从比较法角度而言，证明责任制度是调整知识产权侵权损害赔偿力度的重要制度手段。例如，日本1988年之前的《专利法》引入了专利侵权损害赔偿制度，但是在司法实践中，法院要求当事人必须举证说明“如果没有发生专利侵权行为，那么专利权人可以得到的利益”和“因为发生专利侵权行为，专利侵权行为人而获取

---

① 汤维建主编：《民事诉讼法学》，北京大学出版社2008年版，第259页。

② 黄右昌：《民事诉讼理论之新开展》，北京大学出版社2008年版，第46~47页。

③ James Beardsley. *Proof of Fact in French Civil Procedure*. 34 Am. J. Comp. L. 462(1996).

④ 段文波：《事实证明抑或法官裁量：民事损害赔偿数额认定的德日经验》，载《法学家》2012年第6期。

⑤ James Beardsley. *Proof of Fact in French Civil Procedure*. 34 Am. J. Comp. L. 462(1996).

的利益"都非常困难。另外,出于鼓励技术扩散的考虑,法院判定的"技术转让费"也很低[①]。也就是说,当时日本法院判定的专利侵权损害赔偿数额平均值几乎只有美国类似案件判决的专利侵权损害赔偿数额平均值的10%[②]。1998年,日本修改《专利法》第一百零二条,全面降低专利权人举证责任,简化举证程序,在日本1998年《专利法》修改之后,司法实践中判定的专利侵权赔偿数额大幅增长[③]。

## 三、专利侵权损害赔偿"举证难"的程序法解决

解决专利侵权损害赔偿"举证难"的根本之道是在借鉴当事人主义诉讼模式经验的背景下,明确行为意义和结果意义上的证明责任,在证据基础上对民事侵权损害赔偿数额采取司法定价方式。

### (一)引入知识产权侵权损害赔偿数额确定方面的"举证妨碍"制度

举证妨碍制度,又被称为证明妨碍制度、证明受阻制度。广义上的"举证妨碍制度",是指民事诉讼中的当事人以某种原由拒绝提出证据所应当承担的行为后果,或者是由于民事诉讼当事人自己的原因无法提出证据所应当承担的行为后果。狭义上的"举证妨碍制度",是指不承担举证责任的当事人以作为或不作为的方式,因故意或过失使承担举证责任的当事人无法提出证据,从而使得待证事实无法证明,就负有举证责任的当事人的事实主张,作出对该人有利的调整。[④] 通常而言,采用狭义上的"举证妨碍制度"。

知识产权侵权损害赔偿数额确定方面的"举证妨碍"制度的构成要件包括:行为要件、结果要件、因果关系要件和主观要件。行为要件是指,在知识产权侵权损害赔偿数额确定方面,被控侵权人存在妨碍权利人举证的行为,这一行为包括作为的妨碍行为和不作为的妨碍行为,在司法实践中主要表现为不作为的妨碍行为,亦即没有正当理由拒不提供侵权行为人的财务会计账簿等证据。结果要件是指,在知识产权侵权损害赔偿数额确定方面,造成待证事实处于真伪不明的状态。亦即,导

---

① 日本知的财产研究所:「知的財産権侵害にかかる民事的救済の適正化に関する調査研究」(平成7年度)。转引自管育鹰:《专利侵权损害赔偿额判定中专利贡献度问题探讨》,http://www.iolaw.org.cn/showarticle.asp? id=2779。

② 日本特许厅:《工業所有権審議会損害賠償等小委員会報告書－知的財産権の強い保護－》第2章,平成9年11月25日,http://www.jpo.go.jp/shiryou/toushin/toushintou/pdf/kouson2.pdf。

③ 管育鹰:《专利侵权损害赔偿额判定中专利贡献度问题探讨》,http://www.iolaw.org.cn/showarticle.asp? id=2779。

④ 汤维建:《论民事举证责任的法律性质》,载《法学研究》1992年第3期。

致“侵权行为人的销售量”“销售过程中的合理利润”等待证事实处于难以确定的状态。因果关系要件是指,待证事实处于真伪不明的状态必须是由妨碍权利人举证的行为引起,“妨碍权利人举证的行为”和“待证事实处于真伪不明的状态”二者之间具有相当因果关系,亦即,若无“妨碍权利人举证的行为”,则不会出现“待证事实处于真伪不明的状态”的情况。主观要件是指,被控侵权行为人具有主观故意或者过失。被控侵权行为人具有主观故意,主要是被控侵权行为人明知或者应知财务会计账簿等证据对民事诉讼的价值,希望或者放任待证事实处于难以确定的状态这一结果的发生。被控侵权行为人具有主观过失,主要是被控侵权行为人因为欠缺合理注意,未达到一般理性人应当达到之注意,导致待证事实处于难以确定的状态这一结果的发生。通常而言,具有主观故意的被控侵权行为人通常主观可归责性较高,往往会导致权利人的举证责任转移至被控侵权行为人或者权利人的主张自然成立的法律后果。

类似制度在《商标法》修改中已经引入,2013 年修改后的《商标法》第六十三条第二款规定,人民法院为确定赔偿数额,在权利人已经尽力举证,而与侵权行为相关的账簿、资料主要由侵权人掌握的情况下,可以责令侵权人提供与侵权行为相关的账簿、资料;侵权人不提供或者提供虚假的账簿、资料的,人民法院可以参考权利人的主张和提供的证据判定赔偿数额。例如,在 3M 公司、3M 中国有限公司诉常州华威新材料有限公司、聂少杰一案[①]中,一审法院指出,被控侵权的常州华威新材料有限公司有能力提供而拒不提供反映其生产销售侵权产品数量及利润的财务凭证,导致本案侵权人因侵权所获得的利益无法查清,依法确定常州华威新材料有限公司应当向 3M 公司、3M 中国有限公司赔偿 350 万元。二审法院维持上述判决。在常州华威新材料有限公司向最高人民法院提请再审的时候,并未提交任何有关其生产销售侵权产品持续时间、数量、利润的账簿、资料等证据用以推翻一、二审法院对上述考量因素的认定,据此,最高人民法院认定,常州华威新材料有限公司有关本案赔偿数额的认定存在错误的再审申请理由不能成立。

(二)引入知识产权侵权损害赔偿数额确定方面的法院调查取证权

就我国法律实践而言,修正后的《民事诉讼法》规定,“当事人及其诉讼代理人因客观原因不能自行收集证据”的,可以请求人民法院依职权收集证据。针对专利

---

① 参见杭州市人民法院(2013)浙杭知初字第 424 号民事判决书、浙江省高级人民法院(2015)浙知终字第 152 号民事判决书和最高人民法院(2016)最高法民申第 187 号民事裁定书。

权人举证困难的现状，可以采取上述举证妨碍制度实现举证责任的转换，同时可以采用赋予人民法院调查取证权的方式加以解决。本文建议，应当同时引入这两种制度，由权利人在法律适用中加以选择主张，从而实现对知识产权侵权损害赔偿案件“举证难”问题的彻底破解。知识产权侵权损害赔偿数额确定方面的法院调查取证，是对权利人举证的补充救济方式。人民法院调查取证相对于专利权人举证而言具有次位性，只有在权利人确有困难无法自行举证的前提下才能实施①。

知识产权侵权损害赔偿数额确定方面的法院调查取证权的适用，包含程序要件和实体要件两个方面。就程序要件而言，需要依据专利权人的申请启动，不能由人民法院依职权启动。就实体要件而言，需要针对被控侵权行为人手中掌握的、对知识产权侵权损害赔偿数额确定必不可少的证明材料，通常是由被控侵权行为人掌握的涉嫌侵权产品以及账簿、资料等证据。知识产权侵权损害赔偿数额确定方面法院调查取证的相关法律责任也有待明确。我国《民事诉讼法》第六十七条并没有规定针对自然人的举证妨碍强制措施，同时缺乏对妨碍调查取证行为的制裁措施。建议在《专利法》《著作权法》和《商标法》修改中加以特别规定。

综上所述，就知识产权保护所存在的时间长、举证难、成本高、赔偿低等问题而言，时间长、成本高的原因在于赔偿低，赔偿低的关键在于举证难。针对知识产权保护中存在的举证难问题从程序法角度进行理论纠问，可以得知，知识产权侵权诉讼举证难问题，属于司法首位性与辩论主义结合所导致的根本性问题，也是知识产权客体非物质性所导致的突出性问题。解决“举证难”的根本之道是，在借鉴当事人主义诉讼模式经验的背景下，明确行为意义上的证明责任和结果意义上的证明责任，在证据基础上对民事侵权损害赔偿数额采取司法定价方式。同时，进一步引入知识产权侵权损害赔偿数额确定方面的举证妨碍制度，引入知识产权侵权损害赔偿数额确定方面的法院调查取证权，适度调整知识产权侵权损害赔偿数额确定方面证明标准与证明责任的适用。

---

① 张鹏：《知识产权惩罚性赔偿制度中故意认定的关键因素探析》，载《知识产权》2017 年第 5 期。

# 建立“中国的 CAFC”？美国的实践经验值得借鉴*

闫春辉**

** 作者简介：

闫春辉，律师，中伦律师事务所北京办公室。

* 本文核心内容于 2016 年 3 月 29 日以《建立“中国的 CAFC”？或许可以看看美国人怎么干的》为题发表于知产力：http://news.zhichanli.cn/article/2149.html。

## 前　言

近年来,知识产权法院建设无疑是我国深化司法改革中最为受人瞩目的举措之一。2014年年底,知识产权法院在北京、上海和广州先后成立。近期,南京、成都、武汉、苏州、青岛等地知识产权法庭挂牌成立。截至2017年6月,仅三个知识产权法院共受理案件46,071件,审结33,135件。上述情况无疑反映了我国知识产权专业审判水平的大大提升。在这一背景下,探索建立国家层面的知识产权法院成为知识产权界的热门话题。如果确有必要建立国家层面的知识产权法院,其管辖权范围是个不能回避的问题。由于美国联邦巡回上诉法院同样为国家层面主要审理知识产权的专门法院,回顾美国联邦巡回上诉法院的发展历程和管辖权演变过程,将对我国知识产权法院建设有相当的参考价值。本文将从三个特定的法律领域出发,对各界关于美国联邦巡回上诉法院管辖权范围的不同观点和意见进行综述。另外,本文还涉及美国联邦巡回上诉法院管辖权的扩张问题。

时钟拨回到2014年年底,中国知识产权界最为引人注目的事件莫过于我国在北京、上海和广州先后成立了知识产权法院。近三年来,知识产权法院向世界充分展现了我国知识产权司法保护的风采。2017年8月29日,十二届全国人大常委会二十九次会议召开全体会议,听取最高人民法院关于知识产权法院工作情况的报告。在报告中周强院长提到,知识产权法院坚持立足审判职能,加大知识产权司法保护力度,公正高效审理案件,有效遏制侵权行为,有力促进创新驱动发展。截至2017年6月,北京、上海、广州三个知识产权法院共受理案件46,071件,审结33,135件。除了知识产权法院,南京、成都、武汉、苏州、青岛等地的知识产权法庭也于近期纷纷挂牌成立。

这一系列深入司法改革的重大举措,使得知识产权界普遍认为建立国家层面的知识产权法院未来或可期待。实际上,最高人民法院在2015年年初的一份报告中即称,研究创设国家层面的知识产权法院是可行的。在最高法院举行的第二次知识产权法院工作座谈会上,副院长陶凯元大法官指出,要从国家战略的高度探索建立国家层面知识产权上诉法院,会同有关部门充分论证,细化完善设立方案,扎实推进国家知识产权上诉法院设立。如果国家层面的知识产权法院最终建立,将会与美国的联邦巡回上诉法院(以下可简称为CAFC或新法院)非常接近。现在的问题是,是否真的有必要建立这样一个国家层面的知识产权法院。如果答案是肯定的,接下的来的问题是,该法院的管辖范围是什么。为了研究这些问题,回顾美国联邦巡回上诉法院的发展历程和管辖权的演变过程，对于澄清学术界和实务界的认识误区和争论，将非常有参考价值。笔者于2014年在美国的联邦巡回上诉法院实习期间，曾对美国联邦巡回上诉法院建立的历史和管辖权范围进行了研究，现简要介绍一二，供读者参考。

## 一、是否应该成立CAFC？

CAFC成立于1982年，由原来的美国海关与专利上诉法院（United States Court of Customs and Patent Appeals）与美国索赔法院（United States Court of Claims）的上诉部门合并而成，是一个相对年轻的法院。同时，CAFC也是一个相当新颖的法院，其在美国的若干巡回上诉法院中非常独特，因为其管辖权的确定是基于案件类型而非地域。具体而言，国会赋予CAFC所有地区法院审理依据专利法和塔克法案（the Tucker Act）的案件之上诉案件的排他性管辖权。[①] 另外，CAFC还受理来自美国专利商标局（USPTO）的专利审查案件和来自美国国际贸易委员会（ITC）的"337调查"案件的上诉等。实际上，和其他司法界的改革一样，CAFC的创立当时在美国也引起了很大争论。

（一）CAFC支持者的观点

1. 有利于促进专利法适用的一致性

由于美国人口和经济的快速发展，诉讼案件在20世纪70年代出现了爆发式的增长。诉讼量的急剧上升，导致美国的整个司法系统出现了严重的案件积压，最高法院也苦于处理每一个上诉案件。当不同的联邦上诉法院在处理相似案件上存在区别甚至冲突，而最高法院无法审理和解决这些"分裂"时，法律上巨大的不确定性就随之出现了。[②] 可以预见的是，如果有一个统一的体系和标准，就可以使律师、案件当事人、下级法院的法院知道更为确定的裁判规则。与此同时，如果存在一个下级法院可以帮最高法院"筛去"一部分案件，后者肩上的重担亦将大幅减轻。实际上，有很多领域的案件也存在这样的问题，如联邦税、专利、商标等。而在环境保护和反垄断领域，似乎也有同样的趋势。[③]

早先有研究指出，专利法在适用问题上的不一致有碍科技进步。美国国会也

---

① The United States Court of Appeals for the Federal Circuit：A History 1982 – 1990，pp. xi – xii.

② The United States Court of Appeals for the Federal Circuit：A History 1982 – 1990，pp. 2 – 3.

③ Federal Courts Improvement Act of 1979，Senate Judiciary Hearing on S. 677 and S. 678，p. 47.

意识到,这种不一致可能会导致专利权人遭到侵权,进而失去创新的动力,潜在的侵权者可能是个人也可能是公司,可能在国内也可能在国外。在极端情况下,似乎对发明人而言,获得一项专利就会换来一场诉讼。另外,这种不一致还可能影响整体经济,因为在那些支持将专利上诉集中化(建立一个集中审理专利上诉案件的法院)的人看来,"重大经济决策是根据专利保护范围的变化而不时做出的"①。

2."挑选法院"(forum shopping)的危机

"Forum shopping"的翻译有很多,笔者在此暂且翻译为"挑选法院",指一种法律实践领域的现象,即诉讼当事人选择最有可能作出对其有利判决的法院进行诉讼。这一现象出现后,很快成为当时 Hruska 委员会和参议院所关注的重要问题。并且,将专利上诉案件集中至一个法院的动机之一,正是希望减少这种自 20 世纪 70 年代末在专利诉讼案件中出现的,带有传染性的"挑选法院"现象。② 新法院的支持者们相信,当某个程序问题导致专利法诉讼中出现过多的"挑选法院"现象时,一个类似 CAFC 的法院可以发挥其全联邦性的地位和力量,从而有所作为。③

(二)CAFC 反对者的观点

毫不意外,在 CAFC 的成立前后也出现了很多反对的声音。总结起来,反对者的主要观点包括:

1. 对于新法院,Simon Rifkind 法官曾经说:"建立一个仅由几个人组成的法院是不明智的,这些人将变得向埃及神父一样,成为大量知识的保管员,用不了多久,他们就会开始说一些仅仅对他们和面对他们的法律从业者很普通,但其他人谁也听不懂的话,并且渐渐远离衡平原则和道德准则。"很多反对建立新法院的人确信,一方面,一个专门化法院将不可避免地变得过于"亲专利"(pro - patent);④另一方面,法官也不是全才,不可能熟悉每一个领域,因此,诉讼当事人并不会从所谓的专

---

① Sean M. McEldowney: *The "Essential Relationship" Spectrum: a Framework for Addressing Choice of Procedural law in the Federal Circuit*, University of Pennsylvania Law Review, 2005.5.

② See S. Rep. No. 97 - 275, at 5 (1981), reprinted in 1982 U.S.C.C.A.N. 11, 15 ("Uniformity will reduce the forum - shopping that is common to patent litigation. . . . [which] will reduce costs to litigants and will also be a positive improvement from the standpoint of the judicial system.").

③ Sean M. McEldowney: *The "Essential Relationship" Spectrum: a Framework for Addressing Choice of Procedural law in the Federal Circuit*, University of Pennsylvania Law Review, 2005.5.

④ See Donald R. Dunner: A Retrospective of the Federal Circuit's First 25 Years, *Federal Circuit Bar Journal*, 2007.

门化中得到什么好处。①

2. 律师协会的代表认为,目前并不存在明显的"挑选法院"现象②,即便存在"挑选法院"现象,这也是应当保留给诉讼当事人的一项选择。③ 并且,一些律师比较喜欢挑选法院,但并不是基于支持者所称的原因。④

3. 支持者所谓的地区法院在使用专利法和作出决定方面的不一致是虚构出来的,一些专利被认为有效,而另外一些被认为无效,不是因为对法律的不当适用,而是因为在每个案件中,专利和事实本身是不同的。⑤

4. 没有必要成立一个集中管辖的法院,如果将专利、环境和税务案件送到一个专门的法院是为了减少各个地方法院的案件数量,为那些地方法院提供更多的法官也是一种解决问题的办法。⑥ 从另一方面看,所谓的新法院,可能没有足够的案件审理。⑦

5. 成立一个联邦范围内的巡回上诉法院违背公共利益,将会浪费纳税人的钱。⑧

针对建立 CAFC 的反对者的上述观点,CAFC 的支持者们则认为,上述担心可能是多余的。目前,诸多联邦上诉法院之间在审理专利案件中的观点确实存在巨大的冲突和不一致,这种对专利法的不同理解和各式各样的诠释导致人们疯狂地

---

① See Federal Courts Improvement Act of 1979, Senate Judiciary Hearing on S. 677 and S. 678, pp. 576 – 577. "Comments on the OIAJ proposal... However, there can be no expectation that the judges will be able to achieve a level of expertise in any of the particular areas which have been singled out as problematical".

② See Donald W. Banner, Witness at the Creation, *George Mason University Law Review*, 1992.

③ See Federal Courts Improvement Act of 1979, Senate Judiciary Hearing on S. 677 and S. 678, pp. 682 – 683. "Another justification for the new court is that it would eliminate forum shopping. However, the Committee believes that there is a benefit that needs to be preserved in giving litigants a choice of forum."

④ See Donald R. Dunner, Reflections on the Founding of the Federal Circuit, *Federal Circuit Bar Journal*, 2001 – 2002. "The Hruska Commission... conduct a survey of patent practitioners... Only about one – quarter of the respondents in our survey supported such a court"; See also Daniel J. Meador: Retrospective on the Federal Circuit: the First 20 Years—a Historical View, *Federal Circuit Bar Journal*, 2001 – 2002.

⑤ Position Paper of Bar Association of the Seventh Federal Circuit on S – 677 and S – 678 Providing for Courts Having Exclusive Appellate Jurisdiction in Patent, Trademark and Tax Cases, Federal Courts Improvement Act of 1979, Senate Judiciary Hearing on S. 677 and S. 678, pp. 663 – 664.

⑥ See Federal Courts Improvement Act of 1979, Senate Judiciary Hearing on S. 677 and S. 678; p. 684. See also Seven Circuit Reactions to the Meador Proposal.

⑦ See Donald W. Banner, Witness at the Creation, *George Mason University Law Review*, 1992.

⑧ See Donald W. Banner, Witness at the Creation, *George Mason University Law Review*, 1992.

跑向对自己有利的法庭,以寻求对自己有利的结果,而建立一个类似CAFC的法院,对于减少上述情况和增强适用法律的一致性无疑是必要的。[①] 此外,还有大量的来自各个行业的人士坚定地认为,建立一个新法院并赋予这一新法院较宽的管辖权,即可以解决反对者所提出的新法院过于“专门化”(specialization)的问题。[②]

## 二、部分案件类型上CAFC的管辖权之争

上文列举了对于CAFC的建立,支持者和反对者们的不同观点。与此同时,如果成立这样一个新法院,其除了审理专利案件,还应审理哪些类型案件?对于这个问题,当时同样存在诸多不同意见和争议,其中在版权、商标、反垄断三个案件领域最为引人关注。

### (一)版权案件

涉及建立新法院的S.677和S.678号议案均赋予CAFC对于来自州法院的专利和商标案件的管辖权,这也意味着,联邦巡回上诉法院管辖范围不包括版权案件。[③] 更为准确的说法是,不包括“纯”版权案件。[④] 实际上,将版权案件排除在CAFC的管辖权外更像一个戏剧而不是一个理性的结果。Randall Ray Rader法官曾经说,“我常常感到遗憾的是,Hatch参议员没有向国会要求考虑可能将版权纳入CAFC管辖权的修正案。他没有那么做的原因,是因为第九巡回法院的首席法官告诉Hatch参议员的顾问:‘不要拿走我们的电影明星的案件,我们喜欢那些案子’,而顾问在某种程度上参考了这一意见。虽然他现在表示后悔,但相关的修正建议已经失败了”[⑤]。

在版权案件是否纳入管辖范围的问题上,支持者认为,设立新法院的目的,主要是为了在那些被认为是非常复杂和耗时的法律领域建立一套合理的、一致的法

① Donald R. Dunner, a Retrospective of the Federal Circuit's First 25 Years, *Federal Circuit Bar Journal*, 2007.

② Daniel J. Meador, Retrospective on the Federal Circuit: the First 20 Years—a Historical View, *Federal Circuit Bar Journal*, 2001 - 2002.

③ Federal Courts Improvement Act of 1979, Senate Judiciary Hearing on S.677 and S.678, p.670.

④ Testimony of George W. Whitney, Industrial Innovation and Patent and Copyright Law Amendment, House Judiciary hearings on H. R. 6934, H. R. 3806, and H. R. 2414, pp.769 - 770.

⑤ See generally the Federal Circuit Bar Association and the George Washington University law School Present: the FederaL Circuit, the National Appellate Court, Celebration and Introspective Symposium, *Federal Circuit Bar Journal*, 2009.

律准则。[①] 从这一点看，没有必要将专利法和版权法区别对待。版权法不仅是复杂的，而且非常深奥和难懂，因为1976年版权法案存在很多问题和模糊的地方。[②] 因此，没有理由将版权案件排除在外，这可能是最高技术的法律领域之一。[③] 而反对将版权案件纳入新法院管辖权范围的主要观点来自Markey法官，他认为在版权法领域不存在所谓的"挑选法院"现象。[④]

（二）商标案件

最初，S. 677号和S. 678号议案将商标上诉案件纳入了CAFC的管辖权。然而，美国商标协会（the United States Trademark Association）和其他人士认为，没有必要将商标上诉案件集中起来。该观点得到了委员会的采纳。[⑤] Pauline Newman法官曾说："最初的法规包括商标案件，是因为没有人会质疑来自商标审判和上诉委员会（Trademark Trial and Appeals Board）的商标上诉案件将交给新法院审理，因为那些案件本身就是由美国海关与专利上诉法院审理。因此，最初在起草法规时，将商标案件和专利案件写在一起（纳入新法院的管辖权）。但是，商标协会表达了不确定的态度和对相关改变的不同意见。"[⑥]可见，在Newman法官看来，将商标案件从新法院的管辖范围中拿走并不存在实质的争论，仅仅就是被拿出去了。关于商标案件，Rader法官也给出了他的解释："商标案件，由于其根植于普通法，常常同时涉及州法和联邦法。而地方法院更熟悉州法，因此仍由地区范围的巡回法院审理商标案件，或许有一定合理性"[⑦]。

---

① Industrial Innovation and Patent and Copyright Law Amendment, House Judiciary hearings on H. R. 6934, H. R. 3806, and H. R. 2414, p. 780.

② Federal Courts Improvement Act of 1979, Addendum to Hearings before the Subcommittee on Improvement in Judicial Machinery of the Committee on the Judiciary United States Senate Ninety – sixth Congress First Session on S. 677 and S. 678, pp. 88 – 89.

③ Federal Courts Improvement Act of 1979, Addendum to Hearings before the Subcommittee on Improvement in Judicial Machinery of the Committee on the Judiciary United States Senate Ninety – sixth Congress First Session on S. 677 and S. 678, p. 91.

④ Industrial Innovation and Patent and Copyright Law Amendment, House Judiciary hearings on H. R. 6934, H. R. 3806, and H. R. 2414, p. 751.

⑤ Senate Report No. 96 – 304, p. 10.

⑥ See generally the Federal Circuit bar Association and the George Washington University law School Present: the Federal Circuit, the National Appellate Court, Celebration and Introspective Symposium, *Federal Circuit Bar Journal*, 2009.

⑦ See generally the Federal Circuit bar Association and the George Washington University law School Present: the Federal Circuit, the National Appellate Court, Celebration and Introspective Symposium, *Federal Circuit Bar Journal*, 2009.

支持将商标案件纳入管辖权的较为典型的观点是，如同上文提到的，新法院将会继承两个现存法院（美国海关与专利上诉法院和美国索赔法院）所有的管辖权，其中包括来自专利商标局的上诉案件。[①] 而反对将版权案件纳入管辖权的观点概括起来主要包括：

1. 直接将商标案件和专利案件相连是不合理的，因为它们是完全不同的两个概念。在专利法领域存在的技术专业问题，在商标案件中并不存在。

2. 商标法的大多数问题同时涉及州一级和联邦一级的普通法、成文法和不正当竞争。并且，不同的州存在各自特定的调整商标案件或不正当竞争案件的法规，这些在侵权案件中是非常常见的。因此，地区范围的巡回上诉法院将比联邦范围的巡回上诉法院更熟悉相关案件的处理方法。

3. 在商标法领域，不存在适用法律不一致或者“挑选法院”的问题，赋予新法院独有的管辖权，反而可能导致不一致，而不是一致性。

4. 商标纠纷通常涉及本地的商业或经济，因此，与一个本地的上诉法院相比，去一个“遥远”的法院打官司将带来本不必要的成本和极大的不便。

（三）反垄断案件

一直以来，最高法院通过适用“well - pleaded complaint rule”（以原告诉状中能支持其诉求的事实为准原则）对 CAFC 的管辖权进行限制。这一规则的含义是，CAFC 具有管辖权的专利案件，仅限于那些原告控告被告直接违反了美国宪法、法律或条约中的条款。这意味着，如果原告起诉的是一起反垄断案件，然后被告提起了一个涉及专利的反诉，即便这个案子涉及专利问题，CAFC 对这个反垄断案件也没有管辖权。后来，一些人认为有必要将“well - pleaded complaint rule”进行扩展，如将涉及专利的强制性反诉（根据美国《联邦民事诉讼规则》第十三条规定，反诉分为强制性反诉和任意性反诉）包括在管辖范围内，否则将明显违背国会的意图并将使得法院在选择专利上诉路径时对本诉和反诉进行区分变得明显不合理。很明显，国会希望 CAFC 能够支持其诉请的和很可能获得支持的涉及专利问题的主张，包括依据专利法提起的本诉和反诉，从而使法院能够最大限度地实现国会的意图。并且，CAFC 的管辖权扩张至反垄断问题也符合最高法院的在先判例，以及专利法和反垄断法的平衡。实际上，CAFC 也持有相同的观点。CAFC 认为，如果当事人最初在地区法院合法有据地提起涉及专利法的强制性反诉，该案的上诉案件应由

① Federal Courts Improvement Act of 1979, Senate Judiciary Hearing on S. 677 and S. 678, p. 31.

CAFC 进行审理,这与最高法院的"well – pleaded complaint rule"并不冲突。对此,CAFC 主要的两个理由是,第一,大多数涉及专利的反垄断问题与专利侵权案件并存,该案件无论如何都将会上诉到 CAFC;第二,CAFC 认为其在法院系统所处的地位,有利于在涉及专利的反垄断问题上创建一个联邦统一的规则。①

目前,《美国发明法案》(AIA)已经修改了《美国法典》第 28 编,将 CAFC 的管辖权扩展至包含仅因强制反诉而引发专利问题的案件。根据最高法院的相关解释,通常的做法是,如果在某一案件中,"原告获得救济的权利必须取决于联邦专利法项下主要问题的解决",②则该案件的上诉管辖权应归属于 CAFC,即要求案件的主要问题必须在专利法项下方能解决。进一步讲,如果专利法仅为本诉的一个抗辩因素,而非必要因素,则不能满足以上条件。如果某案件涉及专利问题,但是可以依据合同法等解决,也不能落入 CAFC 的管辖权范围。

与此同时,很多反对者并不认可 CAFC 将其权力扩张到反垄断法的做法,也不同意 CAFC 的相关理由。这些反对者认为,这种权力攫取行为已经超出了国会希望在专利法领域建立一致性的范围和初衷。实际上,反对者本质上是希望严格对待 CAFC 的管辖权问题和法律的适用。经整理,一些具体的反对理由包括③:

1. 一个专门的专利法院将在专利和反垄断的平衡中更倾向于对专利的保护,或者抛弃传统方式,而以一种更技术化的方式解释反垄断法。然而,不确定的是,如果专利和反垄断法之间的平衡被打破,并与最高法院的在先判决相违背,特别是在我们经济中的关键技术领域,各个地区的巡回法院在反垄断法应该如何发展的问题上可能会有不同的观点。虽然这些不同的观点在整体上有利于法律的进步。

2. 国会实际上从来没有打算让 CAFC 的决定影响反垄断法的发展。在创建 CAFC 的立法过程中,国会指出其希望地区的上诉法院处理重要的反垄断问题并作出决定。

3. CAFC 将会创造一个新的反垄断法,这一新的反垄断法可能将非常难以适

---

① Claudette Espanold, the Federal Circuit: Jurisdictional Expansion Into Antitrust Issues Relating to Patent Eforcemen, *Seton Hall Circuit Review*, Fall, 2005, pp.3 –5.

② 黄勇、刘东屏:《专利滥用反垄断诉讼中强制性反诉的适用》,载中国法学网:http://www.iolaw.org.cn/showNews.aspx? id =48442,最后访问时间:2016 年 3 月 13 日。

③ Ronald Katz, Adam J. Safer. *why is one Patent Court Deciding Antitrust law for the Whole Country?*, American Law Institute – American Bar Association Continuing Legal Education, ALI – ABA Course of Study, 2000.10.

用。更糟的是，在 CAFC 的规则下，专利权人“拒绝交易”的行为通常是不受反垄断法调整的。

4. 反垄断法是在普通法的传统下发展起来的，基于政治演变和当代的经济观点。没有理由相信一个专门的专利法院适合分析这些政治和经济问题。即便 CAFC 继续坚持其具有反垄断和专利的管辖权，也至少应该适用地区巡回法院的规则去解决反垄断问题。

## 三、扩大 CAFC 管辖权的必要性探讨

实际上，自从 CAFC 建立至今，关于该法院管辖权范围的讨论从来没有停止过。理论界和实务界均在不同时期有扩大 CAFC 管辖权的呼声。笔者认为，考虑版权、商标和反垄断的现状，合理地扩大 CAFC 的管辖权是有一定意义的。

首先来看版权案件。众所周知，版权法是联邦法并且非常复杂。随着作品形态的不断丰富，特别是互联网的发展，版权领域的新问题层出不穷，甚至被戏称为“鬼学”。近年出现的深度链接问题、“加框链接”问题、体育赛事直播问题等，无论在理论上还是实践中，复杂程度丝毫不亚于专利，且存在诸多观点之争，如在认定侵犯信息网络传播权的问题上，就存在“服务器标准”“实质呈现标准”等。借用 George Whitney 的观点，“如果为了专利的种种特点建立这样一个上诉法院的话，我无法想象这个法院竟然不审理版权案件”。①

对于商标案件而言，商标法存在一些可能永远无法彻底解决的问题，如认定商标近似的标准、认定服务类似的标准、知名度要求标准等。此外，目前的环境和社会与 1982 年已经完全不同。随着市场经济的快速发展和交通运输的日趋便利，商标的影响已经越来越遍及整个国家，从这一点上看，或许确实需要一个联邦范围的巡回上诉法院，来统一商标案件的审理标准。否则，很可能将出现某个商标在美国部分地区受到保护的同时，部分地区却不受到保护，进而出现上文提到的“挑选法院”现象。

对于反垄断案件，笔者不同意前文提到的反对意见。反对将反垄断案件纳入 CAFC 管辖权的人们认为，一个专门的专利法院将在专利和反垄断的平衡中更倾向于对专利的保护，或者抛弃传统方式，而以一种更技术化的方式解释反垄断法。但是笔者认为这正是应该让 CAFC 审理反垄断案件的一个重要原因，即让 CAFC 的法官们

① Industrial Innovation and Patent and Copyright Law Amendment, House Judiciary Hearings on H. R. 6934, H. R. 3806, and H. R. 2414: p. 780.

处理专利案件的同时,处理更多的反垄断案件,从而在审理案件时有一个更为全面的平衡视角。并且,反垄断案件的性质也决定了对反垄断案件的审判需要法官站在更高的层面(如产业)考虑问题。另外,反对者认为 CAFC 将建立一套"新的反垄断法",诉讼当事人和地方法院将不知道应该依据哪个。而在笔者看来,律师总是会在处理案件的过程中结合实际情况,选择最优的路径。而最终裁判的任务,可以交给法官。

与此同时,虽然从整体看在一定程度上扩大 CAFC 的管辖权可能是有意义的,但也要遵循合理性原则。为此,笔者认为应关注如下三点:

首先,要肯定的是联邦巡回上诉法院的"国家视角"。如同 CAFC 和一些学者说的,CAFC 在特定案件类型上的全国管辖权给予了其在处理全国性问题和案件上的优势。因此,如果"一致性"在某个法律领域是一个特别重要的问题,或许没有其他法院比 CAFC 更适合处理这些案件了。

其次,要重视对"平衡性"的考量。由于建立 CAFC 的主要动机是为了更好地裁判专利相关案件,任何与此相关的案件都应该考虑由 CAFC 审理或者被 CAFC 所关注。但尽管如此,也不能过分加重 CAFC 的负担。例如,在 2006 年年初,曾有一项提案建议将所有的移民案件由地区范围的巡回上诉法院审理变为由 CAFC 审理,但从全国范围看,这些上诉案件的总数在 13,000 件到 14,000 件。显然,如果将这些案件交给 CAFC 审理,将使得 CAFC 不堪重负,甚至反过来影响其对既有案件的审理质量。在很大程度上正是鉴于此,参议院司法委员会当时未通过这一提案。当然,如果认为某类特定案件由 CAFC 审理确实具有必要性,即便没有足够数量的法官,或许可以补充任命,不能因为案件数量而逃避问题。

最后,我们不仅要关注 CAFC 管辖权的扩张,还要注意那些不再适合由 CAFC 审理的案件类型。例如,由于 CAFC 仅仅审理法律问题,而不审理事实问题,很多当事人在老兵(veterans)案的上诉阶段遭到了败诉。因此在很多学者看来,由单独的一个上诉法院审理涉及老兵或人事的上诉案件,似乎不是一个合理的制度选择。于是,一个可能的调整是,将这些上诉案件分配给不同地区的巡回上诉法院。具体地区的确定取决于老兵或雇员的居住地。或者,对于老兵案,有的人建议取消上诉法院这一审级,而直接通过调卷令,由最高法院进行审理。不管采用哪种方法,不管最终由哪个法院审理,把老兵案和人事案件从 CAFC 的管辖权中移出似乎得到了很多支持。①

---

① Paul R. Gugliuzza, Rethinking Federal Circuit Jurisdiction, *Georgetown Law Journal*, 2012.6.

## 结 语

尽管在CAFC成立之前存在非常多的争论，但今天，当我们回顾CAFC成立以来的审判实践，CAFC的表现整体上还是令人满意的，尤其是在探索专利审判标准、促进专利审判标准一致性等方面作出了相当的贡献，从这个角度看，当初成立CAFC的正确性应予肯定。同时很明显，CAFC的管辖权即使不是在不断扩张的话，也是在持续发展的。自1982年以来，国会不断地赋予CAFC对各种各样类型上诉案件的管辖权，可以预见的是，这一情况还将继续下去。笔者认为，在这一过程中，最重要的是保持各种关系之间的平衡，如案件数量和审判质量的平衡、专利和反垄断的平衡等。目前，CAFC并不那么窄的管辖权，已经克服了最初建立CAFC时反对者的疑虑之一，即一个过于专门化的法院将存在诸多弊端。但与此同时，CAFC的法官们不能也不应该“把一切扛在肩上”。

目前，我国的司法体系已得到很大程度地改善，在各个领域特别是知识产权领域有一支较高水平的法官队伍。在探索设立国家层面的知识产权上诉法院的过程中，可以借鉴美国的相关经验，围绕设立知识产权法院的宗旨，综合考虑现有司法体系、案件数量、地域差异、法律从业者水平等因素。本文仅当抛砖引玉，希望未来有更多的关于设立国家层面的知识产权上诉法院的讨论，并最终建立一个有利于提高知识产权案件审理质量、有利于激励创新和促进社会进步的“中国的CAFC”。

# 知识产权惩罚性赔偿制度中故意认定的关键因素探析

张　鹏*

*作者简介：

张鹏，非权益合伙人，中伦律师事务所北京办公室，电邮为 zhangpeng@ zhonglun. com。

## 引　言

随着立法层面对知识产权惩罚性赔偿制度的引入,迫切需要对该制度构成要件的认定加以探讨。我国知识产权惩罚性赔偿制度以"侵权人故意"、"严重侵权后果"以及"权利人提出申请"为构成要件,最为核心的是如何通过被控侵权人的行为认定其存在故意的主观心态。在寻求和遵循适格律师意见过程中,故意侵权认定的标准出现了从宽松到严格再到相对宽松的演变历程,意图实现权利人和行为人之间的利益平衡,最终落脚到被控侵权人的动机或者意愿上。知识产权惩罚性赔偿制度构成要件最主要的抗辩理由是被控侵权人具有避免侵权的主观动机。从程序法角度而言,证明构成故意应当遵循优势证据的证明标准。

2013 年修正后的《商标法》已经明确引入商标侵权惩罚性赔偿制度,2015 年 12 月 2 日国务院法制办公室公开的《中华人民共和国专利法修订草案(送审稿)》、2014 年 6 月 6 日国务院法制办公室公开的《中华人民共和国著作权法(修订草案送审稿)》①中均尝试从立法层面构建惩罚性赔偿制度,可以说,我国即将全面建立知识产权惩罚性赔偿制度。随着立法层面对知识产权惩罚性赔偿制度的引入,迫切需要对该制度的构成要件认定加以探讨,以期对未来法律实践加以指导。就知识产权惩罚性赔偿制度的法律适用而言,主要包括构成要件和法律后果的认定两个方面。结合制度价值和制度定位,我国知识产权惩罚性赔偿制度应当以"侵权人故意"、"严重侵权后果"以及"权利人提出申请"为构成要件②。亦即,从客观方面而言,知识产权惩罚性赔偿制度适用于存在严重侵权后果的情况,这一点主要通过证据对侵权后果进行证明。从主观方面而言,知识产权惩罚性赔偿制度主要适用于故意侵权③,乃至恶意侵权或者明显不当行为的情况④,正如美国联邦巡回上诉法院

---

①　参见国务院法制办公室关于《中华人民共和国专利法修订草案(送审稿)》公开征求意见的通知,http://www.chinalaw.gov.cn/article/cazjgg/201512/20151200479591.shtml,最后访问时间:2016 年 12 月 2 日;国务院法制办公室关于公布《中华人民共和国著作权法(修订草案送审稿)》公开征求意见的通知,http://www.chinalaw.gov.cn/article/cazjgg/201406/20140600396188.shtml,最后访问时间:2016 年 12 月 2 日。

②　张鹏:《知识产权惩罚性赔偿制度的正当性及基本建构》,载《知识产权》2016 年第 4 期。

③　袁秀挺:《知识产权惩罚性赔偿制度的司法适用》,载《知识产权》2015 年第 7 期。

④　参见 Roberts V. Sears, Roebuck & Co., 723 F. 2d 1324, 221 USPQ 504(7th Cir. 1983), *on remond*, 1986 WL 6909(N. D. Ill. 1986); Yoder Bros., Inc. v. California – Florida Plant Corp., 537 F. 2d 1347, 1383 – 84, 193 USPQ 264(5th Cir. 1976), *cert denied*, 429 U. S. 1094(1977)。另参见和育东:《美国专利侵权救济》,法律出版社 2009 年版,第 195 页。

在希捷科技有限责任公司上诉案[①]中所表述的,只有当侵权行为是故意侵权的时候,才能提高专利侵权损害赔偿数额。当被控侵权人是善意的,甚至实质上挑战专利权的有效性或者就专利侵权行为是否存在进行抗辩的时候,判处专利侵权惩罚性赔偿是不适当的。因此,在法律构成要件认定中,最为核心的是,如何通过被控侵权人的行为认定其存在故意的主观心态。

## 一、故意的认定:是否寻求和遵循称职律师意见

知识产权惩罚性赔偿制度将“故意侵权”作为适用条件,“因为经常用于惩罚侵权者的故意,这一提高的损害赔偿金由此具有惩罚性质”[②],这也是由知识产权侵权的归责原则所决定的[③]。然而,故意是一种心理状态,需要通过当事人的行为加以判断。如果被控侵权人没有意识到知识产权的存在,就不能认定构成故意侵权,这是认定故意侵权的最低门槛;如果被控侵权人意识到了知识产权的存在,他就负有采取相应措施避免知识产权侵权行为发生的法律责任,这是认定故意侵权的较高标准[④]。通常来说,根据认定故意侵权的较高标准,民事主体在收到权利人关于知识产权侵权的律师函或者警告函的时候,负有尊重权利人知识产权的责任,这一尊重通常表现为寻求和遵循律师意见。因此,就法律实践来看,通过被控侵权人的行为认定其存在故意的主观心态,常见情形是是否寻求和遵循称职律师的意见。也就是说,没有寻求和遵循称职律师的意见,是构成故意侵权的关键因素。

首先,民事主体在收到权利人关于知识产权侵权的律师函或者警告函时,具有寻求和遵循律师意见的义务。在水下装备公司诉莫里森·努森一案[⑤]中,美国联邦巡回上诉法院指出,民事主体在收到专利权人发出的警告函或者律师函时,具有积极注意义务以确定其行为是否构成侵权,可以寻求律师意见并遵照执行,对专利权人发出的警告函或者律师函及时应对可以使得被控告侵权人不构成故意侵权,从

① In re Seagate Technology LLC,497 F.3d 1360,2007 U.S. App. LEXIS 19768(Fed. Cir. 2007(en banc),*cert. denied sub nom.*

② Marketa Trimble Landova. *Punitive damages in copyright infringement actions under the US Copyright Act*. E.I.P.R. 2009,31(2),p.110.

③ 张玲:《论专利侵权赔偿损失的归责原则》,载《中国法学》2012年第2期。

④ Jon E. Wright. Willful Patent Infringement and Enhanced Damages: Evolution and Analysis. 10 Geo. Mason. *Law Review* 97(2001-2002).

⑤ Underwater Devices,Inc. v. Morrison-Knudsen Co.,Inc.,717 F.2d 1380,1390,219 USPQ 569(Fed. Cir. 1983), *overruled*.

而不会承担惩罚性赔偿责任[①]。在本案中,被控侵权人的内部法律顾问经过查询提供了被控侵权人无须向专利权人支付专利许可费的意见,被控侵权人的内部法律顾问认为,涉案专利很可能被宣告无效并且强调"近些年相关声称被侵权的专利有近80%被宣告无效"。被控侵权人据此拒绝支付专利许可费。在专利侵权诉讼中,被控侵权人声称其具有对律师意见的良好信任,不构成侵权故意。美国联邦巡回上诉法院则认为,在收到专利权人发出的警告函或者律师函之后,该被控侵权人具有积极义务确定其行为是否构成侵权,这一积极义务包括,在任何可能的侵权行为开始之前,从律师处寻求和获得适格的法律咨询意见。在本案中,被控侵权人的内部法律顾问虽然进行了现有技术检索,但是并没有分析专利侵权行为发生之前该专利的审查历史,其法律意见在专利权的有效性和侵权判定方面仅有没有支持的结论性表述。同时,被控侵权人明知这一法律意见来自其内部法律顾问并且其内部法律顾问没有专利代理资格,因此,该内部法律意见并非适格的法律意见,被控侵权人构成故意侵权。

其次,民事主体在收到权利人关于知识产权侵权的律师函或者警告函时,具有寻求和遵循适格律师意见的义务。在中央豆制品公司诉荷美尔公司一案[②]中,与水下装备公司诉莫里森·努森一案有所不同的是,被控侵权人在实施专利侵权行为之前,获得了外部专利代理人关于是否构成专利侵权的法律意见,并且该法律意见考察了专利申请审批的历史。但是,美国巡回上诉法院仍然认为该法律意见并不适格。主要理由是,该法律意见关于专利有效性的分析仅仅参考了美国专利商标局专利审查员和专利复审委员会给出的参考文献,被控侵权人用了两年时间未能充分确定其是否保持在法律意见所建议的参数范围之内。也就是说,被控侵权人具有积极义务获得适格的法律意见以确定其行为是否构成侵权,这一法律意见不仅需要达到适格的标准,还需要与其分析相匹配,做到法律结论得到分析意见的充分支撑。

因此,寻求和遵循称职律师意见的情况,是判断是否构成故意侵权的关键因素。同时,也存在尽管没有寻求和遵循称职律师意见但是不构成故意侵权的个别情况,以及尽管寻求和遵循了称职律师意见但是仍然构成故意侵权的个别情况。

---

① Kalman v. Berlyn Corp. ,914 F. 2d 1473,1484,16 USPQ2d 1093,1101(Fed. Cir. 1990).

② Central Soya Co. , Inc. v. Geo. A. Hormel & Co. ,723 F. 2d 1573,220USPQ 490(Fed. Cir. 1983).

首先,就尽管没有寻求和遵循称职律师意见但是不构成故意侵权的个别情况而言,虽然没有寻求和遵循称职律师的意见是构成故意侵权的关键因素,但是这只是构成故意侵权的因素之一。例如,在美国原创公司诉詹金斯食品公司一案①中,美国联邦巡回上诉法院不认为构成故意侵权,其指出,故意侵权需要结合整体情况综合判断,被控侵权人在专利授权后没有去寻求关于是否构成侵权的律师意见,但是被控侵权人改变其生产系统以便于避免侵权,专利权人在提起诉讼之前并未向被控侵权人提出过侵权指控。再如,在国王装备公司诉小谷公司(King Instrument Corp. v. Otari Corp.)一案②中,虽然被控侵权人没有寻求律师意见,但是其检查了专利权人的早期产品并且提交了专利权人专利的改进专利申请,积极参加专利许可谈判,这些都表现出被控侵权人具有避免专利诉讼的意愿,因此不构成故意侵权。其次,尽管寻求和遵循了称职律师意见但是仍然构成故意侵权的个别情况。如果被控侵权人寻求并获得了适格的律师意见,指出专利权无效或者不构成侵权,那么法院通常会认定不具有主观故意;在被控侵权人不完全称职,并未完全遵循律师意见等情形下,应当认定为其具有主观故意。但是,在蓄意抄袭、隐匿侵权行为等情况下,即使寻求和遵循了称职律师意见,仍然应当认定为其具有主观故意。

## 二、故意的标准:从主观标准与客观标准的并用向完全主观标准转变

在寻求和遵循适格律师意见过程中,故意侵权认定的标准出现了从宽松到严格再到相对宽松的演变历程,意图实现权利人和行为人之间的利益平衡。

宽松的认定标准:司法推定规则。美国早期的司法实践采取推定规则,对"故意"的认定较为宽松。亦即,如果被控侵权人不能提供律师意见,那么就推定被控侵权人构成"故意",满足知识产权惩罚性赔偿制度的适用条件。例如,在克洛斯特超切钢诉熔炉公司一案中,美国联邦巡回上诉法院认定,被控侵权人无法提供律师意见,要么是因为被控侵权人没有从律师处得到法律意见,要么是因为被控侵权人从律师处得到了构成侵权的法律意见,因此可以做出对被控侵权人不利的推断,认定其构成"故意"。再如,在前文所述的水下装备公司诉莫里森·努森一案③中,美

① American Original Corp. v. Jenkins Food Corp., 774 F.2d 459,227 USPQ 299(Fed. Cir. 1985).

② King Instrument Corp. v. Otari Corp., 767 F.2d 853,226 USPQ 402(Fed. Cir. 1985),*cert. denied*,475 U.S. 1016(1986).

③ Underwater Devices,Inc. v. Morrison – Knudsen Co.,Inc.,717 F.2d 1380,1390,219 USPQ 569(Fed. Cir. 1983), *overruled*.

国联邦巡回上诉法院指出，民事主体在收到权利人发出的警告函或者律师函的时候，具有积极注意义务以确定其行为是否构成侵权，可以寻求律师意见并遵照执行，对权利人发出的警告函或者律师函及时应对可以使得被控告侵权人不构成故意侵权，从而不会承担惩罚性赔偿责任[①]。在该案中，对"故意"的认定类似于过失的标准，亦即缺乏一个理性的民事主体所应有的注意。

相对严格的认定标准："瑞德标准"。在此之后的法律实践中，对"故意"认定标准逐步从宽松走向严格。在瑞德公司诉波泰克公司一案[②]中，美国联邦巡回上诉法院确立了知识产权惩罚性赔偿制度"故意"认定的"瑞德标准"，对法律实践具有重要影响。美国联邦巡回上诉法院指出，仅仅发现存在侵权故意不会导致侵权损害赔偿数额提高到三倍，确定数额的关键因素是根据所有因素和环境判断被告行为的恶劣程度，法院在确定数额时应当考虑使得被控侵权人更加具有道德上可非难性的因素，以及会减轻或者降低被控侵权人道德上可非难性的因素。因此，瑞德案给出了帮助法院确定被控侵权人主观恶意程度，从而确定是否适用惩罚性赔偿以及惩罚性赔偿的具体倍数的九个考虑因素，这九个考虑因素在是否适用惩罚性赔偿方面的作用被希捷科技有限责任公司上诉案[③]替代，但是其被称为认定惩罚性赔偿具体倍数的主要标准。这九个考虑因素包括，被控侵权人是蓄意抄袭了权利人的构思还是做出了另行设计；当被控侵权人知晓了其他人拥有知识产权的时候，是否调查知识产权的保护范围或者具有善意地认定该知识产权无效或者并非侵权的情况；被控侵权人作为诉讼当事人的行为；被告的企业规模和财务情况；证据所证明的事实逼近客观事实的程度；被控侵权人侵权行为的持续时间；被控侵权人采取的补救行为；被控侵权人的侵权动机；被控侵权人企图隐藏其不正当行为的意图。

在此之后，美国联邦巡回上诉法院在克诺尔集团诉丹拿公司一案[④]中进一步收紧"故意"的认定标准。在该案中，美国联邦巡回上诉法院认定，由于律师负有对客户保密的义务有可能无法提供律师意见，不能单纯因为被控侵权人无法提供律师意见就推定其构成"故意"，同时这一推定也不是财产权领域的普遍规则，因此在专

---

① Kalman v. Berlyn Corp. ,914 F. 2d 1473 ,1484 ,16 USPQ2d 1093 ,1101 (Fed. Cir. 1990).

② Read Corp. v. Portec, Inc. , 970F. 2d 816, 23 U. S. P. Q. 2d 1426 (Fed. Cir. 1992).

③ In re Seagate Technology LLC ,497 F. 3d 1360 ,2007 U. S. App. LEXIS 19768 (Fed. Cir. 2007) (en banc) , *cert. denied sub nom.*

④ Knorr – Bremse Systeme Fuer Nutzfahrzeuge GmbH v. Dana Corp. , 383 F. 3d 1337 (Fed. Cir. 2004).

利侵权损害赔偿中也不应当提出特殊的要求。

全面严格的标准:主观标准与客观标准并用的“希捷标准”。全面严格化“故意”认定标准主要体现在希捷科技有限责任公司上诉案①中,该案确立了知识产权惩罚性赔偿制度“故意”认定的“希捷标准”,对法律实践具有重要影响。该案中,被控侵权人的律师给出了专利无效、不能执行等律师意见。美国联邦巡回上诉法院采取全席判决的方式否定了上述判决有关积极注意义务的观点,认为被控侵权人没有获得律师的积极义务,应当采取轻率的注意义务标准判断是否构成故意侵权。美国联邦巡回上诉法院在本案中明确了“故意侵权”的客观标准和主观标准。一方面,为了证明故意侵权,专利权人必须以清晰的、具有说服力的证据证明,被控侵权人对侵犯有效专利权的较高可能性有所认识,不顾客观上具有较高可能性构成侵权的情况,仍然轻率地、鲁莽地进行了制造、使用、销售、进口、许诺销售等行为,这是证明是否构成“故意侵权”的客观标准。其中所述的“鲁莽地”,通常是指民事主体知道或者应当知道,作为一个理性的民事主体应当认识到,其行为是不合理的冒险行为,却仍然坚持进行这一行为②。这一判断的核心是,理性的民事主体是否具有较高可能性的认识,认识到其行为构成侵权。在专利侵权诉讼之前,被控侵权人是否获得适格的律师意见,可以用于证明是否存在此种“客观上较高可能性”的具体情形。在这一判断中,可以考虑的主要因素包括,专利技术与被控侵权人的侵权技术的类似度、在采取争议的侵权行为之前被控侵权人获得的律师意见、涉案专利所述领域的技术饱和度和创新空间、庭审中提出的抗辩事由情况。③ 另一方面,为了证明故意侵权,专利权人还需要进一步证明,上述客观定义的构成专利侵权的风险,被控侵权人已经知道以至于构成“明知”,或者侵权可能性非常明显以致构成“应知”,这是证明构成“故意侵权”的主观标准。在这一判断中,可以考虑的因素包括,专利权人提供了明确的通知说明被控侵权人的特定行为会侵犯其专利权、被控侵权人在实施侵权行为之前获得的律师意见、专利权人和被控侵权人之间的关系、被控侵权人与本领域技术人员相比的能力差别、被控侵权产品上的标识、专利授权

---

① In re Seagate Technology LLC, 497 F. 3d 1360, 2007 U. S. App. LEXIS 19768 (Fed. Cir. 2007 (en banc), *cert. denied sub nom.*

② Safeco Ins. Co. of America v. Burr, 551 U. S. 47 (2007).

③ Randy R. Micheletti. *Willful Infringement After In re Seagate: Just What Is "Objectively Reckless" Infringement*? 84 Chi. - Kent L. Rev. 975, 994 - 996 (2010).

和商用化之间的时间间隔等①。

相对宽松的标准:对"希捷标准"的反思与向完全主观标准的转变。当前,美国司法实践出现了对较为严格的"希捷标准"的反思。2016年6月13日,美国最高法院针对光环电子公司诉脉冲电子公司专利侵权纠纷一案②和斯特赖克公司等诉齐默公司专利侵权纠纷一案③作出判决,调整了"希捷标准"。美国最高法院指出,《美国专利法》第二百八十四条没有给出专利侵权惩罚性赔偿制度的精确规则,但是在美国专利制度确立惩罚性赔偿制度180多年以来的法律实践中,该制度并不适用于一般的专利侵权行为,其主要用于"异乎寻常的、极其恶劣的专利侵权行为",至于哪些行为属于适用专利侵权惩罚性赔偿制度的"异乎寻常的、极其恶劣的专利侵权行为",这属于法官自由裁量的范围。美国最高法院进一步指出,希捷科技有限责任公司上诉一案所确立的"希捷标准"中的客观标准不符合专利侵权惩罚性赔偿制度的上述本意,仅应当保留"希捷标准"中的主观标准。亦即,在证明"故意侵权"的过程中,不应当要求专利权人证明"被控侵权人对侵犯有效的专利权的较高可能性有所认识并鲁莽地进行了制造、使用、销售、进口、许诺销售等行为",只需要证明被控侵权人对专利侵权的风险已经知道以至于构成"明知"或者侵权可能性非常明显以至于构成"应知"。"希捷标准"要求每一个案件都必须证明被控侵权人存在客观上的鲁莽行为,这把许多蓄意的和肆意的专利侵权人都排除在专利侵权惩罚性赔偿制度的适用范围之外,该标准使得被控侵权人在专利侵权诉讼中很容易编造一个借口进行抗辩,这种抗辩很有可能使被控侵权人避免惩罚性赔偿,甚至有些被控侵权人对专利的有效性毫不怀疑并且没有任何抗辩的借口,唯一的目的就是侵犯他人的专利权、窃取他人的专利技术。因此,知识产权惩罚性赔偿制度的适格性仅仅体现在被控侵权人的动机或者意愿上,所谓"故意侵权"是指被控侵权人"希望"产生侵权的后果或者"相信"他们的行为会确定地导致侵权结果的发生。

## 三、故意认定的核心:律师意见的适格性和完整性

律师意见的适格性和完整性,是认定被控侵权人是否构成故意侵权的关键。

---

① Randy R. Micheletti. *Willful Infringement After In re Seagate: Just What Is "Objectively Reckless" Infringement?* 84 Chi. - Kent L. Rev. 975,994 - 996(2010).

② Halo Electronics, Inc. v. Pulse Electronics, Inc. ,136 S. Ct. 1923(2016),195 L. Ed. 2d 278,84 USLW 4386,118 U. S. P. Q. 2d 1761.

③ Stryker Corporation, Et Al. , Petitioners v. Zimmer, Inc. ,Et. Al. ,14 - 1520.

在希捷科技有限责任公司上诉案①中,美国联邦巡回上诉法院采取全席判决的方式,给出了在律师意见适格性和完整性判断中应当考虑的主要因素。这些因素包括:(1)律师意见的来源,律师意见是由被控侵权人内部律师作出的,还是由独立的外部律师作出的;(2)律师意见的形式,律师意见是口头形式,还是书面形式;(3)律师意见的主体,律师意见是由通行律师作出的,还是由专业律师作出的;(4)律师意见的材料,律师意见是不是在考虑了专利权有效性和侵权有关材料的基础上作出的,其中有关材料包含专利审批历史的材料;(5)律师意见的专业性,律师意见是否存在法律理解错误,或者是否存在未能充分理解和把握专利权效力和专利侵权相关理论的情况;(6)律师意见的资格,律师意见由执业专利律师作出,还是由专利代理人作出;(7)律师意见的内容,律师意见是否明确清楚。

律师意见不适格、不完整都是影响故意侵权抗辩的典型情形。其中,律师意见不适格主要通过律师意见的来源、律师意见的形式、律师意见的主体、律师意见的专业性、律师意见的资格等来判断,律师意见不完整主要通过律师意见的材料、律师意见的内容来判定。通常而言,律师意见不完整的典型表现是,律师在未看到全部必要事实的情况下就作出法律意见,或者是律师在作出法律意见时没有进行必要的分析。首先,律师在未看到全部必要事实的情况下作出法律意见。在卡马尔克通信公司诉哈瑞斯公司一案②中,尽管被控侵权人获得了不构成侵权的律师意见,但是美国联邦巡回上诉法院基于有证据证明被控侵权人故意向律师隐瞒重要信息,认定被控侵权人具有主观故意。其次,律师在作出法律意见时没有作出必要的分析。在约翰·霍普金斯大学诉赛尔普罗公司一案③中,尽管被控侵权人获得的律师意见是专利权无效和不构成专利侵权行为,但是由于该律师意见忽略了其他权利要求,并且没有将引用的现有技术与权利要求保护范围联系起来,同时考虑该公司主管精通专利法和相关技术领域,因此认定被控侵权人具有主观故意。例如,在金布朗特公司诉罗伯特·H. 皮特森公司一案④中,美国联邦巡回上诉法院认定被控侵权人构成故意侵权,主要理由是在没有分析专利申请过程和被控侵权产品结构

① In re Seagate Technology LLC,497 F. 3d 1360,2007 U. S. App. LEXIS 19768(Fed. Cir. 2007(en banc),*cert. denied sub nom.*

② Comark Communications, Inc. v. Harris Corp., 156 F. 3d 1182,48 USPQ2d 1001(Fed. Cir. 1998).

③ Johns Hopkins University v. CellPro,Inc., 152 F. 3d 1342,47 USPQ2d 1705(Fed. Cir. 1998).

④ Golden Blount, Inc. v. Robert H. Peterson Co., 438 F. 3d 1354(Fed. Cir. 2006).

的情况下,作出的不构成侵权的律师意见不具有适格性和完整性。同时,考虑被控侵权人没有及时回应专利权人的警告函,对该专利权采取了漫不经心的态度,因此认定被控侵权人具有主观故意。

## 四、故意认定的抗辩:被控侵权人避免侵权的主观动机

对于知识产权惩罚性赔偿制度适用条件的“故意”,最为重要的抗辩理由是,被控侵权人具有避免侵权的主观动机。如果被控侵权人在行为过程中具有避免侵犯专利权的主观动机,那么被控侵权人不具有主观故意,不适用惩罚性赔偿。例如,在博朗公司诉美国动力学合作公司一案①中,原告博朗公司诉称,被控侵权人没有直接回应其律师有关需要查看产品外部配置情况的请求,仅向律师发送了最终设计和试生产阶段原型的照片和设计图纸,因此被控侵权人所获不构成侵权的律师意见不适格。美国联邦巡回上诉法院认为,具有充足的、无可置疑的证据表明,被控侵权人采取适当的注意和明确的善意以避免专利侵权,这主要体现在,在知道该专利之前,被控侵权人聘请设计公司独立设计了搅拌机;被控侵权人的律师全程参与这一设计过程并提供法律咨询意见;被控侵权人的律师在被控侵权人的请求下发现了该专利;被控侵权人基于“与该专利比较类似”的理由拒绝了设计出来的一种方案;3 月 17 日,被控侵权人接到律师发出的信件,该信件明确表明其最终设计并不侵犯该专利权;7 月 29 日,被控侵权人接到律师发出的信件,该信件在详细分析之后得出了不构成侵权的结论。据此,美国联邦巡回上诉法院认定被控侵权人不构成故意侵权。被控侵权人实质上质疑专利侵权是否成立和专利权的有效性,并不必然导致被控侵权人缺乏避免侵权的主观动机,并不必然导致被控侵权人构成侵权故意。

## 五、故意的证明:从优势证据的证明标准到清晰可信的证明标准再到优势证据证明标准的回归

早期法律实践:优势证据的证明标准。在美国早期的法律实践中,对专利侵权惩罚性赔偿制度采用优势证据的证明标准。在西摩诉麦考密克一案②中,美国最高

① Braun Inc. v. Dynamics Corporation of America, 975 F. 2d 815, 24 USPQ2d 1121 (Fed. Cir. 1992).

② Seymour v. McCormick – 57 U. S. 480 (1853).

法院提出,对于因为善意或者疏忽造成的一般侵权行为,应当以权利人的实际损失作为损害赔偿标准,对于因为蓄意或者恶意造成的特殊侵权行为,可以判处加倍的赔偿,不仅起到补偿专利权人损失的作用,也起到惩罚被控侵权人的作用。该案确立了专利侵权惩罚性赔偿制度的适用前提,但是没有对“故意”的证明作出讨论。在水下装备公司诉莫里森·努森一案[①]中,美国联邦巡回上诉法院指出,民事主体在收到专利权人发出的警告函或者律师函的时候,具有积极注意义务以确定其行为是否构成侵权,在收到专利权人发出的警告函或者律师函之后,该被控侵权人具有积极义务确定其行为是否构成侵权。被控侵权人的内部法律顾问进行了现有技术检索,但是并没有分析专利侵权行为发生之前该专利的审查历史,其法律意见在专利权的有效性和侵权判定方面仅有没有支持的结论性表述。同时,被控侵权人明知这一法律意见来自其内部法律顾问并且其内部法律顾问没有专利代理资格,因此,该内部法律意见并非适格的法律意见,被控侵权人构成故意侵权。在这一证明过程中,完全采用了优势证据的证明标准。

希捷公司上诉案:从优势证据证明标准转向清晰可信的证明标准。在希捷科技有限责任公司上诉(In re Seagate Technology LLC)一案[②]中,美国联邦巡回上诉法院明确了“故意侵权”的客观标准和主观标准,其中的“客观标准”就是被控侵权人对侵犯有效专利权的较高可能性有所认识,不顾客观上具有较高可能性构成侵权的情况,仍然轻率地、鲁莽地进行了制造、使用、销售、进口、许诺销售等行为。其中所述的“轻率地、鲁莽地”,通常是指民事主体知道或者应当知道,作为一个理性的民事主体应当认识到,其行为是不合理的冒险行为,却仍然坚持实施这一行为[③]。为了证明这一客观标准的成立,专利权人必须以清晰的、具有说服力的证据证明,也就是说,客观标准的证明标准必须达到清晰可信的证明标准。

光环电子案和斯特赖克公司案:优势证据证明标准的回归。对“希捷标准”的反思与向完全主观标准的转变。2016 年 6 月 13 日,美国最高法院针对光环电子公

---

① Underwater Devices, Inc. v. Morrison – Knudsen Co., Inc., 717 F. 2d 1380, 1390, 219 USPQ 569 (Fed. Cir. 1983), *overruled*.

② In re Seagate Technology LLC, 497 F. 3d 1360, 2007 U. S. App. LEXIS 19768 (Fed. Cir. 2007 (en banc), *cert. denied sub nom.*

③ Safeco Ins. Co. of America v. Burr, 551 U. S. 47 (2007).

司诉脉冲电子公司专利侵权纠纷一案①和斯特赖克公司等诉齐默公司②专利侵权纠纷一案作出判决，调整了“希捷标准”③。在审理中，美国最高法院对希捷公司上诉案给出的证明标准也进行了讨论，否定了希捷公司上诉案确定的“清晰可信的证明标准”，实现了向优势证据证明标准的回归。美国最高法院认为，一方面，现行法没有提供提高证明标准的法律依据。如前所述，美国法律实践针对专利侵权诉讼中被控侵权人提出的专利权无效抗辩、以在先发明人为根据的侵权抗辩等，采用清晰可信的证明标准，然而这些是以《美国专利法》第二百八十二条、第二百七十三条的规定作为明确的法律依据，这些条文对证明标准作出了专门的特别规定。《美国专利法》第二百八十四条并未对专利侵权惩罚性赔偿制度的适用条件作出单独的证明标准要求，立法者并未给予特定的证明标准要求，因此，不应当适用更高的清晰可信的证明标准。另一方面，历史上的法律实践也没有提供提高证明标准的法律依据。正如美国最高法院在傲客健身器材公司诉爱康运动与健康公司一案④中所作出的考察，专利侵权诉讼一直适用优势证据的证明标准。专利侵权惩罚性赔偿制度的法律适用不应当是例外。

## 结　语

知识产权惩罚性赔偿制度需要坚持严格保护知识产权和防止知识产权滥用的双重价值取向，体现政策价值和经济价值⑤。在知识产权惩罚性赔偿制度构成要件的认定中，也需要注重这二者的平衡。通常而言，最为核心的是如何通过被控侵权人的行为认定其存在故意的主观心态，而这主要通过寻求遵循称职律师意见的情况加以认定。这一认定的关键是被控侵权人的动机或者意愿，需要达到优势证据的证明标准并加以证明。关于构成要件的最关键的抗辩理由，是被控侵权人具有避免侵权的主观动机，也需要通过被控侵权人的行为加以判定。

---

① Halo Electronics, Inc. v. Pulse Electronics, Inc. ,136 S. Ct. 1923(2016),195 L. Ed. 2d 278,84 USLW 4386,118 U. S. P. Q. 2d 1761.

② Stryker Corporation, Et Al. , Petitioners v. Zimmer, Inc. ,Et. Al. ,14 – 1520.

③ 张晓霞：《美国专利侵权惩罚性赔偿标准的新发展》，载《知识产权》2016 年第 9 期。

④ Octane Fitness,LLC. v. Icon Health & Fitness,Inc. ,134 S. Ct. 1749,188 L. Ed. 2d 816,82 USLW 4330,110 USPQ2d 1337.

⑤ 张鹏：《专利侵权损害赔偿制度价值初探》，载《科技与法律》2016 年第 2 期。

# 知识产权法律服务的困境与破解之道

何　丹*

* 作者简介：

何丹，合伙人，中伦律师事务所武汉办公室，电邮为 hedan@ zhong lun. com。

当今，知识产权作为无形资产已经成为一种最重要的财富。世界知识产权组织总干事弗朗西斯·高锐在《2017 世界知识产权报告》中指出，当今全球价值链中的无形资本将逐渐决定企业的命运和财富，决定产品在市场上的成功率，而知识产权是企业维持其无形资本竞争优势的重要手段。[①] 当前我国的商标、专利申请数量虽然雄踞世界第一，但知识产权法律服务从整体上仍然难以满足需求。如何提高知识产权法律服务水平已成为当下大众创业、万众创新潮流下的重要课题。

## 一、知识产权服务的概念

知识产权服务在我国属于新兴服务业态，与传统的服务业相比，属于知识与技术密切结合型产业，具有较高的市场价值。“知识产权服务”于 2002 年首次纳入《国民经济行业分类》，是知识产权在国民经济行业分类中的唯一反映，隶属于“租赁和商务服务业”。2017 年新修订的《国民经济行业分类》中，“知识产权服务”调整至“科学研究和技术服务业”，具体内容为“专利、商标、版权、软件、集成电路布图设计、技术秘密、地理标志等各类知识产权的代理、转让、登记、鉴定、检索、分析、咨询、评估、运营、认证等服务”。随着我国知识产权服务业的发展，整个行业已经由单一的代理服务逐渐向咨询服务、分析评议服务、法律服务、质押融资服务等多元化服务方向发展。

## 二、知识产权法律服务面临的困境

目前，我国知识产权法律服务发展还很不完善，存在诸多不足：

### （一）知识产权法律服务出现结构性失调

1. 服务领域狭窄。目前，我国知识产权法律服务的重心还停留在传统行业，较少涉足生物基因、互联网、新能源等新兴领域。这种服务结构难以适应当前技术创新日新月异和新兴产业突飞猛进的发展态势。

2. 服务方式单一。知识产权法律服务多集中在传统代理、纠纷诉讼解决等方面，在知识产权价值评估、知识产权投融资、知识产权预警等方面尚处于起步阶段，难以为企业提供全方位服务。

3. 复合型人才稀缺。由于知识产权法律服务高度依赖专业性知识，对从业人员的要求比较高，不仅要求具备基本的知识产权法律知识、企业管理常识，而且根据

① 弗朗西斯·高锐：《2017 世界知识产权报告：无形资本将决定企业命运》。

所从事的不同领域需要不同的专业知识。随着市场经济的发展和对外开放领域的进一步拓宽，对知识产权从业人员提出了更高的要求，既要熟知法律，又要熟练外语；既要掌握技术，又要擅长管理，还要求精通国际规则。以专利领域为例，对大多数律师来说，不具备理工科背景，就难以深入理解相关技术；对多数代理人来说，只具备相关领域的专业知识和技能，忙于应付大量的申请任务，在企业日益增加的知识产权战略制定、预警、布局、贯标等需求方面缺乏有效应对。传统的知识产权律师机构，其业务集中在知识产权保护领域，以知识产权诉讼为重点；传统的知识产权代理机构，其业务集中在知识产权的申请，以知识产权的创造为重点。近些年来，二者出现了交叉融合的趋势：律师事务所开始关注并开展商标代理、版权代理、专利代理业务，而知识产权代理机构也以设立律师事务所为目标，一批既懂申请又通诉讼的律师、代理人横跨技术、经济、法律和管理领域，在服务客户中逐渐崭露头角，形成一股不可忽视的力量。近十年来，笔者也一直致力于知识产权的一站式服务，除身体力行外，还集合了一批优秀的律师及专利、商标、版权代理人组成团队为客户提供综合性知识产权法律服务，得到了客户的认可。但总体上来说，一站式高质量知识产权法律服务的复合型人才团队仍然十分稀缺。

（二）行政、司法机关打击侵权仿冒行为的力度不够，知识产权法律服务的应对乏力、效率低下

我国知识产权侵权普遍，仿冒泛滥，各种书籍、影片、图片大量被盗版。侵权仿冒无论在数量、程度还是广度上都前所未有，甚至连参加司法考试的许多考生都购买盗版资料。从世界范围来看，行政机关是知识产权保护的主体，承担着知识产权保护的重要职能。行政执法不力是造成如今盗版仿冒猖獗的重要因素之一。同时，与发达国家相比，我国的司法保护也存在严重的不足，法院基于"售假小商贩属于社会弱势群体"的认识，为维持社会稳定，对知识产权侵权往往处以极低的罚款或者过于苛责权利人的证据标准而不支持诉求，由此导致当事人委托律师进行商业性维权杯水车薪、寸步难行，甚至出现"劣币驱逐良币"现象。例如，在一些快速消费品领域，维权打假的结果甚至是权利人遭殃。权利人明知道自己权利被侵害都不敢正大光明地维权。因为维权的后果可能是消费者连正品都信不过，转而购买其他品牌。

（三）知识产权管理分散，知识产权法律服务不能形成合力

在我国，知识产权的行政管理工作分别由国家知识产权局、国家工商行政管理总局商标局、国家版权局、文化部等多部门负责，各部门分别管理某一领域的知识

产权业务活动。例如,国家版权局负责著作权事务,隶属新闻出版广电总局;国家商标局负责商标事务,隶属工商行政管理总局;国家专利局负责专利事务,隶属国家知识产权局;植物新品种包括草本植物与木本植物,分属农业和林业行政管理部门管理。此外,与知识产权有关的还包括科技部、工业和信息化部、海关、文化、质检、公安等部门。在多头分散管理模式下,各部门管理数据的渠道、来源不同,各部门基于对利益、数据标准或者管理成本等的考量,无法进行数据分享,管理机构之间存在壁垒,难以实现资源的有效整合。

## 三、解决知识产权法律服务困境的建议

为解决上述困境,结合知识产权综合管理改革已经取得的相关经验,笔者主要有以下几点建议:

### (一)放宽准入标准,鼓励混业经营,加快培养复合型人才

要扩大专利代理领域,放宽对专利代理机构股东或合伙人的条件限制。破除部门分割,进一步放宽律师和律师事务所从事专利代理业务的限制,建立一个高效、统一的知识产权法律服务市场。通过修改专利法、律师法等有关法律,鼓励律师事务所、专利代理所混业经营,支持知识产权服务主体提供全方位、全流程的服务,进一步拓展知识产权服务业的业务领域和范围,以适应企业日益增长的知识产权服务需求。

目前,知识产权人才培养途径主要来源于高校的知识产权专业教育、知识产权从业人员的专业培训等。具备高等学历是知识产权人才的基本要求,高校的知识产权专业教育是人才培养的根基。要加大力度在一些试点高校推广双学位制度,允许具备条件的理工科学生辅修法学或管理学双学位、允许法科生辅修理工科学位,加快培养一批知识产权复合型人才。同时,加大从业人员的知识产权培训力度,通过远程教育、出国进修等方式加快提升知识产权从业人员的服务能力。另外,需要加强与国外知名知识产权从业人员的交流,努力开拓知识产权服务人才培养的国际渠道,培养国际知识产权服务人才。①

### (二)全方位制度性保护知识产权

对故意侵犯知识产权的行为纳入企业和个人信用记录,完善知识产权快速维权机制。进一步推进侵犯知识产权行政处罚案件信息公开,并提高知识产权侵权

① 曹新明、梅术文:《我国知识产权人才现状及其培养思路》,载《知识产权年刊》2016 年。

法定赔偿上限,针对情节严重的恶意侵权行为实施惩罚性赔偿并由侵权人承担实际发生的合理开支。加强知识产权行政执法与刑事司法衔接,加强海关知识产权执法保护,加大国际展会、电子商务等领域知识产权执法力度,开展与相关国际组织和境外执法部门的联合执法。通过全方位对知识产权的保护,改善当前知识产权保护不力的现状。

(三)进一步推进知识产权综合管理改革

从国际经验看,全世界目前实行知识产权制度的 196 个国家和地区中,有 180 多个是由统一的工业产权局进行集中管理,只有不到 10 个国家实行分散管理。[①] 对知识产权事务实行集中统一的行政管理体制,大体可分为两种具体模式:一是"三合一"模式,即集专利、商标和著作权为一体的集中统一管理模式;二是"二合一"模式,即专利和商标为一体,著作权另行分设的相对集中的管理模式。在世界知识产权组织 188 个成员中,有 181 个实行综合管理体制,其中采"三合一"模式的近 40%,采"二合一"模式的占 55%。在知识产权大国中,如英国、加拿大、俄罗斯等实行集中统一管理;美国、法国等实行相对集中管理。采取集中管理体制是基于各类知识产权相同属性,科学配置治理结构,保障创新发展的一种选择。[②] 在我国,也在逐渐向着统一的知识产权管理体制进行探索,2009 年 7 月,深圳市实行大部制改革,成立市场监督管理局,将工商、质监、知识产权的职能划入,实现专利、商标、版权管理"三合一";2014 年,上海浦东以综合配套改革试点为契机,建立了专利、商标、版权"三合一"模式,这种改革模式取得的成效也很明显,一是知识产权行政职能更加集中,二是公众的诉求更加集中,从原专利、商标、版权分别由不同部门处理申诉、举报变为"诉求处置一体化",极大地降低了当事人的维权成本。[③] 特别是在成都市郫都区的成功试点之后,知识产权综合管理改革经验有必要在全国进一步推广。除了将分散于各个政府职能部门的行政执法权予以整合,提高行政效能,提高监管效率外,政府还应从市场主体的需求出发,打通知识产权的创造、运用、保护、管理和服务的全链条。

---

① 吴汉东:《我国知识产权保护水平总体并不存在"超高"或"过低"的问题》,载《21 世纪经济报道》2008 年 12 月 6 日。

② 吴汉东:《知识产权综合管理改革势在必行》,载《中国知识产权报》2017 年 3 月 29 日。

③ 叶宗雄、丁海涛、许春明:《上海浦东知识产权综合行政管理体制探索与实践》,载《中国发明与专利》2015 年第 3 期。

## 结　语

综上，我国的知识产权法律服务存在诸多不足，要想走出困境，提升整体水平，必须全方位、多角度对各个领域进行改革，打造一个符合中国现代化进程和国际地位的高水平知识产权法律服务行业。

## 2. 侵权认定标准

# 发明、实用新型专利侵权判定

王永红*

* 作者简介：

王永红，合伙人，中伦律师事务所广州办公室，

电邮为 wangyonghong@ zhonglun. com。

## 一、侵权判定的比较对象

### (一)专利侵权判定的基本方法

专利侵权判定表面上看是技术问题,但实质上是一个法律问题。不同于其他知识产权权利的侵权判定,专利侵权判定涉及对权利要求的解释、技术特征的分解、技术方案的对比等技术问题,仅了解法律规定而不具备基础技术知识,仅从表面进行简单分析是无法得出准确结论的。有鉴于此,专利侵权判定对主体的专业能力要求较高。如何准确、高效判定是否构成专利侵权,一直是专利保护中的重点和难点。在司法实践中,专利侵权判定普遍遵循以下思路:首先,根据权利要求书记载的内容界定专利权保护的范围。"发明或者实用新型专利权的保护范围以其权利要求的内容为准,说明书及附图可以用于解释权利要求的内容。"①对于权利要求书中没有记载的技术方案,专利权人不能将其纳入权利保护范围。其次,在准确解释权利要求的基础上,对权利要求的技术特征进行分解。专利审查指南指出,技术特征可以是构成发明或者实用新型技术方案的组成要素,也可以是要素之间的相互关系。再次,确定被诉侵权产品或方法所涉及的技术方案。在确定被诉侵权产品或方法技术方案时,需要根据对专利权利要求技术特征的分解,进行相对应的特征分解进行技术比对。最后,适用全面覆盖原则、等同原则,确定被诉侵权产品或方法所包含的技术特征,是否与专利权利要求记载的技术特征相同或等同,是否落入到专利权的保护范围之内。

### (二)侵权比较对象的确定

在进行专利侵权对比和判定时,涉及的一个基本问题即应如何确定侵权比较对象。发明,是指对产品、方法或者其改进所提出的新的技术方案;实用新型,是指对产品的形状、构造或者其结合所提出的适于实用的新的技术方案②。据此,发明保护的是产品或方法的技术方案,实用新型保护的是产品的技术方案,这两个类型的专利本质上所指的保护对象都是技术方案。在实践中,实施了一项专利技术,对外体现出来的往往是具体的产品实物。然而,专利权人可能会因生产条件、生产环境等因素的影响而对专利权利要求所记载的技术方案进行改变,并制作出与专利权利要求保护的技术方案有所偏差的专利产品。而被诉侵权人在使用专利技术生

---

① 具体参见《中华人民共和国专利法》第五十九条规定。

② 具体参见《中华人民共和国专利法》第二条规定。

产产品时,也可能出于对专利技术的不了解、躲避专利侵权风险的需要等原因,生产出与专利技术方案不完全一致的产品。这些不一致对于专利侵权的定性而言有着极为重要的影响。而且,不同于外观设计专利,发明或实用新型保护的是对产品构造、形状、制作方法等的改进,普通公众、司法人员甚至是该领域普通技术人员,仅凭产品往往难以分析出产品究竟使用了何种技术或方法制作的。因此,在进行专利侵权判定比较时,将专利产品与被诉侵权产品作为比较对象,不能保证侵权判定结论的准确性。认定是否构成专利侵权,比较的对象应当为产品或方法所包含的技术方案,应将专利技术方案与被诉侵权产品所涉及的技术方案之间进行对比分析,判断是否落入专利保护范围。专利产品只能用于帮助理解技术方案及技术特征,不能用作界定专利保护范围的依据。尤其需要注意的是,当被诉侵权人同样享有专利权时,不能简单就两者专利的技术方案直接进行对比,仍然应当将从被诉侵权产品中分解出来的技术特征和技术方案与专利权保护的技术方案进行对比,以确定侵权行为是否存在。在张庆尧与刘西仁专利权侵权纠纷上诉案中,山东高院就明确指出,“作为专利的权利对比对象只能是权利要求书表述的技术特征,而非专利产品实物特征,权利说明书及其附图可以用作解释权利要求,因此原审法院不以专利产品实物特征进行对比,也不以该部件的名称进行对比,而以权利要求书、权利说明书及其附图解释的权利要求与被控侵权产品该部件的技术特征进行对比,不仅方法是正确的,认定其技术特征相同也是正确的”①。在桂林市象山矿山机械厂、阳海萍、阳承君、阳秋生、肖代妹与邓敏实用新型专利实施许可合同纠纷案中,广西壮族自治区高级人民法院也指出,“正确的专利侵权判断方法是将专利权利要求书记载的全部技术特征与被控侵权产品实物的全部技术特征进行比较,上诉人桂林市象山矿山机械厂上诉要求将专利产品实物与被控侵权产品实物进行比较,属于比较对象错误,是对法律的错误理解”②。

此外,需要注意的是,专利权人所申请保护的技术方案并非一经提交即不会改变的。根据《中华人民共和国专利法实施细则》第五十一条③、第六十

① 具体参见山东省高级人民法院(2005)鲁民三终字第21号民事判决书。

② 具体参见广西壮族自治区高级人民法院(2012)桂民三终字第21号民事判决书。

③ 具体参见《中华人民共和国专利法实施细则》第五十一条规定:发明专利申请人在提出实质审查请求时以及在收到国务院专利行政部门发出的发明专利申请进入实质审查阶段通知书之日起的3个月内,可以对发明专利申请主动提出修改;实用新型或者外观设计专利申请人自申请日起2个月内,可以对实用新型或者外观设计专利申请主动提出修改。

一条①、第六十九条②的规定,发明或实用新型专利权人在专利申请、实质审查、无效宣告等程序中都可以对专利权利要求书进行修改,这就会导致专利技术方案和保护范围的变化。因此,进行侵权判定时,应以最终确定的技术方案进行比较。如专利获得授权后,以授权通过的权利要求书记载的内容进行比较而非专利申请过程中提出的权利要求内容;专利因无效程序部分权利要求被无效或者专利权人对专利权利要求进行了修改的,应以无效宣告程序结束后新确定的专利权利要求中体现的技术方案为比较对象。

## 二、技术特征的分解

"技术方案是对要解决的技术问题所采取的利用了自然规律的技术手段的集合;技术手段通常是由技术特征来体现的;未采用技术手段解决技术问题,以获得符合自然规律的技术效果的方案,不属于专利法第二条第二款规定的客体;没有记载技术特征,没有采用技术手段,也没有获得符合自然规律的技术效果的不是一种技术方案,不符合专利法第二条第二款的规定。"③发明、实用新型专利保护和侵权判定的比较对象是技术方案。技术方案当中包含了一系列的技术特征,直接将整体的技术方案与技术方案进行对比,往往会遗漏或忽略掉某些重要的技术特征,进而影响侵权判定的准确性,而且对比时也不易于操作。因此,在进行专利侵权判定,对比技术方案时,需要对专利技术方案和被诉侵权的技术方案中包含的技术特征进行分解,并将分解后的相应技术特征进行逐一比较。基于对技术的理解与专业水平的高低差异,不同主体对同一技术方案往往可能分解出不同的技术特征,在此基础上对技术特征进行比较,往往会导致对于同一被诉侵权行为,出现截然不同的侵权判定结果。因此,如何准确地分解技术特征,是发明、实用新型专利侵权判定中必须要解决的重点问题和难点问题。

不同类型的专利,其所体现出来的技术特征不尽相同,技术特征分解的方法、所参考的因素和侧重点也应有所区别。对于产品专利而言,其技术方案是针对产

① 具体参见《中华人民共和国专利法实施细则》第六十一条规定:请求人在提出复审请求或者在对专利复审委员会的复审通知书作出答复时,可以修改专利申请文件;但是,修改应当仅限于消除驳回决定或者复审通知书指出的缺陷。

② 具体参见《中华人民共和国专利法实施细则》第六十九条规定:在无效宣告请求的审查过程中,发明或者实用新型专利的专利权人可以修改其权利要求书,但是不得扩大原专利的保护范围。

③ 具体参见《专利审查指南(2010)》第二部分第一章第二节的规定。

品本身、产品形状、产品结构等进行改进,因此产品权利要求的技术特征通常体现为产品的各个产品各个组成部件之间的结构关系、连接关系等。对于方法专利而言,其所体现出来的技术特征通常为技术步骤的先后顺序。“权利要求书应当记载发明或者实用新型的技术特征”①;“权利要求书应当有独立权利要求,也可以有从属权利要求;独立权利要求应当从整体上反映发明或者实用新型的技术方案,记载解决技术问题的必要技术特征;从属权利要求应当用附加的技术特征,对引用的权利要求作进一步限”②。据此,技术特征记载于权利要求书当中,在进行技术特征分解时,应当结合权利要求书文字记载内容,以及各技术特征所要实现的技术功能、所追求的技术效果等因素进行综合考虑。

**【案例一】益而益(集团)有限公司与法国罗格朗公司等实用新型专利纠纷案③**

**案情简介:**原告益而益(集团)有限公司是名称为“增强型具有反向接线保护功能的接地故障断路器”,申请号为ZL200620117867.6(以下简称涉案专利)的实用新型专利权人,涉案专利申请日为2006年5月30日,授权公告日为2007年6月20日。被告三帕西西姆公司(Pass & amp; Seymour INC.)和被告四法国罗格朗公司(Legrand France)制造了外包装盒上标准的型号为“1595 - NTLWCC4”“1595 - 2SWTWCC4”“1595 - I3PKCC4”的GFCI产品(以下简称被诉侵权产品),并在产品本体、产品说明书和包装盒上均标有“Pass & Seymour”和“Legrand”字样及标识。而该产品实际制造地为被告二东莞长安迅诚电业制品厂的经营场所,同时,被告二是被告一迅诚电业有限公司在广东省东莞市设立的来料加工单位。原告认为四被告生产销售的被诉侵权产品落入涉案专利权利要求的保护范围,遂向法院起诉,请求法院判令:(1)四被告立即停止制造、销售侵犯原告专利权的接地故障断路器产品;(2)四被告赔偿经济损失及为制止侵权行为所支付的调查取证费、律师费等相关费用,暂计人民币210,277,760元;(3)四被告承担本案的全部诉讼费用。

**法院判决:**被控侵权产品与专利权利要求1所对应的全部技术特征,与帕西西姆公司所拥有的895专利公开的技术方案中的相应技术特征相同或者无实质性差异,被控侵权产品使用的是帕西西姆公司自己拥有的现有技术,没有落入涉案专利保护范围,不构成专利侵权。

---

① 具体参见《中华人民共和国专利法实施细则》第十九条规定。
② 具体参见《中华人民共和国专利法实施细则》第二十条规定。
③ 具体参见最高人民法院(2011)民三终字第1号。

本案中，法院认为被诉侵权产品技术特征可分解为：

A. 一种具有反向接线保护功能的接地故障断路器，它由上盖、绝缘支架、底座、安装在上盖和绝缘支架之间的接地架、设置在绝缘支架与底座之间且容置在底座内的电路板组合而成；

B. 在绝缘支架的左右两侧分别设置有火线插座端子13和中线插座端子12；

C. 1595I3PKCC4型号的产品在火线插座端子13的两端设置有插座叶片，在其中间设置有静触头。1595－2SWTWCC4. 1595－NTLWCC4两种型号的产品仅在火线插座端子13一端设置有插座叶片；

D. 1595I3PKCC4型号的产品在中线插座端子12的两端设置有插座叶片，中间设置有静触头。1595－2SWTWCC4、1595－NTLWCC4两种型号的产品在中线插座端子12的一端设置有插座叶片；

E. 在电路板上焊接有与电源火线输入螺钉相连金属片、与电源中线输入螺钉相连的金属片，用于检测漏电电流的差动微分变压器、一对通过导线穿过差动微分变压器与电源输入金属片相连的火线悬臂34和中线悬臂33，用于使火线插座端子13/中线插座端子12与火线悬臂34/中线悬臂33电力连接/或断开的脱扣器组件和用于阻止接地故障断路器电源输入端/输出端反向接线错误的组件；

F. 火线插座端子13、中线插座端子12的中部下端分别设置有一触头13A、12A；

G. 所述触头13A、12A直接与火线插座端子13、中线插座端子12相连；

H. 火线悬臂34的一端设有一个触头34A，中线悬臂33的一端设有一个触头33A；

I. 底座上两侧分别设置有火线负载悬臂38、中线负载悬臂47；

J. 火线负载悬臂38的一端设置有一双侧触头38A，火线负载悬臂38与电路板无连接；

K. 中线负载悬臂47的一端设有一个双侧触头47A，中线负载悬臂与电路板无连接；

L. 中线悬臂33、火线悬臂34上的一对触头33A、34A与火线负载悬臂38、中线负载悬臂47上的一对双侧触头38A、47A的一侧相配对；

M. 火线负载悬臂38、中线负载悬臂47上的一对双侧触头38A、47A的另一侧和火线插座端子13、中线插座端子12的一对触头13A、12A相匹配。

涉案专利的权利要求为：一种增强型具有反向接线保护功能的接地故障断路

器,它由上盖(1)、绝缘支架(3)、底座(5)、安装在上盖(1)和绝缘支架(3)之间的接地架(2)、设置在绝缘支架(3)与底座(5)之间且容置在底座(5)内的电路板(4)组合而成;在绝缘支架(3)的左右两侧分别设置有电源火线输出导体(14)和电源零线输出导体(15);在电源火线输出导体(14)的两端设置有插座叶片(16、17),在其中间设置有静触头(24);在电源零线输出导体(15)的两端设置有插座叶片(18、19),在其中部设置有静触头(25);在电路板(4)上焊接有与电源火线输入螺钉(31)相连的金属片(29)、与电源零线输入螺钉(32)相连的金属片(30)、用于检测漏电电流的差动微分变压器(33)、一对穿过差动微分变压器与电源输入金属片(29、30)相连的动触头臂(34、35)、用于使电源火线/零线输出导体(14、15)与动触头臂(34、35)电力连接/或断开的脱扣器组件和用于阻止接地故障断路器电源输入端/输出端反向接线错误的组件;其特征在于:分别在所述电源火线输出导体(14)和电源零线输出导体(15)的内侧、中间位置增设一对弹性静触头背(210、200);弹性静触头背(210、200)的一端与电源输出导体(14、15)相连,另一端与电源输出导体上的静触头(24、25)相连;在所述动触头臂(34、35)的另一端增设了一对动触头(26A、27A),使左侧的动触头臂(34)的另一端设有两个动触头(26、26A),右侧的动触头臂(35)的另一端设有两个动触头(27A、27);在所述电路板(4)上还增设了一对电源火线输出导体(212)、电源零线输出导体(211);电源火线输出导体(212)的一端设有一静触头(24A),另一端焊接在电路板上与电源火线相连;电源零线输出导体(211)的一端设有一静触头(25A),另一端焊接在电路板上与电源零线相连;所述一对动触头臂(34、35)上的一对动触头(26、27)与设置在所述绝缘支架左右两侧的一对电源火线、零线输出导体(14、15)上的一对静触头(24、25)相对应;动触头臂(34、35)上的另一对动触头(26A、27A)与设置在所述电路板上的另一对电源火线、零线输出导体(212、211)上的一对静触头(24A、25A)相对应。具体为图1。

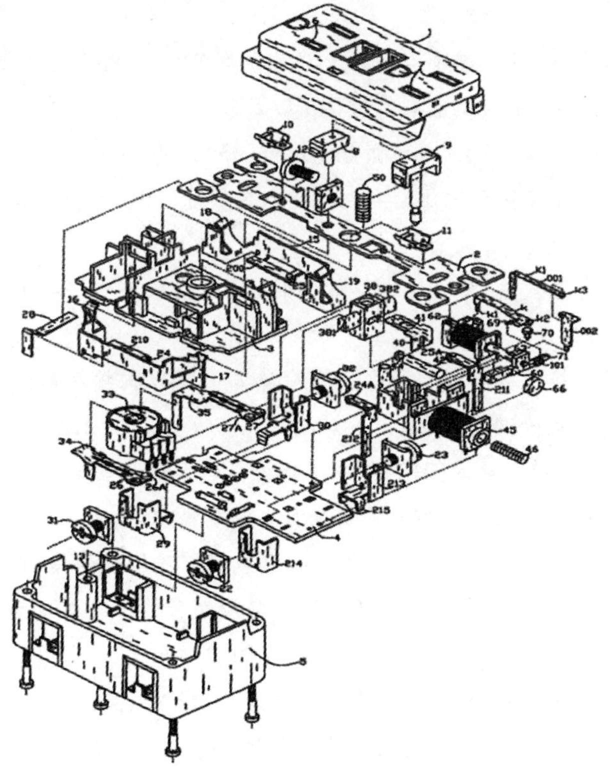

**图1　涉案专利产品结构**

对于上述涉案权利要求，原告代理人将其技术特征分解为：

1. 一种增强型具有反向接线保护功能的接地故障断路器；

2. 包括上盖(1)；

3. 绝缘支架(3)；

4. 底座(5)；

5. 安装在上盖(1)和绝缘支架(3)之间的接地架(2)；

6. 设置在绝缘支架(3)与底座(5)之间并容置在底座(5)内的电路板(4)；

7. 在绝缘支架(3)的左右两侧分别设置有电源火线输出导体(14)和电源零线输出导体(15)；

8. 在电源火线输出导体(14)的两端设置有插座叶片(16、17)，在其中间设置有静触头(24)；

9. 在电源零线输出导体(15)的两端设置有插座叶片(18、19)，在其中部设置有静触头(25)；

10. 在电路板(4)上焊接有与电源火线输入螺钉(31)相连的金属片(29)、与电源零线输入螺钉(32)相连的金属片(30)；

11. 用于检测漏电电流的差动微分变压器(33)；

12. 一对穿过差动微分变压器与电源输入金属片(29、30)相连的动触头臂(34、35)；

13. 用于使电源火线/零线输出导体(14、15)与动触头臂(34、35)电力连接/或断开的脱扣器组件；

14. 用于阻止接地故障断路器电源输入端/输出端反向接线错误的组件；

15. 在所述电路板(4)上还增设一对电源火线输出导体(212)、电源零线输出导体(211)，电源火线输出导体(212)的一端焊接在电路板上与电源火线相连，电源零线输出导体(211)的一端焊接在电路板上与电源零线相连；

16. 分别在所述电源火线输出导体(14)和电源零线输出导体(15)的内侧、中间位置增设一对弹性静触头背(210、200)；弹性静触头背的一端与电源输出导体(14、15)相连，另一端与电源输出导体上的静触头(24、25)相连；

17. 在所述动触头臂(34、35)的另一端增设一对动触头(26A、27A)，使左侧的动触头臂(34)的另一端设有两个动触头(26、26A)，动触头臂(34)上的动触头(26)与设在绝缘支架一侧的电源火线输出导体(14)上的静触头(24)相对应；动触头臂(34)上的另一动触头(26A)与设置在电路板上的另一对电源火线(212)上的静触头(24A)相对应；右侧的动触头臂(35)的另一端设有两个动触头(27、27A)；动触头臂(35)上的动触头(27)与设在绝缘支架一侧的零线输出导体(15)上的静触头(25)相对应；动触头臂(35)上的另一动触头(27A)与设置在电路板上的另一零线输出导体(211)上的静触头(25A)相对应。

原被告提供的知识产权司法鉴定机构将涉案专利技术特征分解为：

A. 一种增强具有反向接线保护功能的接地故障断路器，它由上盖(1)、绝缘支架(3)、底座(5)、安装在上盖(1)和绝缘支架(3)之间的接地架(2)、设置在绝缘支架(3)与底座(5)之间且容置在底座(5)内的电路板(4)组合而成；

B. 在绝缘支架(3)的左右两侧分别设置有电源火线输出导体(14)和电源零线输出导体(15)；在电源火线输出导体(14)的两端设置有断路器叶片(16、17)，在其中间设置有静触头(24)；在电源零线输出导体(15)的两端设置有断路器叶片(18、19)，在其中部设置有静触头(25)；

C. 在电路板(4)上焊有与电源火线输入螺钉(31)相连的金属片(29)、与电源零线输入螺钉(32)相连的金属片(30)、用于检测漏电电流额差动微分变压器(33)、一对穿过差动微分变压器与电源输入金属片(29、30)相连的动触头臂(34、35)电力连接/或断开的脱扣器组件和用于阻止接地故障断路器电源输入端/输出端反向接线错误的组件;

D. 分别在所述电源火线输出导体(14)和电源零线输出导体(15)的内侧、中间位置增设一对弹性静触头臂(210、200);弹性静触头臂(210、200)的一端与电源输出导体(14、15)相连,另一端与电源输出导体上的静触头(24、25)相连;

E. 在所述动触头臂(34、35)的另一端增设了一对动触头(26A、27A),使左侧的动触头臂(34)的另一端设有两个动触头(26A、27A),右侧的动触头臂(35)的另一端设有两个动触头(27A、27);

F. 在所述电路板(4)上还增设了一对电源火线输出导体(212)、电源零线输出导体(211);电源火线输出导体(212)的一端设有静触头(24A),另一端焊接在电路板上与电源火线相连;电源零线输出导体(211)的一端设有静触头(25A),另一端焊接在电路板上与电源零线相连;

G. 所述一对动触头臂(34、35)上的一对动触头(26、27)与设置在所述绝缘支架左右两侧的一对电源火线、零线输出导体(14、15)上的一对静触头(24、25)相对应;动触头臂(34、35)上的另一对动触头(26A、27A)与设置在所述电路板上的另一对电源火线、零线输出导体(212、211)上的一对静触头(24A、25A)相对应。

被告、专利复审委、法院主张将涉案专利技术特征分解为:

A. 一种增强型具有反向接线保护功能的接地故障断路器,它由上盖(1)、绝缘支架(3)、底座(5)、安装在上盖(1)和绝缘支架(3)之间的接地架(2)、设置在绝缘支架(3)与底座(5)之间且容置在底座(5)内的电路板(4)组合而成;

B. 在绝缘支架(3)的左右两侧分别设置有电源火线输出导体(14)和电源零线输出导体(15);

C. 在电源火线输出导体(14)的两端设置有插座叶片(16、17),在其中间设置有静触头(24);

D. 在电源零线输出导体(15)的两端设置有插座叶片(18、19),在其中部设置有静触头(25);

E. 在电路板(4)上焊接有与电源火线输入螺钉(31)相连的金属片(29)、与电源零线输入螺钉(32)相连的金属片(30)、用于检测漏电电流的差动微分变压器

(33)、一对穿过差动微分变压器与电源输入金属片(29、30)相连的动触头臂(34、35)、用于使电源火线/零线输出导体(14、15)与动触头臂(34、35)电力连接/或断开的脱扣器组件和用于阻止接地故障断路器电源输入端/输出端反向接线错误的组件；

F. 分别在所述电源火线输出导体(14)和电源零线输出导体(15)的内侧、中间位置增设一对弹性静触头背(210、200)；

G. 弹性静触头背(210、200)的一端与电源输出导体(14、15)相连，另一端与电源输出导体上的静触头(24、25)相连；

H. 在所述动触头臂(34、35)的另一端增设了一对动触头(26A、27A)，使左侧的动触头臂(34)的另一端设有两个动触头(26、26A)，右侧的动触头臂(35)的另一端设有两个动触头(27A、27)；

I. 在所述电路板(4)上还增设了一对电源火线输出导体(212)、电源零线输出导体(211)；

J. 电源火线输出导体(212)的一端设有一静触头(24A)，另一端焊接在电路板上与电源火线相连；

K. 电源零线输出导体(211)的一端设有一静触头(25A)，另一端焊接在电路板上与电源零线相连；

L. 所述一对动触头臂(34、35)上的一对动触头(26、27)与设置在所述绝缘支架左右两侧的一对电源火线、零线输出导体(14、15)上的一对静触头(24、25)相对应；

M. 动触头臂(34、35)上的另一对动触头(26A、27A)与设置在所述电路板上的另一对电源火线、零线输出导体(212、211)上的一对静触头(24A、25A)相对应。

由此可见，基于对权利要求书、技术方案、技术功能等内容的不同理解，不同主体对涉案技术方案采取了不同的分解方式，导致技术特征的数量及技术特征所代表的技术内容也有所区别，进而会导致在适用全面覆盖原则和等同侵权原则进行比较和侵权判定时会出现截然相反的结果。

## 三、全面覆盖原则

发明、实用新型专利侵权判定首要遵循的基本原则为全面覆盖原则。“专利法第五十九条第一款所称的‘发明或者实用新型专利权的保护范围以其权利要求的内容为准，说明书及附图可以用于解释权利要求的内容’，是指专利权的保护范围应当以权利要求记载的全部技术特征所确定的范围为准，也包括与该技术特征相等同的特征所确定的范围”①;“人民法院判定被诉侵权技术方案是否落入专利权的保护范围,应当审查权利人主张的权利要求所记载的全部技术特征;被诉侵权技术方案包含与权利要求记载的全部技术特征相同或者等同的技术特征的,人民法院应当认定其落入专利权的保护范围;被诉侵权技术方案的技术特征与权利要求记载的全部技术特征相比,缺少权利要求记载的一个以上的技术特征,或者有一个以上技术特征不相同也不等同的,人民法院应当认定其没有落入专利权的保护范围”②。据此,适用全面覆盖原则进行专利侵权判定时,应当将被诉侵权产品或方法包含的技术特征与权利要求记载的全部技术特征进行一一对比分析,看是否一一对应且相同。在满足全面覆盖原则的情况下,我们一般可认定被诉侵权方法或产品落入专利权的保护范围,构成相同侵权。当被诉侵权技术方案所包含的技术特征缺少或不同于专利技术方案的技术特征,例如,被诉侵权技术方案有 A、B、C、D 四个技术特征,而专利技术方案有 A、B、C、E 四个技术特征或者 A、B、D、E 四个技术特征,显然被诉侵权技术方案并没有全面覆盖专利技术方案所保护的全部技术特征,此时不会构成专利侵权。

当被诉技术方案所包含的技术特征多于专利技术方案所包含的技术特征时,还应当根据不同类型的权利要求认定被诉侵权行为是否构成专利侵权。“被诉侵权技术方案在包含封闭式组合物权利要求全部技术特征的基础上增加其他技术特征的,人民法院应当认定被诉侵权技术方案未落入专利权的保护范围,但该增加的技术特征属于不可避免的常规数量杂质的除外;前款所称封闭式组合物权利要求,一般不包括中药组合物权利要求。”③一般来说,当被诉侵权技术方案在包含了专利权利要求的全部技术特征时,还有其他技术特征,例如,被诉侵权技术方案有 A、B、C、D 四个技术特征,专利权利要求有 A、B、C 三个技术特征,此时被诉侵权技术方案所包含的技术特征仍然全面覆盖了专利权利要求记载的全部技术特征,因此构成专利侵权。当组合物专利权利要求为开放式的权利要求,即采用“包含”“包括”“主要”“由……组成”等表达方式时,其解释为还可以含有权利要求中没有述及的

---

① 具体参见《最高人民法院关于审理专利纠纷案件适用法律问题的若干规定》第十七条规定。

② 具体参见《最高人民法院关于审理侵犯专利权纠纷案件应用法律若干问题的解释》第七条规定。

③ 具体参见《最高人民法院关于审理侵犯专利权纠纷案件应用法律若干问题的解释(二)》第七条规定。

结构组成部分或方法步骤①,此时被诉侵权技术方案仍然有可能包含了专利权利要求的全部技术特征,仍有构成侵权的可能性。当组合物专利权利要求为闭合式权利要求,即采用“由……组成”的表达方式时,其一般解释为不含有该权利要求所述以外的结构组成部分或方法步骤②,则被控侵权技术方案包含除专利权利要求技术特征以外的技术特征的,不落入专利权保护范围内。

**【案例二】申请再审人山西振东泰盛制药有限公司(以下简称泰盛公司)、山东特利尔营销策划有限公司医药分公司(以下简称特利尔分公司)与被申请人胡小泉侵犯发明专利权纠纷案③**

**案情简介:**胡小泉是发明专利“注射用三磷酸腺苷二钠氯化镁冻干粉针剂及其生产方法”,专利号为ZL200410024515.1(以下简称涉案专利)的专利权人。其发现泰盛公司生产、许诺销售、销售的名称为“注射用三磷酸腺苷二钠氯化镁”的药品(以下简称被诉侵权药品)的冻干粉针剂与其专利独立权利要求2的保护范围完全相同,构成侵权。该专利独立权利要求2为:一种注射用三磷酸腺苷二钠氯化镁冻干粉针剂,其特征是:由三磷酸腺苷二钠与氯化镁组成,二者的重量比为100毫克比32毫克。特利尔分公司销售了泰盛公司生产的上述产品。故请求法院判令:特利尔分公司停止销售专利侵权产品;泰盛公司立即停止生产、许诺销售和销售专利侵权产品;泰盛公司、特利尔分公司赔偿胡小泉直接经济损失20万元、间接经济损失5万元,并承担全部诉讼费用。

在本案中,被诉侵权药品包含了涉案独立权利要求2的所有技术特征,唯一的区别技术特征在于被诉侵权药品还含有辅料碳酸氢钠和精氨酸成分。一审和二审法院认为,特利尔分公司未能提供证据证明被诉侵权药品是否实际含有了上述成分,即使被诉侵权产品含有上述成分,该成分仅仅为辅料,而非主要成分,不影响该针剂中“三磷酸腺苷二钠氯化镁”的组分构成和重量比,不是被诉侵权产品增加的技术特征,被诉侵权产品仍包含了涉案权利要求的所有技术特征,满足全面覆盖原则,构成相同侵权。最高院在再审时认为涉案专利权利要求2明确采用了《审查指南》规定的“由……组成”的封闭式表达方式,属于封闭式权利要求,其保护范围应当按照对封闭式权利要求的一般解释予以确定,辅料并不属于杂质,也在涉案专利

① 《专利审查指南(2010)》第二部分第二章第3.3节“权利要求的撰写规定”,第149页。
② 《专利审查指南(2010)》第二部分第二章第3.3节“权利要求的撰写规定”,第149页。
③ 具体参见最高人民法院(2012)民提字第10号民事判决书。

权利要求2的排除范围之内，故被诉侵权药品不落入专利保护范围。

## 四、等同原则

### （一）等同原则的适用

对发明、实用新型专利侵权进行判定时，我们首先应适用的是全面覆盖原则，比较被诉侵权技术方案所包含的技术特征是否全部囊括了专利权利要求的技术特征。然而，专利权保护范围常受限于权利要求书的文字表达，当被诉侵权人对专利权利要求的技术特征稍加改动或替换后进行使用，往往就会造成被诉侵权技术方案所包含的技术特征与专利权利要求的技术特征存在差异，无法适用全面覆盖原则，也就无法认定该行为构成专利侵权。“在侵权诉讼中，被告所实施的技术往往是经过改头换面的，侵权人常常采取偷梁换柱的方法对专利技术进行修改，以所属技术领域普通技术人员不经过创造性的劳动即可以联想到的技术手段，加以替换或改变，实现专利技术能够达到的优点或积极效果，这种修改与技术解决方案无关，其结构变化、形状变化、参数变化或尺寸变化不会影响专利技术的必要技术特征。”①在此情况下，若不对该种行为进行规制，无疑会使得专利得不到切实有效的法律保护。因此，在适用全面覆盖原则无法判定被诉侵权技术方案是否落入专利权利要求的保护范围时，我们还需要适用等同原则，综合考虑被诉侵权技术方案当中是否包含了与专利权利要求等同的技术特征，进而认定被诉行为仍然构成专利侵权。等同原则的实质在于将专利权的保护范围扩大到权利要求书文字记载的范围之外，以此来使专利权人的利益得到充分保护②。

### （二）等同原则构成要件

“等同特征，是指与所记载的技术特征以基本相同的手段，实现基本相同的功能，达到基本相同的效果，并且本领域普通技术人员在被诉侵权行为发生时无须经过创造性劳动就能够联想到的特征。”③此外，等同原则还体现在《最高人民法院关

---

① 刘友华、陈骞：《我国专利侵权判定原则及其适用研究》，载《湖南科技大学学报》（社会科学版）2014年第1期。

② 吴胜华：《等同原则的适用及限制——以规制专利权滥用为视角》，载《科技与法律》2010年第3期。

③ 具体参见《最高人民法院关于审理专利纠纷案件适用法律问题的若干规定》第十七条第二款。

于审理侵犯专利权纠纷案件应用法律若干问题的解释》第七条[①],《最高人民法院关于审理侵犯专利权纠纷案件应用法律若干问题的解释(二)》第八条第二款[②]等条文规定当中。根据上述相关法律规定,适用等同原则时需要同时满足四个要件,即所对比的技术特征采用了基本相同的手段、实现了基本相同的功能,达到了基本相同的效果,且本领域普通技术人员对于这种特征替换是显而易见的,无须任何创造性劳动即可联想到的。

例如,在陈顺弟与浙江乐雪儿家居用品有限公司、何建华及第三人温士丹侵害发明专利权纠纷案[③]中,最高院在认定等同侵权问题上明确指出,"方法发明专利的权利要求是包括有时间过程的活动,如制造方法、使用方法、通信方法、处理方法等权利要求。涉及产品制造方法的发明专利通常是通过方法步骤的组合以及一定的步骤顺序来实现的。方法专利的步骤顺序是否对专利权的保护范围起到限定作用,从而导致在步骤互换中限制等同原则的适用,关键要看这些步骤是否必须以特定的顺序实施以及这种互换是否会带来技术功能或者技术效果上的实质性差异",并据此认为,"被诉侵权方法中先修边,还是先热黏合,这两个步骤的实施不具有先后顺序的唯一对应性,对于整个技术方案的实现没有实质性影响,且这两个步骤的互换在技术功能和技术效果上也没有产生实质性的差异,故被诉侵权方法调换后的步骤与涉案专利权利要求 1 的第 6、7 步属于相等同的技术特征"。

(三)等同特征的认定

关于技术特征是否构成等同,曾经存在两种认定方法,一是整体等同规则,二是全部技术特征规则。整体等同是指,被控侵权行为缺少权利要求记载的某一或某些技术特征,也没有采用替代物或者替代步骤,但如果将被控侵权行为的客体与

---

① 《最高人民法院关于审理侵犯专利权纠纷案件应用法律若干问题的解释》第七条规定,人民法院判定被诉侵权技术方案是否落入专利权的保护范围,应当审查权利人主张的权利要求所记载的全部技术特征。被诉侵权技术方案包含与权利要求记载的全部技术特征相同或者等同的技术特征的,人民法院应当认定其落入专利权的保护范围;被诉侵权技术方案的技术特征与权利要求记载的全部技术特征相比,缺少权利要求记载的一个以上的技术特征,或者有一个以上技术特征不相同也不等同的,人民法院应当认定其没有落入专利权的保护范围。

② 《最高人民法院关于审理侵犯专利权纠纷案件应用法律若干问题的解释(二)》第八条第二款规定,与说明书及附图记载的实现前款所称功能或者效果不可缺少的技术特征相比,被诉侵权技术方案的相应技术特征是以基本相同的手段,实现相同的功能,达到相同的效果,且本领域普通技术人员在被诉侵权行为发生时无需经过创造性劳动就能够联想到的,人民法院应当认定该相应技术特征与功能性特征相同或者等同。

③ 具体参见最高人民法院(2013)民提字第 225 号民事判决书。

专利技术分别作为一个整体看待并进行对比分析，认为两者符合上述等同原则四个适用要件，仍然可以得出构成等同侵权行为的结论[①]。全部技术特征规则是指对权利要求书记载的每一个技术特征进行对比分析，看每个技术特征是否都以基本相同的手段，实现基本相同的功能，达到基本相同的效果，从而得出是否构成等同侵权的结论。整体等同规则的适用，实际上是扩大了专利权的保护范围，使得权利要求保护范围更加无法预见，降低了等同原则在专利侵权判定中的可操作性和实用性。因此，随着专利制度的逐步完善，以整体技术作为单位进行对比以认定技术方案是否等同的做法逐渐被摒弃了。以《最高人民法院关于审理专利纠纷案件适用法律问题的若干规定》第七条的规定为依据，我国法律上实际已经认可认定技术特征是否等同，应当将被诉侵权技术方案的技术特征与专利权人申请保护的全部技术特征进行一一对比的方法。

当然，还需注意，等同原则的滥用或限用都会影响专利权利要求的保护范围与专利制度的施行效果。等同判定有很大的弹性空间，标准的宽严变化影响深远——标准过宽，专利权保护范围被扩大，将压缩自由模仿的空间，损及公共利益；标准过严，专利权保护范围随之缩小，又可能不利于激励创新，损及专利权人利益；宽严不定则会导致专利权保护范围失去确定性和可预见性[②]。在司法实践中，基于对技术理解的不同，对技术特征是否构成等同的认定会受到一定主观因素和自由裁量的影响，容易出现标准不统一、结论不一致的情况，因此需要对等同原则进行严格的适用，以尽量弱化主观自由裁量给专利保护范围带来的不确定性和不可预见性，兼顾专利权人利益和社会公众利益的平衡。

（四）等同原则适用的例外

1. 禁止反悔原则

“专利申请人、专利权人在专利授权或者无效宣告程序中，通过对权利要求、说明书的修改或者意见陈述而放弃的技术方案，权利人在侵犯专利权纠纷案件中又将其纳入专利权保护范围的，人民法院不予支持。”[③]据此，禁止反悔原则是指对于专利权人在专利授权或无效宣告程序中明确表示放弃的技术方案，在专利侵权纠

---

① 尹新天：《中国专利法详解》（缩编版），知识产权出版社 2012 年版，第 470 页。

② 张书青，《专利侵权等同判定的原则与规则》，载《电子知识产权》2016 年第 12 期。

③ 具体参见《最高人民法院关于审理侵犯专利权纠纷案件应用法律若干问题的解释》第六条规定。

纷中界定专利权保护范围时不可将其放弃的技术方案重新纳入权利保护范围当中。在相同的侵权行为中,被诉侵权技术特征与权利要求记载的技术特征全部相同时,被诉侵权是否构成侵权似乎是很明确的。然而,在认定是否构成等同侵权的案件中,专利权人、被诉侵权人、法院往往会对权利要求保护的范围、权利要求记载的技术特征、被诉侵权产品或方法的技术特征作出不同甚至是截然相反的划分和解释。等同原则的本意在于加强对专利权人的保护,避免专利权保护范围因文字表达的限制而被不合理地限缩。然而,专利权人一旦滥用等同原则肆意扩张专利保护范围,容易导致利益不平衡,同时损害被诉侵权人及社会公众利益。在中誉电子(上海)有限公司与上海九鹰电子科技有限公司侵犯实用新型专利权纠纷案中,最高院就指出,禁止反悔原则的法理基础在于,“在专利授权实践中,专利申请人往往通过对权利要求或说明书的限缩以便快速获得授权,但在侵权诉讼中又试图通过等同侵权将已放弃的技术方案重新纳入专利权的保护范围,为确保专利权保护范围的安定性,维护社会公众的信赖利益,专利制度通过禁止反悔原则防止专利权人上述‘两头得利’情形的发生①”。因此,司法实践中必须适用禁止反悔原则对等同原则的适用进行限制。

具体到上述案例一,原告在涉案专利无效宣告请求程序中多次明确指出,弹性静触头背(210,200)从输出导体(14,15)上伸出一段较长的距离后横向延伸到静触头(24,25)上方,其横向延伸的距离较长,具有明显的弹性,并具有节省空间、保证动触头与静触头可靠接触的技术效果。专利复审委据此认为涉案专利与现有对比文件的区别技术特征在于“弹性静触头背”,并认为涉案专利具有新颖性和创造性,从而决定维持涉案专利权有效。基于禁止反悔原则,原告在侵权诉讼中将不能再把不含有“弹性静触头背”这一技术特征的技术方案纳入其专利保护范围内。而法院最终亦以被控侵权产品并不具备涉案专利“弹性静触头背”这一技术特征为由认定被诉产品不构成专利侵权。

2. 实施现有技术不侵权

“在专利侵权纠纷中,被控侵权人有证据证明其实施的技术或者设计属于现有技术或者现有设计的,不构成侵犯专利权。”②据此,为了保障公众自由使用公有领域技术资源,若被诉侵权产品或方法所使用的技术方案为现有技术或公知技术,即

① 具体参见最高人民法院(2011)民提字第306号民事判决书。

② 具体参见《中华人民共和国专利法》第六十二条规定。

使该技术所体现的技术特征与专利权利要求的技术构成相同或等同特征，也不应认定为专利侵权。

具体到案例一，本案焦点之一在于被控侵权产品是否使用了美国专利US6958895（以下简称895专利）所描述的现有的技术方案。法院认为，被控侵权产品与专利权利要求1所对应的全部技术特征，与帕西西姆公司所拥有的895专利公开的技术方案中的相应技术特征相同或者无实质性差异。而且，原告也无法指出被控侵权产品与895专利之间存在实质性的区别。因此被控侵权产品使用的是帕西西姆公司自己拥有的现有技术，而被控侵权产品、895专利与涉案专利唯一的实质性技术特征区别仅在于“弹性静触头背”，因此被告没有侵犯原告涉案专利权。

## 五、多余指定原则

多余指定原则是指，如果所属领域中的技术人员在理解权利要求所限定的技术方案时认为该权利要求记载的某一技术特征对于解决发明所要解决的技术问题来说是多余的，即使被控侵权行为没有采用该技术特征，也可以得出构成侵权行为的结论①。多余指定原则曾经与全面覆盖原则、等同原则一起作为发明、实用新型专利侵权判定的基本原则进行适用。2001年颁布的《北京市高级人民法院关于〈专利侵权判定若干问题的意见（试行）〉的通知》中明确指出了多余指定原则的概念及适用情形②。但是，多余指定原则是在对法律的误解中产生的，所以这一原则从它产生的那一天起就没有存在的必要，尽管就个案看某些判例是公正的，但这种判例不应加以推广，否则会给整个法律体系带来混乱③。考虑多余指定原则固有的弊端等因素，我国司法实践中已不再适用多余指定原则。在吴遵功与广东美的制冷设备有限公司、武汉工贸有限公司侵害实用新型专利权纠纷中，一审法院就认为，“根据《中华人民共和国专利法》第五十九条第一款、《中华人民共和国专利法实施细则》第二十一条的规定，实用新型的独立权利要求前序部分和特征部分写明的特征合在一起，限定实用新型要求保护的范围，在进行专利侵权判定时，应当以涉案专

---

① 尹新天：《中国专利法详解》（缩编版），知识产权出版社2012年版，第467～468页。

② 具体参见北京市高级人民法院关于《专利侵权判定若干问题的意见（试行）》的通知（京高法发〔2001〕229号）第四十七条至第五十五条，该意见目前已失效。

③ 白占立、寇占奎、张百松，《多余指定原则的弊端剖析》，载《河北师范大学学报》（哲学社会科学版）2008年第4期。

利独立权利要求 1 记载的技术方案的全部技术特征,与被控侵权产品的技术特征进行比对,所以原告吴遵功主张对涉案专利前序部分的技术特征适用多余指定原则,不予支持”①。

① 具体参见湖北省高级人民法院(2014)鄂民三终字第 00145 号民事判决书。

# 方法专利中举证责任倒置的司法实践

蔡　鹏*

*作者简介：

蔡鹏，非权益合伙人，中伦律师事务所北京办公室，电邮为 caipeng@ zhonglun. com。

根据《民事诉讼法》的规定,当事人的基本举证责任划分是“谁主张,谁举证”。但是在有些特殊侵权案件中,由于在客观上对主张事实的当事人来说很难取得相关证据,如果再适用基本举证责任,则会导致举证义务的天平发生严重倾斜,致使一方败诉风险增大。所以对于此类案件的举证,法律作出特别规定,根据当事人对接近证据和取得证据的难易程度划分相应的举证责任,此时便会发生举证责任倒置。在专利案件中,唯一产生举证责任倒置的是在方法专利侵权案件中。

《专利法》第六十一条第一款明确规定:专利侵权纠纷涉及新产品制造方法的发明专利的,制造同样产品的单位或者个人应当提供其产品制造方法不同于专利方法的证明。该条明确了专利法中唯一适用举证责任倒置的情形,即在涉及新产品制造的方法专利侵权案件中,案件的被告——生产同样产品一方必须提供证据证明,其方法不同于专利权人所拥有的授权专利保护的技术方案。

上述条款是对方法专利权人的保护,因为对于制造方法专利权来说,专利方法的使用总是在产品的制造过程中进行的,专利权人一般很难进入对方的制造场所,举证会出现巨大的困难;而且通过诉讼保全或其他措施也很难对涉案方法进行取证,此时要求专利权人提供证据,证明被控侵权人采用的制作方法与专利方法相同是一件几乎不可能完成的任务。基于此,法律要求被控侵权人必须提供证据,证明被控侵权的制造方法不同于专利权所保护的制造方案。

## 一、立法历史

从我国专利法的产生和修订的历史看,均对涉及方法发明专利的举证责任倒置做了明确规定。

1984 年 3 月 12 日通过并于 1985 年 4 月 1 日起施行的《专利法》第六十条第二款规定:“在发生侵权纠纷的时候,如果发明专利是一项产品的制造方法,制造同样产品的单位或者个人应当提供其产品制造方法的证明。”这是关于在产品制造方法的发明专利侵权诉讼中,被控侵权者需承担举证责任的最早规定。上述规定基本上涵盖了同样产品的生产商在所有方法专利侵权诉讼中,均需承担举证责任,无论获取专利权的产品制造方法可能是一种新产品的制造方法,还是一种已知产品的制造方法。该条款迫使相同产品的被控侵权方首先承担举证责任,导致被告的举证责任过大和举证天平失衡,故在后续专利法修订中进行了修正。

1992 年 9 月 4 日对《专利法》进行第一次修正后,“产品”之前被戴上了“新”帽子。修正后的《专利法》第六十条第二款规定:“在发生侵权纠纷的时候,如果发明专利是一项新产品制造方法,制造同样产品的单位或者个人应当提供其产品制造方法的证明。"这样,"制造方法"被加上了一个前提条件:即必须是"新产品",才能适用举证倒置规则。作为原告的专利权人必须先成功证明其产品是"新产品"。1992 年专利法通过在法条中加入"新产品",一方面通过举证责任倒置对方法专利的专利权人进行保护,另一方面也缩小了举证责任倒置的范围,有效地平衡了诉讼中各方的举证责任。

考虑 1992 年《专利法》在举证责任倒置的规定中还存在不完善之处,特别是由于法律规定制造同样产品的单位或者个人应当提供的仅仅是"其产品制造方法的证明",在实践执行中容易造成不同的解读,不能清楚地反映侵权人实施的方法与专利方法的关系,从而对于执法机关认定被控侵权行为是否构成侵权造成了很大的困扰。因此在 2000 年修改《专利法》时,按照 TRIPs 协议的规定,对举证责任倒置条款进行了进一步的调整,修改为:"专利侵权纠纷涉及新产品制造方法的发明专利的,制造同样产品的单位或者个人应当提供其产品制造方法不同于专利方法的证明。"司法实践也对上述举证责任进行了呼应。2002 年 4 月 1 日起施行的《最高人民法院关于民事诉讼证据的若干规定》第四条则规定:"下列侵权诉讼,按照以下规定承担举证责任:(一)因新产品制造方法发明专利侵权诉讼,由制造同样产品的单位或者个人对其产品制造方法不同于专利方法承担举证责任。"

2008 年《专利法》即现行《专利法》,并未在举证责任倒置的规定中对 2000 年《专利法》进行修改,仅将修改前的第五十七条第二款的规定独立出来作为第六十一条的规定。

## 二、举证责任倒置在诉讼中的运用

### 1. 举证责任分担的问题

《专利法》第六十一条规定的举证责任倒置条款在诉讼中如何运用?是否在举证责任倒置的情况下权利人可以不负任何举证责任?换句话说,在举证责任倒置的情况下,原被告双方如何分担呢?

举证责任倒置并不意味着权利人不负任何举证责任,相反,权利人对于待证事实需要承担初步的举证义务:即权利人应当能够证明依照专利方法制造的产品属于新产品,然后证明被诉侵权人制造的产品与依照专利方法制造的产品属于同样的产品。

首先,对于新产品,权利人需完成对新产品的初步举证。"新产品"的判断标准规定于《最高人民法院关于审理侵犯专利权纠纷案件应用法律若干问题的解释》(以下简称《专利司法解释》)第十七条,即"产品或者制造产品的技术方案在专利申请日以前为国内外公众所知的,人民法院应当认定该产品不属于专利法第六十一条第一款规定的新产品"。因此,产品本身或者制造产品的技术方案中有一项在方法专利的申请日之前已经为国内外公众所知的,该产品就不属于新产品。

其次,权利人需要对方法专利形成的产品与被控侵权产品是否为"相同产品"进行举证。

最后,由法院判断权利人是否完成举证责任,案件是否有必要举证责任倒置。

在权利人完成上述初步举证义务并经法院判定后,被诉侵权人应当就被诉侵权产品的生产方法不同于权利人专利中的技术方案承担相应的举证义务。

2. 举证责任倒置是否必然适用

既然原告完成了初步举证责任,那么被告是否必须证明自己的产品制备方法不同于涉案方法专利呢?答案为否。因为法院必须针对原告的举证,综合全案判断是否需要举证责任倒置由被告举证。

在利利公司诉甘李药业有限公司(以下简称甘李公司)侵犯专利权纠纷一案[北京市高级人民法院(2007)高民终字第1844号]中,利利公司要求法院向药监局调取甘李公司申报药物的相关资料,并且利利公司进一步向法庭主张,依据《专利法》第五十七条的规定,本案举证责任应该倒置,甘李公司应证明其药品制备的方法没有侵犯本案的方法发明专利。

利利公司专利的独立权利要求为:一种制备药物制剂的方法,该方法包括使具有治疗活性的式(I)胰岛素类似物或其可药用盐与一种或更多种可药用的赋形剂或载体混合:其中A21是天冬酰胺、丙氨酸或甘氨酸;B1是苯丙氨酸、天冬氨酸或没有;B2是缬氨酸,或B1没有时B2也没有;B3是天冬酰胺或天冬氨酸;B10是组氨酸或天冬氨酸;B28是任何氨基酸;B29是L-脯氨酸或D-赖氨酸;Z是-OH;X是Arg-Arg或是没有;Y只有当有X时才有,若有Y的话,Y是Glu或是一种氨基酸顺序,该顺序含有所有或部分如下顺序:Glu-Ala-Asp-Leu-Gln-Val-Gly-Gln-Val-Glu-Leu-Gly-Gly-Gly-Pro-Gly-Ser-Leu-Gln-Pro-Leu-Ala-Leu-Glu-Gly-Ser-Leu-Gln-Lys-Arg,该顺序从氨基末端Glu开始。

从法庭调查中可以证实的是,依据该专利方法所直接获得的产品范围相当广泛,因为此专利本身基本涵盖了胰岛素的制备方法:活性物质+赋型剂或载体。不仅一部分已在国内上市的胰岛素产品使用了该方法,而且部分在境外上市,尚未在国内销售的胰岛素产品也使用了该方法。根据当时的司法实践，对于新产品的判断基本上以相对新颖性+"出现"为标准，即所涉及的产品在专利申请日之前是本国市场上未曾见过的，就可以认为是"新产品"①。本案的特殊性就在于，涉案方法专利所直接获得的产品既包括新产品，也包括国内已上市的产品。就2000年《专利法》第五十七条第二款的立法本意进行分析，是可以推定涉案专利属于涉及新产品制造方法专利。对于依据涉案专利方法所直接获得的产品与被告所制造的产品是否为同样产品，由于涉案专利方法几乎覆盖了胰岛素药物制剂的方法，双方对此争议并不大。

在此情况下，法院适用举证责任倒置似乎已经是板上钉钉，但是最终法院没有适用举证责任倒置，原因如下：

(1)实体大于程序

甘李公司在诉讼中提出了多个非常有效的实体抗辩，其中之一是本案应当适用BOLAR例外原则②。当时法律并未对BOLAR例外进行规定，而甘李公司在答辩以及庭审意见中，对BOLAR例外在中国的司法适用做了详细的阐述，法院最终也以实体上不构成侵权而没有适用程序上的举证责任倒置。

可见，即便甘李公司使用的是利利公司的专利方法，但甘李公司也不构成侵权。甘李公司此时再承担举证责任便显得毫无必要，即本案是否适用举证责任倒置不会影响案件结果。

(2)其他考虑的因素

甘李公司药品的技术方案是甘李公司的核心机密，关系到甘李公司企业的生死存亡；同时，利利公司和甘李公司是商业上的直接竞争对手，如果本案在大局已定的情况下，将甘李公司的药品技术方案向利利公司予以披露，有可能对甘李公司的自身利益造成重大的损害。从案件事实等综合考虑，甘李公司承担举证责任也显得有害无益。

---

① 参见国家知识产权局条法司：《新专利法详解》，知识产权出版社2001年版，第324页。

② BOLAR例外在专利法中已经做了规定，即在《专利法》第六十九条中，2008年专利法在2000年版基础上添加了一款，作为第五款，"为提供行政审批所需要的信息，制造、使用、进口专利药品或者专利医疗器械的，以及专门为其制造、进口专利药品或者专利医疗器械的，不视为侵犯专利权"。

## 三、适用举证责任倒置的核心问题

1. 关于新产品的判断标准和证明责任

(1)法定标准

在《专利司法解释》出台之前,新产品的判断标准在实践中一般采取相对新颖性标准,即在《北京市高级人民法院关于专利侵权判定若干问题的意见(试行)》(京高法发〔2001〕229 号)中规定:新产品是指在国内第一次生产出的产品,该产品与专利申请日之前已有的同类产品相比,在产品的组份、结构或者其质量、性能、功能方面有明显的区别。

《专利司法解释》第十七条明确新产品为绝对新颖性标准,即以专利申请日为判断时点,产品或者制造产品的技术方案在专利申请日以前不为国内外公众所知的,使得新产品的新颖性标准与授权专利所需要求的新颖性标准完全一致,北京市高级人民法院《专利侵权判定指南(2017)》也采用该标准。最高人民法院在张喜田与石家庄制药集团欧意药业有限公司、石家庄制药集团华盛制药有限公司、石药集团中奇制药技术(石家庄)有限公司、吉林省玉顺堂药业有限公司侵犯发明专利权纠纷案中[中华人民共和国最高人民法院民事判决书(2009)民提字第 84 号,简称张喜田案],进一步确认了此认定原则:"由于在涉案专利的申请日之前,上述中间产物并未为国内外公众所知悉,可以认定依照涉案专利方法直接获得的产品是新产品,涉案专利属于新产品制造方法专利"。

(2)证明责任

在新颖性标准被确认为绝对新颖性后,毫无疑问是增加了制造方法专利权人在专利侵权纠纷案件中主张实施举证责任倒置的难度。"新产品"这个消极事实到底如何证明才能达到权利人举证的标准,从而产生举证责任倒置的效果,需要注意以下两点:

①产品是"依照专利方法直接获得的产品"

根据专利方法制造的产品究竟如何确认,是举证责任倒置证明过程中最为关键的一环,特别在很多与化学、医药有关的案件中,被控侵权产品并非是依照专利方法直接获得的产品,而是进一步加工或处理后才获得的产品,因此如何对产品进行定义决定了举证责任的大小。

在张喜田案中,最高人民法院认为:专利方法直接获得的产品,是指使用专利方法获得的原始产品,而不包括对该原始产品做进一步处理后获得的后续产品。

根据涉案专利的权利要求1,虽然其主题名称是“一种从混合物中分离出氨氯地平的(R)-(+)-和(S)-(-)-异构体的方法”,但从权利要求1记载的内容看,依照涉案专利方法直接获得的产品是“结合一个DMSO-d6的(S)-(-)-氨氯地平的D-酒石酸盐”,或“结合一个DMSO-d6的(R)-(+)-氨氯地平的L-酒石酸盐”,其中前者即为制造左旋氨氯地平的中间产物,而非左旋氨氯地平本身;而后者即为制造右旋氨氯地平的中间产物,亦非右旋氨氯地平本身。张喜田提供的证据虽然能够证明华盛公司、欧意公司制造了马来酸左旋氨氯地平及其片剂,并且马来酸左旋氨氯地平的制造须以左旋氨氯地平为原料,但并没有提供证据证明华盛公司、欧意公司在制造马来酸左旋氨氯地平及其片剂时,也制造了“结合一个DM-SO-d6的(S)-(-)-氨氯地平的D-酒石酸盐”中间产物,因此,张喜田提供的证据并不足以证明华盛公司、欧意公司制造的产品与依照涉案专利方法直接获得的产品属于同样的产品,本案不应由华盛公司、欧意公司承担证明其产品制造方法不同于专利方法的举证责任。可以看出,对“直接获得的产品”如何界定会直接影响到举证责任的承担问题。张喜田案中,如果产品被界定为左/右旋氨氯地平,由于产品的一致性,仅证明该产品为新产品即可直接适用举证责任倒置。

②新产品的“新”如何证明

采用绝对新颖性标准后,新产品中的“新”似乎变得无法证明,因为权利人很难穷尽“新”的范围,而对于被告来说,则只需举一个相反事实,便可以推翻权利人的所有举证,如此一来,权利人的举证义务变得非常艰难。但在司法实践中,对于“新”的证明事实,权利人仅需提供一个初步的、有关联性的证明即可,而无须达到严格证据的程度。

如在广东东鹏陶瓷股份有限公司、陈育生侵害发明专利权纠纷二审民事判决书[(2015)粤高法民三终字第679号]中,法院认为:认定一项方法专利是否属于新产品制造方法专利时,应当以依照该专利方法直接获得的产品为依据。所谓根据涉案专利说明书记载的背景技术和发明内容,且本专利申请后经实质审查被授予专利权,表明其具备了法律规定的新颖性、创造性和实用性,再以东鹏公司提交的《国家重点新产品证书》等证据为佐证,原审法院认定本案专利权利要求所记载的制备方法是新产品的制造方法,采用本案专利技术制造的产品为新产品。

初步证据不能仅仅限于方法专利本身,而必须对该专利所制备的产品是否为“新产品”进行举证,否则面临举证不能的后果。在浙江道明投资有限公司与3M公司侵害发明专利权纠纷一案[(2011)沪高民三(知)终字第73号]中,一审法院认为:本案中,原告认为专利复审委作出的第 15959 号无效宣告请求审查决定已经确认了原告专利的新颖性、创造性,故其无须再提交证据证明专利产品是新产品。原审法院认为,在涉及方法专利的侵权认定过程中,举证责任的倒置是有条件的,在本案中,专利复审委作出的无效宣告请求审查决定不能免除原告的举证责任,原告仍应当首先对其产品或者制造产品的技术方案在专利申请日前不为国内外公众所知这一事实提供初步证据予以证明,之后举证责任才发生转移,即再由被告就其制造被控侵权产品的方法不同于专利方法进行举证证明。在原告未提交任何证据证明其专利产品是新产品的前提下,举证责任暂不转移给被告,应由原告承担其举证不能的法律后果。据此,一审法院认为,原告关于被控侵权产品使用了其发明专利独立权利要求 10 记载的专利方法的诉请证据不足,应予以驳回。

可以看出,司法实践中对于新产品的举证要求并不高,但是必须举出相应的初步证据进行证明。正如上海二中院的袁博法官对此问题的看法①:对于多数案件而言,只要求专利权人能够提供初步的可靠证据证明“新产品”的事实即可,并不要求达到绝对的排除相反可能性的程度,只要法官基于专利权人举出的初步证据结合社会一般事实和经验规则形成确定心证,就应当认为专利权人在这一环节对其主张提出的证据在数量上足够、在质量上充分,可以满足对待证事实的要求,就可以裁量将举证责任转移到诉讼相对方,由被控侵权人就相反的主张提出证据,如果被告不能提出相反的证据,就应当认为“新产品”这一事实得到确认,这种证据转移的裁量,符合《最高人民法院关于民事诉讼证据的若干规定》第七条的精神,即“在法律没有具体规定,依本规定及其他司法解释无法确定举证责任承担时,人民法院可以根据公平原则和诚实信用原则,综合当事人举证能力等因素确定举证责任的承担”。

2. 关于“同样产品”的判断

在对新产品的举证完成之后,权利人或原告必须对依据方法专利所获得的产品与被控侵权产品为“同样产品”进行举证,如果举证失败,仍然无法触发举证责任倒置。那么如何判断同样产品,如何进行比对和举证,涉及的问题主要有如下方面:

(1)产品的标准一致

这里的“产品”评价标准与新“产品”中的标准一致,均为依照方法直接获得的

① 袁博:《论专利侵权纠纷中“新产品”证明责任的履行》,详见微信公众平台“知识产权司法鉴定”。

产品,而不包含任何由直接产品转换或转化的其他产品。在张喜田案中,最高院认为原审法院依据张喜田提供的证据证明华盛公司、欧意公司制造了马来酸左旋氨氯地平及其片剂,并且马来酸左旋氨氯地平的制造须以左旋氨氯地平为原料,就认定依照涉案专利方法直接获得的产品为左旋氨氯地平,明显有误。

(2)比对对象的同一性

同样产品如何比对和认定,所参考的依据是什么,都是判断同样产品的关键问题。

最高人民法院在[(2012)民提字第3号]侵犯专利权纠纷一案中曾经对此问题做过详细的论述。该案一审是在无锡市隆盛电缆材料厂、上海锡盛电缆材料有限公司与西安秦邦电信材料有限责任公司、古河电工(西安)光通信有限公司之间进行。原告西安秦邦公司提出对无锡隆盛厂、上海锡盛公司生产、销售的铝塑复合带产品与使用其专利方法制造的产品是否相同进行鉴定。鉴定中心经鉴定认为:无锡隆盛厂、西安秦邦公司所生产的“铝塑复合带”是同样产品,理由是双方产品所用的原材料相同,包括铝箔和塑料;产品的结构相同,均采用流延工艺在铝箔两面复合乙烯-丙烯酸共聚物或乙烯-甲基丙烯酸共聚物;双方生产的产品执行标准相同。据一、二审法院查明,鉴定中心鉴定对象为被法院保全的无锡隆盛厂生产的铝塑复合带与专利技术生产的铝塑复合带产品(原告举证的实际生产的产品),故一、二审法院认为双方产品构成相同产品。

本案再审中,最高人民法院认为:本案专利方法给产品带来了新结构特征,即塑料薄膜与金属箔带表面之间进行凹凸不平的非纯平面结合。鉴定中心的鉴定报告以本案双方当事人产品所用的原材料相同(均包括铝箔和塑料)、产品的结构相同(均采用流延工艺在铝箔两面复合乙烯-丙烯酸共聚物或乙烯-甲基丙烯酸共聚物)、执行标准相同(均为YD/T723.1~723.3-94)为由,认定申请再审人生产的产品与使用本案专利方法生产的产品相同。该鉴定意见是以西安秦邦公司实际生产的产品与使用被诉侵权方法生产的产品进行对比,并非以本案专利方法为基础,将使用专利方法生产的产品与使用被诉侵权方法生产的产品进行对比,比对对象存在错误。同时,鉴定意见未考虑本案专利方法给产品带来的新结构特征,亦未考虑利用被诉侵权方法生产的产品是否具有该结构特征,有所不当。原一审判决采信上述鉴定意见,认定使用本案被诉侵权方法制造的产品与使用本案专利方法制造的产品属于相同产品,进而认定应由申请再审人承担其铝塑复合带生产方法不同于本案专利方法的举证责任,原二审判决和再审判决均认同上述结论,亦有不当。

因此,比对对象应当严格按照专利方法得出的产品和被控侵权产品进行比对,如果比对对象不一致,则无法满足进行举证责任倒置的条件。

## 四、方法专利案件中其他特殊的举证责任安排

在实际中,由于方法发明专利侵权案件的原告举证相当困难,才会出现举证责任倒置的情形。但是举证责任倒置又存在诸多限制,这些限制往往使专利权人无法有效地举证,从而丧失保护自己方法专利的机会。在这种情况下,专利权人是否会有其他机会呢,比如无法适用举证责任倒置的法定情况而将举证责任转移呢?在实践中,法院也会依据公平原则进行举证责任的分担。

宜宾长毅浆粕有限责任公司诉成都鑫瑞鑫塑料有限公司、潍坊恒联浆纸有限公司专利侵权纠纷的再审案[(2013)民申字第309号]中,虽然该专利方法专利权人没有能够证明被诉侵权人使用了该专利方法,但是专利权人通过产品检验等方式证明了涉案产品与涉案专利方法生产的产品是相同的粘胶木浆粕,而非潍坊恒联公司辩称的粘胶棉浆粕。通过该方法,专利权人进行了初步证明,证明被诉侵权人所实施方法生产的产品与专利方法所生产的产品一样。同时,专利权人提供了其所拍摄到的潍坊恒联公司的生产车间、相关机器设备以及原材料木浆板投放过程的视频资料,并向法院申请证据保全,以证明被诉侵权人的制造方法与专利方法一样。虽然法院在两次保全的过程中都未取到相关的证据,但是法院认为,专利权人已经完成了涉案产品与涉案专利方法生产的产品相同的举证责任,在涉案产品制造方法证据由潍坊恒联公司掌握的情况下,积极提供生产现场视频资料,并申请法院进行证据保全,为证明涉案产品制造方法落入涉案方法专利权保护范围尽了合理努力。

因此,对于此案,最高人民法院认为,非新产品制造方法发明专利侵权纠纷的举证责任分配,相关法律和司法解释均无具体规定。一般而言,制造方法专利的使用表现在产品的制造过程中,产品制造过程涉及生产步骤和工艺参数,具体的流程和数据只能在生产现场或者查看生产记录才能得知。通常情况下,专利权人难以接近被诉侵权人的生产现场和生产记录以取得完整的制造方法证据,在产品制造方法证据完全掌握在被诉侵权人手中的情况下,如果不结合具体案情对侵权指控成立的可能性大小以及双方当事人的举证能力进行分析,只是简单地适用“谁主张谁举证”的一般原则,由专利权人来举证证明被诉侵权人生产同样产品的制造方

法,显然不利于客观事实的查明,亦有违公平原则。《最高人民法院关于民事诉讼证据的若干规定》第七条规定:"在法律没有具体规定,依本规定及其他司法解释无法确定举证责任承担时,人民法院可以根据公平原则和诚实信用原则,综合当事人举证能力等因素确定举证责任的承担。"凡是掌握证据的当事人均有责任提供证据以还原客观事实,举证责任的分配原则应当是在公平和诚实信用的基础上,确保最大限度地查明客观事实。具体到产品制造方法发明专利侵权纠纷……当使用专利方法获得的产品不属于新产品时,意味着在方法专利申请日前,通过其他方法已经制造出同样的产品,因此,同样产品经由专利方法制造的可能性就没有新产品的大,如果也适用举证责任倒置规则,一律由被诉侵权人对其制造方法进行举证,就有可能被专利权人滥用来套取被诉侵权人的商业秘密,不利于对被诉侵权人商业秘密的保护,所以法律和司法解释没有规定适用举证责任倒置规则。但是,这类产品的制造方法往往只有被诉侵权人知道,专利权人很难举证,所以简单地适用"谁主张谁举证"的原则,一律由专利权人对被诉侵权人的制造方法进行举证,确有困难和不公,不利于案件事实的查明。为了既能查明案件事实,又能确保被诉侵权人的商业秘密不被泄露,平衡好专利权人和被诉侵权人的利益,根据审判实践,最高人民法院认为:在专利权人能够证明被诉侵权人制造了同样产品,经合理努力仍无法证明被诉侵权人确实使用了该专利方法,根据案件具体情况,结合已知事实及日常生活经验,能够认定该同样产品经由专利方法制造的可能性很大的,人民法院可以根据《最高人民法院关于民事诉讼证据的若干规定》第七条的规定,将举证责任分配给被诉侵权人,不再要求专利权人提供进一步的证据,而由被诉侵权人提供其制造方法不同于专利方法的证据。

最高人民法院上述案例是证据规则中"证据盖然性"原则的运用,尽管最高人民法院援引的是国内的成文法,但实际上该判例所论述的举证责任转移完全体现在 TRIPs 协议第三十四条第一款(b)项中,即只要权利人证明了相同产品,并尽合理努力无法确切证明被告使用了专利方法的,在被告使用专利方法的可能性很大的情况下,法院会将举证责任进行转移。

可以看出,举证责任如何分配在方法专利案件中一直是一个难点,在举证责任倒置无法适用的情况下,法院通过适用公平原则达到了与 TRIPs 协议中相关条款的同等效力,较好地保护了专利权人的利益,解决了国内立法中的不足。

# 著作权侵权的判断规则及在后独立创作之不侵犯著作权抗辩的司法考量因素

赵　刚*

* 作者简介：

赵刚，律师，中伦律师事务所北京办公室。

## 一、案例介绍

2002年，某省版权局颁发了美术作品著作权登记证书，证书载明该美术作品著作权人为原告，显示作品完成日期为2002年。该美术作品与某文字的组合于2004年被注册在第30类商品上。

2008年，被告一公司开始启用新的公司LOGO图，由于公司规模较大，多家地方报纸均对此进行了报道。其中，某报纸相关版面还特别对公司LOGO释义进行了报道，主要内容为：标志取意于中国古代钱币，体现行业背景，似太极图像，酷似水波漩涡状，水汇则财聚；标志造型似黄河水车，表明公司在黄河岸边诞生、成长，未来将走向全省、迈向全国；标志既像蜿蜒的黄河，又如黄河上游的一颗明珠，不仅诠释了地域特色、传统文化，而且寓意百折不挠、勇往直前的企业精神等。此后，被告一公司在其官网、经营场所等开始使用新LOGO图。

原告发现上述情况后，遂向人民法院起诉，主张被告一公司和其设计公司被告二使用的LOGO图侵犯了其享有的在先著作权，索赔两百万元。被告一公司则辩称，相关LOGO图为被告一公司委托被告二公司独立设计，没有参考原告的作品，因此未侵犯著作权。

法院审理后查明，涉案被控侵权公司LOGO图为被告一公司委托被告二公司制作，费用五十多万元。被告二公司为证明其独立创作了相关LOGO图，提供大量演示手稿和创作手稿，并说明了LOGO的设计理念。相关内容与某报纸刊载的LOGO图案释义内容相同。但是，相关设计文件显示日期均在被告一公司启用新LOGO图时间以后，存在时间矛盾；另外被告二公司提供的上述设计文件中使用的一些摄影图片有证据显示创作完成时间晚于设计文件日期，却出现在设计文件中，不合逻辑。就此，被告二公司解释称，因为当时的设计人员已经离职，相关资料向法院整理提交时，被告二公司员工根据涉案合同签订时间顺延补写的日期，图片也是百度搜索后补充的，属于被告二公司的失误。

一审法院经审理认为，根据案件查明的事实，因为没有相反证据，可以确认原告为权利美术作品的著作权人。原告在2004年已经通过注册为商标的形式将美术作品予以公开发表，相关商标信息也可通过公开渠道查询，因此，被告一、二公司在涉案被控侵权公司LOGO设计完成之前，具备接触原告美术作品的可能性。另外，原告美术作品和被控侵权公司LOGO整体造型十分近似，两者在水纹和圆形方孔的内外结合独创性部分也近似,故认定涉案被控侵权公司LOGO与原告美术作品构成实质性近似。针对被告一、二公司认为公司LOGO属于在后独立创作的答辩意见,考虑被告二公司提供的创作稿件存在时间上的重大逻辑瑕疵,一审法院未予采信。故在其未能提供充分证据证明独立创作的情况下,一审法院未予采信其独立创作的意见。综上,一审法院认定被控侵权公司LOGO为侵犯原告美术作品著作权的侵权作品,进而要求被告一、二公司承担停止侵权、赔偿损失、消除影响的法律责任。

判后被告一、二公司不服提起上诉。二审中由于被告提供了比原告更早的相同图形美术作品证据,进而导致原告权属存在重大瑕疵。二审据此撤销一审判决,驳回了原告的全部诉讼请求。

## 二、案例分析

该案例涉及著作权侵权理论中"接触加实质性近似"的实践应用以及在后独立创作之不侵犯著作权抗辩的判断问题,尤其是后者,在以往的著作权侵权案件中少有遇到。针对相关问题的分析,对于相关企业来说,正确了解司法实践中的著作权侵权判断标准,委托他人设计美术作品时减少侵权风险有一定的参考意义。

### (一)著作权侵权的判断标准

在著作权侵权纠纷案件中,我国法院司法实践中掌握的判断标准就是"接触加实质性近似"的规则。"接触"只需要原告证明被告有合理的机会或者合理的可能性接触过原告的作品即可,而不要求原告证明被告实际上已经接触原告作品。这里主要涉及的是原告的作品已经公开发表的情形,而对于未公开发表的情形,对接触的举证则更加严格;"实质性近似"指将被告的被控侵权作品与原告在先创作的作品进行比对得出的相同结果。

对于"接触"的判断,这里需要说明一个问题,那就是将作品注册为商标,不需要提供商标予以使用的证据,可以视为作品已经公开,公众具备接触的可能性。因为相关商标获得注册前要经过商标公告程序,并且在授予商标权后,相关公众可以通过公开渠道查询到该商标的信息。另外,相关作品及注册为商标后知名度的高低,以及宣传和推广情况只能决定接触的可能性高低,均不能否认存在接触的可能性。本文案例就是将美术作品注册为商标公开的情形,因此,本文案例满足"接触"的要求。

另一个就是如何判断"实质性近似"。实质性近似的判断要求不能简单地整体比对,而是需要比对两个作品独创性部分的相似程度,才能最终作出判断。回到案件中来,我们可以看到,涉案原告美术作品和被控侵权公司LOGO均是外围为逆时针旋转的水纹图和中心图案为圆形方孔的图案组合,组合方式相同;两者外围旋转水纹的方向和内在方孔的位置、角度完全相同;将涉案被控侵权公司LOGO图案旋转90°后,两者整体上也无十分明显的差异。虽然从细节上看,两者存在外部圆形漩涡尾部开口的起始点位置有少量位移、漩涡状镂空部分造型不能完全重合以及图案中心方孔大小略微不同的区别,但是上述差别较为细微,因此并不实质上影响被控侵权公司LOGO图案与涉案原告主张的美术作品独创性部分相同的事实。因此,一审法院认定两者满足“实质性近似”的要求。

(二)在后独立创作之不侵犯著作权抗辩的判断

从概率学角度讲,基于人智力活动的多样性和复杂性,在后的作者完全可以在不参考在先已经创作出的作品的情况下,独立创作出与在先作品实质性相同的作品,这在理论上是没有任何问题的。而且,无论多么复杂的作品,理论上都有可能被不同的人独立创作出来。因此,这种在后的独立创作亦属于对抗著作权侵权的正当理由。但是,我们必须面对和正视这样一个问题,那就是在通讯和互联网高度发达的今天,世界的任何角落可以说都已经不再陌生,信息的交流和互换速度也是惊人的。在这一基础上探讨在后独立创作抗辩是否成立,在法律角度上讲,绝非一个单纯的理论问题,而是一个高乎寻常的举证责任问题。

回到案件中来看,被告二公司作为在后作品的独立创作主张提出者,其应就此承担相应的举证责任。但一审法院在考量多个因素后,并未采纳该意见,主要理由为:(1)独立创作的手稿是证明独立创作的重要证据,但是,被告二公司提供的创作稿件存在时间上的重大逻辑瑕疵,无法被法院采信。而在此前提下,两被告未能另行提供独立创作的充分证据。(2)涉案美术作品作为传统元素漩涡状水纹和圆形方孔的结合,具有一定的独创性。因此在被告未能举证证明在先设计中存在有与其实质性相似的设计的情况下,以独立创作的巧合来解释两者如此近似,难以令法院信服。(3)虽然诉讼中被告二公司提出的创作理念与涉案被控侵权公司LOGO能够基本相匹配,但以在先存在的美术作品为基础,提出与其能够匹配和吻合的创意解释对于专业的设计公司而言是相对简单的、容易的,因为毕竟同样的抽象图案可以因为主观理解的不同而衍生出不同的创意理念。因此,仅仅以创作理念与涉案被控侵权公司LOGO相吻合反推涉案被控侵权公司LOGO的独立创作,就目前的证据情况看,并不充分。

笔者分析,这里面其实最核心的还是第一点,独立创作的证据被否定了,独立创作的抗辩则失去了源头,则必然不会被法院采信。

那么,如果说被告提供的独立创作证据完全没有时间瑕疵,并且有设计手稿、绘图,是否就足以证明独立创作抗辩成立了呢?其实也不尽然,笔者认为,还需要综合考虑以下几个因素进行判断。

1. 在先创作的作品的独创性高低以及独创部分的多少

一般来讲,在先创作的作品独创性程度越高,独创部分越多,与其构成实质性相似的在后作品不参考在先作品独立创作的可能性越低。另外,考虑独创性部分的涵盖关系,在两者构成实质性相似的情况下,在后作品与在先作品独创性部分的相同点越多,也就说明在后作品越不容易被独立创作出来,独创巧合的抗辩也越难以获得支持。

2. 非独创部分的相似程度

虽然说著作权侵权需要判断的是两个作品独创性部分是否相同,但对于两者已经构成实质性相似,在后作品是否独立创作来讲,非独创部分两者的相似程度也是裁判者心里确信的重要判断参考标准。如果连非独创性部分都十分近似,那么在后作品参考在先作品独创的可能性就非常高了。

3. 设计公司在案件中提交独立创作证据的时间长短

这也是非常关键的一点,因为如果设计公司创作在后作品参考了在先作品并在诉讼中提出了独立创作的抗辩,往往会避开原告的作品重新组织自己的创作证据链条,这里面造假的成分就会很多。因此,法院一般也会及时要求设计公司提供创作的证据。

4. 被控侵权作品是孤立作品还是已经公开发表的系列作品之一

一般情况下,如果设计公司在后作品是已经公开发表的一系列作品不断演变而来的,并且能够说明演变的逻辑依据或者创意理念,尤其是该发表的系列作品中部分作品发表时间还在权利作品之前的情况下,再结合创作手稿,设计公司对该作品的独立创作可能性就很高了。

5. 被控侵权作品的创作理念与作品之间的吻合程度

该考量因素是辅助因素,需要与上述其他因素综合考虑,并非充分条件。一般情况下,如果创作理念与作品都不符合,独立创作就难以成立。我们也不能仅仅以创作理念相符来反证创作的独立性,因为毕竟同样的抽象图案可以因为主观理解的不同衍生出不同的创意理念,而以在先存在的作品为基础,提出与其能够匹配和吻合的创意解释是相对简单的、容易的。

6. 在先创作的作品的公开发表方式、使用范围以及知名度

该因素也是辅助考量因素，同样需要结合上述其他因素来看。但是，一般来讲，在先作品公开发表或者使用的范围越小，知名度越低，越不容易被被告发现和参考。比如在先作品为美术作品，权利人仅仅在当地以个人展出的形式发表，也没有什么知名度或者相关媒体报道。相隔很长时间后，另一个创作者在相距千里之外的地方使用了实质性相似的作品，如果其能提供出令人信服并且没有瑕疵的创作手稿的，独立创作的可能性就很高。

最后，笔者想强调的是，作品是否属于在后独立创作是一个很具个案性的判断问题，同时独立创作的巧合也是一个小概率的事件。在司法不断追求法律事实与客观事实相重合的目标指引下，由于客观事实是不可重现的，因此诉讼本身也主要是证据的交锋，独立创作是否为巧合还需要主张者提供大量的证据予以证明。所以，无论是委托公司还是设计公司，各自保留一份设计手稿，对于涉诉时举证创作过程十分重要，而不要盲目地为了迎合诉讼删减、替换内容以免引起法院误解。当然，设计仍应当秉持独创理念，如果参考了在先设计，协商付费才是避免日后可能产生纠纷甚至诉讼的唯一合法手段。

# 影视作品常见著作权纠纷及裁判

张雪松*

*作者简介：

张雪松，合伙人，中伦律师事务所北京办公室，

电邮为 zhangxuesong@ zhonglun. com。

随着中国影视产业飞速发展，近年来中国法院审理的涉及影视作品的著作权案件、合同案件以及不正当竞争案件纠纷不断，相关问题一直广受关注，争论不断，甚至在利益群体之间形成比较严重的对立。上述纠纷的出现，其主要原因并非立法存在缺陷，而是“电影人”知识产权法律意识相对淡薄、著作权法律机制不完善以及市场竞争残酷等造成的。下面介绍相关纠纷的主要类型、特点及中国法院确立的相关审判标准。

## 一、常见纠纷类型及特点

泛泛而言，涉及影视作品的知识产权纠纷大致分为两大类：第一类是著作权类纠纷，又具体分为侵犯著作权纠纷和著作权合同类纠纷；第二类是不正当竞争纠纷。前一类是最常见的纠纷，而后一类是较少出现的纠纷。

如果按照影视作品从产生到传播的流程来划分，影视著作权纠纷又可大致分为三类：(1)影视作品创作过程中的纠纷。其中最常见的纠纷有：被控使用他人文字作品纠纷及抄袭纠纷、剧本委托创作合同纠纷、涉及电影拍摄中的合理使用纠纷、侵犯其他著作权人作品人身权纠纷、导演与制片方合同纠纷。(2)影视作品创作完成后，他人侵犯其著作权纠纷和不正当竞争纠纷。最为普遍的是侵犯影视作品信息网络传播权纠纷，这类案件主要涉及《信息网络传播权保护条例》以及最高法院相关司法解释，其焦点问题在于网络服务提供者是否具有过错，所以并不如第一类案件复杂。(3)影视作品发行合同纠纷。从中国司法实践看，这类案件主要是案件事实复杂，但适用合同法的相关规定即可处理。

前述影视作品知识产权纠纷中最为复杂的是影视作品创作过程中产生的纠纷，如果在作品创作过程中能对相关问题予以高度重视并审慎处理，即会有效避免纠纷的产生。这类纠纷呈现以下主要特点：一是法律关系比较复杂。案件中侵权和合同法律关系常常交织在一起，在先作品的著作权人、被控直接侵权人以及被控电影作品的著作权人存在不同的侵权法律关系。二是案件事实难以认定。由于纠纷一般发生在作品创作完成甚至发行之前，常常诉讼双方都难以提交充分的直接证据，有时会提交难以认定的证人证言，法院只能通过举证责任的分配认定案件事实。三是案件专业性较强。经常会涉及电影制作中的专业用语、行业惯例等。四是法律适用难度较大。例如，如何认定电影创作中的合理使用、如何认定电影作品的抄袭等。作为实践性非常强的一类案件，这些问题的处理法律条文是很难给出标准答案的，只能靠法官在个案认定的前提下，依法解决纠纷，并逐步总结出一些经验。

## 二、相关裁判的基本经验

影视作品属于《著作权法》规定的“电影作品和以类似电影摄制的方法创作的作品”这一作品类型。一种艺术形式的特点决定着这类作品著作权保护的特点。因此,对影视作品个性的理解无法脱离影视艺术本身的个性;影视艺术的个性决定着影视作品的个性,并从根本上决定着对影视著作权的保护。具体体现在:

1. 影视艺术的基本形式决定影视作品属于视听作品

电影的基本形式是影像。作者通过这些画面从许多有力的、独特的角度观察事物、抒发感情、阐述意义,这正是影视艺术区别于其他艺术的最显著的特点。据此,影视的这一特性使之与其他作品有了本质的区别,其关键即在于影视作品是“由一系列有伴音或者无伴音的画面组成”。

2. 影视艺术的技术性使得影视作品的内涵和外延不断变化

电影的画面与声音,都是科学技术的产物;科学技术又是创造电影语言的先决条件。科技的发展使影视的制作发生了并正在发生革命性的变化。例如,某些电影均在电脑中进行人物和场景绘制、编辑和特效合成。而且技术的发展必将使电脑可以绘制各种虚构的几乎可以以假乱真的人物、动物等角色。“导演”今后根本不用去挑选演员、拍摄,而是抱着一个剧本、坐在电脑前、指挥几位电脑工程师就可以创作出一部电影。因此,《著作权法》目前对“电影作品”的定义已经过时,将“摄制”作为电影作品的构成要件,使得通过计算机制作的视听类作品无法被归入电影作品。这也势必造成著作权归属与行使规则也显得过于简单,难以实现不同权利主体之间的利益平衡。对此,需要引起关注。

3. 影视艺术作为综合艺术决定了影视作品属于集体作品

“影视艺术是综合艺术。从一定意义上说,对综合性的全面理解,是开启影视艺术之门的一把钥匙。”应该说,各种艺术都有某种综合性的特征,这种综合性表现为直接综合与间接综合①,而著作权法关心的是直接综合,即这种类型的作品在创作过程中以及形式上包含了哪些其他类型的作品?毫无疑问,与其他类型的作品相比,影视作品的综合性是直接的、全面的综合,包括了剧本、分镜头剧本等文字作品,词曲等组成的音乐作品,道具、舞美中的美术、摄影作品等。存在多少作品,就有多少作者,影视作品的综合性还体现在大量作者和著作权人共存于一部作品之中,

① 关于间接综合,可参见王光祖主编:《影视艺术教程》,高等教育出版社1992年版,第9页。

可能有的是直观的、有些是隐藏在背后的。因此，从属性上看影响作品属于"复合作品，作为合作作品的特殊类别受到保护"。同时，其中还存在大量享有邻接权的权利人，以及一些参与制作但并不从事创造性劳动的人，这使得影视作品的综合性表现得更加复杂。

4. 影视艺术的产业化决定了影视作品的权属法定

电影艺术作为大工业社会的产物，是最典型的工业社会中的艺术，产业形态是其不可忽视的物质基础并对其艺术特征的形成具有重大意义。电影的这一本质特征，首先和最直接地表现在电影作品著作权归属的法定上。尽管各国关于谁是电影作品的作者存在不同认识、不同的法律规定，但是都一致地将影视作品的著作权给予制片人，因为制片人的巨额投资、电影的商业运作以及巨大的商业风险决定了制片人才是影响作品的所有权人。对此，中国法院在审判实践中也基本持这种观点。当然，这也不能忽视合同约定对权属认定的重要影响。

## 三、影视作品常见纠纷及处理

1. 剧本委托创作合同纠纷及处理

一部电影的创作是从编剧开始编写文学剧本开始的。司法实践中，因剧本委托创作合同产生的纠纷屡见不鲜，且这种纠纷由于和著作权问题具有紧密联系，一般由知识产权审判庭进行审理。此类纠纷主要有两种情况：一是违约纠纷，一般是委托方未按照合同约定支付报酬，受托方起诉请求被告支付剩余报酬的纠纷；二是侵犯署名权纠纷，即在最终的电影作品中，未给原告署名或者原告认为署名方式不正确产生的纠纷。虽然上述纠纷表现形式不同，但案件争议的焦点问题往往集中在原告创作的剧本是否符合合同质量要求这一问题上。

对文艺作品质量高低一般是仁者见仁、智者见智，对于剧本质量的高低也是如此，加之剧本未被采用、电影未能开拍的背后原因比较复杂以及当事人的诉讼策略，使得原被告双方对剧本质量的评判更是各执一词。明确剧本质量的认定标准，首先应当明确认定所适用的指导原则，即在发生质量纠纷的时候，如何平衡委托方和受托方的利益，更加侧重于维护哪方的利益。一般认为，在诉讼双方争议很大，而质量又难以判定的情况下，更应侧重维护编剧一方的利益。

具体而言，有以下几点可以作为剧本质量的认定标准：第一，剧本是否满足了合同的约定。合同中，如果委托人对剧本的内容，如故事的题材、思想、背景、风格、主要人物等提出了明确要求，编剧的剧本即应当符合上述要求，违反了上述约定，则应当认定为质量不合格。第二,剧本是否达到了剧本这一文学体裁的基本要求。如果剧本不具备剧本的基本特征,则认定未达到合同的基本要求。第三,编剧的创作过程。编剧为创作剧本,是否进行了实地的体验生活、查找了哪些资料、积累了哪些素材等,以及编剧是否亲自完成剧本的创作,还是又委托他人参与了创作等,这些创作过程虽然不能作为认定剧本质量的直接依据,但可以作为认定的参考因素。第四,电影是否已经开拍。如果电影已经正式开怕,而被告又未能提供他人创作的剧本的相关证据,可认定剧本质量合格。但是,在电影未能开拍的情况下,因原因非常复杂,故不能直接得出剧本不合格的结论,而应具体分析。第五,参考拍摄完成的电影。在涉案电影已经创作完成的情况下,如果在该片中含有原告剧本中的主要内容,或者具有较强独创性的内容,则可以认定剧本基本符合质量要求。第六,合同的履行方式。实践中,不少委托创作合同约定了分期提交大纲、剧本,分期支付费用的履行方式,在此情况下,如果被告已经按期支付了费用,则可视为其对此前创作的剧本质量的认可。第七,受托人的创作水平、知名度以及报酬标准等。编剧的创作水平、知名度与剧本的质量应当成正比。对于没有创作经验、没有知名度的受托人,对其创作的成果质量显然不能要求过高;对于有较高知名度的编剧,尤其是在获得了较高报酬的情况下,对其创作成果质量就应相对更高。需要注意的是,在约定了分期交稿、分期付费的同时,又约定了委托人对剧本质量的“绝对权力”,对此,应当执行该约定,认可委托人的判断。

2. 抄袭纠纷及处理

抄袭是一种严重的侵犯著作权行为,对抄袭的认定也一直是著作权案件中的难点之一。司法实践中,影视作品构成抄袭主要有两种情形:一种是影视作品被控抄袭他人在先创作的文字作品的案件,具体又包括抄袭小说、民间文学故事、纪实性作品等情况;另一种是影视作品被控抄袭他人在先创作的影视作品的案件。由于电影作品自身的特点,也由于有的案件是在不同类型作品之间进行比较,因此使得判断一部影视作品是否构成抄袭比认定文字作品之间的抄袭更加困难和复杂。认定影视作品抄袭与否一般涉及以下几个问题:

比较的对象是故事要素。比较是否构成抄袭的对象,就是原、被告作品的故事要素,包括:作品的基本结构、主要情节、人物及人物关系、时间及地理场景、具体情节等。在具体案件中,原告要将涉案电影还原或归纳为一个文字表示的故事,并作为证据提交,并对自己的作品与被告的作品进行比较和说明。被告如果对原告的归纳和对比提出质疑的,应当提交相反证据或说明理由。这也是认定抄袭最为基础的一个环节。

判断原则:实质相似。如前所述,电影作品被控抄袭的案件往往涉及的是“高级抄袭”,很少有完全相同的简单抄袭,因此,认定近似的故事要素,是否构成了实质性相似是认定抄袭最为关键,也是最为复杂的一环。所谓实质性相似,即表现形式上虽有差异,但基本相似,实质来源于在先的作品,使用了在先作品中的创造性部分。判断是否构成实质性相似应当坚持“整体观察、综合判断、参考细节”的原则,即首先,判断实质性相似“宜粗不宜细”,不能要求全部主要情节及走向、人物及人物关系、时间和地点等近似,部分要素的改变不能影响整体上的相似。其次,在有些具体内容“似像非像”、难以判断的情况下,一般应当根据整体是否相似进行判断,如果整体上已经认定为相似,则这些具体内容可认定为侵权。最后,作品的题材由于其高度的概括性,而可能成为思想的范畴而不能受到保护,但其对认定是否侵权仍具有重要意义。因为,作品的情节、人物等都是题材的具体化,虽然题材本身不能作为著作权保护的客体,但如果原、被告的作品题材相同,而一些表现形式又比较近似,抄袭的可能性就越大。当然,关于上述原则在实践中一直存在不同观点。

需要注意的是,由于制片者对影视作品享有著作权,如果构成侵权,其也应当承担相应的侵权责任。导演作为影视作品最为重要的创作者,因其创作导致侵权结果的发生,如果其未能尽到合理的注意义务,则应当对侵权承担责任。而对于编剧则应当根据案件事实具体分析,如果构成抄袭的内容来源其剧本,则其应当与制片者承担共同侵权责任;如果构成抄袭的内容在其剧本中并不存在,则不能因为其为该片的编剧而承担责任。对此,编剧应当提交原始剧本作为不侵权的证据。这一处理原则,在其他纠纷中一般均适用。

3. 合理使用纠纷及处理

影视作品作为复合作品,其中会运用或显现大量其他类型的作品,如美术、摄影、音乐、戏剧、曲艺、建筑作品等。一般情况下,这些作品都是为了拍摄特定电影而专门创作的,属于委托作品的性质,依据《著作权法》第十七条的规定确定权利归属,即使没有约定著作权的归属,委托人仍享有使用该作品的权利。司法实践中发生的纠纷,均为拍摄中未经著作权人许可而使用他人已经创作完成的作品而引发的侵权纠纷。而在这些纠纷中,被告方常常以构成合理使用进行抗辩,因此,如何判断该使用行为是否为合理使用成为案件审理的焦点。

(1)合理使用是对著作权的限制。《著作权法》第二十二条专门对合理使用作出了规定,并且列举了十二种合理使用的情形。美国《版权法》第一百零七条规定了确定合理使用要考虑的四个要素,即使用是否为商业目的、享有版权作品的性质、被使用的部分所占比例以及使用行为是否对作品的市场价值有重大不利影响。对该四要素说虽然存在争议,但对合理使用的认定仍具有重要的参考价值。中国法院也经常直接适用这四要素。

(2)合理使用的具体认定。第一,使用的作品是否置于显著的位置。例如,使用美术或摄影作品时,在电影画面中非常醒目地予以了表现,则不能构成合理使用。第二,使用作品的篇幅、长度以及频率。例如,只使用了一次音乐作品,并且时间上仅使用了作品的5秒钟或10秒钟左右,则构成合理使用,但如果达到15秒或以上,则难以构成合理使用。又如,某一作品在电影中反复出现,则不能构成合理使用。第三,使用作品是否对推动故事发展产生了直接影响。影视创作中使用的各种作品都应与整体相符合、相配合,这是影视创作中应当付出的创造性劳动。如果使用他人的作品达到了同样的效果,则应当认为这种使用已经与作品融为一体,不能构成合理使用。如某一雕塑作品,只是作为陈设道具出现,对故事情节的发展没有起到作用,则可能认定为是合理使用。如果该道具作为戏用道具,对展现事件、刻画人物产生了直接影响,则应认定为这是对作品的使用,而非合理使用。

构成合理使用的案件处理。依据《著作权法》第二十二条的规定,如果法院最终认定使用者的使用行为构成合理使用,可以不经著作权人许可,不向著作权人支付报酬,但是在判决中,仍然要判令制片人采取适当方式指明原作品作者的姓名、作品名称,不能因无须支付报酬而免除署名的责任。

4. 侵犯署名权纠纷及处理

署名权,即表明作者身份,在作品上署名的权利。从司法实践看,作者都十分重视维护自己的署名权。根据《著作权法》第十五条的规定,电影作品的著作权由制片者享有,作为作者的编剧、导演、摄影等只享有署名权和获得报酬的权利。因此,署名权对影视作品的作者具有更加重要的意义,导致其维权意识更强,加之影视作品创作的复杂性,使由此产生的署名权纠纷不断出现。司法实践中涉及署名权的纠纷主要包括两类:一是原告认为影视作品应当为其署名而未署名的纠纷;二是虽然已为其署名,但署名方式不合理、不正确的纠纷。

确定电影作品署名权的指导原则。参与电影作品创作的人员人数众多、职能复杂,对于一部大制作的电影更是如此。确定享有影视作品署名权的人员范围是首先要解决的问题。依据《著作权法》的规定,署名权是著作人身权的一种,当然应当由著作权人所享有,其中包括作者和其他依法享有著作权的公民、法人或者其他组织,即继受取得著作权的著作权人。但是,在该法关于署名权的定义中却明确规定,署名权是"表明作者身份"的权利,即署名权只能属于作者。可见,只有为创作一部电影作品付出了创造性劳动的作者才能享有署名权。

《著作权法》第十五条仅仅列举了"编剧、导演、摄影、作词、作曲"几个作者的身份,而实际的作者不止于此。确定作者的方法有两个:"个案方法以具体的个案为出发点并意图使用创作人原则来判定谁是作者;与此相反,类别方法则从法律安全的角度出发,并且就某些特定类别的电影作品按照创作原则来确定作者。"上述两种方法应当结合运用,首先,应当明确哪些参与创作的人员属于作者、哪些不是作者;其次,再根据个案认定具体的创作人员是否为作者。

除了《著作权法》第十五条列举的几种作者外,一般认为,从事了剪辑、美工、录音、灯光等创造性工作的人员均为作者。同时,一些所谓主创人员虽然在作品中的地位重要,但却不能作为作者享有署名权:一是制片人。制片人虽然是一部影片的决策和管理者,但其并未参与影片艺术创作,不能成为作者。制片人在作品上署名,是基于其在制作中的地位重要,而并非著作权法意义上的署名。二是演员。"演员的创作具有'三位一体'的性质:他运用自身的形体、表情与声音作为创作材料去创造角色,因而他本人既是创作者,又是创作的工具材料,以及完成了的创作对象,这种'三位一体'构成了表演艺术区别于其他艺术创作的基本特征。"[①]这是从艺术的角度认定演员是创作者,但我国著作权法和各国著作权法均未赋予演员作者的地位,理由是"他只是在表演已有的作品,而并没有自己创作作品"[②]。他表演的角色受到编剧的制约,具体的表演又受到导演的制约,体现出很强的被动性。据此,著作权法将表演者作为邻接权人予以保护。虽然没有成为影视作品的作者,但演员仍然享有"表明表演者身份的权利"。三是原作品的作者。在电影作品是根据在先创作的小说、戏剧等改编的情况下,这些在先作品的作者并不能成为影视作品的作者,因为他并没有参与影视剧本身的创作过程,影视作品只是对原作的改编,是对原作品摄制权的行使,影视作品对原作者的署名,只是为表明原作品作者身份而已。除上述几种比较特殊的情况外,大量为拍摄电影而从事技术性劳动的辅助人员,也不能成为作者。

电影作品的署名方式一般依据法律规定和行业惯例具体确定,但目前的署名

---

① 王光祖主编:《影视艺术教程》,高等教育出版社1992年版,第181页。

② [英]帕斯卡尔·卡米纳:《欧盟电影版权》,籍之伟等译,中国电影出版社2006年版,第118页。

方式也多种多样,这也体现了影视创作的复杂性和具体工作的多样性。在如何确定具体的署名方式是否合理,应在查明客观事实的基础上进行认定,根据原告从事工作性质、职责大小、合同约定、工作强度和工作成果等进行综合考量,进而判断电影中的署名方式是否合理。

署名顺序与署名位置的认定。一般认为,在署名顺序和位置明显不合理的情况下,可认定构成对署名权的侵犯。《最高人民法院关于审理著作权民事纠纷案件适用法律若干问题的解释》第十一条规定:"因作品署名顺序发生的纠纷,人民法院按照下列原则处理:有约定的按约定确定署名顺序;没有约定的,可以按照创作作品付出的劳动、作品排列、作者姓氏笔划等确定署名顺序。"该规定实际支持了署名顺序应当予以保护的观点。署名顺序和位置是否合理,不能过于严格,只要做到相对比较公平即可。

5. 侵犯修改权和保护作品完整权纠纷及处理

修改权和保护作品完整权是著作权人享有的两项重要的著作人身权。由于影视作品创作过程中,要使用大量作品,并且要根据需要对作品进行改动,因此引发了侵犯修改权和保护作品完整权纠纷。实践中,因使用作品而引发的侵犯修改权和保护作品完整权案件并不多,且这些案件主要涉及对小说或剧本的修改而引起的侵权纠纷,其中主要原因在于:大量电影创作使用的作品都是为拍摄而创作,这些作者都是剧组雇佣的工作人员,或者是根据导演的委托而进行创作的人员,作品如何创作、如何修改的权利完全掌握在导演和制片人手中,因此产生纠纷的可能性较小。但是,应当如何正确理解这两项权利并准确予以认定仍然是审判实践中应当重视的一个问题。

根据《著作权法》的相关规定,修改权,即修改或者授权他人修改作品的权利;保护作品完整权,即保护作品不受歪曲、篡改的权利。修改权与保护作品完整权具有密切的联系,侵犯修改权可能也会侵犯保护作品完整权,而侵犯保护作品完整权在绝大多数情况下,也会侵犯修改权。

《著作权法实施条例》第十条规定:"著作权人许可将其作品摄制成电影作品和以类似摄制电影的方法创作的作品,视为已同意对其作品进行必要的改动,但是这种改动不得歪曲篡改原作品。"这是根据影视作品创作的特殊性,法律对原作品作者权利的一种限制。对该条规定可以从以下几方面进行理解:第一,这里的"改动"指的是对原作品的表现形式,包括情节、人物、场景等方面的全面的改变,而不是仅局限在局部的简单的改变。因为将一部小说、戏剧等文字作品改编成一部电影作品，是艺术形式的质的变化，原作品可能存在大量不适于电影语言表现的内容，对一部创作许久的文字作品而言，可能还存在不适合当今时代大众审美的内容，对作品进行较大的改动符合电影艺术的创作规律，否则将制约这一艺术的发展。第二，这种改变必须以不侵犯原作品作者的保护作品完整权为限，除非经过原作品作者的特别授权，否则不能使原作品表达的思想和内容受到歪曲。第三，该规定中的原作品应当仅指小说、戏剧等具有故事性的作品，而不包括在电影创作中使用的音乐、美术、舞蹈、摄影等作品。因为从该规定的文义表达进行解释，这些作品是无法被许可摄制成为影视作品的，而只能作为电影的道具、音乐等使用。当然，同样根据影视作品的创作规律，如果这些作品的作者许可他人将其作品在拍摄电影中使用，也可以推定同意对其作品进行适当的改动，但这种改动的限度应当远远小于本条所规定的情况。

侵犯修改权和保护作品完整权的认定标准。对侵犯修改权的认定相对比较容易，因为是否对原作品进行了改动，依据作品外在表达形式上的变化就可以得出结论。而具体是否达到了侵权的程度，应该考虑变化的严重程度、电影拍摄的客观需要等来个案认定，假如超出了必须修改的限度，即应承担侵犯修改权的责任。实践中，对侵犯保护作品完整权的认定比较复杂，应该坚持主观表述与客观表达相结合的认定原则，即首先，且必须应当由作者阐述其作品所要表达的内容是什么、尤其是被改变部分所要体现的内容是什么，因为只有作者才最有权、也最能够解释其作品的含义；其次，才应由被告进行抗辩，回答从外在表达上是否能够得出作者所述的内容；最后，由法官进行判断，这种判断应当建立在充分尊重作者观点的基础之上，只要作者能够自圆其说、不过于牵强，即应支持作者的主张。

# 从亚运会徽案看美术作品侵权认定标准

王永红*

*作者简介：

王永红，合伙人，中伦律师事务所广州办公室，

电邮为 wangyonghong@ zhonglun. com。

《著作权法》第四十七条规定，剽窃他人作品的，应当承担停止侵害、消除影响、赔礼道歉、赔偿损失等民事责任。不同于文字作品，美术作品是以线条、色彩或其他方式组合构成的富有美感的作品，不同公众对美术作品的感知不尽相同。认定美术作品是否侵犯他人著作权，很可能会受主观视觉影响并因个人认知差异而出现截然不同的判断结果。笔者有幸代理了亚运会徽案，该案涉及诸多美术作品侵权认定问题，下文笔者将就该案向大家分享一些处理美术作品侵权纠纷的实践经验。

## 一、亚运会徽案基本案情简介①

原告：黄子良，原番禺职业技术学院学生

被告：吴仲旻、张强、广州市众家设计有限公司（以下简称众家公司）

第三人：第16届亚运会组委会工作委员会、第16届亚运会组委会

原告黄子良于2006年5月参加“网游动漫总动员－广州”标志征集大赛，设计了“五羊＋火焰＋动漫色彩＋动漫感觉”标志（以下简称动漫作品，见图1），该作品于2006年5月25日在广州网游动漫网上公开展示投票，投票结束后，原告作品仅得12票，未获得本次大赛名次。亚运会会徽从2006年6月8日开始征集，半年后，亚运会会徽（以下简称会徽作品，见图2）公布。众家公司受亚组委的委托创作会徽作品，被告吴仲旻、张强为众家公司设计团队成员，参与了会徽设计。根据众家公司与亚组委的委托设计合同，会徽作品的著作权属于第三人亚组委。原告认为公布的会徽作品抄袭其动漫作品，遂起诉三被告侵害其动漫作品著作权。请求：（1）确认原告黄子良为第十六届亚运会会徽的共同作者；（2）要求三被告停止侵权、在国内省级以上媒体公开赔礼道歉、消除影响；（3）要求三被告赔偿经济损失10万元（被告因侵权而获得的奖金）以及维权费用（约1万元）；（4）第三人可以继续将会徽用于与亚运会有关的宣传、经营等用途，但应当在适当场合追认原告是中标会徽的作者。

① 具体参见广东省中山市中级人民法院（2007）中中法民三初字第49号民事判决书。

图1 原告动漫作品

图2 亚运会徽作品

法院判决认为,会徽作品与原告作品在线条组成、间隔、文字内容和大小、颜色运用、表达的内容内涵等方面是有区别的,即使在整体上构成相似,也是因为二者的创作都来源于五羊雕塑,具有相同的创作素材。被告和第三人所举证据表明会徽作品具有独立创作过程。因此,即使两作品表达形式相似,也不影响各自分别获得作品的著作权。会徽作品不属于剽窃作品,不构成侵权。故驳回原告全部诉讼请求。

## 二、美术作品的侵权判定标准

本案中,会徽作品与动漫作品均为美术作品。司法实践中,美术作品的侵权判定通常采用"接触+实质性相似"标准,即被控侵权人首先需要直接或间接接触过受著作权保护的作品,或具有接触受保护作品的可能性,在此基础上,再对作品是否构成实质性相似进行判断。原告黄子良指称会徽作品是对其美术作品的抄袭,其所持的基本理由是其美术作品发表时间早于会徽作品,且会徽作品有点像其美术作品,并以网络调查中大部分公众都认为二者相似的事实作为论据。显然,本案主要焦点问题在于,被告设计人员在会徽作品创作前是否接触过原告的动漫作品;会徽作品与动漫作品是否构成实质性相似;会徽作品是否具有独立的创作过程而同样获得著作权法保护。

### (一)接触可能性的判断

基于原告动漫作品创作早于会徽作品,且在会徽作品开始创作前已经在网络上公开,而被告设计人员张强系同地区同行业的专业人士,具有了解动漫作品的可能性和渠道,原告认为被告设计人员在设计会徽作品之前接触过其美术作品。

对此,笔者认为,虽然动漫作品在网站上公开过,在理论上不能排除会徽作品创作人员接触其作品的可能性。但在实际中,仍应该综合公开方式、作品受关注程度、原被告之间的关系等多种因素来认定会徽作品设计人员在创作之前及创作过程中,是否有接触动漫作品的可能性及接触概率的高低。据此,本案基于以下几方面理由,主张被告设计人员接触动漫作品的可能性极小。

1. 原告参加的比赛是一个小型设计比赛,参与者主要是学生和年轻人,受众范围有限,影响力较小,作为专业设计公司的众家公司关注到该比赛的可能性较低。而且,该比赛的主题是动漫(漫画)的标志,与体育和运动会毫无关联,会徽作品创作人员即使想寻找创作灵感,也难以想到要去参考动漫领域的作品。

2. 原告在该次比赛中,未获任何奖项,受关注度较低,即使会徽作品创作人员想借鉴该比赛,要想从几百件参赛作品中碰到原告作品,也不是很容易的事。原告作品登载于网上之后,其阅览统计点击率只有 728。但是仅广州美术学院一家,其在校学生就有 7000 余人,况且 728 的点击次数相对于全国几亿网民来讲,其点击率是非常低的。而且,原告同学李冰炜证明,原告让同学帮忙到网上投票,可以说明动漫作品的很多点击有经过预先安排的因素。换句话说,其他与原告关系不大的人员的点击可能性会更小,接触到动漫作品的概率更低。

3. 张强、吴仲旻等会徽作品创作人员之前并不认识原告,也没有参加过该比赛或者担任该比赛的评委。原告也表示他未参加过亚运会会徽的征集活动。原告的美术作品在参加"网游动漫"比赛时只有编号,没有任何名称,也没有显示其与五羊雕塑有何关联。在不认识原告和不预先知晓原告美术作品的情况下,会徽作品创作人员通过百度、Google 等主流搜索引擎无法搜索出原告的美术作品,难以对原告作品进行实际接触。

(二)作品实质性相似的判断

复制权是著作权人对作品享有的重要权利,两件作品之间构成实质性相似,侵犯的实为创作者的复制权。著作权只保护表达而不保护思想,所以判断美术作品之间是否构成实质性相似,需要从美术作品当中包含的线条、色彩、构图等元素一一对其表达进行对比分析。对此,也有学者提出,"在美术作品侵权判定中,只要被控侵权的美术作品是作者手拿画笔亲自绘制,而不是以录像、翻拍等方式机械复制,就不能认定为侵权"①。

① 李自柱:《美术作品侵权判定需考虑被控侵权作品的形成方式——创世卓越公司诉湖南少儿出版社公司等侵犯著作权纠纷案评析》,载《中国版权》2014 年第 5 期。

案件发生后,大部分社会公众都认为会徽作品与动漫作品存在相似之处。这是因为原告的动漫作品是基于广州的城市象征五羊雕塑而创作的,而会徽作品为了体现广州特色,也融入了广州具有代表性的五羊元素。以五羊雕塑作为创作元素的作品肯定要表现五羊雕塑的基本形态,故而普通公众从表面看会感觉两件作品相似,但这显然并不能作为认定会徽作品侵犯动漫作品著作权的依据。通常情况下,公共元素是社会公众的创作源泉,公众进行创作免不了需要借鉴公有领域中的公共元素。这些公共元素是不受著作权法保护的,否则将会严重损害社会公共利益,限制公众创作自由。因此,从法律上认定两件作品是否存在相似性,首先要去除公共元素后再进行比较。福建省高级法院在判定美术作品实质性相似时,就明确指出,"不同作者在利用相同的素材进行创作时,会具有不同的发挥及差异性的具体表达","判断时首先应当剔除原告作品中的思想部分,仅比较其作品的具体表达是否相似,此外还应当合理界定原告著作权的保护范围,防止原告对其非独创性表达的垄断"①。因此,在除去众人认为相似的五羊雕塑这个公共元素后,再从以下几个方面对会徽作品与原告动漫作品比较,可发现两件作品并不存在相似性。

1. 线条

从线条数量和形态角度来看,会徽作品没有一根线条与原告动漫作品的线条相同或者相似。动漫作品共有 14 根线条,每一区域的线条宽窄不一,组成 14 个琐碎的图形,间隔没有明显规律,每根线条的弯度不超过两个,用以表达火焰、动漫等简单元素。而会徽作品共用了 7 根线条,同一区域的线条宽度基本相同,组成内涵丰富的图形,用笔简练,三根线条有两个以上弯度,除了表达火焰之外,还有飘带象征,线条之间过渡自然、柔和,而且作品图形间隔基本保持一致,底部为产生跑道感觉,严格等宽,顶部为表现火焰及飘带的不定性,间隔特意有所变化,但总体视觉上形成统一。

2. 色彩

从色彩和色调使用情况看,两件作品的色彩和色调并不一致。两件作品主要都采用黄色和金色。而专家证人指出,对于设计来说,用黄色、金色、红色来表达火焰、火炬或者跑道,都是非常普通而常见的手法,并无特殊之处。此外,动漫作品的色彩和色调运用随性自由,无规律可循。而会徽作品下面四条跑道则基本是红色,

---

① 具体福建省高级人民法院(2016)闽民终 1343 号民事判决书。

向上则稍微使用了渐变色，作品中部的3根线条则基本为金色。可见，原告作品色彩运用比较随意自由，契合动漫的主题，而会徽作品的色彩较规则，符合运动会的内涵。从设计角度来说，两者是完全不同的。

3. 寓意

会徽作品的元素寓意与动漫作品相距甚远。原告动漫作品设计的元素包括五羊、火焰和动漫色彩，所以原告作品线条表达的是类似五羊雕塑的一团火焰，除此之外没有第二含义。而会徽作品不仅包含五羊雕像和火炬，更包括跑道、丝绸飘带、投掷动作的运动员等诸多元素。其中丝绸飘带寓意广州是海上丝绸之路的起点，投掷动作的运动员寓意运动会，会徽作品的底部采用了4根线条，除代表跑道外，还寓意4只小羊匍匐在母羊脚下。会徽作品底部的行书英文，则为了体现出一种不规则，打破线条底部的平直、锐利，使整个作品更显圆润、柔和。而原告作品底部有7根线条，除了表达一堆篝火的寓意之外，并无其他含义。因此，从元素寓意来看，两件作品也无相似之处。

4. 创作高度和创作目的

在设计行业，表达同样一种元素，线条越少、越简洁，设计难度就越大，这是设计行业的常识。会徽作品的线条数量仅为原告作品的一半，远比原告动漫作品简练。就两件作品同样表达的五羊雕塑的头颈部而言，原告作品用了7根线条，而会徽作品仅用了3根以表达出动感与韵味。所以，可以看出，会徽作品创造难度要略胜原告作品一筹。

此外，作为徽志类的产品设计来说，一个很重要的要求就是能满足商业化的使用。会徽作品为了实现徽章的特殊目的，在设计上，无论是放大到数十倍，还是缩小成一枚小小的徽章，其图案和每根线条都清晰可辨。而原告动漫作品一旦缩小到徽章大小，其图案和线条会模糊不清。可见，由于不同的设计目的，两者在对细节的设计和处理上差别非常之大。

综上，会徽作品虽与原告作品均基于共同的公共创作元素，但两者在表现手法、表达方式、创作高度、作品寓意等多个方面均存在显著的区别。在除去共同的公共元素的情况下，两者根本不存在任何一点近似，完全是两个不同的设计作品，不存在任何的借鉴、抄袭或修改、剽窃等侵害著作权的问题。

（三）独立创作过程的判断

认定美术作品是否侵犯他人著作权，需要对其创作过程的独立性进行考虑。若被诉侵权作品是由创作者独立创作的，即使其与受保护作品的表达方式存在相似之处,也并非一定构成侵权。在“重庆大轰炸”油画作品著作权侵权案中,重庆高院认为,“剽窃性侵权行为是复制性侵权行为的一种,衡量是否复制性侵权行为的一条基本原则是看被诉侵权作品中是否以非独创的方式包含了著作权人原作品中的独创性成果”①。有学者也认为,“针对同一题材的创作,不同作者以相同艺术形式创作的作品,只要具备独创性,即使雷同,也不构成剽窃”②。具体到该案,会徽作品与原告作品均是以绘画形式针对广州特色五羊雕塑进行创作的,即使两件作品被认定为相似,若能证明会徽作品有独立创作的过程,则其仍受到著作权法保护,并不会因此侵犯其他相似作品的著作权。

2006年6月,亚组委向社会公开征集会徽作品。截至8月15日,亚组委共收到应征作品2572件。亚组委组织专家评审组对应征作品进行了评选。亚组委对专家评审组推荐的10件入围作品均不甚满意,决定委托广州美术学院、广州黑马广告公司、广州王序设计有限公司、众家公司等单位重新创作设计会徽作品。2006年9月5日,众家公司与亚组委签署委托创作合同。9月27日,众家公司向亚组委提交所设计的《亚洲窗》作品,其中的跑道概念得到亚组委的认可。10月中旬,亚组委提出在会徽中加入广州“羊城”之“羊”的元素,并要求会徽不仅要突出广州元素,还要体现运动会元素。根据亚组委提出的创作思路,广州美院、黑马公司、众家公司、王序公司等几家单位都向亚组委提交了含有五羊雕塑概念的设计作品。在设计中,张强发现“五羊雕塑”与《亚洲窗》中的跑道视觉元素有类似之处,同时也有人提出将五羊与跑道相结合,于是就考虑将五羊与《亚洲窗》中的跑道元素进行整合。2006年10月19日,张强绘出包括五羊、飘带、跑道等创作雏形的手稿。在手稿的基础上,张强指导设计人员李陈嘉对其中一幅图案进行勾图,并与梁懿慧一起对图案进行调色。形成一幅送交亚组委的备选作品A。同样在手稿的基础上,张强同时也指导本案被告之一吴仲旻对图案进行勾图,后吴仲旻又结合自己的考虑直接绘制,形成另一幅送交亚组委的备选作品B。众家公司将上述备选作品提交给亚组委,亚组委对于其中B作品比较认可,但对跑道数量、羊的姿态、数量,以及图案的色彩等方面有些不同意见。于是张强带领团队在B作品的基础上,形成很多类似的作品,供亚组委考虑选用。在上述大量类似的备选作品中,亚组委选定了其中一款图案作

① 具体参见重庆市高级人民法院(2006)渝高法民终字第129号民事判决书。

② 杨巧:《美术作品相似是否构成“剽窃”的认定——对一起文字画作品侵权案的思考》,载《知识产权》2010年第4期。

为基本图案,并要求众家公司继续修改完善。众家公司综合了亚组委及评审专家提出的很多修改意见,对作品进行细致的局部修改,在作品上部增加了3根很细的线条,对作品腰部的线条加以丰满,消除纤细女人腰的缺陷,色彩也进行细部调整。此外,还附加行书的英文,以消除原作品底部过于平直的缺点。至此,整个作品最终完成,并经亚组委确认采纳为亚运会会徽,于2006年11月26日向社会公布。

《著作权法实施条例》第二条规定,著作权法所称作品,是指文学、艺术和科学领域内具有独创性并能以某种有形形式复制的智力成果。据此,受到著作权法保护的作品必须符合独创性要求,即需创作者独立创作、独立完成,并且具有一定创造性,体现创作者一定智力水平的要求。在商标法保护中,为了区分商品来源,防止消费者混淆,不管品牌标记是否独立创作,是否体现了智力劳动,品牌标记与他人注册商标近似,就可能构成侵权。著作权法并不排斥多个作者对相同或相似的作品分别享有著作权,只要各个作者都有自己独立的创作过程,不管作品完成的先后顺序,均可受到著作权法保护。安徽高院在对田秀华与安徽临水酒业有限公司著作权侵权纠纷上诉案中也提出,著作权法的独创性要求与专利法上的新颖性要求不同,不需要作品的表达是前所未有的,只需要其是经作者独立完成并体现出个性化特点即可①。具体到本案,会徽作品是在广泛征集的基础上,经过亚组委领导、专家、专业设计人员多次思想碰撞后反复修改而最终形成的,是集体独立创作和集体智慧的结晶。因此,即便会徽作品与动漫作品存在相似之处,且会徽作品完成时间晚于动漫作品,在两作品均有各自独立的创作过程的情况下,也不能就此认定在后作品抄袭了在先作品。

## 结　语

美术作品侵权认定最常适用的原则和标准为“接触＋实质性相似”标准。就“接触性”判定方面而言,判断被诉侵权者是否有接触到受保护作品的可能性,不能简单从理论上推定,还应当结合美术作品的公开方式、公开范围、公开时间、受众数量、作者及作品主题的关联度等因素,进行个案分析。就美术作品的实质性相似认定而言,实践中因以同一或类似元素而创作出相似作品的可能性是存在的,因此需要首先排除共有元素后再从线条、色彩等表达方式、表现手法、作品主题寓意、创作

① 具体参见安徽省高级人民法院(2008)皖民三终字第0052号民事判决书。

高度等各个方面进行对比,方能突破主观表面感知带来的错觉,而不至于影响判断的准确性。同时,对于美术作品著作权侵权纠纷,我们还应当重点考虑被诉侵权美术作品是否具有独立的创作过程,从独创性的角度看两件相似作品是否可能同时受到《著作权法》保护。

# 进口商在商标侵权诉讼中的合法来源抗辩

舒　海　李梦圆　桂　爽*

*作者简介：

舒海，合伙人，中伦律师事务所上海办公室，电邮为 michaelshu@ zhonglun. com；

李梦圆，律师，上海办公室；

桂爽，律师，上海办公室。

## 一、案件信息

原审原告(上诉人):黄荣生

原审被告(被上诉人):百胜餐饮(广东)有限公司肇庆必胜客时代广场餐厅

原审被告(被上诉人):圣皮尔精品酒业(上海)有限公司

案号:一审:(2015)肇中法民三初字第22号

二审:(2017)粤民终1269号

## 二、案情简介

2006年12月18日,肖兵提出注册申请"FORTANT"商标,2009年10月14日商标局核准注册,核定使用在商品和服务国际分类第33类葡萄酒等上,商标注册证号:5789869。2011年11月1日,肖兵授权广东省肇庆市端州区恒誉酒行黄荣生(以下简称恒誉酒行)为合法商标使用被许可人,许可恒誉酒行于2011年11月1日至2013年10月31日期间在"果酒、葡萄酒"商品上使用该商标。2013年9月27日,第5789869号"FORTANT"注册商标经商标局核准转让给黄荣生。

2013年9月恒誉酒行发现被告百胜餐饮(广东)有限公司肇庆必胜客时代广场餐厅(以下简称肇庆必胜客餐厅)正在销售冠有"FORTANT"商标字样的葡萄酒,并使用冠有"FORTANT"商标字样的包装物,肖兵和黄荣生遂向肇庆市工商行政管理局端州分局投诉,经肇庆市工商行政管理局端州分局查明:肇庆必胜客餐厅企业类型是分公司,百胜餐饮(广东)有限公司自2011年12月开始从圣皮尔公司精品酒业(上海)有限公司(以下简称圣皮尔公司)购进瓶身标签标示"FORTANT"字样,中文标示有"法国花都加本力苏维翁干红"的葡萄酒,并配送到肇庆必胜客餐厅销售。肇庆市工商行政管理局端州分局于2013年12月20日作出《行政处罚决定书》(端工商经检处字〔2013〕第576号),对肇庆必胜客餐厅自2013年1月1日至2013年10月18日销售侵犯"FORTANT"注册商标专用权的行为,作出如下处罚:(1)责令立即停止侵权行为;(2)没收侵犯"FORTANT"注册商标专用权葡萄酒4瓶;(3)罚款20,000元。2014年1月3日,肇庆必胜客餐厅缴纳了该20,000元罚款。

原告黄荣生向广东省肇庆市中级人民法院提起诉讼,称被告肇庆必胜客餐厅未经原告许可,使用"FORTANT"注册商标销售葡萄酒,业已侵害原告的注册商标专用权;后原告申请法院追加圣皮尔公司为本案被告,并主张圣皮尔公司作为进口商不应适用于一般销售商的合法来源抗辩,请求法院判决被告肇庆必胜客餐厅、圣皮尔公司立即停止销售带有"FORTANT"商标的酒(利口酒)、开胃酒、葡萄酒等产品;立即销毁所有与"FORTANT"商标相关之图样、字样、外包装、产品;赔偿原告经济损失20万元;承担原告律师费1万元及本案诉讼费。

被告肇庆必胜客餐厅答辩称:(1)肇庆工商行政管理局端州分局已于2013年12月20日作出《行政处罚决定书》,肇庆必胜客餐厅已按处罚决定上缴了侵权产品、缴纳了罚款20,000元,且一直未再继续销售侵权产品。对于同一侵权行为,法院不应再另行给予民事制裁。(2)《商标法》规定:"销售不知道是侵犯注册商标专用权的商品,能证明该商品是自己合法取得并说明提供者的不承担赔偿责任",原告主张的"FORTANT"商标并非驰名商标,肇庆必胜客餐厅当时对所销售的产品侵犯他人注册商标专用权确实不知情,且已提供购货合同等,因此,肇庆必胜客餐厅无须向黄荣生承担赔偿责任。

被告圣皮尔公司也主张其作为销售者,与生产者法国斯卡利酒庄及法国销售商有购销合同关系,并且以合理价格购得后,通过合法的进口渠道将其进口至中国,应被认定为具有合法来源。同时,涉案商品并无知名度或影响力,圣皮尔公司以一般审慎的注意义务无从得知原告黄荣生为"FORTANT"商标在中国的注册人。因此,圣皮尔公司无须承担赔偿责任。

## 三、法院观点

广东省肇庆市中级人民法院认为,未经商标注册人许可,在同一种商品或者类似商品上使用与其注册商标相同或者近似商标的,属于侵犯注册商标专用权的行为;销售侵犯注册商标专用权的商品的行为属于侵犯注册商标专用权的行为。本案中,被告肇庆必胜客餐厅销售的带有"FORTANT"字体标识的葡萄酒,与原告第5789869号"FORTANT"商标的英文字母及排列顺序完全一致,侵犯了原告的商标注册专用权。肇庆必胜客餐厅所销售的涉案商品是由被告圣皮尔公司提供,因此圣皮尔公司销售涉案商品同样侵犯了原告的商标专用权。但肇庆必胜客餐厅是通过合法途径从圣皮尔公司处购进上述FORTANT商标的葡萄酒,而圣皮尔公司也是通过合法的进口渠道购进产地为法国的法国花都加本力苏维翁干红葡萄酒。因原告商标并非驰名商标,并不为一般民众所熟知,且肇庆必胜客餐厅和圣皮尔公司也确认其不知道销售的是侵犯注册商标专用权的商品,且均能证明该商品的合法来源并说明了提供者,故根据《商标法》的规定,肇庆必胜客餐厅和圣皮尔公司无须承担赔偿责任。同时,因肇庆市工商行政管理局端州分局已经对肇庆必胜客餐厅作出责令停止侵权行为,没收并销毁侵权商品和罚款20,000元的处罚决定,故本案对其不再作民事制裁。由于黄荣生没有提供证据证明圣皮尔公司尚有侵权存在的事实,故其要求圣皮尔公司立即销毁与“FORTANT”商标所有相关之图样、字样、外包装、产品的诉讼请求无法支持。综上,判决被告肇庆必胜客餐厅和被告圣皮尔公司立即停止侵权,驳回原告其他诉讼请求。

原告黄荣生不服一审判决,提起上诉,主张两被上诉人未尽到审慎的合理注意义务,合法来源抗辩不能成立。二审法院经审理认为,首先,肇庆必胜客餐厅提交了其与圣皮尔公司签订的《百胜中国餐饮集团采购条款》及《采购协议》,一审法院据此认定肇庆必胜客餐厅通过合法途径从圣皮尔公司处购入被诉侵权产品,并无不当。其次,圣皮尔公司提供的产品图片、中文标签能够与被诉侵权产品相对应,订购邮件及发票不仅有打印件,还有以光盘形式提交的电子证据,报关单、卫生证书及报关单状态查询可在海关网站查询。以上证据能证明圣皮尔公司通过合法进口途径购买了被诉侵权产品。而且涉案商标知名度不高,在此情况下,不宜赋予销售者过高的注意义务,否则难以在商标权人利益与社会公众利益之间取得平衡。即使肇庆必胜客餐厅是知名连锁餐厅,圣皮尔公司是大型进口企业,也不能苛求两者在遵循正常商业途径向正规供应商购入葡萄酒时均必须逐一进行商标检索以排除侵权可能。因此,肇庆必胜客餐厅、圣皮尔公司主张的合法来源抗辩成立,其不应承担赔偿责任。二审法院据此判决驳回上诉,维持原判。

## 四、案例点评

我国《商标法》第六十四条第二款规定:“销售不知道是侵犯注册商标专用权的商品,能证明该商品是自己合法取得并说明提供者的,不承担赔偿责任。”根据该条规定,要追究销售商的侵权赔偿责任,一般认为需要满足两个条件:一是销售商存在主观过错,即知道所售商品侵犯他人注册商标专用权;二是没有合法来源,无法证明商品为合法取得并说明提供者。① 在本案中,法院经审理认定圣皮尔公司和肇庆必胜客餐厅均为销售者,并且两者均提供证据证明了其是从合法的供货商处正常取得所销售的商品,因此符合“合法取得并说明提供者的”的要求;同时,因涉案商标并非驰名商标,原告也没有提交证据证明被告在销售涉案商品时知道该商品侵犯注册商标专用权。因此,本案法院适用《商标法》第六十四条规定,判定肇庆必

---

① 曹丽萍:《“合法来源”在认定侵犯商标权中的作用》,载《中国知识产权》2017年4月刊。

胜客餐厅、圣皮尔公司主张的合法来源抗辩成立,不应承担赔偿责任。

但是,实践中也确有另一种观点,认为对于像圣皮尔公司这样的进口商,不应对其适用一般销售者的合法来源抗辩,甚至应在满足特定条件时,将其类比于侵权产品的生产商,承担相应的侵权责任和赔偿责任。一件比较典型的判决就来自于上海市第一中级人民法院的(2014)沪一中民五(知)终字第78号。

在该案中,原告赵元鸿是第3334895号"BINDICATOR"商标的专用权人,核定使用商品为第9类物位仪等。被控侵权料位仪与请求被保护商标核定使用商品物位仪属于相同商品。被告丹纳赫西特公司在其生产、销售的被控侵权料位仪外包装纸盒的封箱带、料位仪产品及说明书上均存在突出使用"Genuine BINDICATOR"标识,其中"BINDICATOR"字体明显大于"Genuine"。原告赵元鸿向上海市徐汇区人民法院诉称,被告丹纳赫西特公司的行为侵害了原告注册商标专用权,造成巨大经济损失。请求法院判令丹纳赫西特公司立即停止生产、销售侵害原告注册商标专用权的商品,赔偿原告相应的经济损失和合理开支。一审上海市徐汇区人民法院经审理认为,被告丹纳赫西特公司未经商标注册人的许可,在同一种商品或者类似商品上使用与其注册商标相同或者近似的商标的,属于侵犯注册商标专用权;同时其销售侵犯注册商标专用权的商品,也构成侵犯注册商标专用权。故判决被告丹纳赫西特公司立即停止生产、销售侵害赵元鸿第3334895号"BINDICATOR"注册商标专用权的商品,赔偿赵元鸿经济损失20万元和合理费用3万元。被告丹纳赫西特公司不服一审判决,向上海市第一中级人民法院提起上诉,主张被控侵权产品实为美国万确测量仪器有限公司(以下简称美国万确公司)在境外生产,其仅实施了进口销售被控侵权产品的行为,不存在侵权恶意,被控侵权产品有合法来源,故不应承担赔偿责任。

上海市第一中级人民法院经审理认为:首先,基于商标保护的地域性,外国公司在我国境外生产制造被控侵权产品本身并不侵犯我国注册商标专用权,但丹纳赫西特公司作为进口商进口被控侵权产品至我国并在境内销售直接导致该产品在涉案商标受保护的法域内从无到有;其次,丹纳赫西特公司虽然未直接从事生产制造被控侵权产品行为,但实际上是在我国境内首先使用被控侵权产品的主体,从商标法保护的意义上,本案丹纳赫西特公司作为进口商的行为后果与生产者的行为后果是一致的;最后,丹纳赫西特公司当庭陈述其系美国万确公司在中国的代理商,与美国万确公司同为美国母公司的子公司,其网站上突出显示被控侵权标识并简要介绍Bindicator@品牌,且赵元鸿、美国万确公司在申请各自"BINDICATOR"注册商标及美国万确公司申请“genuine BINDICATOR”过程中，彼此间均曾有异议，故难以认定丹纳赫西特公司不知情销售被控侵权产品。综上，商标法中合法来源抗辩应受地域性规则的限制，能够提出合法来源抗辩仅是不知产品侵权而销售的被控侵权方，不应包括产品的进口方，且不能认定丹纳赫西特公司对销售被控侵权产品不知情，故丹纳赫西特公司的合法来源抗辩于法无据，且与事实不符，不予采信。①

由上述案情可知，法院认为能够提出合法来源抗辩仅是不知产品侵权而销售的被控侵权方，不应包括产品的进口方。那么，对于销售侵犯注册商标专用权商品的进口商，若不对其适用合法来源抗辩，是否有充分的法律前提，又是否有如此操作的必要？前述这两个判决折射出的不同观点，主要涉及对以下几个关键问题的认定：第一，《商标法》下的合法来源抗辩是否应受地域性规则的限制；第二，进口商是否应负高于一般的注意义务；第三，对于进口侵犯注册商标专用权商品的进口商，是否应参考《专利法》下的相关原理。下面，我们就逐一对这几个问题展开讨论。

（一）《商标法》下的合法来源抗辩是否应受地域性规则的限制

商标权具有地域性，即商标仅在其注册的地域范围内具有效力，对商标权的保护是以各国国内法为基础的。因此，有一种观点认为，对于一些进口产品，其产品在生产制造时适用其生产地国内法，但如果进口商将其进口到我国境内销售，其行为无疑需要适用我国的相关法律。如在“FORTANT”案中，该侵权产品是由圣皮尔公司从生产者法国斯卡利酒庄及法国销售商处购得，在法国其当然符合相关法律规定。但是因为进口商圣皮尔公司的进口行为而使侵权商品进入了我国市场，由此导致对于该侵权产品，我国商标法司法审查的法域从无到有，因而不能单纯将其当作普通销售商来看待，其地位应相当于生产商。

但我们认为，商标权固然有地域性，但是合法来源的规定却没有地域性的限制。从合法来源的立法初衷来看，考虑在现实经济生活中，有些商品销售者是通过合法途径获得商品，但由于自身不具有相关专业知识，不能清楚地辨别出该商品是否为侵犯注册商标专用权的商品。此时要求销售者承担赔偿责任，不符合民法保护善意第三人的精神，因此规定了如果销售者能够证明其已满足了“不知道 + 合法取得 + 说明提供者”这三个要件，即可免除赔偿责任。而且，合法来源抗辩虽然免除了销售商的赔偿责任，但是销售商仍需承担停止侵权的责任，同时商标权人仍然

① 上海市第一中级人民法院民事判决书（2014）沪一中民五（知）终字第 78 号。

有权追究由销售者说明或披露的生产商的责任来弥补自身的损失，由此实现保护商标权人和促进商品流通的两全。由此可知，根据目前法律规定和法律背后的立法目的，销售商合法来源的抗辩未有且不应有地域性的限制。而对于有合法来源的进口商而言，一般情况下，其对接的生产商是知晓其商品将要售至中国的，因此生产商和进口商是有认定共同侵权的前提；国内的权利人在主张权利时有权选择将生产商和进口商列为共同被告、或择一而诉，也有权追究生产商的停止侵权和赔偿责任，此时也不该对其有差别对待。由此，《商标法》下的合法来源抗辩不应受地域性规则的限制。

（二）进口商是否应负高于一般的注意义务

由上文可知，销售商主张的合法来源抗辩必须满足两个条件，一个是可以证明商品为合法取得并说明提供者，另一个即必须不知道所售商品侵犯他人注册商标专用权。“不知道”是销售者合法来源抗辩、免除赔偿责任的主观要件，在司法实践中要判断销售者是否“不知道”或是否“明知或应知”，一般会依据案件的具体情况和销售者的注意义务来综合认定。商品流通的过程一般是由生产者到销售者再到消费者，法律为保护商标权人和消费者合法权益，鼓励作为中间环节的销售者，从合法、正规的渠道购进货物，因而销售者应尽到一定的注意义务；但是如果对销售者要求过高的注意义务，则会不当地增加其交易成本，从而影响商品流通的效率。[①]因此，如何判定注意义务以及注意义务的高低，是衡量主观要件的核心。目前有观点认为，对于进口商而言，虽然没有从事生产制造被控侵权产品的行为，但是其实际上是在我国境内首先使用被控侵权产品的主体，因此应当承担与生产商类似的较高的注意义务。而且进口商相比于普通销售者而言，对其所售商品有更深的了解，且相关商品需要经过海关等政府部门监管，也会给其带来更高的审核义务。故进口商应该就其进口的产品是否侵犯他人商标权负有较高的注意义务。

对此，我们有不同意见。赋予销售商合法来源抗辩的本质是为了确保正常稳定的市场交易秩序，虽然有此抗辩制度，销售商仍须承担举证其合法取得且主观确实不知道的义务。目前在司法审查中，法院一般会考量以下几个因素，综合判断销售商是否尽到合理审慎的注意义务。首先，如销售商购入的商品价格远低于该商品的市场价格，这种差异应引起销售商的注意，否则即应认为销售商有主观明知[②]。

① 张华松：《商标法上进口商不得适用合法来源抗辩免赔》，载《企业与法》2015 年第 3 期。

② 参见北京市高级人民法院民事判决书（2005）高民终字第 1461 号。

其次，如果销售者接到权利人告知其销售的商品系假货的通知后仍继续销售的，不能主张合法来源的抗辩[①]。另外，如果销售的商品在商标局《重点商标保护名录》中明文规定了[②]，或被控侵权的商标是驰名商标，或有证据证明该商标具有较高知名度的，此时销售商的注意义务也应相对提高[③]。最后，如销售商曾经是正品代理商的，或者其与生产商有关联关系的，则一般认为其应承担更高的注意义务。由此可知，在司法实践中，法院对主观注意义务的审核比较严格。而上述上海一中院关于“BINDICATOR”商标的案件，法官之所以最后判定进口商丹纳赫西特公司不得以合法来源进行抗辩，主要也考虑其与生产商的关联关系：“丹纳赫西特公司当庭陈述其系美国万确公司在中国的代理商，与美国万确公司同为美国母公司的子公司。”在这种情况下，丹纳赫西特公司应当承担更高的注意义务，其不符合“不知道”的主观标准。但如果进口商没有上述所列的相关情况，不应对其区别对待，不合理地提高其注意义务。

另外，虽然作为进口商（有时也是中国地区或特定地区的总代理），相较于一般销售者，其进口销售商品时的确需要更多的手续和流程，因而对其所销售的商品会有更多的了解。但是这种了解并不等于对商标注册情况的了解，即便有时进口商会从降低风险的角度做一些知识产权的查询工作，但这并不意味着其有相应的法定义务，更不能据此认定进口商应负更高的注意义务。在派克笔公司诉金戈壁商贸公司一案中，法院即认为：被告金戈壁公司提供的有关买卖合同、购货发票等证据，能够证明其销售的标注有“PARKER”标志的被控侵权产品系从奥菲斯公司购进，即证明了本案被控侵权产品的来源……除限制流通商品外，商品经营者在不违反法律规定的范围内对于其特定商品采取何种销售方式属于自由经营行为，商品流通环节中的其他销售者不可能亦无能力了解诸多商品生产、销售企业的特有经营方式，本案被告在不知道原告所称的其笔类商品的特约经销方式情况下，提供的证据足以证明被告在购进本案被控侵权产品时已尽必要、合理的注意义务。[④]

---

① 参见北京市朝阳区人民法院民事判决书（2006）朝民初字第10935号。

② 伊丽娜：《试析侵犯商标权案件中销售商的法律责任》，内蒙古大学2009年硕士学位论文。

③ 参加最高人民法院民事裁定书（2009）民申字第1882号。

④ 新疆乌鲁木齐市中级人民法院民事判决书（2010）乌中民三初字第110号。

（三）对于进口侵犯注册商标专用权商品的进口商，是否应参考《专利法》下的相关原理

除《商标法》中规定了销售者的合法来源抗辩之外，我国《专利法》中也有此规定，以合法来源抗辩来免除销售者的赔偿责任。《专利法》第七十条规定："为生产经营目的使用、许诺销售或者销售不知道是未经专利权人许可而制造并售出的专利侵权产品，能证明该产品合法来源的，不承担赔偿责任。"但因《专利法》中明文赋予了专利权人进口权，即第十一条规定了未经专利权人许可，任何单位或个人都不得进口专利产品或者使用专利方法以及使用、许诺销售、销售、进口依照该专利方法直接获得的产品。因此有一种观点认为，因《专利法》第七十条中的合法来源抗辩仅限于为生产经营目的许诺销售、销售或者使用专利产品或者依照专利方法直接获得的产品的行为，不包括制造或者进口的行为。这表明，专利产品的制造者、进口者以及产品制造专利方法的使用者不能以其不知道其制造、进口的产品是他人获得专利权的产品为理由，或者以其不知道使用的产品制造方法是他人获得专利权的方法为理由，请求免除其赔偿责任。商标权合法来源的抗辩的保护原理应与此相同，不能适用于进口商。①

这种观点我们不能赞同，商标权与专利权在性质上就有差别，在法律无明确规定的情况下，不能通过类比就轻易否认销售者的抗辩权利。而且，如上文所述，合法来源的抗辩并非是免除进口商的侵权责任，其仍需承担停止侵权的责任，只是免于赔偿；此时权利人仍然可以通过起诉生产商来进行救济。目前在司法实践中，法院也大多持此观点，认为进口商与一般销售商相同，在不知道且提供合法取得证据并告知提供商的情况下可以适应合法来源的抗辩。如在上海禧贝诉北京背篓公司商标侵权案②中，法院即认为"北京背篓公司在其网站上销售使用了 HAPPYBELLIES、商标的商品，上海禧贝公司亦认可上述商品均为美国 Nurture，Inc. 所生产；北京背篓公司在销售时并未改变商品的原始状态，其使用包含 HAPPYBELLIES、标识的商品图片、文字系在销售过程中对商品的展示、宣传，故应当认定北京背篓公司是一种销售行为，仅应对销售行为负责"。因此，在作为进口商的北京背篓公司提供了该侵权商品系合法取得的相关证据后，法院依据《商标法》关于合法来源抗辩的规定，判决其立即停止侵权，但无须承担赔偿责任。同样，在英国阿曼瑞卡纳国际

① 张华松：《商标法上进口商不得适用合法来源抗辩免赔》，载《企业与法》2015 年第 3 期。

② 北京市朝阳区人民法院民事判决书（2015）朝民（知）初字第 46812 号。

有限公司诉奔灿公司等三公司一案中,法院也认定"鉴于奔灿公司等三公司提供了其从菲律宾共和国进口舒英公司生产的商品的海关进口货物报关单,该三公司属于销售不知道侵犯注册商标专用权的商品,且能够证明该商品系合法取得并说明提供者,故其依法应当承担停止侵权的民事责任"①。

综上所述,《商标法》中合法来源的抗辩本质上是在维护权利人的合法利益同时,基于市场交易安全的考虑,保护善意第三人的合法权益,以维护社会秩序的稳定。在寻求权利人与善意第三人之间利益的平衡点时,立法者选择了在权利人不能证明销售商恶意的情况下,如销售商能够提供侵权商品的合法来源即可免除其赔偿责任。合法来源抗辩制度的构建目的十分明确,即让权利人通过对销售商的诉讼,来寻找到侵权商品的生产源头,从而能够追究侵权商品生产者的相关责任,而并非是给销售商施加更多的责任。因此,在这种立法目的下,进口商与一般销售商并无本质区别,在其没有侵权故意,并能够提供侵权商品的合法来源时,也应该同等适用《商标法》第六十四条下的合法来源抗辩。

① 北京市高级人民法院民事判决书(2009)高民终字第1915号。

## 3. 权利保护

# 商标律师的“七种武器”

舒　海*

* 作者简介：

舒海，合伙人，中伦律师事务所上海办公室，电邮为 michaelshu@ zhonglun. com。

长生剑、孔雀翎、碧玉刀、多情环、离别钩、霸王枪、拳头,这是武侠名家古龙笔下江湖豪杰曾经使用的七种非同一般的江湖武器,每件精妙绝伦。这七种武器在白玉京等大侠的手里,变得出神入化,令人胆寒。

近年随着商标侵权诉讼的日益增多,影响面越来越广,各路商标律师粉墨登场。所谓有人的地方就有江湖,有江湖就免不了纷争,解决纷争自然少不了武器。知识产权江湖各路大侠,对于上述七种武器的使用也是得心应手。

所谓外行看热闹,内行看门道。本文试图结合一些经典案例,主要从被告的角度,对于商标律师惯用的七种武器,为各位一一解说分析。

## 第一种武器:长生剑

陈旧的剑鞘,缠在剑柄上的缎子也同样陈旧,根本看不出来有什么杀气,然而这把陈旧的剑,却锋利无比。这就是江湖中最可怕的一把剑:长生剑。

在知识产权的江湖中,很多商标律师用剑,因剑乃兵器中的王者,只要抓住对方(原告)的弱点,发出致命一击,就能大功告成。"非商标意义上的使用",就是商标律师的"长生剑"。

一般而言,商标的使用,包括将商标用于商品、商品包装或者容器以及商品交易文书上,或者将商标用于广告宣传、展览以及其他商业活动中。这些只是商标使用的具体表现形式,实质上,只有将商标作为区分商品或者服务来源的使用,才是商标法意义上的"使用",这就是说,如果被告使用的标识不具有区分商品或者服务来源的作用,这种使用就不是商标意义上的"使用",也就不会构成对原告注册商标专用权的侵犯。

一个典型的案例就是辉瑞制药诉江苏联环药业股份有限公司商标侵权案。涉案辉瑞公司的注册商标系指定颜色为蓝色的菱形立体商标,被诉侵权的药片在颜色和形状上与之高度近似,但在销售时有外包装盒,并且内包装为不透明锡纸。最高人民法院认为:由于涉案药片包装于不透明材料内,其形状和颜色不能起到标识其来源和生产者的作用,不能认定为商标意义上的使用,因此不属于"使用相同或者近似商标的行为"。

## 第二种武器:孔雀翎

据兵器谱记载:"孔雀翎,世之宝兵。至华丽,出则杀敌于无形。"在古龙笔下,孔雀翎是一种杀人于无形中的暗器,被它锁定的人避无可避,躲无可躲,只有死路一条。

商标获准注册以后,商标权人并不能一劳永逸。这是因为商标的基本功能是区别商品或服务的来源。商标只有通过持续不断使用,才能实现这种区别功能。以前出现了一些商标权利人自己未使用注册商标,却获得高额赔偿的案例。更有一些人恶意抢注他人在先使用的商标后敲诈在先使用人或者通过诉讼,索取高额赔偿,这显然违背了商标保护的初衷,从某种程度上也助长了商标抢注和商标囤积行为。

有鉴于此,《商标法》第四十九条规定,“注册商标成为其核定使用的商品的通用名称或者没有正当理由连续三年不使用的,任何单位或者个人可以向商标局申请撤销该注册商标”;第六十四条更是明确了,“注册商标专用权人不能证明此前三年内实际使用过该注册商标,也不能证明因侵权行为受到其他损失的,被控侵权人不承担赔偿责任”。

因此,一旦商标权人无法证明其连续三年实际使用注册商标的,申请撤销该商标或者免予赔偿就成了商标律师的“孔雀翎”。

“皮宝王”商标侵权案,就是近年发生的一个案例。广东太安堂药业公司(以下简称太安堂)从1998年就开始生产“皮宝霜”用于治疗皮肤类疾病,其产品“皮宝”“肤特灵”在行业内享有一定声誉,但未申请注册商标。原告广东阳春市康得乐技术公司(以下简称康得乐),2004年即取得国家商标局颁发“皮宝王+图”注册商标。2013年年底,原告同时起诉多家药店,索赔20万元。但在庭审过程中,原告由于无法证明其“皮宝王”注册商标的使用情况,只得撤诉,没有讨到任何便宜。同时,原告的鲁莽起诉行为,还带来其注册商标面临被撤销的风险。

### 第三种武器:碧玉刀

古龙在书中这样描写段玉的碧玉刀:白银吞口、黑鳖皮鞘、镶着七颗翡翠的刀。碧玉刀非但价值连城,而且古老相传,都说其中还藏着一个很大的秘密。无论谁只要能解开这秘密,他立刻就可能变成富可敌国的武林高手。

注册商标侵犯在先权利,就是商标律师手中的“碧玉刀”。

注册商标不得侵犯在先权利,这是一条国际通行的原则。我国《商标法》对于在先权利的规定,主要体现在第十三条规定的未在我国注册的驰名商标、第十五条规定的被代理人或者被代表人的商标以及第三十二条规定的在先使用并有一定影响的商标。同时,《商标法》第九条规定“申请注册的商标……不得与他人在先取得的合法权利相冲突”,以及第三十二条规定“申请商标注册不得损害他人现有的在先权利”,都是对在先权利的概括性规定。

“IVERSON”商标争议案是一个典型的注册商标与在先姓名权相冲突的纠纷案件。商评委及一审法院均认为,“Iverson”只是姓,“Allen Iverson”才是全名,而争议商标并没有使用该姓名的全称,因此不构成对 Allen Iverson 在先姓名权的侵犯。二审法院认为,判断姓名权是否因争议商标申请注册而受到损害,应当以该姓名在先具有一定知名度为前提。该案中,原告于一审、二审期间提交的证据材料,足以证明中国公众已经将“Iverson”与 Allen Iverson 建立了对应关系,“Iverson”作为著名的 NBA 球星已经为中国公众所熟知。在此情况下,未经许可申请注册争议商标,容易导致相关公众将其与 Allen Iverson 相联系,从而认为相关商品的来源与 Allen Iverson 有关,损害了 Allen Iverson 的姓名权。

## 第四种武器:多情环

“无论套住了什么,立刻就紧紧地缠住,绝不会再脱手,就好像是个多情的女人一样”,这就是古龙笔下的另一种武器:多情环。

由于种种原因,不少企业的商标被他人恶意抢注,从而造成被动。但是,有经验的商标律师,往往能起死回生,个中法宝就是《商标法》第五十九条第二款的规定:“商标注册人申请商标注册前,他人已经在同一种商品或者类似商品上先于商标注册人使用与注册商标相同或者近似并有一定影响的商标的,注册商标专用权人无权禁止该使用人在原使用范围内继续使用该商标,但可以要求其附加适当区别标识。”

商标律师只要能够证明,被告在先使用了原告的注册商标,并且具有一定影响,原告就无权禁止被告在原使用范围内继续使用该商标。“在先使用并有一定影响”这就是商标律师的第四种武器“多情环”。

比如,在蓝迪(抚顺)国际化学有限公司与上海爱特福实业有限公司、江苏爱特福药物保健品有限公司商标侵权纠纷一案中,蓝迪公司分别在 1996 年 1 月和 1997 年 5 月取得“好帮手”“好帮手 Handy Mate”的商标专用权。江苏爱特福通过受让成为“84”注册商标的所有权人。“84”商标在 1992 年、1994 年、1998 年、2001 年获得江苏省沐浴露、洗洁精类产品的著名商标。两家被告爱特福公司将“84”与“好帮手”并列使用于天然活性洗洁精产品上,以“84 好帮手天然活性洗洁精”作为产品的名称,并于 1995 年年底开始在徐州电视台播出广告。二审法院认为,被告的产品应认定为知名商品,被告可在原有的使用范围内继续使用“84 好帮手”商品名称。

## 第五种武器:离别钩

“这柄钩,无论钩住什么都会造成离别。如果它钩住你的手,人的手就要和腕离别;如果它钩住你的脚,你的脚就要和腿离别”,这就是古龙笔下主人公杨铮使用的武器:离别钩。

《商标法》第五十九条规定,注册商标中含有的本商品的通用名称、图形、型号,或者直接表示商品的质量、主要原料、功能、用途、重量、数量及其他特点,或者含有的地名,注册商标专用权人无权禁止他人正当使用”,这就是通常所说的“合理使用”,不构成商标侵权。

离别钩在手,商标律师无忧。

美国教育考试服务中心(ETS)诉北京市立新东方学校未经许可使用 TOEFL 试题侵犯其著作权和商标专用权纠纷案,就是一个介绍商品内容而进行描述性质“合理使用”的案例。北京市高级人民法院审理后认为,虽然 ETS 在出版物、录音磁带上合法注册了 TOEFL 商标,新东方学校在“TOEFL 系列教材”以及“TOEFL 听力磁带上”突出使用了“TOEFL”字样,但新东方学校对“TOEFL”是在进行描述性或者叙述性的使用。其目的是说明和强调出版物的内容与 TOEFL 考试有关,是为了便于读者知道出版物的内容,而不是为了表明出版物的来源,并不会造成读者对商品来源的误认和混淆。

## 第六种武器:霸王枪

霸王枪是江湖上独一无二的一杆枪,长一丈三尺七寸三分,重七十三斤七两三钱,枪尖是纯钢,枪杆也是纯钢。它的尖若是刺在人身上,那人必死无疑,就算被枪杆扫中,也得呕血五升。

现实生活中,商标权人起诉销售者的案例不胜枚举,往往索赔数额巨大,给销售者造成极大的压力。但是,不少人忽视了《商标法》第六十条“销售不知道是侵犯注册商标专用权的商品,能证明该商品是自己合法取得并说明提供者的,由工商行政管理部门责令停止销售”这一规定。销售者主观上的“不知道”即可免除赔偿责任,这就是商标律师的“霸王枪”。

一个典型案例就是上海红双喜股份有限公司诉北京京客隆商业集团股份有限公司怀柔店侵犯商标权纠纷案,原告红双喜公司依法受让取得“红双喜”“DHS”商标的商标专用权,两商标均注册在第28类乒乓球等商品上。2011年8月11日,红双喜公司在京客隆怀柔店内购买了标有“红双喜”和“DHS”标识的假冒红双喜商标的侵权产品。红双喜公司认为京客隆怀柔店侵犯其享有的“红双喜”和“DHS”注册商标专用权,遂向法院提起诉讼,请求法院判令:停止销售行为;赔偿损失20万元及合理支出;在相关媒体刊登声明、消除影响。由于被告京客隆怀柔店证明了销售的涉案商品有合法来源,北京市高级人民法院维持了一审法院的判决:京客隆怀柔店停止销售侵犯红双喜公司“红双喜”和“DHS”注册商标专用权的涉案商品;驳回红双喜公司的其他诉讼请求。

## 第七种武器:拳头

《愤怒的小马》中有这样两句,让人印象深刻:“很少有人知道,拳头也是一种武器,而且是无可替代的武器”;“出击的拳头没有大小,只有力道的深浅”。

人们把“拳头”列入“七种武器”引起不少争议,本文不做探讨。但每个人都有双拳头,但真正用得好的,才是个中高手。武林人士在对决时,功力深厚的一方,一拳即可将对手击败。正如商标律师面对商标侵权之诉,终极功力在于说服法庭:涉案的标识与原告的注册商标,既不相同,也不近似,即使近似,也不会导致混淆,从而成功地为当事人摆脱责任。

根据现行《商标法》,在相同的商品或者服务上使用与注册商标相同的标识的情形(所谓的“双相同”),不再考虑导致混淆的可能性,业界称之为“商标权的绝对保护”。除此之外,在相同或者类似的商品上使用近似商标,是否有混淆的可能性,才是决定案件结果的关键,犹如围棋中的“胜负手”(《商标法》第五十七条)。

商标法上混淆的含义是指,消费者错误地认为使用两商标的商品或者服务来源于同一商品提供者,或者虽然认为来源于不同的提供者,但误认为提供者之间存在特定联系,即误认为两者具有经济上、经营上、组织上或法律上的关系(如授权或赞助)。

法国拉科斯特股份有限公司诉新加坡鳄鱼国际机构私人有限公司、上海东方鳄鱼服饰有限公司北京分公司侵犯商标专用权纠纷一案,正是这样的终极案例。拉科斯特公司创办于1933年,同年在法国注册“鳄鱼图形”商标,此后其产品主要在欧洲销售。1980年,拉科斯特公司在中国大陆注册了“鳄鱼图形”商标,其产品于1984年正式进入中国。2000年5月11日,拉科斯特公司对鳄鱼国际公司及其在北京的代理商上海东方鳄鱼公司提起诉讼,称两被告使用的“鳄鱼图形”商标与“鳄鱼图形”注册商标构成近似，侵犯了其在第25类服装及其他相关类别商品上的注册商标专用权。

2010年12月29日，最高人民法院在终审判决中指出：判定被诉标识与原告请求保护的注册商标是否构成近似，通常要根据诉争标识文字的字型、读音、含义或者图形的构图及颜色等构成要素的近似性进行判断，且将是否造成混淆作为重要判断因素。因此，侵犯注册商标专用权意义上的商标近似应当是指混淆性近似，即足以造成市场混淆的近似。就本案诉争商标具体情况而言，鳄鱼国际公司进入中国市场后使用相关商标，主要是对其已有商标的沿用，且在实际使用中也有意区分诉争标识，主观上并无利用拉科斯特公司的品牌声誉，造成消费者混淆、误认之故意；从诉争标识在中国市场的共存和使用情况看，两者在中国市场内已拥有各自的相关公众，在市场上均已形成客观的划分，已成为可区别的标识。应当认为被诉标识与拉科斯特公司的注册商标相比虽有近似之处，但相关公众已在客观上将两公司诉争标识区别开来，其共存不足以使相关公众对其商品的来源产生混淆；基于鳄鱼国际公司的产品已经形成自身的相关消费群体，相关公众已在客观上将两公司的相关商品区别开来的市场实际，法院最终认为被告的被诉标识与法国拉科斯特公司请求保护的注册商标不构成近似商标。

上述七种武器，在同一个商标诉讼案件中，可以单独运用，但如果能组合使用，其功力定可倍增。知识产权界的各路大侠，不妨细细揣摩，针对不同的案件，灵活使用，所谓“运用之妙存乎一心也”。

如果上述武器都用不上，试试民法中的“帝王条款”吧。我国《民法通则》第四条规定，“民事活动应当遵循诚实信用原则”，《民法通则》将“诚实信用原则”规定为民法的一项基本原则，在我国有适用于全部民法领域的效力，因此，该原则常被奉为“帝王条款”，有“君临法域”之效力。将该原则结合《商标法》第四十四条“以欺骗手段或者其他不正当手段取得注册的，由商标局宣告该注册商标无效；其他单位或者个人可以请求商标评审委员会宣告该注册商标无效”，往往也能有意外的惊喜。

再如果，连“帝王条款”都用不上，作为商标律师，还是建议当事人和对方和解吧。

# GUI 外观设计专利侵权保护难题与可能的解决路径

闫春辉*

* 作者简介：

闫春辉，律师，中伦律师事务所北京办公室。

## 引 言

自2014年5月1日起,我国明确对"包括图形用户界面的产品外观设计"给予专利保护。然而,由于专利申请人在提交申请文件时,必须将图形用户界面附着在"产品"上共同提交申请,所获得的图形用户界面外观设计专利在确定保护范围、侵权比对等过程中均受到"产品"的影响,进一步增加了图形用户界面外观设计侵权判定的复杂性,甚至导致权利人维权时较为困难的情况。本文将详细阐述图形用户界面外观设计专利中的"产品"及其给图形用户界面外观设计专利侵权判定带来的难题,并试图提出有效保护图形用户界面外观设计专利的可能路径。

在知识产权界,很多人将著作权法戏称为"鬼学",原因大概是其权利类型多、每项权利内涵丰富,不论是在理论界还是在实务界都涉及大量扑朔迷离甚至可能永远无法解决的问题。而在专利法领域,近年来同样出现了一个令人棘手的"鬼(GUI)专利"——图形用户界面外观设计(Graphical User Interface,GUI)专利。

所谓图形用户界面,通常是指采用图形方式显示的计算机操作用户界面。从自身发展来看,GUI的发展历程并不算长。自计算机可以通过屏幕显示信息之日起,人们就可以通过屏幕上显示的信息,与计算机进行"互动",只不过那时显示的大多为字符或字符串。随着计算机软件技术的飞速发展,图形用户界面开始出现,并在手机、平板电脑、电视等载体上也得以应用,相比于字符,屏幕上显示的图形更能被用户接受并方便用户获取信息。随着计算机软件技术和人机交互技术的进一步发展,GUI的表现形式不断丰富,且越来越受到市场主体的重视,优秀的GUI设计不仅可以实现人机交互功能,还可以吸引用户使用,为承载该产品的经营者带来大量的用户群体和良好口碑,甚至成为企业名片。例如,苹果公司推出的IOS系统界面设计、小米公司基于安卓系统推出的界面设计,均带有鲜明的特点,并成功吸引了各自的消费者群体。

从制度发展来看,我国对GUI外观设计的保护程度随着人们对GUI外观设计理解的不断深入在不断发生变化。在2008年12月27日修正的《专利法》第二条第四款中,并未明确规定GUI外观设计是否属于外观设计专利保护的客体。[①] 但是,在2010年版《专利审查指南》第一部分第三章第7.2节第三段中则规定产品的图案

① 《专利法》第二条第四款:"外观设计,是指对产品的形状、图案或者其结合以及色彩与形状、图案的结合所作出的富有美感并适于工业应用的新设计。"

应当是固定的、可见的,而不应是时有时无的或者需要在特定条件下才能看见的,在第7.4节则以更加明确的方式将GUI排除在外观设计专利保护客体之外。①

2014年5月1日起施行的《国家知识产权局关于修改〈专利审查指南〉的决定》(第68号)(以下简称《第68号令》)被视为中国保护“包括图形用户界面的产品外观设计”的里程碑,《第68号令》明确规定了对包含形用户界面的产品外观设计(GUI外观设计)的保护,删除了《专利审查指南》第一部分第三章第7.2节第三段的最后一句“产品的图案应当是固定的、可见的,而不应是时有时无的或者需要在特定的条件下才能看见的”,并将《专利审查指南》第一部分第三章第7.4节第一段第(11)项修改为:(11)游戏界面以及与人机交互无关或者与实现产品功能无关的产品显示装置所显示的图案,例如,电子屏幕壁纸、开关机画面、网站网页的图文排版。

然而,当权利人在实践中拿起被授予的GUI外观设计专利权这一“武器”进行维权、保护其GUI外观设计时,却发现这个“武器”并不像想象中的那么好用,有时甚至相当困难。例如,下文将提到,“产品”对GUI外观设计专利保护的全过程都会产生影响;在涉及GUI外观设计的专利侵权案件中,进行侵权比对不是一个简单的过程,尤其是动态GUI外观设计在侵权比对时同时涉及对动画和关键帧的比对,从而比通常的外观设计比对更为复杂甚至令人困惑。

## 一、不可避免的GUI外观设计“产品”

在我国现阶段,外观设计专利制度保护的是产品的外观设计。在提交GUI外观设计专利申请时,专利申请人必须将GUI附着在“产品”上共同提交申请。② 在苹果公司GUI外观设计专利复审驳回案中,一审法院和二审法院也同样认为外观设计应以工业产品为载体,相关申请文件亦应完整揭露且充分显示该工业产品的整体外观设计,脱离了特定工业产品的通电后显示的图案并不属于我国外观设计专利权的客体范围。③ 换句话说,我国目前尚不保护“部分外观设计”。

---

① 《专利审查指南》第一部分第三章第7.2节:“根据专利法第二条第四款的规定,以下属于不授予外观设计专利权的情形:……(11)产品通电后显示的图案。例如,电子表表盘显示的图案、手机屏幕显示的图案、软件界面等。”

② 《第68号令》第一条:“就包括图形用户界面的产品外观设计而言,应当提交整体产品外观设计视图……”

③ 参见(2013)一中行初字第3760号行政判决书、(2014)高行(知)终字第2815号行政判决书。

由于专利申请人在提交申请文件时，必须将 GUI 附着在“产品”上共同提交申请。因此，根据《专利法》第五十九条第二款①的规定，最终授权的 GUI 外观设计专利权的保护范围必然包含“产品”。这也与《最高人民法院关于审理侵犯专利权纠纷案件应用法律若干问题的解释》第八条②等条款在侵权判定中对“产品”的强调相一致。

尽管主流观点认为，获得授权 GUI 外观设计专利保护范围同时包括“GUI + 产品”，但实务界也出现了不同的声音。例如，有观点认为，GUI 专利保护范围仅包括 GUI(图形用户界面)，而不包括“产品”。该观点的可能理由是：虽然 GUI 外观设计专利的名称往往落脚点是电脑、手机等，但申请人通常将设计要点明确为“图形用户界面内容”，即专利权人主要创新点在于 GUI 界面，而不在于硬件产品，只是基于审查指南的规定而必须依附于硬件产品，因此 GUI 外观设计专利的保护范围实际上应当仅限于图形用户界面，产品名称和用途仅用于界定产品的类别。如果强调“产品”的限定作用，将使得 GUI 外观设计专利无法得到合理保护，进而失去价值和意义。

对于这一观点，目前并没有法律依据，亦未得到理论界和学术界的普遍支持，笔者同样认为该观点较为牵强。显然，如果保护范围仅考虑 GUI 界面而完全无视硬件产品，则将违背《专利法》第五十九条第二款的规定。既然 GUI 外观设计专利权图片或者照片显示的是“GUI + 产品”，则保护范围也应当明确为“GUI + 产品”，这一点应没有太大争议。上述“小众”观点很大程度上是因 GUI 外观设计专利的专利权人有时在维权时较为困难引发的，“产品”的存在也确实给维权阶段保护 GUI 外观设计带来了不小的难题。

## 二、GUI 外观设计专利侵权判定中的难题

### （一）判断产品种类是否相同或近似

2010 年 1 月 1 日起施行的《最高人民法院关于审理侵犯专利权纠纷案件应用法律若干问题的解释》第八条确立了外观设计侵权判定的基本思路：

---

① 《专利法》第五十九条第二款：“外观设计专利权的保护范围以表示在图片或者照片中的该产品的外观设计为准，简要说明可以用于解释图片或者照片所表示的该产品的外观设计。”

② 《最高人民法院关于审理侵犯专利权纠纷案件应用法律若干问题的解释》第八条：“在与外观设计专利产品相同或者相近种类产品上，采用与授权外观设计相同或者近似的外观设计的，人民法院应当认定被诉侵权设计落入专利法第五十九条第二款规定的外观设计专利权的保护范围。”

第八条　在与外观设计专利产品相同或者相近种类产品上,采用与授权外观设计相同或者近似的外观设计的,人民法院应当认定被诉侵权设计落入专利法第五十九条第二款规定的外观设计专利权的保护范围。

尽管现行《专利法》第五十九条第二款将2000年修正的《专利法》第五十六条第二款规定的“外观设计的保护范围以表示在图片或者照片中的该外观设计专利产品为准”改为“外观设计的保护范围以表示在图片或者照片中的该产品的外观设计为准”(不论是从概念上还是从立法趋势上,外观设计专利在本质上保护的是“新设计”),但确定被诉侵权产品与涉案外观设计专利产品是否属于相同或者相近的种类是判断被诉侵权设计是否落入外观设计专利权保护范围的前提。如果产品种类不构成相同或相近,则不构成侵权。而认定产品种类是否相同或者相近,根据《最高人民法院关于审理侵犯专利权纠纷案件应用法律若干问题的解释》第九条的规定,则主要关注产品的“用途”,具体可参考外观设计的简要说明、国际外观设计分类表、产品的功能以及产品销售、实际使用的情况等因素予以确定。

在北京市高级人民法院于2017年4月20日发布的《专利侵权判定指南(2017)》中,第七十七条第一款亦明确规定,判断被诉侵权设计产品与外观设计专利产品是否属于相同或者相近种类产品,是判断被诉侵权设计与授权外观设计是否相同或近似的前提;第二款则初步规定了图形用户界面外观设计产品种类确定的标准,即图形用户界面外观设计产品种类的确定应以使用该图形用户界面的产品为准。

从大多数已获得授权的GUI外观设计专利来看,“电脑”“手机”等是GUI外观设计专利中的“产品”。以“电脑”为例,按照《最高人民法院关于审理侵犯专利权纠纷案件应用法律若干问题的解释》第九条的规定,如果被诉侵权设计产品的用途与“电脑”相同或相近,则具有进一步对两设计进行侵权比对的基础。例如,带有GUI的电脑在申请外观设计专利时,通常会被归于洛迦诺分类中的14－04、14－02两个类别,那么,如果被诉侵权设计产品也可被归于这两个类别,则有助于判定被诉侵权设计的产品与外观设计专利产品种类构成相同或相近。

对于GUI外观设计专利而言,目前在实践中主要面临的困境是:在大量的专利侵权案件中,那些仅提供GUI的被诉侵权人在一定程度上已经对专利权人的成果构成竞争,甚至造成专利权人的经济损失,但专利权人在寻求救济时,由于GUI外观设计专利权的侵权比对首先要考察产品种类是否相同或相近,被诉侵权人可以以“不生产硬件产品仅提供软件/图形用户界面设计”“提供的硬件产品与专利设计附着的产品种类不同”等理由进行抗辩,进而否认侵权的成立。可见,由于GUI外观设计专利权中“产品”的存在，被告获得了较大的抗辩空间，如果法院认定上述抗辩成立，被告的行为将很难被认定构成《专利法》第十一条第二款①规定的侵权行为。实际上，GUI 外观设计专利申请人的主要成果是 GUI 部分，其将 GUI 附着在产品上提交申请更多是为了符合专利行政部门的要求，其更希望保护的实际是 GUI 部分。如果希望保护产品，如一种造型独特的电视，申请人没有必要申请 GUI 外观设计专利，因为在产品图片或照片中体现 GUI 将大大限缩其产品的保护范围。但是，被诉侵权人并不受到“产品”的“牵绊”，这种不对等的要求正是造成上述困境的原因。

（二）判断被诉产品设计与涉案专利外观设计是否相同或相近似

GUI 外观设计属于外观设计的一种，因此判断被诉产品设计与涉案专利外观设计是否相同或相近似时，仍应坚持“整体观察、综合判断”的原则，常规外观设计侵权比对时需要考虑的因素，在这里同样适用。但是，对于 GUI 外观设计而言，特别是动态外观设计专利而言，由于存在其附着的“产品”，且在判断相同或近似时要同时考虑到动画过程和关键帧，包括每一个关键帧持续的时间、关键帧之间的切换方式等，因此仍存在不小的特殊性。同时，目前图形用户界面外观设计侵权案件及相关判决极少，这一现状给本来不够清晰的侵权判定标准“蒙上了一层面纱”。

尽管有不小的特殊性和难度，但值得注意的是，北京市高级人民法院《专利侵权判定指南》(2017)第八十六条、第八十七条分别对静态图形用户界面外观设计和动态图形用户界面外观设计相同或相近似的判定作出了相当有益的探索。根据上述第八十六条，在比对静态图形用户界面外观设计是否构成相同或近似时，应把图形用户界面部分作为比对的关键，但被诉侵权设计与专利设计在图形用户界面部分与产品其余部分的关系上存在差异的，则要进一步看该差异是否对整体视觉效果产生显著影响。在相当程度上，“图形用户界面部分相同或相近似”和“与产品其余部分的关系对整体视觉效果不产生显著影响”是被诉侵权设计落入静态图形用户界面外观设计专利权的两个条件，缺一不可。根据上述第八十七条，在比对动态图形用户界面外观设计是否构成相同或近似时，不仅要关注每个视图(关键帧)，还要重点考察被诉侵权设计与专利设计是否有一致的动态变化过程。此外，在相关具体判断时，还是要考虑图形用户界面部分与产品其余部分位置、大小、分布的关系，考察整体视觉效果是否相同或相近似。

① 《专利法》第十一条第二款：“外观设计专利权被授予后，任何单位或者个人未经专利权人许可，都不得实施其专利，即不得为生产经营目的制造、许诺销售、销售、进口其外观设计专利产品。”

由上可见,除了图形用户界面部分比对过程的复杂性,无论是静态图形用户界面外观设计还是动态图形用户界面外观设计,在判定相同或相近似时都不能完全忽视“产品”的存在。换句话说,“产品”仍在一定程度上限定了图形用户界面外观设计的保护范围,影响着侵权比对结果。根据《第 68 号令》第五点,[①]以及北京市高级人民法院《专利侵权判定指南(2017)》第八十八条第二款[②]等的规定,“产品”对于保护范围的限定程度,某种程度上取决于“产品”是否为惯常设计,经“整体观察、综合判断”确定是否会对产品整体视觉效果产生显著影响。在 GUI 外观设计侵权案件中,如果经举证现有设计状况或参考专利简要说明,当事人能够证明“产品”并非专利设计要点而只是惯常设计,可以弱化被诉侵权设计与专利设计在产品上的区别对整体视觉效果的影响。但是,反过来,如果被诉侵权人能够证明被诉侵权设计与专利设计在产品上的区别足以对整体视觉效果产生显著影响,认定侵权仍然非常困难。

## 三、现阶段有效保护 GUI 外观设计专利的可能路径

根据上文分析可以明显看出,GUI 外观设计专利从申请到授权再到维权,均绕不开“产品”这一因素。如果 GUI 外观设计专利受产品的限制过大,将在相当程度上违背 GUI 外观设计专利保护的初衷。因此,有必要探究有效保护 GUI 外观设计专利权的可能路径。

### (一)将“部分外观设计”纳入外观设计专利权保护的客体

所谓“部分外观设计”,是指对产品上的某一部分的形状、图案及位置关系进行的新设计,而不是指对组成该产品的零、部件进行的外部设计,对后者应作为独立申请获得保护。[③] 在国外,一些国家或地区例如美国[④]、欧共体[⑤]、日本等都建立了

---

① 《第 68 号令》第五点:“……(5)对于包括图形用户界面的产品外观设计,如果涉案专利其余部分的设计为惯常设计,其图形用户界面对整体视觉效果更具有显著的影响。”

② 《专利侵权判定指南(2017)》第八十八条第二款:“当非图形用户界面的设计特征为惯常设计时,则图形用户界面对整体视觉效果更具有显著影响。”

③ 刘桂荣:《关于部分外观设计保护的探讨》,载《知识产权》2004 年第 3 期。

④ 参见:35 U. S. C. 171 Patents for designs. “Whoever invents any new, original, and ornamental design for an article of manufacture may obtain a patent therefor, subject to the conditions and requirements of this title.”

⑤ 参见:Council Regulation (EC) No 6/2002 of 12 December 2001 on Community design, Regulation Art. 3(a). “‘design’ means the appearance of the whole of a part of a product resulting from the features of, in particular, the lines, contours, colours, shape, texture and/or materials of the product itself and/or its ornamentation”.

部分外观设计保护制度。

值得注意的是，北京市高级人民法院已经认识到了保护部分外观设计的必要性，在《北京市高级人民法院〈专利侵权判定指南〉理解与适用》中有这样一段描述：①

引入部分外观设计保护制度是必要的，产品和产品部分本来就是相对而言的，相对于某一产品来说是其组成部分，但相对于另一产品来说可能就是独立的产品。此外，一些产品的设计已比较成熟，其设计空间越来越小，引入部分外观设计保护制度有利于这类产品的推陈出新。

另外，国务院法制办公室于2015年12月2日公布的《中华人民共和国专利法修订草案（送审稿）》中，第二条第四款规定了对"部分外观设计"的保护：

外观设计，是指对产品的整体或者局部的形状、图案或者其结合以及色彩与形状、图案的结合所作出的富有美感并适于工业应用的新设计。

可见，就立法层面而言，保护"部分外观设计"是大势所趋。但是，即便专利法修改后对部分外观设计予以保护，专利法修改之前获得授权的专利仍将在某种程度上受到"产品"的限制，因此，现阶段尚不能完全将问题的解决寄托在修法上。

（二）降低"产品"对GUI外观设计专利保护范围的限制

在专利法作出修改之前，或者说在我国建立部分外观设计保护制度之前，"产品"对GUI外观设计专利保护范围的影响是不能完全忽视的，但可以通过努力降低"产品"在确定GUI外观设计专利保护范围、侵权比对等过程中对保护GUI外观设计的限制。笔者通过研究，发现在实践中已经出现了这一可能性和趋势。

1. 对产品类别的新理解

首先，"软件"是否可以作为GUI外观设计的产品？

GUI外观设计是显示在电子屏幕等媒介上的图形或界面，GUI外观设计是否是其所附着的电脑、手机等产品的外观设计本身就是存在争议的，因为显示在电脑、手机等产品上的图形用户界面很可能并没有对电脑、手机等产品起到装饰作用。

---

① 北京市高级人民法院知识产权审判庭：《北京市高级人民法院〈专利侵权判定指南〉理解与适用》，中国法制出版社2014年版，第243~244页。

有学者指出,作为计算机图标的背后的工业产品载体应该是计算机软件本身。① 这无疑是一个非常具有创新性的观点,但目前来看似乎并未被广泛认可。从国外实践来看,软件/计算机程序通常也不能作为外观设计"产品"。例如,美国专利审查指南中规定,外观设计专利的申请需要以图片进行展示。如果一个计算机图标没有显示在作为工业产品的计算机屏幕或者相关显示器上,该申请将会被拒绝。而通过图片的方式展示"计算机图标是某个软件产品的外观设计"几乎没有可能。②再如,《欧共体外观设计保护条例》第三条 b 款对于外观设计的"产品"做出的定义为:"产品"(product)是指任何工业或手工制品,其中包括将组合成复合型产品的包装、装订、图表符号以及印刷字体,但不包括计算机程序③。

但是,考虑 GUI 只有通电以后才能显示出来,GUI 显示形式的背后实际是软件在发挥作用,电脑、手机等只是载体,将电脑、手机等作为 GUI 的产品似乎也较为牵强。众所周知,知识产权制度的发展是和时代的发展息息相关的,随着社会形态、技术发展水平和人们对于事物的认知水平的不断进步,知识产权制度也会不断发生变化。目前,人类社会已经发展到信息时代、多媒体时代,与此同时,产品也从有形扩展到包括有形和无形,出现了诸多新的产品形态,如全息技术、虚拟现实技术等。笔者认为,随着人们对 GUI 外观设计理解的不断深入,未来仍有认可"软件"是 GUI 外观设计产品的可能性。

其次,如何认定 GUI 外观设计产品种类相同或相近?

如上文所述,《最高人民法院关于审理侵犯专利权纠纷案件应用法律若干问题的解释》第九条指出了认定产品种类是否相同或者相近的方法。北京市高级人民法院《专利侵权判定指南(2017)》第七十八条规定,认定产品种类是否相同或者相近,应当以外观设计产品的功能、用途、使用环境为依据,即不仅依据外观设计产品的用途,还依据外观设计产品的功能和使用环境。

但是,上述内容是针对一般外观设计专利进行的规定。在 GUI 外观设计专利

---

① LANCE L. VIETZKE. Software as the article of Manufacture in design Patents for Icons, 21 Am. Intell. Prop. L. Ass'n QJ. 138(1993). 转引自李小武、马云鹏、连冠:《电子产品图形用户界面(GUI)的外观设计保护》,知识产权出版社 2014 年版,第 41 ~42 页。

② 李小武、马云鹏、连冠:《电子产品图形用户界面(GUI)的外观设计保护》,知识产权出版社 2014 年版,第 41 ~42 页。

③ Council Regulation (EC) No 6/2002 of 12 December 2001 on Community design, Regulation Art. 3(b).

的情况下，笔者认为，由于GUI外观设计专利主要保护的GUI部分，产品仅起到“承载”的作用，换句话说，GUI外观设计专利的“卖点”不在于产品而在于GUI，则在认定承载GUI的产品种类是否相同或近似时不应采用过于严格的标准，否则对GUI外观设计的权利人而言有失公平，亦难以实现其申请GUI外观设计专利的初衷。进而，笔者认为，无论产品本身的用途如何，只要被诉侵权产品与外观设计专利产品均能够实现相同或类似的人机交互功能，即可认定为相同或相近产品，进而具备进行“整体观察、综合判断”的前提。举例而言，如果同样的图形用户界面设计，一个用在了电视产品上，一个用在了手机产品上，如果从电视和手机各自本身的用途来看，二者恐怕难以构成相同或相近种类的产品，但由于相同的GUI的存在，二者在部分功能上具有相同的人机交互功能。此时，产品不应该成为阻碍GUI图形用户界面专利权人维权的“第一道障碍”。这一做法，首先，在产品仅起到呈现图形用户界面作用的情况下，这种做法可以使GUI外观设计保护的对象聚焦在图形用户界面部分，符合GUI外观设计专利保护的初衷。其次，这种做法也不违背司法解释关于确定该外观设计的产品种类是确定该外观设计专利保护范围的前提和基础的精神。最后，这种做法也不会过度偏袒GUI外观设计的权利人，因为，如果被诉侵权外观设计的产品部分确实能够对整体视觉效果产生显著影响，则可以在“整体观察、综合判断”后认定不构成对涉案GUI外观设计专利的侵犯。

2. GUI外观设计申请审查实践中的变化

笔者曾对自2014年5月1日开放GUI外观设计申请(基于《第68号令》)以来至2016年5月1日获得授权的GUI外观设计专利进行了实证研究。具体方法为，以“图形用户界面”为关键词，在公开数据库中检索所有专利名称中包含“图形用户界面”的已授权的外观设计专利，共检索到15,000余件(不同数据库的结果可能存在不同)GUI外观设计专利。然后，将上述GUI外观设计专利按照申请日从旧到新排序，每个月随机挑选5~10个外观设计专利的专利文本进行分析。在这一过程中，笔者发现，在三年的时间里，在授权阶段，GUI外观设计专利授权文本的内容形式已经发生了明显的变化，具体体现在如下几点：

(1)专利名称的改变

《第68号令》施行之初，典型的申请人使用的专利名称为“带图形用户界面的电脑”“带图形用户界面的手机”“带图形用户界面的电视”等，“手机”“电脑”等体现了较为具体的产品名称。而之后逐渐出现了如“带图形用户界面的通信设备”(如CN201430501762.0)、“带图形用户界面的移动终端”(如CN201530044409.9)、

“带图形用户界面的智能设备”(如 CN201430561332.8)等专利名称,这些名称中的“产品”明显较手机、电脑等更为上位。随着手机、电脑、平板电脑、电视等的智能化发展,很多情况下相关产品在功能上可以互相取代,上述改变明显具有一定合理性。值得注意的是,后来甚至出现了“用于计算机的图形用户界面”(如 CN201530346515.2)、“用于手机的图形用户界面”(如 CN201530455017.1)、“用于移动终端的图形用户界面”(如 CN201730056608.0)等专利名称,落脚点明显转移到了 GUI 上。

虽然专利名称对外观设计专利的保护范围通常没有限定作用(根据《专利法》第五十九条第二款,外观设计专利权的保护范围以表示在图片或者照片中的该产品的外观设计为准,简要说明可以用于解释图片或者照片所表示的该产品的外观设计),但在具体申请中专利名称的改变,无疑更加淡化了产品类别,突出了 GUI 的地位。在侵权案件中,产品类别的扩大或 GUI 地位的上升(增强了 GUI 对整体视觉效果的显著影响),均有利于对 GUI 外观设计专利权权利人的保护。

(2)带有产品的视图数量和顺序的变化

《第 68 号令》施行之初,申请人通常须严格按照相关要求提交六面视图[如 CN201430114508.5(见图 1)]。需要注意的是,从一开始,使用状态图中就可以不体现产品而仅体现 GUI(如 CN201430115701.0),极个别已授权的变化状态图也仅体现了 GUI(如 CN201430115248.3)。在 2014 年 5 月底 6 月初,出现了一些省略部分视图(后视图、左视图、右视图、俯视图、仰视图)的专利申请,如果部分视图不涉及设计要点,可以省略(如 CN201430159433.2)。在 2015 年 8 月左右,虽然绝大部分申请人还是会提交六面视图,但似乎不要求必须提交体现产品的六面视图了,仅提交体现产品的主视图即可,也不需要在简要说明中解释为什么没有其他视图[如 CN201530323266.5(见图 2)、CN201530342389.3],变化状态图可以体现产品和 GUI,也可以仅体现 GUI。之后,出现了越来越多的申请人仅提交带产品的主视图,并最终获得授权的申请例[如 CN201630266538.7(见图 3)、CN201630265985.0]。

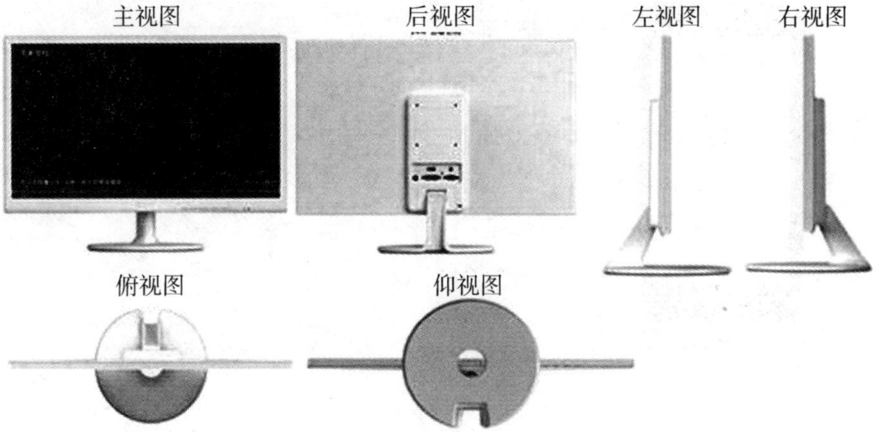


**图 1　CN201430114508.5 号专利**

**图 2　CN201530323266.5 号专利**

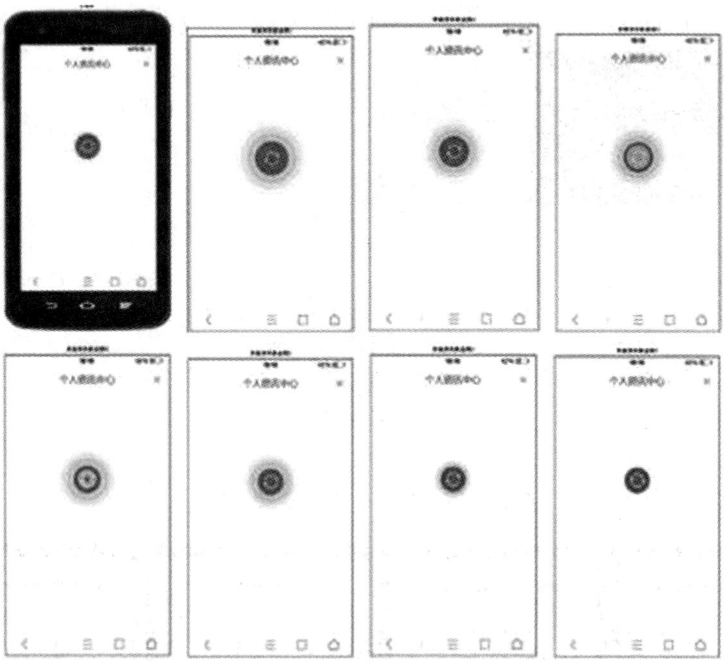

**图3　CN201630266538.7号专利**

同时,在《第68号令》施行之初,如果一个申请中有多个设计,申请人通常针对各个设计均须提交六面视图(如CN302953642S),但如果其他设计的主视图外其他视图与设计1相同,设计1提交完整的六面视图,其他设计仅提交主视图(在简要说明里写明其他设计省略除主视图外的其他视图)。逐渐地,越来越多的申请把GUI放到前面,六面视图放到后面。如果有多个设计,虽然似乎仍需要提交六面视图,但设计1可以仅提交主视图,之后的某一个设计体现完整的六面视图即可,以上顺序的变化在一定程度上也体现了对GUI的突出。

笔者认为,以上变化,即体现产品的视图的减少和纯GUI视图的突出,会降低硬件产品对整体视觉效果的影响、扩大硬件产品范围,进而减少硬件产品对GUI外观设计保护范围的限制。

(3)视图中产品的表现形式

《第68号令》施行之初,申请人提交六面视图绝大部分是照片,通过相关照片甚至能够定位到具体的产品型号或者产品的特点,即便是电子绘图,也比较能够还原和体现具体产品的外观和细节[如CN201430159433.2(见图4)、

CN201430114437.9(见图6)]。逐渐地,申请人倾向于用实线勾勒出产品,而产品细节体现得越来越少[(如CN201630112074.4(见图5)、CN201530346515.2(见图7)、CN201730056608.0(见图8)],甚至几乎只剩下轮廓(如CN201730056608.0)。这一变化背后可能的原因是申请人和审查部门均意识到GUI外观设计专利真正意欲保护的是GUI,而准确还原产品硬件可能将使得GUI外观设计专利保护GUI的作用受限,故在不允许虚实结合描绘外观设计的情况下,降低对产品的描绘程度,进而降低硬件产品对侵权比对和整体视觉效果的影响。

图4　CN201430159433.2号专利

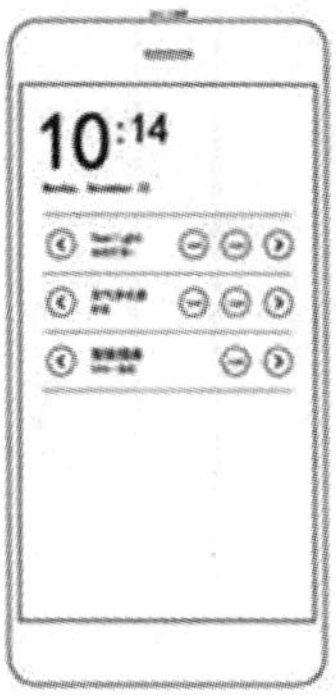


图5　CN201630112074.4号专利

图6　CN201430114437.9号专利

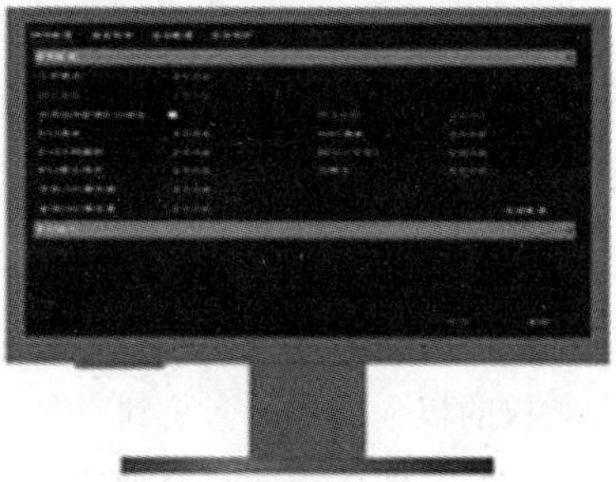

图7　CN201530346515.2号专利

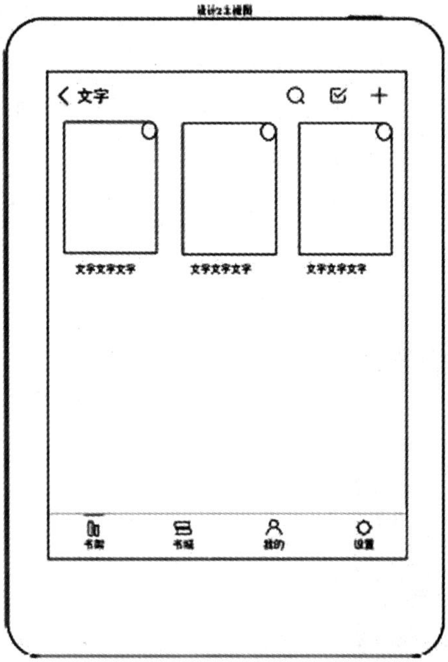


图 8　CN201730056608.0 号专利

(4)简要说明中相应表述的变化

与上述变化相呼应的是,申请人除了在视图上努力突出 GUI,也在简要说明中努力强调 GUI 并淡化产品。根据最近的申请实践,申请人往往将 GUI 外观设计产品的用途写为“用于运行程序”“用于进行界面交互及内容展示”或类似表述。此外,一开始很多已授权专利的简要说明中可以看到“本外观设计产品的设计要点在于屏幕中的图形用户界面内容”或类似的表述。之后,申请人为了避免 GUI 外观设计专利权的权利范围过多受到产品的限制,在越来越多的已授权专利中,在不提交除主视图外其他体现产品的视图的同时,简要说明中还增加了“产品是惯常设计”或类似的表述。

根据《最高人民法院关于审理侵犯专利权纠纷案件应用法律若干问题的解释》第九条“人民法院应当根据外观设计产品的用途,认定产品种类是否相同或者相近。确定产品的用途,可以参考外观设计的简要说明……”的规定,产品种类是否相同或近似的判断依据主要是产品的用途,而用途往往体现在简要说明中。同时,根据《第 68 号令》第五条新增的“对于包括图形用户界面的产品外观设计,如果涉案专利其余部分的设计为惯常设计，其图形用户界面对整体视觉效果更具有显著的影响”，申请人的上述做法，无疑进一步明确和突出了自己的保护核心是 GUI，在现有制度框架下最大限度地降低了产品对 GUI 保护的影响。

（三）通过帮助侵权模式保护 GUI 外观设计专利

如上文所提到的，在大量的专利侵权案件中，被诉侵权人仅提供 GUI，或者仅提供可以显示 GUI 的软件，而不提供硬件产品，专利权人在寻求救济时，被诉侵权人可能以“GUI 外观设计专利包括产品和 GUI，其不生产硬件产品，仅提供软件/图形用户界面设计”为理由进行抗辩，进而否认直接侵权的成立。实际上，在大量专利侵权案件中，被诉侵权人往往以其采用的技术方案未“全面覆盖”涉案专利要求保护的技术方案为由进行抗辩，但人民法院在符合一定情形时仍可以判定相关被诉侵权人应承担侵权责任（间接侵权责任）。那么，是否可以适用类似思路保护 GUI 外观设计专利呢？

在专利侵权案件中，所谓间接侵权，通常是指行为人本身并不直接实施侵犯他人专利的行为，但却教唆、帮助、诱导他人直接实施侵犯他人专利的行为、发生直接侵权，行为人在主观上有教唆、帮助或诱导他人侵犯专利的故意，客观上有为直接侵权行为的发生提供必要条件等行为。可见，间接侵权可以大体对应我国的帮助侵权和教唆侵权。如上文所述，在 GUI 外观设计侵权案件中，由于被诉侵权人往往以其仅提供了 GUI 作为不侵权的抗辩理由，与之更为相关的是帮助行为，而通常不是教唆或引诱行为（当然，也不能排除存在 GUI 的提供者为生产经营目的在提供 GUI 时积极诱导其下家实施侵犯 GUI 外观设计专利权的情形），故本文仅对以帮助侵权的形式侵犯 GUI 外观设计专利权的可能性加以研究。

专利侵权案件帮助侵权的法律依据主要是《最高人民法院关于审理侵犯专利权纠纷案件应用法律若干问题的解释（二）》第二十一条第一款。[①] 在认定对 GUI 外观设计专利权构成帮助侵权时，同样要考察认定帮助侵权成立的要件，通常包括行为人具有主观过错，行为人向他人提供的材料、设备、零部件、中间物等是“专门用于”实施侵犯涉案专利权的，以及存在直接侵权等，笔者在此不再赘述，仅结合

① 《最高人民法院关于审理侵犯专利权纠纷案件应用法律若干问题的解释（二）》第二十一条第一款：“明知有关产品系专门用于实施专利的材料、设备、零部件、中间物等，未经专利权人许可，为生产经营目的将该产品提供给他人实施了侵犯专利权的行为，权利人主张该提供者的行为属于侵权责任法第九条规定的帮助他人实施侵权行为的，人民法院应予支持。”

GUI 外观设计的特点重点说明如下两点：

1.“专门用于”实施侵犯涉案专利权

认定帮助侵权，要求行为人向他人提供的材料、设备、零部件、中间物等是“专门用于”实施侵犯涉案专利权的，即不属于非通用产品/不具有实质性非侵权用途。对于 GUI 外观设计专利而言，设计要点通常在于 GUI 部分，因此行为人向他人提供该外观设计专利的 GUI 部分，某种程度上即可以被视为提供专门用于实施侵犯该 GUI 外观设计专利权的“中间物”。当然，这其中潜在的要求是，行为人提供的 GUI 与硬件结合后与 GUI 专利外观设计相同或相近似。

2. 存在直接侵权

如果仔细考察《最高人民法院关于审理侵犯专利权纠纷案件应用法律若干问题的解释（二）》第二十一条第一款的内容就会发现，该条的表述是“他人实施了侵犯专利权的行为”，其中的“了”是完成时态，即直接侵权已经发生。

一般而言，帮助侵权应以直接侵权行为（例如，某公司为生产经营目的将与涉案专利相同的 GUI 与产品结合并进行销售）的存在为前提，因此在不存在实际发生的直接侵权行为，或者因不具有生产经营目的而不可能构成直接侵权（例如，实践中往往是终端用户将包含专利 GUI 的软件下载安装到自己的电脑上并打开运行，进而将 GUI 外观设计与产品结合起来，但终端用户因不具有“生产经营目的”而不构成侵权）的情况下，难以认定行为人仅提供 GUI 的行为构成帮助侵权，这可能是 GUI 外观设计专利侵权案件中认定帮助侵权成立的最大障碍。但是，随着司法理论和实践的发展，这一情况在一些案件中已经有所突破。

在诺瓦提斯公司（Novartis AG）与重庆新原兴药业有限公司专利侵权纠纷一案①中，重庆市第一中级人民法院并没有要求直接侵权已经发生，而是认为必然导致直接侵权发生即可认定间接侵权的成立。如果按照这个标准，在 GUI 外观设计专利侵权案中，如果原告能够证明被告提供 GUI 必然导致“下家/买受人”实施侵犯原告专利权的行为，则被告很可能将被认定构成间接侵权。

在西安西电捷通无线网络通信股份有限公司与索尼移动通信产品（中国）有限公司专利侵权纠纷一案②中，北京知识产权法院则更进一步，不仅未要求直接侵权已经发生，而且认为即便不构成直接侵权，只要能够证明被控侵权产品的用户按照

① 参见（2008）渝一中民初字第 133 号民事判决书。

② 参见（2015）京知民初字第 1194 号民事判决书。

产品的预设方式使用产品将全面覆盖专利权的技术特征，即可认定被告构成间接侵权。虽然本案并非终审判决，但北京知识产权法院的上述认定，不得不说是一种突破。因此，在GUI外观设计专利侵权纠纷案件中，即便最终实现专利设计的是终端用户，不具有生产经营目的，也存在认定提供GUI的行为人构成间接侵权的可能性。

## 结　语

随着人们对图形用户界面（GUI）外观设计的认识和理解不断深入，图形用户界面设外观计经历了一个由不属于外观设计专利权保护的客体到可被外观设计专利权保护的过程。虽然我国已经出现了保护“部分外观设计”的趋势，但是在专利法修改之前，由于专利申请人在提交申请文件时，必须将图形用户界面附着在“产品”上共同提交申请，所获得的图形用户界面外观设计专利在确定保护范围、侵权比对等过程中均受到“产品”的影响，进一步增加了图形用户界面外观设计侵权判定的复杂性，甚至导致权利人维权时较为困难的情况。不论专利法未来如何修改，对于那些附着在产品上申请并获得授权的图形用户界面外观设计专利，应当在保护时努力淡化产品对图形用户界面外观设计侵权判定的限制，在一定条件下也可以通过帮助侵权模式对图形用户界面外观设计专利权人予以保护。与此同时，图形用户界面外观设计相同或近似的判断标准，还需要继续在实践中不断摸索。

# 如何向专利侵权人发送有效而安全的警告函*

顾　萍　刘晓鹏**

** 作者简介：
顾萍，合伙人，中伦律师事务所北京办公室，电邮为 guping@ zhonglun. com；
刘晓鹏，律师，北京办公室。

* 本文首次发表于《中国发明与专利》2017 年第 4 期。

## 引 言

警告函是专利权人在维权和市场交易中最常使用的一种自力救济措施。但是,警告函的内容和发送方式等,同时受到了中国民法通则和反不正当竞争法的约束。因此,警告函的作用和据此引起的风险,是专利权人在起草和发送警告函前均需考虑的因素。

警告函是权利人对侵权人的侵权行为提出警告制止的函件。在实际维权过程中,专利权人往往先发一份警告函,进而达到主张自己权利的目的。特别是近几年,在中国,随着知识产权意识的不断提高,警告函在商业交易和维权行动中得以普通使用。虽然中国的现行法律没有对警告函进行专门规制,在具体案件中,法院常常依据《反不正当竞争法》《民法通则》等其他部门法进行裁判,法律依据较为分散,且各法院的态度和裁判尺度也不尽相同,给专利权人起草和发送警告函带来了很多困惑。2015 年,最高人民法院审理了石家庄双环汽车股份有限公司与本田技研工业株式会社确认不侵害专利权、损害赔偿纠纷案(以下简称双环与本田不正当竞争案),在二审民事判决书中详细论述了发送警告函的注意义务,并认定本田技研工业株式会社由于发送警告函不当,构成不正当竞争行为,为国外权利人向中国被控侵权人发送警告函提供了较清晰的思路。

## 一、警告函的概念和定义

我国现行法律没有对警告函进行明确定义。一般而言,侵权警告函是指用以要求收函人停止侵权的警告函、敬告函、律师函、公开信,或其他足使受函人知悉的书面信函。通常来讲,专利侵权警告函,是指权利人(专利权人或利害关系人)在发现侵犯其专利权的现象时,自行或通过律师向侵权人或相关人发出的侵权警告。[①]

## 二、警告函的作用

### (一)快速便捷的解决方式,有效化解纠纷

《专利法》第六十条规定:“未经专利权人许可,实施其专利,即侵犯其专利权,引起纠纷的,由当事人协商解决。”实践中,专利权人多通过发送警告函的方式来表达自己的主张和要求。发送警告函作为一种自力救济行为,与向公权力的法院诉

① 孙栋:《对向第三方发送知识产权侵权警告函的法律规制》,载《知识产权》2015 年第 12 期。

讼和专利行政机构的投诉相比,有其天然的优越性。

与耗时长达一年或者几年的诉讼相比,警告函可以快速实现与侵权人的有效、正式的沟通。如果双方妥善解决,可以为争取市场和消除不良影响争取较大的时间空间。另外,发送警告函的成本很低,即使委托专业律师起草和发送警告函,与诉讼和行政投诉相比,既不用缴纳相关官费,也节省了启动相应程序所需要的高昂和复杂的证据收集费。

由于警告函具有快速便捷和节省维权成本的优点,其一直是专利权人在中国维权的首选。特别是在专利权人只追求停止侵害,不主张损害赔偿的情况下,警告函的优点尤其明显。在双环与本田不正当竞争案中,中国最高人民法院在判决书中肯定了警告函作为自力救济方式的合法性和优势,并强调:“专利权人发送侵权警告是其自行维护权益的途径和协商解决纠纷的环节,法律对于在法院侵权判决之前专利权人自行维护其权益的行为,并无禁止性规定。允许以此种方式解决争议有利于降低维权成本、提高纠纷解决效率和节约司法资源,符合经济效益。”

(二)探知侵权人的应对态度,为制定下一步的维权策略提供依据

专利侵权较为隐蔽、判定也较为复杂,很多经营者可能对自己的专利侵权行为并不自知,通过发送警告函通知侵权人,可以探知侵权人对其侵权行为的应对态度,据以制定下一步的维权策略。比如,如果侵权人忽略警告函,可以初步判定侵权人具有侵权的恶意,不会主动配合停止侵权和纠正,那么专利权人可以考虑进一步通过诉讼维权;如果侵权人回复了警告函,并提供了一些抗辩理由,如现有技术、自有专利或不侵权等,则专利权人应当对其抗辩事由进行评估,判断胜诉可能性及下一步维权行动。

(三)维护市场和商业交易

警告函除了可以发送给生产者外,同样也可以发送给侵权产品的销售商,要求停止销售。在双环与本田不正当竞争案中,虽然被控侵权人双环在2015年最终赢得了长达十二年的诉讼,但受到本田公司警告函的影响,双环在某种程度上失去了相应市场——2016年2月9日工信部装备工业司发布的《道路机动车辆生产企业及产品(第281批)》目录中,双环被撤销了乘用车的生产资质。[①] 更有甚者,在侵权人拟上市的关键阶段发送警告函,在某种程度上可以阻却侵权人的上市进程,一般

① 盖世汽车网:《双环山寨CR-V为何打赢官司让本田赔上千万?》,载网易汽车,http://auto.163.com/16/0428/09/BLNRCCQN000853RO.html,最后访问时间:2016年11月3日。

而言,拟上市的侵权人也会对这个阶段收到的警告函给予更高的重视和警惕。

(四)阻断合法来源抗辩

《专利法》第七十条规定,为生产经营目的使用、许诺销售或者销售不知道是未经专利权人许可而制造并售出的专利侵权产品,能证明该产品合法来源的,不承担赔偿责任。这也是大家通说的"合法来源抗辩"。合法来源抗辩的关键在于"不知道",而通过向销售商发送警告函,使得销售商"知道"其销售的是专利侵权产品,也就阻断了合法来源抗辩的基本前提。最高人民法院在孙俊义与郑宁侵害实用新型专利权纠纷案中指出:当事人援引《专利法》第七十条的规定,主张"合法来源"抗辩时,如果专利权人能够证明已经向销售商发出了明确记载有专利权和被诉侵权产品的基本情况、侵权比对结果及联系人等信息的警告函,且在销售商已经收到该警告函的情况下,原则上可以推定销售商知道其销售的是专利侵权产品。

(五)产生诉讼时效中断的法律效力

根据《专利法》第六十八条,侵犯专利权的诉讼时效为两年,自专利权人或者利害关系人得知或者应当得知侵权行为之日起计算。同时,《民法通则》第一百四十条规定了诉讼时效中断制度,从中断时起重新计算诉讼时效期间。根据《民法通则》第一百四十条,可以使诉讼时效中断的法定事由包括提起诉讼、当事人一方提出要求或者同意履行义务。专利权人通过发送警告函给侵权人提出要求,可以产生诉讼时效中断的法律效力。在江泽城诉新疆伊力特实业股份有限公司专利侵权纠纷案中,专利权人就是在8年内发送了3份警告函,从而多次重新计算诉讼时效,最后专利权人选择在知道被控侵权人实施侵权行为的8年后才提起专利侵权诉讼。也就是说,若专利权人在诉讼时效期间内将警告信送达给被告,将使得两年的诉讼时效期间重新开始计算。

(六)证明恶意,要求较高赔偿额

由于在专利侵权案件中,权利人的实际损失、侵权人的获利和可参照的许可费均较难确定,实践中往往适用专利法规定的法定赔偿范围。在确定具体判赔额时,法院一般会综合考量侵权行为的规模、性质、持续时间和侵权人的主观恶意等因素。若专利权人在起诉前向侵权人发送了警告函,而侵权人予以忽视并继续侵权,可以较容易地证明侵权人的恶意,从而要求法院判决较高赔偿。

## 三、警告函可能引起的法律风险

### （一）确认不侵犯专利权之诉

2010 年 1 月 1 日生效的《最高人民法院关于审理侵犯专利权纠纷案件应用法律若干问题的解释》第十八条规定了确认不侵犯专利权之诉的受理条件，即专利权人做出侵权警告后，在一段时间内没有回复被警告人的书面催告或者未提起诉讼，则被警告人可提起确认不侵权的诉讼。也就是说，专利权人一旦发出警告函，被警告人可以向权利人发出书面催告权利人及时起诉。若专利权人收到被警告人的书面催告之日起一个月内，或者自书面催告发出之日起两个月内，专利权人既不撤回警告也不提起侵权诉讼，中国被控侵权人可以依据此警告函，在中国向发函人提出“确认不侵犯专利权”之诉。上述提到的双环与本田不正当竞争案，就是一起典型的因警告函引发的确认不侵权之诉的案件。

### （二）侵害名誉权之诉

《民法通则》第一百零一条和《最高人民法院关于贯彻执行〈中华人民共和国民法通则〉若干问题的意见（试行）》第一百四十条详细规定了法人和自然人的名誉权应该受到保护，以书面、口头等形式诋毁、诽谤法人名誉，给法人造成损害的，应当被认定为侵害法人名誉权的行为。特别是在专利权人通过媒体或者其他公开途径发送警告函的情况下，若专利权人在警告函中陈述的内容并非完全客观真实，侵权人有可能据此提起侵害名誉权的诉讼。

### （三）商业诋毁的不正当竞争之诉

另外，《反不正当竞争法》第十四条规定，经营者不得捏造、散布虚伪事实，损害竞争对手的商业信誉、商品声誉。因此，“虚伪事实”是构成不正当竞争行为的关键。比如，在警告函中将“专利申请”称为“专利”，或者明知其专利为无效专利，仍主张权利，极有可能被认为陈述了虚假事实。

事实上，很多侵权人都将侵犯名誉权和不正当竞争在确认不侵权之诉中一并主张。上述提到的双环与本田不正当竞争案和下面介绍的理邦公司与迈瑞公司不正当竞争案都属于此种情形。

## 四、制作和发送警告函时应该注意的要点

一份警告函从制作，到最后送达给被控侵权人，需要考虑发送警告函的主体要求、发送警告函的时机、发送警告函的对象、警告函的具体内容和警告函的送达方

式五个方面。

(一)发送警告函的主体要求

《专利法》第六十条规定,专利权人或利害关系人可以向法院起诉,也可以向专利管理部门请求处理其专利纠纷。也就是说,专利权人或利害关系人作为法律上规定的专利权利行使主体,可以在诉讼或者其他活动中主张其权利。

关于利害关系人,根据《最高人民法院关于对诉前停止侵犯专利权行为适用法律问题的若干规定》第一条,应为许可合同中的被许可人或者专利财产权的合法继承人。其中,进一步规定了独占实施许可合同的被许可人和排他实施许可合同的被许可人的相应起诉权利,但不包括普通的被许可人。根据通常的理解,普通许可人获得的是非排他许可,他人对其专利权的使用并不损害其使用权。在普通被许可人没有起诉权利的情况下,普通被许可人应谨慎单独向中国被控侵权人发送警告函。①

(二)发送警告函的时机

我国相关法律并没有对发送警告函的时间有任何规定。发送警告函的时机,取决于专利权人对自身维权措施的判断。在双环与本田不正当竞争案,我国最高人民法院澄清,专利权人针对已经法院判决认定的侵权行为可以向被诉侵权行为人发送侵权警告,也可以在提起专利侵权诉讼之前或者起诉期间发送侵权警告维护权益。法律对于在法院侵权判决之前专利权人自行维护其权益的行为,并无禁止性规定。另外,在2015年的另一标志性案件即深圳理邦公司诉迈瑞公司商业诋毁案中,迈瑞公司在理邦公司上市关键阶段向其发送警告函并提起23件专利侵权诉讼,后来,迈瑞公司多数专利被宣布无效,并撤回了12件专利侵权案件。该案中,我国最高人民法院认为,在权利人真实维权的情况下,即便在维权时机等方面进行有意选择,仍属行使权利的自由,仅此不足以认定其行为具有不正当性。

另外,针对申请中的专利,根据《专利法》第十三条的规定,发明专利申请公布后,申请人可以要求实施其发明的单位或者个人支付适当的费用。也就是说,针对未公布的申请专利,专利申请人需谨慎通过警告函主张权利。即使确有需要,也应当向被控侵权人充分提示专利仍在申请中且尚未公布的状态,以免构成"陈述虚假事实",面临不正当竞争之诉的风险。

---

① 邢志:《刍议专利侵权警告函》,中华全国专利代理人协会2010年会暨知识产权论坛论文。

（三）发送警告函的对象

专利权人可以发送警告函至专利侵权产品的生产商、销售商，或者实施专利方法的侵权人。除上述直接侵权人外，专利权人也可以向可能构成教唆、帮助侵权的间接侵权人发送警告函。例如，销售侵权产品的网络服务提供商、交易场所管理者等中间机构，都有可能构成教唆、帮助侵权。

（四）发送警告函的内容

在双环与本田不正当竞争案中，我国最高人民法院认为："判断侵权警告是正当的维权行为还是打压竞争对手的不正当竞争行为，应当根据发送侵权警告的具体情况来认定，以警告内容的充分性、确定侵权的明确性为重点。权利人发送侵权警告必须以确定的具体侵权事实为依据，在发送侵权警告时应当对所警告的行为构成侵权善尽审慎注意义务，对所涉侵权的具体事实进行充分考量和论证后进行。侵权警告的内容不应空泛和笼统，对于权利人的身份、所主张的权利的有效性、权利的保护范围以及其他据以判断被警告行为涉嫌构成侵权的必要信息应当予以披露。"

可以看出，尽管我国现行法律没有对警告函的内容作出任何要求，但是为避免后期被法院认定为不正当竞争行为，警告函的内容应该准确和尽量翔实，专利权人应该明确被控侵权人涉嫌侵权的具体产品型号，最好同时提供简单的侵权分析，降低警告函被认定为不正当竞争行为的风险。

在双环与本田不正当竞争案中，我国最高人民法院认定："本田公司的侵权警告信中仅记载了涉案专利权的名称、涉嫌侵权的产品名称以及受函客户涉嫌侵权的性质，没有披露主张构成外观设计相近似的具体理由或进行必要的侵权比对，也没有披露其与双环股份公司均已向法院寻求司法救济等其他有助于经销商客观合理判断是否自行停止被警告行为的事实。所以本田公司发送的警告函，尚难认定其尽到了合理的审慎注意义务，有违反不正当竞争法第二条的规定。"

针对不同的发送对象，法院对警告函的内容要求也不相同。在双环与本田不正当竞争案中，我国最高人民法院认为："对销售商而言，侵权警告的内容对其能否作出合理判断、自行承担由此导致的商业风险更为关键。因此，向这些主体发送侵权警告时，对确定被警告行为构成侵权而产生的注意义务要高于向制造者发送侵权警告的情形，其警告所涉信息应当详细、充分，如披露请求保护的权利的范围、涉嫌侵权的具体信息以及其他与认定侵权和停止侵权相关的必要信息。否则，易导致交易方面对内容不明确的警告内容，为避免自身涉及警告信所称的后果，停止进行交易,影响公平竞争的交易秩序。”

另外,警告函采用的语言最好是中文,至少应为中英文对照。因为一封非中文的警告函,很难证明被控侵权人已经知悉警告函中的内容。如果委托律师代为发送,最好一并提供专利权人与代理律师之间签署的授权委托书。

(五)发送警告函的方式

随着现在沟通方式的多样化,发送警告函的方式也多种多样,比如,通过专人送达、国际传真、邮寄快递、电子邮件等,但一般都应通过书面形式进行,以便留存作为固定证据使用。各种发送方式均有利弊,专利权人需根据实际情况进行选择。

无论以何种方式,均应尽量证明警告函已经或应当成功送达被控侵权人。比如,专人送达可以由公证人员陪同现场公证,传真和电子邮件要求送达回执,邮寄快递应当在信封的备注或内容部分标注“警告函”以便证明与警告函的关联性。

# 二、知识产权授权与确权

1. 专利权

# FRAND 承诺的法律性质

孙芳龙　宋淑芳*

*作者简介：

孙芳龙，合伙人，中伦律师事务所青岛办公室，

电邮为 sunfanglong@ zhonglun. com；

宋淑芳，律师，青岛办公室。

## 引　言

FRAND 承诺是标准必要专利权利人向标准制定组织作出的、面向未来的、对其自身有拘束力的一项承诺,即保证未来与标准实施者就专利许可事宜进行协商谈判时会按照公平、合理、无歧视的条件进行协商和许可。FRAND 承诺旨在平衡标准必要专利权利人和标准实施者之间的利益,兼顾专利权的“私权保护”与专利技术的公共使用。近年来,随着越来越多的 FRAND 相关诉讼案件在我国出现,就标准必要专利及 FRAND 承诺相关法律问题的讨论也越来越多。在我国现行法律框架下对其法律性质予以界定有助于厘清标准必要专利权利人和标准制定组织之间的法律关系,也有助于推动 FRAND 相关诉讼案件中新情况、新问题的解决。本文将结合我国现行法律框架中的相关法律规定、法学理论及司法案例,对 FRAND 承诺的法律性质进行分析。

## 一、FRAND 承诺的由来

所谓标准,是指为在一定范围内获得最佳秩序,经协商一致制定并由公认机构批准,共同使用和重复使用的一种规范性文件①。所谓技术标准,实际上是一种统一的技术规范,能够保障重复性技术事项在一定范围内得到统一,以保证产品或服务的兼容性和通用性。依使用地域范围的不同,技术标准可以划分为国际标准、国家标准、地方标准等。本文将以移动通信领域现行的通信技术标准这一国际标准为例展开论述,中国移动通信领域现行的移动终端和基础设施技术标准与前述国际标准高度融合,因此,本文立足于国际标准的探讨,对于中国移动通信领域相关标准也是同样适用的。

标准的实施离不开统一技术规范的执行,而技术规范的执行需要依赖相关专利。专利与标准的结合导致了“标准必要专利”的出现。所谓标准必要专利②,是指实施标准时必然要被实施的专利技术或专利技术的某项权利要求。欧洲电信标准协会(ETSI)知识产权政策对“必要知识产权”的定义为:必要的(知识产权)是指基于技术上而非商业上的原因,制造、销售、出租、处理、修理、使用或操作符合某一标

① 交互数字通信有限公司、交互数字技术公司、交互数字专利控股公司、IPR 许可公司与华为技术有限公司标准必要专利使用费纠纷一案(“华为诉 IDC 一案”)(2013)粤高法民三终字第305号判决书。

② 这里讨论的是“技术上为必要”的标准必要专利,而非“商业上为必要”的标准必要专利。

准的设备或方法时,不可能不侵犯的知识产权。

专利因其“专有性”和“排他性”而具有某种天然优势,标准必要专利的出现则进一步强化了专利权人的优势地位。在移动通信领域,电信网络运营商、终端设备制造商及芯片生产商(标准实施者或潜在被许可人)为了进入相关市场,就必须执行移动通信技术标准,因而也就必须实施相关的标准必要专利。标准必要专利权利人希望就其技术创新获得足够的报酬,而标准实施者则希望能够正常实施标准必要专利从而顺利执行标准,这两种要求都是正当的。为了在专利权的“私权保护”和专利技术的公共使用之间寻求平衡,FRAND 承诺应运而生。

## 二、FRAND 承诺的含义

在将专利权人的有关专利纳入标准之前,标准制定组织通常会要求专利权人提交 FRAND 许可声明,作出一项 FRAND 承诺。[①]。以 ETSI 为例,ETSI 知识产权政策第 6.1 条规定:“当与某特定标准或技术规范有关的基本知识产权引起 ETSI 注意时,ETSI 总干事应当立即要求知识产权所有者在三个月内以书面形式给予不可撤回的承诺,承诺其已准备好依照公平、合理、无歧视的条款和条件来授予不可撤销的许可。”ETSI 知识产权政策后附一张“知识产权信息陈述与许可声明表”,如果专利权人决定按照前述要求作出 FRAND 承诺,填写该表、选择按照 FRAND 条件进行许可这一选项[②]、签署该表并向 ETSI 总干事提交即可。据此,为了确保其持有的专利能够纳入标准,专利权人通常会积极向标准制定组织作出 FRAND 承诺。例如,Qualcomm Inc. 向 ETSI 提交的“知识产权信息陈述与许可声明表”中即载明:“签署人已通知 ETSI 其是后附知识产权信息陈述附录中列出的知识产权的所有人,并且已经告知 ETSI 其认为该等知识产权可能被认为对上述所列标准而言是必要的。签署人和/或其关联方在此声明:他们已经准备好就对相关标准而言为必要的知识产权授予不可撤回的许可,相关许可的条款与条件和 ETSI 知识产权政策第 6.1 条一致。”[③]

由此看来,所谓 FRAND 承诺,是指标准必要专利权利人向标准制定组织作出的、面向未来的、对其自身有拘束力的承诺(该承诺通常以许可声明的形式呈现),

① “FRAND 许可声明”是形式,“FRAND 承诺”是内容,下文中二者含义相同。

② 除该选项之外,还有一个可选项为“免费许可”。

③ ETSI 在其官网上公示的专利权人做出的知识产权许可声明,参见 https://ipr.etsi.org/。

保证其将来与标准实施者就专利许可事宜进行协商谈判时做到公平、合理、无歧视(在协商过程中履行"FRAND 义务"),这种 FRAND 义务既指向许可条件,又指向协商行为。

至于何为公平、合理、无歧视的许可条件,标准必要专利权利人提出何种许可条件才算履行了 FRAND 义务等问题,我们无法从标准必要专利权利人作出的 FRAND 承诺中找到确切答案,标准制定组织的知识产权政策中也没有对此作出解释,需要法院依据恰当的准据法对 FRAND 义务的真实含义予以明确,这又是另外一个层面的问题,本文暂时不予关注。

## 三、FRAND 承诺的法律性质

FRAND 承诺的法律性质包括两个层面的问题:一是 FRAND 承诺在标准必要专利权利人与标准制定组织之间如何定性?二是 FRAND 承诺在标准必要专利权利人与标准实施者之间如何定性?就第一个问题而言,目前各国的认识趋向一致,基本没有争议(具体论述见下文);但是,就第二个问题而言,没有任何一个标准制定组织对其予以明确,在司法实践中,各国法院对 FRAND 承诺性质的界定并不一致。

"FRAND 承诺"这一概念并非来源于中国法,但中国法的确对标准必要专利权利人因作出 FRAND 承诺而应当承担的进行"公平、合理、无歧视"许可的义务(FRAND 义务)作出了确认①。之所以要在中国法的语境下探讨 FRAND 承诺的性质(主要是 FRAND 对于作出该承诺的标准必要专利权利人和标准实施者而言究竟意味着什么),原因在于:第一,就 FRAND 承诺的法律性质而言,国内存在不同的声音且争议较大;第二,目前,涉及 FRAND 义务的案件有三类,一是标准必要专利许可条件纠纷,二是专利侵权纠纷,三是滥用市场支配地位纠纷。就后两种纠纷而言,

---

① 例如,北京市高级人民法院《专利侵权判定指南(2017)》第 149 条规定:"推荐性国家、行业或者地方标准明示所涉标准必要专利案件中,被诉侵权人经与专利权人协商该专利的实施许可事项,但由于专利权人故意违反其在标准制定中承诺的公平、合理、无歧视的许可义务,导致无法达成专利实施许可合同,且被诉侵权人在协商中无明显过错的,对于专利权人请求停止标准实施行为的主张一般不予支持。虽非推荐性国家、行业或者地方标准,但属于国际标准组织或其他标准制定组织制定的标准,且专利权人按照该标准组织章程明示且做出了公平、合理、无歧视的许可义务承诺的标准必要专利,亦做同样处理。"第 150 条规定:"在标准必要专利的许可谈判中,谈判双方应本着诚实信用的原则进行许可谈判。作出公平、合理和无歧视许可声明的专利权人应履行该声明下所负担的相关义务;请求专利权人以公平、合理和无歧视条件进行许可的被诉侵权人也应以诚实信用的原则积极进行协商以获得许可。"

标准必要专利权利人与标准实施者之间的法律关系为侵权法律关系。但是就标准必要专利许可条件纠纷[①]而言,该等诉讼的定性问题尚存在争议。对 FRAND 承诺的法律性质进行界定将直接关系到标准必要专利权利人和标准实施者之间法律关系的确定、双方权利义务的确定,以及双方之间可能发生的标准必要专利许可条件纠纷的定性、该等案件中管辖规则的适用、请求权基础的选择等问题;第三,正因为 FRAND 承诺的法律性质涉及相关民事法律关系的定性,根据《涉外民事关系法律适用法》第八条[②]的规定,即便 FRAND 相关案件为涉外案件,我国法院也不能直接依据外国法下已有的解释确定 FRAND 承诺的法律性质[③],而应当依据中国法下的相关规则为其定性。

(一)就标准必要专利权利人和标准制定组织而言 FRAND 承诺的法律性质

FRAND 承诺在作出承诺的标准必要专利权利人和接受承诺的标准制定组织之间成立合同关系,这一结论基本已为各国法院所接受。用中国合同法下关于合同成立的理论解释的话,标准制定组织根据知识产权政策向标准必要专利权利人提出的令其作出 FRAND 承诺的要求构成“要约”,标准必要专利权利人作出的其将按照公平、合理、无歧视的条件向标准实施者授予许可的声明构成“承诺”。以 ETSI 为例,该“要约”的具体内容体现于 ETSI 知识产权政策后附的“知识产权信息陈述与许可声明表”中。一旦向 ETSI 披露标准必要专利的专利权人选择了按照 ETSI 知识产权政策第 6.1 条的规定授予许可并在“知识产权信息陈述与许可声明表”上签名(之后将该表递交 ETSI 总干事),即表明其作出了准备按照公平、合理、无歧视的条件授予许可的“承诺”,此时在标准必要专利权利人和知识产权组织之间成立了一个合同。

就该合同而言,专利权人负有的义务是未来按照 FRAND 承诺向标准实施者进行许可,标准制定组织承担的义务则是将前述专利权人披露的专利纳入标准。

(二)就标准必要专利权利人和标准实施者而言 FRAND 承诺的法律性质

1. 要约说

有人将 FRAND 许可声明定性为“要约”,持有这种观点的人将标准必要专利权

---

① 事实上,前述三种纠纷中,只有标准必要专利许可条件纠纷的定性与 FRAND 承诺的法律性质相关,其他两类的性质均为侵权纠纷(不论 FRAND 承诺的法律性质为何)。因此,后文讨论 FRAND 承诺的定性时,仅涉及标准必要专利许可条件纠纷这一案件类型。

② 《涉外民事关系法律适用法》第八条规定:“涉外民事关系的定性,适用法院地法律。”

③ 这里应注意的是,对 FRAND 承诺本身的定性与对 FRAND 承诺项下“公平、合理、无歧视”原则的解释是两个不同的问题。

利人签署的FRAND许可声明视为其向标准实施者发出的许可“要约”(在中国合同法项下缺少价格条款并不影响合同的成立),标准实施者执行标准、实施标准必要专利的行为即为对前述要约的“承诺”,也就是说,在标准必要专利权利人签署FRAND许可声明后,只要有标准实施者生产、销售了符合标准的产品,标准必要专利权利人与标准实施者之间就已经成立了一个“许可合同”。“许可合同”成立生效后,标准必要专利权利人与标准实施者可以进一步协商确定实施专利需要支付的许可费,该许可费的计算方式及费率应当符合公平、合理、无歧视原则。

但是,在笔者看来,将FRAND许可声明视为“要约”在法理上存在严重缺陷:首先,根据《合同法》第十四条的规定,要约是一方希望和他人订立合同的意思表示,该意思表示的内容应当具体确定,要约人应具有缔结合同的主观目的,其应表明一经受要约人承诺即受该意思表示的约束。FRAND许可声明仅仅表示未来就专利许可事宜进行协商时,专利权人准备按照公平、合理、无歧视的条件授予许可,许可标的、许可期限等具体的、关键的条款均未在FRAND许可声明中出现,标准必要专利权利人作出FRAND许可声明时并无积极授权之意。其次,“承诺”是受要约人愿意按照要约的全部内容与要约人订立合同的意思表示,其不应对要约的内容作出实质性变更。如前所述,FRAND许可声明的内容非常模糊,未经具体协商标准实施者根本无法获知前述“要约”的具体内容,在这种情况下“承诺”根本无从谈起。最后,如果标准实施者实施标准必要专利即构成“承诺”,这会将标准必要专利权利人置于极为被动的境地,在标准实施者拒不支付许可费的情况下,标准必要专利权利人也无法寻求禁令救济,而只能寻求合同项下的违约救济。

事实上,只有双方进入谈判协商阶段,标准必要专利权利人针对某一特定的潜在被许可人提出的包含许可标的、许可费率、许可期限等要素在内的具体许可条件才可以称之为“要约”。FRAND许可声明本身并非“要约”。

2. 要约邀请说

在微软公司诉摩托罗拉有关ITU标准必要专利侵权纠纷一案中,德国曼海姆地区法院认为FRAND承诺是标准必要专利权利人发出的“要约邀请”,是标准实施者提出要约请求权的基础。受此启发,有人将FRAND承诺定性为“要约邀请”。那么,这种定性在我国《合同法》项下是否成立呢?

所谓要约邀请,是指一方希望他人向自己发出要约的意思表示。要约邀请在性质上是一种事实行为,其本身不具有法律意义,且要约邀请是可以撤回的。据此,标准必要专利权利人作出的FRAND许可声明不可能构成我国《合同法》项下的

"要约邀请",原因在于:

第一,我们似乎很难将标准必要专利权利人作出 FRAND 许可声明的行为理解为其"希望标准实施者主动向其发出要约"。欧盟法院在就华为起诉中兴专利侵权是否构成滥用市场支配地位这一问题进行审理时认为,在缺乏一份公开标准的许可协议以及(标准必要专利权利人)与其他被许可人达成非公开许可协议的情况下,由标准必要专利权利人去检查其要约是否符合 FRAND 义务比被控侵权人检查效果更好,因此由标准必要专利权利人发出许可要约更为恰当[①]。在此,我们暂且不论由哪一方首次提出要约更符合 FRAND 义务的要求,仅从双方利益诉求存在矛盾——标准必要专利权利人希望收取尽可能高的许可费,而标准实施者却希望支付尽可能低的许可费——这一点来看,标准必要专利权利人似乎不可能作出"希望标准实施者主动向其发出要约"的意思表示,因此 FRAND 许可声明不构成要约邀请。第二,FRAND 许可声明一旦作出,将不可撤回,且会对标准必要专利权利人产生法律拘束力,从这个意义上讲,FRAND 许可声明亦不构成"要约邀请"。

3. 强制缔约义务说

审理华为诉 IDC 一案的法官认为,"专利权人加入标准组织,同意将其专利纳入标准,并作出 FRAND 授权承诺,不宜理解为标准必要专利权利人与标准实施者之间已经成立合同关系,而应理解为标准必要专利权利人对标准实施者以及潜在的实施者负有以符合 FRAND 条件许可的义务,该义务与供水、供电、供气等垄断企业所担负强制缔约义务相似"[②]。

但是,在笔者看来,将标准必要专利权利人作出的许可声明视为"强制缔约义务"似乎并不妥当。理由如下:

第一,所谓强制缔约义务是指市场中商品或服务的提供者负有的应相对人请求而与其订立合同的义务,换言之,合同一方当事人面对相对方的要约,必须作出承诺,无正当理由不得拒绝。我们知道,契约自由是合同法的一项基本原则,因此强制缔约只能是一种例外而非常态,只有在具备特别理由的情况下其才能被法律承认[③]。这种特别的理由通常是为了维护社会公共利益或者是为了维护人的生命权

① Huawei Technologies Co. Ltd v. ZTE Corp. and ZTE Deutschland GmbH, Case C-170/13.

② 祝建军、陈文全:《标准必要专利使用费率纠纷具有可诉性》,载《人民司法》2014 年第 4 期。

③ 谭袁:《论 FRAND 承诺的性质及其价值》,载《电子知识产权》2017 年第 7 期。

健康权等基本权益,适用强制缔约义务规制的产品基本都属于公共产品①。

第二,目前,在我国适用强制缔约义务的情形非常有限,且均来自于法律的直接规定。根据《合同法》及相关法律法规的规定②,中国法项下的强制缔约义务主要存在于以下领域:公共运输、邮政、电信、电业、煤气、天然气、自来水、危重病人及急诊情形下的医疗等。

第三,将标准必要专利权利人作出的FRAND许可声明定性为“强制缔约义务”在我国国内法上找不到明确的法律依据。那么,我们能否参照强制缔约义务项下的一套规则为FRAND许可声明定性从而确定标准必要专利权利人与标准实施者之间的权利义务呢?这主要取决于对于标准必要专利的理解。笔者认为,尽管标准赋予了标准必要专利一定的公共属性,但这种公共属性并非面向社会普通民众,而仅仅是面向在相关行业领域中从事经营活动的经营者,其与关乎“民生所需”的电、热、水、气、医疗等公共产品存在本质区别。标准必要专利本质上仍然属于专利权人的私人财产,FRAND承诺对于标准必要专利权利人获取报酬的权利是予以保护的。此外,在上述“真正”的强制缔约领域,相关纠纷中双方当事人的争议焦点并非价格问题,如果负有强制缔约义务的主体违反了该等义务,其相对方的首要救济方式为请求法院判令相关义务主体与其缔约,该判决可以强制执行。但是就标准必要专利实施许可条件纠纷而言,法院并不能强制双方当事人缔结许可合同,其发挥的作用是为双方当事人确定许可条件,此类纠纷中,标准必要专利权利人与标准实施者争议的焦点问题在于许可费的确定(核心问题恰恰在于“价格”),这种差异也能够说明将FRAND许可声明视为“强制缔约义务”不甚妥当。

此外,最高人民法院法官在其撰写的《标准必要专利的法律问题:专利法、合同法、竞争法的交错》一文中也明确指出,“第二种选择(即将FRAND承诺定性为需求获得许可即可成立的、可以强制实施的合同),对于第三人(即标准实施者)而言,

---

① 公共产品又可以进一步细分为纯公共产品和准公共产品,前者典型形态为国防、警察、司法部门,后者包括教育、政府兴建的公益公园、公路、博物馆、图书馆等。

② 例如,《合同法》第二百八十九条规定:“从事公共运输的承运人不得拒绝旅客、托运人通常、合理的运输要求。”《电力法》第二十六条第一款规定:“供电营业区内的供电营业机构,对本营业区内的用户有按照国家规定供电的义务;不得违反国家规定对其营业区内申请用电的单位和个人拒绝供电。”《电信条例》第十七条第二款进一步规定:“主导的电信业务经营者不得拒绝其他电信业务经营者和专用网运营单位提出的互联互通要求。”《执业医师法》第二十四条规定:“对危急患者,医师应当采取紧急措施进行诊治,不得拒绝急救处置。”《医疗机构管理条例》第三十一条规定:“医疗机构对危重病人应当立即抢救,对限于设备或者技术条件不能诊治的病人,应当及时转诊。”

FRAND 承诺属于邀约，只要第三人具有接受邀约的意愿，那么在做出 FRAND 承诺的 SEPs 权利人和第三人之间成立可以强制实施的合同。这种选择面临着同样的问题，成立合同最基本的一些要件有时候是不具备的”①。

综上所述，笔者认为，将标准必要专利权利人作出的 FRAND 许可声明定性为“强制缔约义务”，似乎依据不足。

4. 第三人利益合同说

美国法院认为标准必要专利权利人向标准制定组织作出的 FRAND 承诺构成“第三人利益合同”，标准实施者作为“第三人”取得直接请求标准必要专利权利人（债务人）为给付的权利。如果标准实施者认为标准必要专利权利人在许可协商过程中违反了 FRAND 义务，其有权提起合同违约之诉。

具体而言，在美国法院审理的微软公司诉摩托罗拉一案中，美国法院对 FRAND 承诺构成“第三人利益合同”的理由进行了详细阐释②。该案中，美国法院认为，“第一，RAND③ 承诺在摩托罗拉和标准制定组织之间创造了一个可实施的合同；第二，微软，作为一个标准实施者，可以作为第三方受益人实施上述合同；第三，摩托罗拉对 ITU 和 IEEE 的承诺要求摩托罗拉就许可其标准必要专利做出善意的初始要约，但是只要 RAND 许可最终做出，初始要约不一定必须符合 RAND 条款……”根据美国法项下第三人利益合同的相关规则，第三方受益人可以直接依据前述合同提起违约之诉。

毫无疑问，将标准必要专利权利人作出的 FRAND 承诺定性为“第三方利益合同”能够有效解决标准必要专利许可条件之诉中标准实施者的诉讼资格问题，其作为标准必要专利权利人违反 FRAND 义务的“直接受害者”，自然有诉的利益，此时该等诉讼的性质为违约之诉，请求权基础也比较明确——适用一国合同法中的相关规则。但是，美国法院对 FRAND 承诺的定性未必适用于中国。那么，目前中国《合同法》项下是否存在“第三人利益合同”的相关规定？标准必要专利权利人作出的 FRAND 承诺在中国能否被视为一种“第三人利益合同”呢？

---

① 朱理：《标准必要专利的法律问题：专利法、合同法、竞争法的交错》，载《竞争政策研究》2016 年第 2 期。

② Microsoft Corp. v. Motorola, Inc., Case No. C10－1823JLR.（“微软公司诉摩托罗拉一案”）

③ RAND 和 FRAND 含义相同，本文不作区分。

(1)第三人利益合同的构成要件

第三人利益合同,又称"向第三人履行的合同",是指有将合同所生之权利直接归属于第三人(合同当事人以外之人)之内容的合同。

第三人利益合同的构成要件包括:第一,合同双方当事人需约定由一方当事人向第三人履行。该第三人并非必须限于当时存在之人,将来可产生之人也可以成为合同的受益人。第二,须使第三人对于债务人取得权利。通常情形下,该等权利体现为直接请求给付的权利,第三人取得的权利为债权。这一点是第三人利益合同最为核心的特征。如果双方当事人仅约定向第三人给付,而不使第三人相对于债务人取得直接请求给付的权利,该等合同被称为"不纯正的向第三人履行合同",实质上仅仅约定了一种"经指令而为交付"的交付方式。第三,我国法律界通行观点认为第三人利益合同只能给第三人设定权利,而不得为其约定给付义务。就这点而言,各国学界存在差异,如日本判例学说就认为,使第三人取得权利的同时伴以附随负担也是可以的。①

(2)我国《合同法》第六十四条之争议

《合同法》第六十四条规定:"当事人约定由债务人向第三人履行债务的,债务人未向第三人履行债务或者履行债务不符合约定,应当向债权人承担违约责任。"仅从该条款的措辞来看,第六十四条并未规定第三人享有履行请求权。就我国《合同法》第六十四条是否规定了"第三人利益合同"这个问题而言,理论上和实务中争议颇多。

有学者认为,《合同法》第六十四条的规定并未赋予第三人直接请求债务人为给付的权利,因而不能将其理解为真正的第三人利益合同。其中关于"向第三人履行债务"的措辞仅仅可以解释为是对合同履行中"经由被指令人而为交付"这一交付方式的规定。这种观点认为我国《合同法》上存在一个关于第三人利益合同的漏洞。

另外一种观点认为,"经由被指令人而为交付"并非第六十四条文义唯一可能的规范对象,第六十四条也包括了真正的第三人利益合同这一情形,否则该条款在中国法项下将是一个无实质意义的"创造",实务中涉及的真正的第三人利益合同纠纷却因缺乏法律依据而无从解决。崔建远、韩世远等学者均持这一观点,目前王利明教授也倾向于将第六十四条解释为第三人享有直接请求权。②

在笔者看来,现行《合同法》第六十四条尚未纳入真正的"第三人利益合同",实

---

① 韩世远:《合同法总论》(第三版),法律出版社 2011 年版,第 262 ~ 266 页。

② 韩世远:《合同法总论》(第三版),法律出版社 2011 年版,第 266 ~ 271 页。

务中第三人无法直接将第六十四条作为请求权基础起诉债权人——请求债权人为相关给付，理由如下：

第一，从文义解释来看，第六十四条规范的对象是“当事人约定由债务人向第三人履行债务”的情形，并没有提及第三人是否享有直接的履行请求权，对于法律效果的规定，仅仅是在合同相对性原则的范畴内进行的。正因为第六十四条并未明确赋予第三人履行请求权，且明确规定由债务人向债权人承担违约责任，因此第三人无权直接向债务人主张权利。当债务人怠于按照合同约定向第三人履行时，只有合同相对人才有权依合同约定催促债务人依约向第三人履行债务。

第二，从立法历程来看，《合同法》草案第六十八条、第六十九条曾经规定了真正的第三人利益合同规则，其中承认了第三人的直接履行请求权，该权利自第三人向债务人表示接受时产生，债务人可以援用对抗债权人的抗辩来对抗第三人，但是在《合同法》正式文本中却删除了“第三人可以向债务人请求履行”的相关文句。从这一前后条文措辞的变化中，立法者的本意可见一斑。

第三，我国司法实践中法院倾向于认为，不应将《合同法》第六十四条之规定作扩大解释。《最高人民法院关于适用〈中华人民共和国合同法〉若干问题的解释（二）》第十六条明确规定：“人民法院根据具体案情可以将合同法第六十四条、第六十五条规定的第三人列为无独立请求权的第三人，但不得依职权将其列为该合同诉讼案件的被告或者有独立请求权的第三人。”尽管对该条的解释仍然存在争议，但笔者认为，最高人民法院的观点是较为明确的：在援引《合同法》第六十四条作为请求权基础进行审理的案件中，“第三人”的诉讼地位可以是“无独立请求权的第三人”，不能是“有独立请求权的第三人”，更不能是有关诉讼案件的“原告”。此外，在最高人民法院审理的淮南市国土资源局与淮南禹洲房地产开发有限公司建设用地使用权出让合同纠纷一案［（2016）最高法民终 729 号］中，最高人民法院对《合同法》第六十四条的解读为，“民事合同可以约定一方当事人向第三人履行，但债权债务仍属于合同的当事人”，也即只有合同当事人才享有直接请求给付的债权。一些法官在公开场合发表的观点也表明，“《合同法》第六十四条并未规定第三人利益合同制度”这一观点为目前中国司法实践中的主流观点。例如，北京知识产权法院的法官撰文指出，“限于《合同法》第六十四条的规定，第三方受益合同说的观点在我国现有法律框架下无法解决 SEP 权利人与标准实施者之间的纠纷”①。

---

① 许波：《FRAND 许可声明的法律性质》，载《中国知识产权》2017 年总第 124 期。

据此,笔者倾向于认为目前中国《合同法》框架下尚未就真正的第三人利益合同确立普遍的规则,第三人享有直接履行请求权的情形仅见于某些特殊法律规定中,如保险法中存在的关于"人身保险合同(由投保人与保险人签订)中的第三人(被保险人、受益人)有权直接向保险人(保险公司)主张权利"的规定[①]。因此,在中国,将FRAND承诺定性为"第三人利益合同"并无法律依据。标准实施者针对标准必要专利权利人违反FRAND义务提起的标准必要专利许可条件之诉并非违约之诉,不能援引《合同法》第六十四条作为请求权基础。

5. 单方法律行为说

仅基于单方意思表示即可发生法律效力的行为谓之"单方法律行为",其法律特征如下:第一,无须得到他人同意即可发生法律效力;第二,单方法律行为的意思表示一经作出即发生法律效力,不可撤销;第三,单方法律行为既可以向特定人作出,也可以向不特定人作出;第四,除为自己设定义务的单方法律行为之外,不得附条件或附期限;第五,行为人应当对其作出的意思表示负责,相对人对行为人作出的单方法律行为享有信赖利益,如果行为人日后违反其先前作出的意思表示,会基于诚实信用原则受到"禁反言"规则的约束。2017年10月1日开始实施的《民法总则》第一百三十四条已经明确肯定了中国法律体系之下存在"单方法律行为"这一概念[②]。

据此,笔者认为,目前在中国法的语境下,将FRAND承诺的法律性质界定为一种"单方法律行为"是较为妥当的。

标准必要专利权利人根据标准制定组织的知识产权政策,单方面、不可撤销地作出面向不特定第三人(标准实施者)的、将于未来进行FRAND许可的声明,并受该声明的约束[③]。据此,不特定第三人会基于FRAND承诺产生信赖利益,即当其日后因执行标准实施相关专利(此时不特定第三人有了明确的身份即"标准实施者")而需要获得许可时,标准必要专利权利人会按照公平、合理、无歧视的原则与其进行谈判协商并授予许可,而不是像普通专利那样,权利人随时可以拒绝许可并终止

① 例如,《最高人民法院关于适用〈中华人民共和国保险法〉若干问题的解释(二)》第十九条规定:"保险事故发生后,被保险人或者受益人起诉保险人,保险人以被保险人或者受益人未要求第三者承担责任为由抗辩不承担保险责任的,人民法院不予支持。"

② 《民法总则》第一百三十四条规定:"民事法律行为可以基于双方或者多方的意思表示一致成立,也可以基于单方的意思表示成立。"

③ 许波:《FRAND许可声明的法律性质》,载《中国知识产权》2017年6月(总第124期)。

许可协商。

如果标准必要专利权利人在日后的谈判协商过程中违反了其为自己设定的FRAND义务,就会损害标准实施者基于在先的单方承诺而享有的信赖利益,标准必要专利权利人应当受到“禁反言”规则的约束而承担相应的法律后果,此时标准实施者享有给付请求权——有权请求作出FRAND承诺的标准必要专利权利人“进行FRAND许可”。

目前,司法实践中也倾向于将FRAND承诺定性为“单方法律行为”。在(2015)京知民初字第1194号民事判决书(西安西电捷通无线网络通信股份有限公司诉索尼移动通信产品(中国)有限公司侵害发明专利权纠纷一案)中,北京知识产权法院明确认为,“FRAND许可声明仅系专利权人作出的承诺,系单方民事法律行为,该承诺不代表其已经作出了许可,即仅基于涉案FRAND许可声明不能认定双方已达成了专利许可合同”。

在将FRAND承诺定性为“单方法律行为”的情况下,如果双方当事人尚未就专利许可事宜进行谈判协商,单就标准必要专利权利人作出的FRAND承诺本身而言,其不具有可诉性,此时标准实施者没有诉的利益。但是,一旦双方开始接触、协商,如果标准实施者认为标准必要专利权利人的协商行为及要约提供的许可条件不符合FRAND义务,从而损害了其基于在先的FRAND承诺而享有的信赖利益,标准实施者便有了诉的利益,其有权诉请标准必要专利权利人“进行FRAND许可”,此即为标准必要专利实施许可条件之诉,该等诉讼并非违约之诉,也非侵权之诉。此外,笔者注意到,在适用中国法①的情况下,就单纯的标准必要专利实施许可条件之诉而言,当事人或法院往往会选择“公平、等价有偿、诚实信用”原则相关法条作为请求权基础②,这与“单方法律行为”之定性是契合的。

---

① 这里“适用中国法”是指法院适用中国法项下的相关规定对公平、合理、无歧视义务的具体含义进行解释,与适用中国法对FRAND承诺的法律性质进行界定不同,这是两个层面的问题。对FRAND承诺定性必须适用中国法,相关理由已在本文正文中提及;但是一旦完成了对FRAND承诺的定性,标准必要专利权利人和标准实施者之间的法律关系得以明确,由此产生的标准必要专利实施许可条件之诉的性质得以确定之后,在涉外案件中,究竟应当适用何种准据法对公平、合理、无歧视义务的具体含义进行解释还是值得进一步探讨的。不过,实践中中国法院很少会选择适用外国法作为准据法进行审理判决。

② 例如,在华为诉IDC一案中,广东法院即选择适用《民法总则》第七条、《合同法》第五条及第六条的规定对公平、合理、无歧视义务作出解释。

## 结 语

FRAND 承诺是标准必要专利权利人向标准制定组织作出的、对其自身有拘束力的一项承诺,其为自己设定的义务是面向未来的,即保证未来与标准实施者就专利许可事宜进行协商谈判时会按照公平、合理、无歧视的条件进行协商和许可。FRAND 承诺的法律性质及与之相关的新类型案件在中国均属于新事物,缺乏明确的法律规定对其予以规制。在这种情况下,司法应发挥其主观能动性,在中国既有的法律框架内对 FRAND 承诺的法律性质进行解释,为解决新类型诉讼案件中涉及的法律问题找到有效路径。将 FRAND 承诺定性为“单方法律行为”或许仍然不够完美,但相比较而言,“单方法律行为说”既能与既有的法律制度相契合,又可以较好地适应当前司法实践中出现的新情况、新问题。在笔者看来,将 FRAND 承诺定性为单方法律行为是一种于理有源、于法有据且能解决实际争议的合理观点。

# FRAND原则的新发展对专利许可和我国诉讼侵权赔偿的借鉴意义

陈际红　王桂香*

*作者简介：

陈际红，合伙人，中伦律师事务所北京办公室，

电邮为 chenjihong@ zhonglun. com；

王桂香，律师。

FRAND(公平、合理、无歧视)作为被广泛采用的标准必要专利许可原则,由于其模糊和不确定性,其适用受到了很大的限制。无论是标准组织,还是市场上的许可人和被许可人,抑或是法院,都一直在探寻何谓公平的、合理的、无歧视的许可,虽然至今仍未实现足够清晰、无歧义和可操作,但是标准组织和各国的司法实践都在努力使其日趋完善。本文将在介绍FRAND原则新发展的基础上,探讨这些发展对中国企业进行专利许可谈判以及我国专利侵权诉讼赔偿额计算的借鉴意义。

## 一、FRAND原则的新发展

1. IEEE的知识产权新政策

提到FRAND的新发展,应当提到IEEE在2015年2月生效的知识产权政策对合理许可费作出的进一步解释,其认为合理许可费率是对专利持有人标准必要专利权利的合理补偿,不包括由于专利纳入IEEE标准而产生的价值。同时IEEE给出判断合理许可费率时的三个考虑因素:

(1)必要专利的发明或发明特征的功能之价值对实施该必要专利的最小可销售的合标产品的功能之价值的贡献;

(2)结合最小可销售的合标产品使用所实施的同一IEEE标准上的所有必要专利所贡献的价值,必要专利对实施该专利的最小可销的合标产品所贡献的价值;

(3)使用必要专利的现存许可,当该等许可不是在明示或暗示的禁止令威胁下取得的,且其情况和许可结果足以和拟议许可的情况相提并论。

当然,IEEE的新政策中也明确表明,在确定合理费率时"不必只限于"该等因素。

2. FRAND在美国司法实践的发展

IEEE的知识产权新政得到了美国司法部的认同,代表了FRAND原则的新发展。实际上,其与美国近几年涉及FRAND原则的主要司法实践也是一致的,如Microsoft Corp. v. Motorola, Inc. 案①与In re Innovation IP Ventures, L. L. C. 案②。

从这两个案例可以看出,法官们在审理标准必要专利的许可案件时,回归和关

① See Microsoft Corp. v. Motorola, Inc., No. C10 - 1823JLR, 2013 U. S. Dist. (W. D. Wash. Apr. 12, 2013).

② See In re Innovatio IP Ventures, L. L. C., MDL Docket No. 2303, Case No. 11 C 9308, 2013 U. S. Dist. (N. D. Ill. Oct. 3, 2013).

注到标准组织存在意义和需求这些最基本的问题。法官们意识到:标准组织的 IP 政策,作为标准组织存在和运行的政策之一,其应该与标准组织推广标准广泛使用的目的一致。为满足上述要求,标准组织的 IP 政策应当平衡标准必要专利相关当事人之间的利益,一方面为了促进有价值标准的创设,应保证专利持有人从技术创新中得到合理的、充分的回报,另一方面应避免专利持有人借助标准所形成的地位索取高额许可费或附加不合理条件,使相关标准实施者乃至公众利益受损。

在这种需求下,具体确定何为符合 FRAND 原则的许可条件时,法官们明确提出标准必要专利的许可应考虑如何避免专利劫持和专利费累积问题,这些关注和 IEEE 新知识产权政策中提到的考虑因素的内涵和出发点也是相同的。无论是 Microsoft V. Motorola 案件中法官提出的两步法,还是 In re Innovation IP Ventures, L. L. C. 案件中法官提出的三步法,为了确定合理许可费率,都要依据专利技术对标准技术能力的贡献、该标准技术能力对标准使用者及其使用标准的产品的贡献,也都会考虑其他有可比性的许可协议或专利池的许可方式。这些考量因素,将专利权人能够获得的合理许可费限定为专利技术本身的价值,而不包括该专利技术因为与标准结合到一起而产生的价值,这可以避免专利劫持的风险。当然,一项对标准极为重要并且关键的必要专利,相比一项较不重要的必要专利,可以合理要求较高的权利金比率。同时,法官们认为 FRAND 许可不会发生在真空中,可以假设一个接近实际的协商环境,充分考虑其他标准必要专利权人的存在,以及理论上所有专利持有人都会主张专利许可费,这可以提示标准实施者在起初的标准专利许可中提前考虑专利费堆积的问题,一定程度上避免无法承受最终整体专利费的问题。

此外,In re Innovation IP Ventures, L. L. C. 案件进一步建议许可费的计算基础采用最小可销售专利实施单元(smallest salable patent – practicing unit),这和 IEEE 知识产权政策中提到最小可销售合标产品(smallest salable compliant implication)含义是相同的,我们将二者统称为“最小可销售单元”。由于许可费是许可费率和许可计算基础之乘积,所以计算基础同样非常重要。

3. 中国司法实践

除了美国司法实践,很多国家对于 FRAND 原则之本质的理解趋同,对于 FRAND 原则下许可费确定的考量因素大致相近,细节方面仍有不同,这些不同与各国的司法实践发展密切相关。

在中国,广受关注的“华为诉 IDC 案”案例中,广东高院认可了一审法院对许可费和理性的判断因素:(1)许可使用费数额的高低应当考虑实施该专利或类似专利所获利润,以及该利润在被许可人相关产品销售利润或销售收入中所占比例。技术、资本、被许可人的经营劳动等因素共同创造了一项产品的最后利润,专利许可使用费只能是产品利润中的一部分而不应是全部,且单一专利权人并未提供产品全部技术,故该专利权人仅有权收取与其专利比例相对应的利润部分。(2)专利权人所作出的贡献是其创新的技术,专利权人仅能够就其专利权而不能因标准而获得额外利益。(3)许可使用费的数额高低应当考虑专利权人在技术标准中有效专利的多少,要求标准实施者就非标准必要专利支付许可使用费是不合理的。(4)专利许可使用费不应超过产品利润一定比例范围,应考虑专利许可使用费在专利权人之间的合理分配。①

以上因素中,虽然没有明确提及,但已经有避免专利劫持和专利费累积的考虑。上述因素(1)考虑了技术只是做出利润贡献的一部分因素,因素(4)则考虑了涉案专利只是做出利润贡献中的专利技术的一部分,这样层层分解的方式,与 Innovation 案件中 Wi - Fi 芯片制造商的专家证人提出的"Top Down"自上而下的方法很相近。该方法先找到被许可人相关产品的平均价格,再由芯片的平均价格计算出通常情况下芯片制造商所能获取的利润,通过该利润确定专利许可费的上限。

"华为诉 IDC 案"中,因素(3)给出的根据涉案标准必要专利占所有标准必要专利的比例来计算涉案专利占技术贡献的比例的方法,和美国案例中尝试获知标准组织中平均每项标准必要专利的权利金比率是一致的。这种方式,理论上可行,但目前实践中很难操作。不同于有内在利益分配需求而主动对专利是否必要进行评估的专利池,标准组织通常声明对于哪项专利是标准必要专利并不作确认②。因此,一个标准中到底有多少标准必要专利很难确定,即使标准组织对此也没有给出答案。那么是否可以依据提交知识产权声明的专利数量为依据呢?笔者认为这也是值得商榷的,首先,并非所有符合标准必要专利条件的专利都被声明过了,如标准中写入了非标准组织成员的专利,权利人不知悉该情形也就无法进而做出声明;其次,即使被声明过的专利也并不一定最终被认可为标准必要专利,还需要实践中许可双方或第三方对此进行评估。这正是标准必要专利许可谈判中,专利权人用

① 广东省高级人民法院(2013)粤高法民三终字第 305 号。

② 例如,IEEE 电气电子工程师学会多次在其许可政策中重申其在专利问题上的中立地位,即"不负责确认许可中需要的必要专利的权利要求,不对权利要求有效性、必要性和有效范围的负责……" IEEE - SA Standards Board Bylaws,资料来源:http://standards. ieee. org/develop/policies/bylaws/sect6 - 7. html#loa。

大量的时间和精力准备专利和标准的对照表,向被许可人证明所主张的专利是标准必要专利的原因。

“华为诉 IDC 案”中,最终并没有依据以上 4 个因素详细分析许可的费率,同时华为和交互数字技术公司都没有提出具体的符合 FRAND 原则的许可费计算方法。法院主要依据“无歧视”原则来进行裁判,即“在交易条件基本相同的情况下,应当收取基本相同的许可费或者采用基本相同的许可使用费率”,采用和已有的专利许可进行对照比较的方法,来确定交互数字给华为的许可费是否合适。当然,对于参照已有许可是否可以认定为基本相同的交易条件,也并没有详细论述。不过,“华为诉 IDC 案”作为中国涉及标准必要专利为数不多的案例,给出了许可费合理性的考虑因素,对我国的司法实践的确具有一定的意义。

## 二、FRAND 原则新发展对专利许可的启示

从 IEEE 到中美的相关案例,关于 FRAND 原则内涵的理解,对中国企业作为被许可人进行标准必要专利许可谈判应该有一些启示。

遵循 FRAND 原则意味着对许可人和被许可人而言都是公平合理的,因此只要按照该原则推进,许可双方应当是可以接受的。不过,通常许可人不是很有动力去证明其主张的许可费率是否符合 FRAND 原则,所以更多的情况是,被许可人应当做大量的、科学的、细致的工作,来分析许可人给出的费率是否合理。事实上,被许可人有更多的动力和空间去质疑许可人和支持自己的观点。根据 IEEE 的新政策和各国司法实践中对 FRAND 原则的理解,被许可人在许可谈判中可以考虑如下事宜。

1. 选择合适的专利许可费收费基础

毫无疑问,收费基础对最终的专利许可费至关重要,因此选择合适的收费基础是专利许可谈判中的核心问题之一。被许可人需要了解在产品的哪个范围或层级应用了许可的专利技术,综合产品的性质、技术实现手段和市场惯例等因素来确定是以整个产品还是可拆解的最小可销售单元作为收费基础。如果被许可人能够分析许可专利在产品各个模块的应用,界定许可专利的使用范围,即使不能精确地限定为某个模块作为最小可销售单元的计费基础,亦可以排除明确不使用许可专利技术的部分,进而在最小可销售单元和整机之间争取一个中间值作为计费基础,努力使许可费更趋于合理。

当然,确定最小可销售单元的确是很费力的事情,甚至在一些许可中许可专利

本身的保护范围决定了不能选择产品的某一或部分模块作为计费基础,如专利保护范围涉及产品内部各个模块之间的交互。

2. 作为收费基础的产品利润为多少,毕竟产品所用到的所有专利的许可费总和不适宜超过产品利润。

3. 作为收费基础的产品利润中,能否确定源于技术的贡献有多少?

同是标准实施者,使用相同的标准必要专利技术生产相同产品,各个企业利润却存在差异,这显然不是技术导致的。所以,如果被许可人能够证明其高于竞争对手的利润有多少来源于管理、工作效率等其他非技术因素,则在专利许可中可以合理提出降低相同标准必要专利技术在其产品中的贡献比率。

4. 做出贡献的技术中,源于该标准的技术贡献有多少?

这方面,可以分几个层面考虑:所用到的技术是否仅涉及一个标准,我们知道有时候一个产品需要符合多个标准,那么对于来源于不同标准的必要专利的贡献应当都做考虑;大概会用到多少非标准必要专利,对产品的贡献是否重要,占比如何?因为有些产品的利润增加,可能是主要依靠非标准必要专利实现的,如产品外观改进带来了利润的提升。

5. 许可人主张许可的专利占该标准对应的必要专利的比例?

关于这一点,有一些因素需要留意。通常标准组织定义标准必要专利包括了标准可选方案对应的专利技术,但是标准可选方案并不是每个标准实施者都会采用的,因此要区分标准可选方案对应的标准必要专利是否用到?若没有用到,可以直接将这部分专利排除在许可范围外。

许可谈判实践中,被许可人有权要求就许可人提出的每项专利是否是标准必要专利进行分析和评估,通常有经验的许可人也是做好这方面准备来谈许可的,经过双方认可的才是标准必要专利,而不能单以许可人声明的为准。而对于某一标准中涉及的标准必要专利的总数如何确定呢?一种可以考虑的办法是参照各个权利人在标准组织就该标准声明的必要专利总数,甚至还包括该标准相关标准中声明的专利数量。虽然笔者前文提到在标准组织声明的必要专利数量并不是可靠的数据,但是对于被许可人而言,采用这种方法确定必要专利的总数还是有一定依据的,首先没有其他更合适的参照,其次被许可人没有更多的义务花费大量人力物力去评估被声明的专利是否确属标准必要专利。如果许可人不同意采用声明的标准必要专利总数,被许可人可以考虑请许可人给出理由。依据类似思路计算标准必要专利在标准组织中的占比,对于被许可人是有利的,对于许可双方也是合理的安排。

6. 许可人主张的专利是否达到标准必要专利平均程度的重要性，或者说许可专利在标准中的重要性，这一点是用于调整上一条数据占比结果的。

7. 被许可人可以要求获知已经存在的交易条件相同的许可费信息。当然，通常来讲，专利权人基本会以协议内容保密为由拒绝提供这方面信息，被许可人更多地需要自己去调查。此外，许可协议中可以考虑约定这样的许可条款，若许可费率违反无歧视规定则构成许可人违约，需要支付被许可人一定的违约金。

8. 许可费率是否高出被许可人当前接受的相近或相同交易条件的许可费率。这要求被许可人内部对已有的各项许可有清晰的认识和有效的梳理、管理，才能支撑做出这方面的考量。

9. 许可费率是否高出相同或相近的专利池、许可交易的许可费率。这点要求被许可人对相同或相近的专利池政策及许可信息，相同或相近的许可交易进行跟踪和分析。

笔者认为以上是为了实现公平、合理、无歧视许可的理论考虑因素，而实践中全面、深入考虑所有因素是很难做到的。被许可人可以根据行业特点，企业个性因素，许可技术和产品特性，对许可的需求程度，以及许可中期待投入的资源等，有所侧重地考虑以上因素。

当然，所有的考虑因素是为了实现公平、合理、无歧视，而更根本的目的是为了做出符合公司健康持续发展的、具有商业合理性的许可安排。为了达到这样的目的，专利许可谈判决策一定不是法务或专利人员，而是业务部门高层决策。但是法务和专利人员，需要充分考虑这些因素，与技术、市场和销售人员共同为高层决策做好基础调研和分析工作，否则公司高层很难做出科学的决策。

此外，笔者很希望在此提示外销型企业在开展专利许可谈判时应当注意的一个问题。以往一些国内企业遇到他人提出专利许可时，由于种种原因会选择消极面对的拖延政策。这里笔者提示：面对许可人的许可主张，不能一味地回避或无故拖延，因为如果被许可人使用标准必要专利的产品销往国外，许可人在这种情形下可以在当地申请禁令。欧美近年的司法趋势说明，标准必要专利的权利人遵守 FRAND 原则，并不代表不能申请并获得禁令，专利持有人还是可以申请禁令的保护的。比如，欧盟法院过去的立场是：标准必要专利所有方不能提起禁令诉讼，而欧盟国家的国内法院，尤其是德国法院，近来倾向于认为若标准实施方对标准专利持有人的许可有意拖延或不够认真，标准必要专利持有人采取的相应法律行动不会构成对市场支配地位的滥用，包括禁令申请和执行。再如，美国联邦巡回上诉法院

CAFC 在 Apple v. Motorola 案件中提出，其并不认同原审法院提出的标准必要专利当然无法获得禁令救济的原则，认为应采用美国最高院在 eBay（eBay Inc. v. MercExchange, L. L. C. , 547 U. S. 388 (2006)）判决中建立的专利侵权禁令核发原则，即专利权人应证明受到不可恢复的损害。因此，如果标准必要专利的权利人可以证明受到此类损害，是可以申请获得禁令的。

## 三、FRAND 原则新发展对计算专利侵权损害赔偿额的启示

除了专利许可，笔者认为 FRAND 原则中确定合理许可费的思路，也可以为中国专利侵权诉讼中确定合理赔偿额提供借鉴思路，甚至无论是标准必要专利还是普通专利，都可以借鉴 FRAND 原则的内涵。毕竟，即使普通专利的损害赔偿额也应该是公平和合理的。只是，当下我国的法律法规对侵权赔偿额规定还比较笼统，司法实践中由于损害赔偿一直偏低，诉讼双方都没有投入很多精力去对损害赔偿进行细致的推敲和计算。未来在专利保护力度增强的大势之下，相信越来越多的案件会关注损害赔偿计算的合理性问题，而律师也应该在这方面多做一些工作，最大限度地帮助客户维护其合法权益。所幸的是，我国现有的法律法规已经为探索损害赔偿额合理性提供了法律依据。

根据我国现行《专利法》第六十五条的规定，侵权赔偿数额应当按照权利人因侵权所受到的实际损失，实际损失难以确定的，可以按照侵权人因侵权所获得的利益确定。这里给出的“实际损失”的方向性规定是很正确的，不过何为“实际”损失，则需要解释，需要各方努力去证明。

2001 年的《最高人民法院关于审理专利纠纷案件适用法律问题的若干规定》第二十条尝试给出了有操作性的损失计算方法，但是该计算方法对合理性的考虑并不充分。该条第一款规定“权利人因被侵权所受到的损失可以根据专利权人的专利产品因侵权所造成销售量减少的总数乘以每件专利产品的合理利润所得之积计算”。第二款规定“侵权人因侵权所获得的利益可以根据该侵权产品在市场上销售的总数乘以每件侵权产品的合理利润所得之积计算”。这里用到的是“专利产品的合理利润”或者“侵权产品的合理利润”，也就是说无论侵犯一个专利还是多个专利，都是利用产品的利润计算赔偿额，而并不区分涉案专利对利润贡献有多少。这里利润前面的限定词“合理”，笔者认为更多的是考虑利润本身的合理性，比如费用扣除的合理性等，和我们提出的区分专利利润贡献率是不同的。适用该规定会导致无法体现涉案专利对产品的重要性，涉案专利多少对损害赔偿无影响，同时若一

款产品在不同的诉讼中被起诉侵犯不同的专利，损害赔偿额很有可能超出整个利润、甚至产品价格。因此，即使普通专利的许可诉讼，也应当考虑专利技术贡献率，否则费用计算本身欠缺合理性。当前，有观点认为标准必要专利因为遵守 FRAND 原则，考虑专利费堆积问题，使得平均来讲每项标准必要专利的价值低于普通专利价值。笔者认为，不是标准必要专利被低估了，而是普通专利还没有合适的方式帮助人们得出其合理的价值。

2010 年的《最高人民法院关于审理侵犯专利权纠纷案件应用法律若干问题的解释》第十六条中，有了进一步细化的规定，该规定已经开始考虑专利技术的贡献率。该条第一款规定“确定侵权人因侵权所获得的利益，应当限于侵权人因侵犯专利权行为所获得的利益；因其他权利所产生的利益，应当合理扣除”。我们理解，“其他权利”应包括其他技术，包括其他专利技术。当然，诉讼中证明“其他权利”及其产生的利益，相比涉及标准必要专利的诉讼，证明难度会更大，但是随着今后专利侵权诉讼中技术专家角色的引入与普及，损害赔偿环节也可以进一步引入专家证人，分析对产品利润做出贡献的因素，最终分析涉案专利的贡献。此外，该条第二款对零部件也作了专门规定，“侵犯发明、实用新型专利权的产品系另一产品的零部件的，人民法院应当根据该零部件本身的价值及其在实现成品利润中的作用等因素合理确定赔偿数额”。该规定实际上是将整个产品的利润已经进行了一次分解，以便和使用专利技术的最小单元相吻合，而不是用整个产品的利润来计算赔偿，这和美国案例中的“最小可销售单元”是异曲同工的。

可见，《专利法》和 2010 年的司法解释，已经为侵权损害赔偿计算指明了方向，“华为诉 IDC”案的法官也适时地提出了许可和理性的考虑因素，因此笔者认为，未来的标准必要专利诉讼，乃至普通专利诉讼，计算损害赔偿额时都可以借鉴这些思路，使得赔偿额的计算更加细化、科学化、合理化。

FRAND 原则作为标准必要专利许可的一项美好的制度设计，经过实践的检验和完善，终会越来越清晰和有效，也应当给予我们更多的启发和指引。

# 《专利审查指南》修改对移动终端专利保护的影响*

贾媛媛　顾　萍**

** 作者简介：

贾媛媛，非权益合伙人，中伦律师事务所北京办公室，电邮为 jia yuanyuan@ zhonglun. com；

顾萍，合伙人，中伦律师事务所北京办公室，电邮为 guping@ zhonglun. com。

* 本文于 2017 年 3 月 20 日发表于律商联讯（LexisNexis）。

## 引 言

移动终端产品的相关技术大多涉及计算机程序，且越来越多地应用于金融、购物等商业领域。本次《专利审查指南》的修改放宽了针对涉及计算机程序的发明及涉及商业方法等发明的专利之可授权主体的适格性要求，并增加了权利要求可授权的撰写方式，加强了对涉及计算机程序的发明的保护。但是，由于涉及计算机程序的发明本身的抽象性和复杂性，以及在正常使用中通常涉及多方主体，导致其在确权过程及维权过程中仍然面临着巨大的难题和挑战。本文从近期司法实践中出现的一系列涉及移动终端产品的热点问题出发，对针对移动终端产品的专利保护提出了分析及建议。

## 一、背景与需求

近年来，随着互联网、通信技术的蓬勃发展，涉及分布式网络、电子商务和大数据等各种新兴技术和商业模式不断涌现，移动终端产品的普及也为经济发展、司法实践、企业知识产权保护乃至个人用户均带来深远影响。

以移动终端如手机产品为例，由于其涉及各种后台操作（如局域网安全接入验证、数据加密及解密等）及应用程序（如网络支付、即时通信等），在正常使用中可能应用成千上万种技术，这些技术多以计算机程序的形式实现，具有复杂性、抽象性；此外，由于通信行业要求互联、互通、统一和兼容，尤其为了满足各种强制性、推荐性的国家、行业和地方标准，使得各种手机产品不得不使用相同或相似的技术，而这些技术可能已被各种专利或专利组合所覆盖。对于手机厂商来说，产品更迭的频率日益加快，抢占市场的机遇稍纵即逝，使其无法花费更多的时间及成本来获知其手机产品所涉及的所有专利技术并规避所有侵权风险。因此，近年来，涉及移动终端的专利纠纷频频发生。典型的案例包括：2017 年，苹果公司在北京知识产权法院起诉高通，认为高通公司滥用市场支配地位，索赔 10 亿元人民币，并要求确认与高通公司之间的标准必要专利许可条款；2016 年，开放电视公司和纳格拉影像公司分别在北京知识产权法院起诉苹果公司，指控苹果公司侵犯其专利权；2013 年，GPNE 在深圳中级法院起诉苹果公司，指控苹果侵犯其专利权，后将其索赔金额增加至近 9 亿元人民币。

移动终端产品的相关技术大多涉及计算机程序，且越来越多地应用于金融、购物等商业领域，越来越关注用户体验，大幅节约了社会资源及成本，提高了效率，理应给予积极鼓励和恰当保护。然而,由于涉及计算机程序的发明本身的抽象性和复杂性,以及在正常使用中通常涉及多方主体,导致其在确权过程中对专利主体的适格性判断,在维权过程中专利保护范围的界定、与被控侵权产品的比对、侵权责任的承担等方面,仍然面临着巨大的难题和挑战。

为了维护公平竞争的市场秩序,适应经济发展新常态要求,制定和完善相关法律法规刻不容缓。

## 二、《专利审查指南》的修改与问题

现行《专利法》中,对于涉及计算机程序的发明和涉及商业模式的发明,并未直接作出规定。而对专利的有效性进行判断时,主要法律依据为《专利法》第二十五条"对下列各项,不授予专利权:……(二)智力活动的规则和方法;……"和《专利审查指南》(以下简称《指南》)中的相关规定。

为了及时解决上述列举的突出、迫切的问题,国家知识产权局对《指南》进行了修改,并于2017年4月1日开始实施。

针对商业方法,修改前的《指南》第二部分第一章第4.2节规定,"商业实施等方面的管理方法及制度作为智力活动的规则和方法,属于不授予专利权的客体"。修改后的《指南》明确规定:涉及商业模式的权利要求,如果既包含商业规则和方法的内容,又包含技术特征,则不应当依据《专利法》第二十五条排除其获得专利权的可能性。

针对涉及计算机程序的发明,修改前的《指南》第二部分第一章第4.2节规定,"计算机程序本身"属于智力活动的规则和方法,不能获得专利保护。修改后的《指南》在第二部分第九章第2节第(1)项中的"计算机程序"或者"程序"之后增加"本身",澄清仅仅是"计算机程序本身"不属于专利保护的客体,"涉及计算机程序的发明"可以获得专利保护,进而也明确了允许采用"介质+计算机程序流程"的方式撰写权利要求。修改后的《指南》删除第5.2节第1段中的"并详细描述该计算机程序的各项功能是由哪些组成部分完成以及如何完成这些功能",并在第1段最后增加"所述组成部分不仅可以包括硬件,还可以包括程序",明确"程序"可以作为装置权利要求的组成部分。此外,将第1段中"即实现该方法的装置"适应性地修改为"例如实现该方法的装置",意味着涉及计算机程序的产品权利要求并不仅限于"实现该方法的装置"。

《指南》的上述修改,显著放宽了针对涉及计算机程序的发明及涉及商业方法等发明的专利的可授权主体的适格性要求,并增加了权利要求可授权的撰写方式。可以预见的是,修改后的《指南》在2017年4月1日正式实施后,涉及计算机程序的发明和涉及商业方法的发明申请量、授权率将会大幅增长。发明专利的审查周期一般是2~3年。在2020年前后,将有大量的涉及计算机程序的专利被授予专利权。

这对于移动终端行业来说,势必激励发明人创新,通过申请专利而向公众公开创新成果,专利实施者在专利技术的基础上进行生产经营活动,节约大量时间、成本并显著提高效率。另外,企业知识产权的布局、保护、维护以及运营也将起到越来越重要的作用,完善的企业知识产权管理制度不仅能够防范可能的风险,提高企业的核心竞争力,还可能通过交易、许可、质押融资、投资入股等方式成为企业利润最大化的利器。这对于互联网、通信领域技术的发展无疑会起到积极的促进作用。

然而,修改后的《指南》虽然从整体上肯定了涉及计算机程序的发明及涉及商业方法的发明的可授权性,但并未给出任何详细、具体的示例,来指引专利代理人撰写"介质+计算机程序流程"或者"硬件+计算机程序"形式的权利要求。由此,在专利审查过程中,如何对这种专利的可授权主体适格性进行判断,如何界定某种涉及计算机程序的发明是否构成了技术方案、解决了技术问题,判断标准仍然是模糊的,这需要在《指南》后续的实际应用中不断实践和完善。

此外,这些涉及计算机程序的专利在授权后,也将面临维护、运营、保护等一系列问题。目前,在我国加强知识产权保护力度的大环境下,鼓励专利权人积极行使自己的权利。根据北京知识产权法院公布的数据显示,其近期受理的专利案件数量大幅增加,专利侵权案件中的平均判赔金额已从2015年的45万元升高至2016年的138万元。在近期的司法实践中,涉及移动终端的专利案件中出现了一系列有争议的热点问题,例如:

(一)说明书公开不充分、权利要求得不到说明书支持

代表案例:"小i机器人"专利无效行政纠纷案。专利权人上海智臻智能网络科技股份有限公司起诉苹果公司侵犯其专利权,在并行的无效程序及行政诉讼一审程序中,专利权均被维持全部有效。然而,二审法院则给出完全不同的意见,认为涉案专利的说明书公开不充分,权利要求不清楚、缺少必要技术特征、得不到说明书支持,应当宣告无效。最高人民法院已裁定对该案进行再审。

(二)功能性限定

代表案例:诺基亚诉上海华勤通讯公司专利侵权案。《指南》规定"对于权利要

求中所包含的功能性限定的技术特征,应当理解为覆盖了所有能够实现所述功能的实施方式”,而对于说明书中是否应当记载对应于功能性特征的具体硬件结构,则并未做出具体要求。而一审、二审法院均认为,原告所主张的产品权利要求采用了“被配置为”的表述方式,属于功能性限定,应结合说明书和附图描述的具体实施方式及其等同方式确定其内容……说明书多数涉及的仍然是方法、步骤或者功能,而缺乏对装置本身的描述,并且进一步检查说明书全文,仍然不能发现关于装置本身如何“被配置为”的具体实施方式,因此,原告专利权利要求的保护范围不能确定,侵权不成立。

(三)使用方法专利的权利用尽

代表案例:Quanta Computer, Inc. v. LG Electronics, Inc.。美国法院认为,对于涉及包含专利方法或程序的设备或装置,专利权人通过出售产品已经得到合理报酬,方法专利包含在产品中,随着产品的售出而被用尽专利权。我国《专利法》仅明确规定了专利产品及依照专利方法直接获得的产品适用专利权利用尽。然而,涉及移动终端、计算机程序的专利,大多属于使用方法专利,如果使用方法专利的权利人在获得合理报酬后,仍然可以干预商品的后续流通,势必会阻碍科技及经济的发展。在今后的司法实践中,对使用方法的权利用尽问题会做出何种规制,我们拭目以待。

(四)直接侵权及间接侵权

代表案例:Akamai Tech v. Limelight Network。该案分别在美国地方法院、联邦巡回上诉法院(CAFC)及最高法院进行多次审理,CAFC 最初认为诱导侵权无须以直接侵权为前提,而最高法院认为当不存在直接侵权时,不应认定存在诱导侵权,并发回 CAFC 重审;CAFC 重审认为,当多个实体分别实施使用方法中的若干步骤时,需证明能够将一方的行为归咎于另一方,方能认定共同侵权成立。在我国,虽然 2016 年颁布的《最高人民法院关于审理侵犯专利权纠纷案件应用法律若干问题的解释(二)》第十一条确立了间接侵权的法律依据,但其隐含了间接侵权仍然是以直接侵权为前提的,在实践中对于专利权人是否需要证明一方主体实际实施了侵权行为,尤其在非生产经营目的的用户实施了若干步骤的情况下,如何处理用户行为与间接侵权的关系,仍然存在较大争议。

由于《指南》的修改,必然使涉及计算机程序的专利申请量以及后续的专利纠纷数量显著增加,这些热点问题也将频频出现,对于这些热点问题的争议也会进一步激化,在今后的审查过程及维权过程中,迫切需要做出相应的法律适用的具体规定或解释。此外,在专利诉讼司法程序中,如何保证对同一问题衡量尺度与审查程序的一致性,也是迫切需要解决的问题。

## 三、分析与建议

《指南》修改对于涉及计算机程序发明的鼓励促进作用,以及我国加强知识产权保护、鼓励知识产权运营的大环境,对于移动终端行业来说,似乎形势一片大好、即将迎来又一个春天。然而,企业在进行专利布局时仍然要持谨慎乐观的态度,对于专利在审查过程中以及授权之后所遇到的问题和风险也需要进行考虑和防范。尤其,针对现阶段司法实践中经常遇到的上述有争议的热点问题,例如说明书公开不充分、权利要求得不到说明书支持、功能性限定、使用方法的权利用尽以及直接侵权、间接侵权等问题,在撰写申请文件时也要充分考虑、合理规避风险。

现对涉及计算机程序发明的申请文件撰写提出以下建议,谨供参考:

充分描述技术性内容。为避免落入《专利法》第二十五条规定的不授予专利权的范围,在说明书中详细描述该专利申请所要解决的技术问题,在计算机上运行计算机程序从而对外部或内部对象进行控制或处理所反映的是遵循自然规律的技术手段,并且获得符合自然规律的技术效果。

同一发明同时以产品和方法进行保护。涉及计算机程序的发明大多以使用方法专利进行保护,使用方法专利的权利要求通常体现为能够实现某种技术效果或技术功能的流程或步骤,只有在实施者实际进行操作时方能体现,且涉及计算机程序的发明一般涉及数据流的传输和处理,只有借助于专业的分析工具方能拦截和分析。因此,与产品专利相比,当发现可能存在侵权行为时,使用方法专利的专利权人进行举证是相当困难的。另外,目前在我国,使用方法尚不适用权利用尽,这也赋予了专利权人额外的保护,使其在相关产品售出后仍然可以在一定限度内干预该产品的后续流通。因此,产品权利要求和方法权利要求各有利弊,在专利布局时,对于同一发明,应当尽量采用两种形式同时进行保护。

对于装置权利要求,在说明书中充分记载该装置的各个组成部分及其各组成部分之间的关系。《指南》第二部分第九章第5.2节明确规定,“如果写成装置权利要求,应当具体描述该装置的各个组成部分及其各组成部分之间的关系”。另外,在诉讼程序中,装置权利要求中与方法步骤、流程相关的特征有可能被认为是“功能性”特征,从而在侵权判定时参照说明书的具体实施方式来确定其保护范围,因此,应在说明书中详细记载对于装置本身的具体实施方式,尤其是与发明所要解决的技术问题密切相关的硬件组成部分及其相互关系,以避免权利要求被认定为不清楚,导致保护范围无法确定。

单侧撰写。在互联网、通信技术飞速发展的今天,涉及移动终端的使用方法通常由多个实体共同完成,甚至其中的若干步骤是由非生产经营目的的用户来完成的。在专利侵权诉讼中,对于这种由多方实体共同完成同一专利方法的案件,如何认定侵权责任始终存在争议。因此,建议从单一实体的角度撰写方法权利要求。

## 四、未来与展望

《指南》的修改是改革和完善我国知识产权保护制度、促进科学技术进步和经济社会发展的重大举措,尤其针对计算机程序专利的修改内容,必然会积极促进互联网、通信领域技术的进一步发展。另外,互联网、通信技术的发展,也将导致司法实践中出现更多有争议的问题,更加迫切需要做出进一步的法律适用的具体规定或解释。科学技术进步和社会发展与相关法律的制定、修改和实施是相互影响、紧密联系的。发明专利的保护期限为自申请日起 20 年,在接下来的 20 年里,专利保护的相关规定会做出何种修改,这种修改会给互联网、通信领域的技术、经济带来何种变化,会对移动终端生产制造企业带来何种影响,反过来又会如何影响相关法律规定的制定、修改和实施,都是未知的。这对于企业来说,如何进行全面、有效的专利布局,在专利授权后如何积极行使自己的权利方面,均提出了更高的要求。

为了有效应对将来可能出现的各种问题和挑战,国外的司法沿革及社会经济发展轨迹有重要借鉴意义。

在美国,1998 年 State Street Band and Trust Company v. Signature Financial Group, Inc. 案中,正式确定了涉及计算机程序及商业方法的发明的专利可授权主体的适格性。这无疑对 IT 行业的发展有着积极的促进作用,而大量计算机程序相关专利的涌现,也造成了非执业实体(NPE)的兴起。这些 NPE 本身不生产产品,而是低价收购专利,再利用收购来的专利频频向执业实体发起诉讼。为了应付专利诉讼,受到冲击的执业实体需要付出大量的成本和精力,不得不降低企业的研发成本,显著地降低了创新速度,其对美国的经济发展和司法资源分配也起到了负面影响。

为了限制 NPE 造成的负面影响,美国政府及法院也对涉及计算机程序的发明的审判标准做出了调整。2014 年 Alice Corp. v. CLS Bank 案,提高了涉及计算机程序的专利的诉讼门槛,给 NPE 带来沉重的打击,也使得美国涉及计算机程序的专利申请授权率骤降，无效成功率创新高。涉及计算机程序的专利一度陷入低谷。

2016 年的 Enfish LLC v. Microsoft Corporation 案中，美国法院认为很多重要的计算机技术的发明都涉及对软件和程序的改良，这些改良往往仅仅涉及逻辑架构或者处理方法，不应当将这些计算机领域的很多优秀发明成果想当然地全盘否定，而是应当参考说明书的内容，从整体上判断权利要求请求保护的方案的本质，是否属于抽象的概念。

由此可见，对于涉及计算机程序的专利，美国法院从鼓励、打压，到理性回归至相对正向的态度，其在审理案件过程中，一直努力地在经济与法律、保护与限制之间寻求着微妙的动态平衡。

推此及彼，我国《指南》修改对于涉及计算机程序的发明明显降低了专利的可授权适格性要求，势必激励发明人创新，通过申请专利而向公众公开创新成果，专利实施者在专利技术的基础上进行经营活动，节约大量时间、成本并显著提高效率。这对于互联网、通信领域技术的发展无疑会起到积极的促进作用。

然而，这些即将大量涌现的涉及计算机程序的专利是否会导致 NPE 行业的兴起，是否会对我国的执业实体带来冲击，是否对科技进步和社会发展起到负面作用，是否将来需要制定相关的法律法规来防范或限制可能的负面作用，而所制定的法律法规是否会对涉及计算机程序的专利提出新的要求，都是值得思考的问题。

希望立法机关能够对可能出现的风险进行合理预判并及时制定相应法律适用的具体规定或解释，尽量减少或避免 NPE 行业的负面作用，以保证我国技术、经济的持续、健康发展。

同时，企业在进行专利布局时也应持谨慎、理性的态度，对专利在审查、维护、运营、诉讼等阶段中可能出现的问题与风险进行及时防范，并对专利保护与企业的整体商业布局和发展的关系进行综合评估。

## 2. 商标权

# 商标授权人和被授权人的合作

## ——从一起商标侵权和虚假宣传之诉谈起

舒 海 李梦圆*

* 作者简介：

舒海，合伙人，中伦律师事务所上海办公室，电邮为 michaelshu@ zhonglun. com；

李梦圆，律师，上海办公室。

2015年9月9日，最高人民法院通报了北京、上海、广州知识产权法院审结的十四大典型案例。其中，“开德阜国际贸易(上海)有限公司诉阔盛管道系统(上海)有限公司等侵害商标权、虚假宣传纠纷上诉案”作为上海知识产权法院审结的典型案例入选。该案对品牌方授权他方开展销售或生产的合作模式有一定的启示作用。

## 一、案情摘要

本案原告开德阜国际贸易(上海)有限公司(以下简称开德阜公司)是主营建筑材料、化工产品、相关机械设备等产品批发和进出口、佣金代理等业务的贸易公司，成立于1998年9月9日。据开德阜公司称，其自1998年成立以来就在中国大陆地区销售德国进口的PP－R给水管材、管件及采暖系统。为宣传、推广及销售之目的，开德阜公司将其代理产品统一使用“洁水”商标，并取得了第1720019号“洁水”注册商标，核定商品为第17类的塑料管、板、杆、条等，专用期限自2002年2月28日至2022年2月27日。

案外人德国阿垮瑟姆公司(AQUATHERM GMBH)是知名PP－R水管管道生产商，其水管管道也销售至中国，但全部为德国进口。阿垮瑟姆公司在其水管管道上使用的主要商标为“”和“aquatherm”，均已分别通过国际商标注册获准延伸至中国。开德阜公司多年来与阿垮瑟姆公司有合作关系，作为阿垮瑟姆公司的代理经销商在中国大陆地区销售其水管管道等产品。

虽然开德阜公司提交的相关证据只能让法院认定开德阜公司和阿垮瑟姆公司的独家销售协议是2006年4月6日才签订，但开德阜公司实际上已在审判过程中认可，直到2013年7月1日之前，其“洁水”商标仅用于推广销售阿垮瑟姆公司产品。这也说明二者之间的授权销售合作关系可能是更早之前即确立的。

2013年5月23日，阿垮瑟姆公司以通知函终止与开德阜公司的合作关系，并载明通知在2013年6月30日生效。2013年7月1日，阿垮瑟姆公司声明其在中国的代表机构变为阔盛管道系统(上海)有限公司(以下简称阔盛公司)，且开德阜公司及“洁水”商标已与aquatherm—阔盛产品没有任何关联。

从2013年7月起，开德阜公司发现，阔盛公司在以公函、品牌声明、宣传册等形式宣传阿垮瑟姆公司的水管管道产品时使用了“原德国洁水，现德国阔盛”“德国阔盛(原德国洁水)—不变的品质”等用语，此外，还在南太湖网、58同城网等多个网站以及《新闻晨报》等报刊发布包含类似用语的宣传软文。开德阜公司认为阔盛公司的宣传行为构成虚假宣传不正当竞争行为,且对“洁水”的使用侵犯了开德阜公司的“洁水”注册商标专用权。由此,开德阜公司向上海市徐汇区人民法院对阔盛公司提起了侵害商标权和虚假宣传之诉。徐汇区法院经一审审理,认为阔盛公司对“洁水”的使用属于合理使用,未侵犯“洁水”注册商标专用权,同时阔盛公司的被诉宣传内容与事实相符,不构成虚假宣传,从而驳回了开德阜公司的全部诉讼请求。

开德阜公司不服一审判决,上诉至上海知识产权法院。经审理,上海知识产权法院判决驳回上诉,维持一审判决。

## 二、法律分析

实际上本案涉及的法律问题认定并不存在太大争议。就开德阜公司的两个主张:阔盛公司侵犯其注册商标专用权及构成虚假宣传不正当竞争行为而言,一审和二审法院的认定都是与我国现行法律的相关规定和当前的审判实践相符的。

1. 关于是否侵犯注册商标专用权

由于开德阜公司此前在代理销售阿垮瑟姆公司产品期间一直使用且主打的是自己的“洁水”商标,经过长期的关联,消费者都已认为“洁水”代表的就是阿垮瑟姆产品,而“洁水”商标的拥有者、阿垮瑟姆产品的销售者开德阜公司是产品的真正来源。因此,当开德阜公司和阿垮瑟姆的合作关系终止后、开德阜公司已转而代理销售其他厂家同类产品的情况下,阔盛公司作为阿垮瑟姆公司的新任中国区域销售代理,不论是从如实告知消费者的角度还是从推广自己产品的商业运营角度,都十分有必要在一切场合说明“阔盛”、“”、“aquatherm”与“洁水”的真实关系。因此,“原德国洁水,现德国阔盛”“德国阔盛(原德国洁水)——不变的品质”这种非常中立的宣传语,仅仅是基于客观事实将“洁水”商标作了指示性使用,而不会给消费者带来混淆——实际上,阔盛公司的这种宣传正是为了避免给消费者带来任何混淆,因此应被认为是对“洁水”商标的合理使用,而不构成侵害注册商标专用权。

司法实践中,法院一般也不会因为经营者的某一行为在字面上满足了“在同一种商品上使用与他人注册商标相同的商标”,就僵化地认定经营者构成侵害注册商标专用权,而是会综合考量多种因素,如该使用是否只为说明或描述自己的商品、是否会造成相关公众的混淆误认、是否出于善意、是否属于区分商品来源的商标意义上的使用等，来认定经营者的行为是否构成对商标的合理使用。这种认定方式也已经体现在许多判决中，如上海市第一中级人民法院在“立邦涂料（中国）有限公司与上海展进贸易有限公司、浙江淘宝网络有限公司侵害商标权纠纷案”中认定，在无证据证明被告在淘宝店铺销售的立邦涂料为假冒的情形下，被告在店铺装潢位置对原告商标的使用仅为指示其所销售商品信息之必要，属于商标合理使用、符合商业惯例。该院在另一纠纷“上海久游网络科技有限公司与广游信息科技（上海）有限公司侵害商标权纠纷上诉案”中，同样认定，原告、被告先后从同一版权方引进某游戏，被告在游戏上使用原告已注册的游戏中文名称来说明游戏来源，属于商标合理使用的范畴。

2. 关于是否构成虚假宣传

一般来说，认定某行为是否构成《反不正当竞争法》下的虚假宣传行为，需要考虑三个因素：经营者之间是否具有竞争关系；有关宣传内容是否为足以造成相关公众误解的虚假陈述；该行为是否对竞争对手造成了直接损害。从当前的司法实践来看，法院不一定要求被诉行为已经给竞争对手带来了现实的损害，只要行为人有不正当利用他人竞争优势的故意而会给他人带来潜在损失即可。

结合这样的考量方法来看阔盛公司的被诉行为，其在宣传过程中使用“原德国洁水，现德国阔盛”“德国阔盛（原德国洁水）——不变的品质”这样的说法，只能被认为是对产品代理商和品牌变化背景的陈述，根据日常生活经验、相关公众的一般注意力、发生误解的事实和被宣传对象的实际情况，并不会使相关公众误解，更非虚假陈述，因此不能被认定为虚假宣传行为。

## 三、话题延伸

经过以上分析，不论是从事实上还是法律上，开德阜公司败诉的结局似乎从一开始就已注定了。开德阜公司并没有自己的产品，也没有生产能力，而是作为专门的代理公司来负责品牌方的市场开拓和营销，在被品牌方“甩掉”后必须要谋求与他人的合作，同时告诉广大公众，“我还是我，洁水还是洁水，但洁水卖的已经不是以前的产品了”。开德阜公司是不是想借诉讼来达到这种“广而告之”的目的也未可知，但可以想见，法庭之外，不论是开德阜公司还是阔盛公司和阿垮瑟姆公司，必然都要花费很多的力气在宣传上，来让相关公众知道他们背后到底发生了什么、大家以后买的到底是谁的产品。

从双方合作伊始，阿垮瑟姆公司作为品牌方就认可开德阜公司在销售时可以在产品本身上使用开德阜自己的“洁水”商标,这其实在销售代理合作中并不常见,甚至是很多品牌方反对或禁止的,因为此举会弱化品牌方自有商标,同时被授权方商标在推广过程中获得商誉的加强,而双方关系未来终止后,品牌方对此商标很可能无权控制。

除了销售代理,在被授权人同时被授权生产和销售时也是如此。一个很典型的案例,是浙江省高级人民法院于 2014 年作出判决的“东阳市上蒋火腿厂诉浙江雪舫工贸有限公司侵害商标权纠纷上诉案”。该案中,原告东阳市上蒋火腿厂(以下简称上蒋火腿厂)系第 300388 号“雪舫蒋”商标注册人,于 2007 年将该商标独占许可于被告浙江雪舫工贸有限公司(以下简称雪舫工贸)使用,许可使用期至 2028 年止。2011 年 9 月起,上蒋火腿厂发现雪舫工贸在其经许可生产的“雪舫蒋”火腿包装及宣传册上同时标注“雪舫蒋”和雪舫工贸自己注册的“吴宁府”商标。上蒋火腿厂认为雪舫工贸在被许可商品上额外加注自己商标的行为侵犯了“雪舫蒋”注册商标专用权,并诉至法院。

该案最终由浙江省高级人民法院在二审判决中认定,雪舫工贸擅自在火腿产品上同时使用“吴宁府”与“雪舫蒋”商标,极易导致相关消费者认为两个商标所指向的商品来源具有同一性,从而影响“雪舫蒋”商标识别功能的正常发挥;并且,由于在先的混用商标行为,当二者许可使用关系终止以后,两个分属于不同所有人的商标独立使用于同类商品时,消费者仍然会认为该两种商品系出于同一商业来源,进而产生市场混淆,故该行为构成商标侵权。

虽然该案随后又经最高人民法院再审,但由于再审申请人是上蒋火腿厂,而其再审申请理由里并没有与“吴宁府”侵犯“雪舫蒋”商标专用权相关的部分,因此最高人民法院在再审裁定中也没有对此进行评述。但我们认为,在本案情形下适用《商标法》“给他人的注册商标专用权造成其他损害”的兜底规定来认定商标侵权是否恰当是有一定争议的。司法实践中,某种行为是否会给消费者带来混淆、容忍这种行为是否会增加消费者的区分成本,是法院在认定商标侵权时比较侧重的衡量要素之一。这种衡量要素虽然有利于保护广大公众的不特定利益,但可能会相对忽视行为人或权利人的权益。毕竟商标许可关系是合同关系的一种,合同双方当事人处于平等地位,如果存在以合同关系调整双方权利和义务的基础,那么还是以合同责任约束当事人为宜。

## 四、总结思考

随着商品的快速流通和商业模式的创新,品牌方通过授权他方为其开展生产或销售活动的情形日益广泛,商标许可制度也渗透于其中。比如,本文介绍的阿垮瑟姆公司授权开德阜公司开展独家经销活动,以及上蒋火腿厂许可雪舫工贸使用其"雪舫蒋"商标生产并销售火腿产品。

商业合作既然有开始就可能会有结束。双方未来合作关系如何、最后会不会因为太多"恩怨纠葛"结束,一开始谁也预料不到。商标许可制度虽带有知识产权无形财产的特殊性,但究其本质仍然是授权人和被授权人之间的合同关系,因此,在合作之初就通过详尽的合同条款来明确双方的权利和义务是极为重要的,这也在一定程度上避免了单纯以知识产权纠纷和竞争纠纷调整法律关系带来的不确定性。

比如,对于品牌授权方,最好以合同义务限制被授权人在产品商标之外使用被授权人自己的商标。仍以阿垮瑟姆公司和开德阜公司为例,开德阜公司当然为打开阿垮瑟姆产品的中国市场倾注了很多心血,但它毕竟只是经销商角色。"洁水"商标在本质上只是服务商标,作为商品商标来标示商品来源,实际上不仅对消费者有所欺骗,也削弱了品牌方的地位。但是阿垮瑟姆公司多年来不曾反对开德阜公司将"洁水"作为商品商标,眼看着开德阜公司以自己名义和"洁水"商标获得殊荣无数。对相关公众来说,"洁水"就对应了阿垮瑟姆的产品。在合作关系结束后,阿垮瑟姆公司和阔盛要投入很大精力,才能扭转这种根深蒂固的观念,夺回市场。

# 简析商标使用的认定
## ——以“奔富”商标三年不使用撤销案为视角

黄静文　杨和平*

*作者简介：

黄静文，合伙人，中伦律师事务所北京办公室，电邮为 jimmyhuang@ zhonglun. com；

杨和平，合伙人，中伦律师事务所北京办公室，电邮为 hope yang@ zhonglun. com。

## 引 言

《商标法》对商标的使用从形式和实质两方面都有规定。从实质上看，商标只有在商业使用过程中，起到了识别商品[①]来源的作用，才能认定为商标的使用。在商标三年不使用撤销案件中，对商标的使用也必须满足“识别商品来源”这一实质要求。对于特定主体之间未进入流通领域的商标使用行为以及商标进入流通领域，但该使用不能将商标所有人识别为商品来源提供者或者不能与商品来源提供者建立其对应关系的行为，不属于商标的使用。该等证据在商标三年不使用撤销案件中，不能起到维持该商标的作用。

商标，作为商业标识，必须在商业过程中使用，其才具有生命力，否则就是一枚标识，而不能称为商标。商标使用，从某种意义上讲，是商标的一个本质属性。因此，在处理商标法律实务中，无论是商标异议、无效、撤三等商标授权确权业务，还是商标侵权维权业务，我们经常需要面对和解释“商标使用”这个术语。

“商标使用”在《商标法》中有明确规定。《商标法》第四十八条规定：本法所称商标的使用，是指将商标用于商品、商品包装或者容器以及交易文书上，或者将商标用于广告宣传、展览以及其他商业活动中，用于识别商品来源的行为。该规定从形式和实质两个方面对商标使用进行了规定，形式上商标使用必须附着于相关载体（商品、包装、广告宣传等），实质上该使用必须是用于识别商品来源的行为。虽然《商标法》对“商标的使用”看起来规定得很明确，但在具体实务处理过程中，很多并不是一目了然，可以直截了当地处理的。本文以笔者代理的一件商标三年不使用撤销案件（以下简称撤三案件）为例，来谈谈如何理解和认定商标的使用。

## 一、“奔富”撤三案件介绍

南社布兰兹有限公司（以下简称南社公司）是澳大利亚最大、最著名的葡萄酒集团富邑葡萄酒集团（以下简称富邑集团）的全资子公司。富邑集团旗下拥有几十个世界知名的葡萄酒品牌，包括 PENFOLDS（奔富）、GRANGE（葛兰许）等。早在1994 年，南社公司就在中国葡萄酒商品上申请注册了“PENFOLDS”商标。1995 年，富邑集团的 PENFOLDS 葡萄酒开始进入中国市场。自此开始，富邑集团就持续以“奔富”作为“PENFOLDS”对应的中文品牌开始在酒瓶、葡萄酒包装、官方申报文

① 本文论述的商标在商品上的使用，同样适用于在服务上的使用。

件、媒体报道上进行对应使用。

2006年10月16日，案外人李道之在第33类葡萄酒商品上申请注册了“奔富”商标（以下简称争议商标），并于2010年11月20日转让至李琛名下。李道之及其妻自20世纪90年代末先后担任上海班提酒业有限公司（以下简称上海班提公司）的股东及法定代表人。上海班提公司为葡萄酒进口商和销售商，其进口的葡萄酒包括澳大利亚奔富系列葡萄酒。李琛在另案中，也自认为其系“奔富”葡萄酒的进口商。

由于“奔富”是南社公司“PENFOLDS”品牌对应的中文品牌，争议商标的注册影响富邑集团对“奔富”商标的注册和使用。2012年9月3日，南社兹公司对争议商标提起了三年不使用撤销申请。

李琛在商标局、商评委行政阶段及法院诉讼阶段，先后提交了其两个被许可人之间销售“奔富”白酒的一张发票以及上海班提销售“奔富”葡萄酒的多张发票及其他相关证据。经过审理，北京知识产权法院及北京市高级人民法院均认为李琛提交的使用证据中，争议商标的使用未起到识别商品来源或未起到将李琛作为商品来源的作用，因此该使用不构成商标使用，不能维持争议商标的注册①。

## 二、案例分析

1.“识别商品来源”是商标使用的根本，是商标的基本功能。特定主体之间相关交易文件中虽显示有商标，因该商标未起到识别商品来源的作用，不能视为商标的使用。

商标作为商业标识，是其能够让相关公众接触并据此认知商品来源，否则其不具有实质意义。商标中文名称是“商 + 标”，其英文名称 trademark 是“trade + mark”。从名称也可以看出，商标必须在实际的商业活动中使用。最高人民法院在相关判决中也明确指出：商标的基本功能在于商标的识别性，即区别不同商品和服务的来源，因此商标只有在商品的流通环节中才能发挥其功能②。可见，识别商品来源是商标法商标使用的本质要求③。要实现这一本质要求，商标必须进入商品的

① 一审判决：北京知识产权法院（2015）京知行初字第2575号；二审判决：北京市高级人民法院（2016）京行终2263号。

② 最高人民法院在（2012）行提字第2号行政判决书。

③ 根据《商标法释义》对“商标使用”的释义，商标使用是以识别商品来源为目的将商标用于商业活动的行为。如果不是以识别商品来源为目的使用商标，或者将商标用于非商业活动中，都不构成本法意义上的商标使用。参见郎胜主编：《中华人民共和国商标法释义》，法律出版社2013年版，第95页。

流通环节。

“奔富”案件中，李琛为证明其使用了争议商标，提交的一组证据是她的一个被许可人给她的另外一个被许可人开具的 5 万元“奔富”白酒的销售发票，但李琛并未提交该发票对应的交易实际履行的证据，且该发票的开具日期与李琛和该发票开具人签订争议商标许可合同是同一天。李琛提交的上述证据，从形式上看，商标使用体现在发票上，且使用的商品也是争议商标核定的商品，使用时间段也符合撤三的时间段，符合商标法及撤三案件的要求，但能否起到维持争议商标的效果，关键要看这种使用是否满足“识别商品来源”的实质要件。

首先，发票的双方是李琛的两个被许可人，属于特定的主体，且均知悉争议商标。他们之间的买卖关系不是基于争议商标的识别作用，而是双方这种特定主体之间的信赖关系。其次，在李琛和一个被许可人签署争议商标许可合同的当天，该被许可人就给另外一个被许可人出具了销售发票。可见，根据常理，该被许可人是还没有生产出“奔富”白酒且另外一被许可人也没有见到其“奔富”白酒的情况下，购买的“奔富”白酒。这进一步印证了这种买卖行为不是基于争议商标的识别作用。最后，李琛既没有提交该发票对应的“奔富”白酒的实际交易行为，也没有提交该“奔富”白酒进入终端消费市场的证据。显然，该“奔富”白酒没有进入市场流通环节，无法被相关公众接触、知悉并据此识别来源。根据如上分析，李琛提交的该组证据因争议商标未起到识别商品来源的功能，不能视为争议商标的使用。一、二审法院也据此认定李琛提交的这组证据不能证明争议商标的使用，该使用证据无效。

在司法审理实践中，对于特定主体之间的商标使用，因商标未发挥识别商品来源的作用，该等使用不能视为商标的使用。在第 634764 号“MANGO”商标撤三案件中①，北京市高级人民法院也明确指出：注册商标许可使用人与被许可使用人之间，或者生产标注被许可的注册商标标志的商品的委托人与受托人之间，即使有标注被许可的注册商标标志的商品买卖行为，由于此类买卖行为是在特定的市场主体之间发生的，该买卖行为的发生不是通过商标的识别作用而建立的，故在这种情况下也难以认定是被许可使用的商标起到了区分商品来源的作用，因此，也就不能认定使用该商标标志的行为构成商标法意义上的商标使用行为。该案例已经作为典型案例收录到《北京法院商标疑难案件法官评述 2012》。

可见，无论是根据法律规定，还是司法审理实践，在考察商标使用时，必须以其

① 北京市高级人民法院（2012）高行终字第 1820 号行政判决书。

是否起到了“识别商品来源”作为落脚点,而不能只注重商标使用的载体和形式。

2. 商标撤三案件中,商标使用所起到的“识别商品来源”必须是将商标所有人识别为商品来源或者能将商标所有人与商品来源建立其对应关系。否则,不能视为商标所有人的使用,不能维持商标所有人商标的注册。

通常,商标所有人会自己使用商标或者许可他人使用商标。在这种情况下,相关公众见到商标时,会将商标所有人识别为商品来源或者能在该商品来源和商标所有人之间建立起对应关系。这无疑是商标起到了商标识别来源的作用。在现实中,如果商标所有人的商标既不使用在自己的商品上,也不是使用在被许可人的商品上,而是使用在其他第三方的商品上。此时,由于商标无法将该商品来源与商标所有人联系起来,无法起到识别作用,这种使用也就不能视为商标所有人的使用。

在“奔富”撤三案件中,李琛在二审阶段,提交了另外一组使用证据,即上海班提公司销售“奔富”葡萄酒的发票。由于发票开具的时间、发票显示的商标、发票对应的商品均与争议商标撤三案件需要的使用证据相吻合。李琛还引用了李道之在最高人民法院的“卡斯特”撤三案件①,认为根据司法审理实践,上述发票足以证明争议商标的使用。为证明上海班提公司销售的“奔富”葡萄酒即是富邑公司在中国的PENFOLDS葡萄酒,南社公司提供了现场购买公证、网页公证,可以证实上海班提公司是PENFOLDS葡萄酒的进口商,其一直在经销富邑的PENFOLDS系列葡萄酒。同时,南社公司还提交了富邑公司在中国其他进口商销售的产品上也使用了“奔富”商标,其使用方式与上海班提公司使用“奔富”的方式相同。再者,李琛在其他案件中,也自认其曾经是澳大利亚奔富葡萄酒的进口商。经过审理,李琛也认可其销售的奔富葡萄酒即是富邑集团的PENFOLDS葡萄酒。

上海班提公司在其经销的富邑集团的PENFOLDS葡萄酒上使用了争议商标。虽然其提交的发票在形式要件上符合法律规定,但能否作为有效使用证据维持争议商标的注册,关键还是需要看从相关公众的一般注意力出发,该商标是否起到了将李琛识别为商品来源或者将该商品来源与李琛建立对应关系的作用。

李琛的上述证据是无法将李琛识别为“奔富”葡萄酒的来源或者将其与“奔富”葡萄酒来源建立起对应关系:首先,上海班提销售的“奔富”葡萄酒上,显著地标注了南社公司的“PENFOLDS”商标及其相关注册商标,考虑到PENFOLDS的知名度,相关公众见到该商品时,会将富邑集团识别为商品来源,至少会将富邑集团和商品

① 最高人民法院(2010)知行字第55号裁定书。

来源建立起对应关系。其次，鉴于富邑集团一直将“奔富”作为“PENFOLDS”对应的中文商标，他们发音类似且在中国所有的经销商都采取了相同形式的标注，相关公众见到“奔富”商标，也只是会将其识别为富邑集团 PENFOLDS 的中文商标，而不会将该商标与李琛联系起来。最后，酒标上明显标注了上海班提是经销商。显然，相关公众不会将上海班提识别为商品来源提供者，而只会是经销商。显然，上海班提在经销的 PENFOLDS 葡萄酒上显示的争议商标，未起到使相关公众将李琛识别为该葡萄酒来源的作用。因此，北京市高级人民法院经过审理认为，标有争议商标的上述商品销售行为不能视为李琛使用争议商标的行为，从而对李琛提交的该组证据未予采纳。可见，在商标撤三案件中，在商标所有人与商品来源相分离时，即便商标起到了识别商品来源的作用，但如果该识别作用并未指向商标所有人时，这种识别作用是无法起到维持商标所有人商标的效果的。

二审判决充分体现了《商标法》中关于商标使用实质要件的规定，即商标使用是以识别商品来源为目的将商标用于商业活动的行为。

对于商标所有人与商品来源相分离的情况下，如何认定商标的使用行为。北京知识产权法院也在类似案件中得出了与“奔富”撤三案件相同的结论。如在 SOHO 星际有限公司（以下简称 SOHO 星际公司）诉商标评审委员会、第三人博格产品有限公司（以下简称“博格公司”）商标撤销复审行政纠纷一案中①，北京知识产权法院认定，尽管相关商品上确实均使用了商标，但该商标均指向商标权人之外的第三人博格公司，而非商标权人 SOHO 星际公司，消费者并不能通过商标将商品与商标权人产生对应联系，相关商标并未发挥实际上的区分商品来源的功能。因此，SOHO 星际公司提交的证据无法证明其在指定期间在核定使用商品上对复审商标进行了商标法意义上的使用。再如在李昭敬诉商标评审委员会、第三人北京三友知识产权代理有限公司撤销复审行政纠纷一案中②，北京知识产权法院认定佛山圣安东尼奥公司（李昭敬的关联公司）对外声称自己是美国圣安东尼奥葡萄酒中国总代理，其销售的是从美国原支进口的圣安东尼奥葡萄酒，无论从该葡萄酒的宣传材料还是葡萄酒瓶贴或外包装盒标注的诉争商标图样看，相关公众必然认为该葡萄酒的制造商为美国圣安东尼奥公司，而佛山圣安东尼奥公司仅为该葡萄酒的中国总代理，鉴于诉争商标图样系标注在美国圣安东尼奥公司制造的葡萄酒瓶贴上，未

① 北京知识产权法院（2015）京知行初字第 4586 号行政判决书。

② 北京知识产权法院（2015）京知行初字第 2026 号行政判决书。

起到使相关公众将李昭敬或佛山圣安东尼奥公司识别为该葡萄酒提供主体的作用,故佛山圣安东尼奥公司的上述销售行为不能视为其使用诉争商标的行为。

## 结　语

根据"奔富"撤三案件的介绍及分析,可以看出,虽然商标的使用形式、使用载体多种多样,但在实务处理过程中,面对如何认定商标使用时,必须透过这些使用形式,直接抓住商标使用的实质,即该使用是否起到了识别商品来源的作用,是否将商标所有人识别为商品来源提供者或在其与商品来源提供者之间建立起了对应关系。对于特定主体之间的未进入流通领域的商标使用以及虽进入流通领域,但该商标不能将商标所有人识别为商品来源提供者也不能在其与商品来源提供者之间建立起对应关系的情况下,该商标的使用不能视为商标所有人对商标的使用。

# 商标国际注册对中国企业“走出去”的重要性

孙芳龙　高亨超*

*作者简介：
孙芳龙，合伙人，中伦律师事务所青岛办公室，
电邮为 sunfanglong@ zhonglun. com；
高亨超，律师，青岛办公室。

## 引 言

在现代经济中,注册商标对商品或服务价值的贡献度越来越大,中国企业在“走出去”的过程中,需要从国际化的宏观视角对商标国际注册有基本的了解。马德里商标国际注册和作为区域性注册典范的欧盟商标注册为企业提供了商标国际保护的有效途径。

品牌是国家竞争力和国际地位的体现,更是企业的生命所在、灵魂所系。2016年10月,著名品牌咨询公司 Interbrand 发布“全球最佳品牌榜”100 强名单,美国、德国、法国分别有 52 家、10 家和 7 家企业品牌入选,英国和日本各有 6 家企业的品牌入选,这 5 个国家入选的品牌数占据了 100 强品牌的 80% 以上,其中美国占据了 50% 以上,相比之下,中国仅有华为、联想两个品牌入围。根据经济合作与发展组织(OECD)的统计,知名品牌占全球商标总量的比重仅为 3%,但却占据了全球市场 40% 的份额和 50% 的销售额。这些数字生动地揭示了品牌对经济的贡献,商品社会发展到今天,早已从产品竞争时代进入品牌消费时代,世界强势品牌充斥各国的消费市场,品牌消费的全球化趋势越来越明显,知名品牌作为一种高度稀缺的资源,正被少数发达国家所垄断。

如今,中国企业面对“一带一路”等对外开放战略带来的国际化商机,迈出了“走出去”的步伐,在这个过程中,需要重视品牌建设和品牌输出,才能有效提升“走出去”的水平和层次。

### 一、商标的重要性

世界知识产权组织(WIPO)给出的商标定义是,商标是能够将一家企业的商品或服务与其他企业的商品或服务区别开的标志。也就是说,商标的作用是区别商品或服务的来源,这是商标最本质的特征。

区别作用对企业与消费者都是非常重要的。企业和消费者分处供应链的两端,企业通过商标把自己的商品品质、信誉、品牌文化、市场定位等信息传达给消费者;消费者在接收、消化了这些信息后,会通过商标,一目了然地识别和选择到他们希望获得的商品。

在现代经济中,无法想象一个没有商标的商品或服务,如何进行市场推广、展开市场竞争。知名度越高、信誉越好的商标,商品的市场竞争力越强,企业通常会利用不断扩大商标的知名度来增强商品的市场竞争力。

## 二、注册国际商标的重要性

### （一）商标要注册才能受到保护

商标的价值和知名度是通过持续不断的使用，从而建立和积累起来的，但是，仅仅使用商标，并不能当然地获得法律的保护。世界上大多数国家对商标实施注册保护，这意味着只有注册了的商标，才享有法律保护的商标专用权，无注册就无保护。如果企业希望商标在某个国家或地区受到保护，就需要在当地进行商标注册。当然，这并不意味着未注册的商标完全不受保护，只是和注册商标相比，未注册商标受保护的范围非常窄、条件比较严格。

### （二）注册商标具有地域性

我们经常会听到无国界品牌、品牌无国界的说法，但是，从来没听到过商标无国界，这是因为包括商标、专利、版权等在内的知识产权都是有地域范围的，商标权的边界通常是和国界重合的。在国内注册了商标，只是在国内享有商标权，并不受其他国家法律的保护。如果企业有志于将产品推向国际市场，应当及时进行商标国际注册，从而避免长期使用、已经建立起一定信誉的商标在国外被抢先注册。

不少国外企业抢注商标的根本目的并不是使用这些商标，而是阻止中国知名产品与其在国际市场上形成竞争态势，抢注品牌的背后是抢占利益。比如，海信集团 1993 年在国内注册了“HiSense”商标，1999 年 1 月 5 日被国家工商总局认定为中国驰名商标，1999 年 2 月 25 日，德国博世—西门子家用电器集团在德国申请同样的商标获得注册。这使得海信集团进入欧洲的计划全面受阻，对方曾一度开出 4000 万欧元的转让价，虽然海信集团历时 6 年，最终在 2005 年以 50 万欧元的价格将“HiSense”商标赎回，但企业无疑为此耗费了大量人力和财力。

作为企业，不应该在遭遇抢注时，才意识到商标的重要性，而更应该在商标创设之初，就进行战略上的思考和部署，这样对于将来的经营，无论是“正名”还是“维权”，都可以更加从容应对。事实上，每个真正的无国界大品牌的身后，都有一大摞商标注册证作为支撑。先有了有国界的商标，才可能有无国界的品牌。在构建无国界品牌的路上，一定得依靠有国界的商标来保驾护航。

## 三、品牌设计在注册国际商标中的重要性

目前，国内相当一部分企业的商标原始显著性较差，总想模仿别人已经成名的商标。其实，企业在商标的设计上要有自己的独创性，在设计之初就要离驰名的商

标越远越好,这样才可以在国际注册中有效减少因商标近似产生的纠纷,也不需要为解决这些纠纷付出代价。

2003 年 4 月,联想正式启动“Lenovo”的新标识,换掉了沿用了 19 年的标志“Legend”,LOGO 含义也由“传奇”转变为“创新”。2013 年,联想引入一个新的英文口号“Lenovo:For those who do”。2015 年 4 月,联想发布新版的企业 LOGO,新 LOGO 抛弃了已沿用十二年的斜体设计。联想标识的历次更新,都是旨在进一步凸显联想集团和品牌的国际化形象。(见图 1)

**图 1 联想企业 LOGO 演变图示**

**图 2 轩尼诗 X. O 酒樽**

轩尼诗 X. O 酒樽(已经注册为立体商标)是轩尼诗家族为了折射 X. O 复杂精致的口感,而精心设计的一款盛酒器。这款酒樽呈扁平葫芦形状,像倒挂的葡萄串,精致的葡萄藤浮雕半环绕在瓶身的两侧,每侧各有三串葡萄以及葡萄枝叶,手持战斧浮雕在两个椭圆形的中央,整体极具美感。X. O 酒樽自从 1947 年问世以来,经典造型从未改变,如今已成为轩尼诗家族的象征标志。(见图 2)

上面这两个商标的构成要素和表现形式虽然不同,一个不停创新,一个传承至今,却有一个共同的特点:都经过了精心的设计。这种诚意十足的设计,除了可以使品牌对消费者留下深刻印象,传递品牌的综合信息,还会因为显著性强,在申请商标国际注册时,更容易获得审查通过,更少受到异议。

## 四、注册国际商标的途径

中国企业需要增强商标国际注册意识,准备布局哪些市场,就要在当地进行商标注册。总的来说,注册国际商标有两种途径,马德里国际注册和当地注册。马德里国际注册是根据马德里协议和马德里议定书,通过本国商标主管机构向世界知识产权组织（WIPO）国际局提出国际注册申请；当地注册是根据所在国规定或者区域性国际条约，直接向当地官方申请注册，根据注册地域和依据的不同，当地注册分为单国注册和区域性注册。

国内企业注册国际商标较多采用的是马德里国际注册和区域性注册的典范欧盟商标注册。

（一）马德里国际注册

1. 马德里国际注册概述

（1）马德里体系受商标国际注册马德里协定和商标国际注册马德里议定书两个条约约束。

（2）马德里体系是一个“封闭的体系”，申请人必须是成员国的国民或者在成员国内营业，而且通过马德里体系注册的商标只能在97个成员的113个地区内使用，也只能在成员国中间获得保护。

（3）马德里体系由世界知识产权组织（WIPO）国际局进行管理。

（4）马德里国际注册提供了程序上的便利，但是，商标保护的实质性要求方面，需要适用成员国的国内法律规定。

2. 马德里国际注册的特点

（1）通过马德里体系，用一种语言（英文、法文或西班牙文）提交一件国际申请，以瑞士法郎缴纳一组费用，就可在多个成员国获得国际注册。马德里体系成员包括欧盟国家、非洲知识产权组织（OAPI）、绝大多数发达国家以及许多发展中国家和转型国家，其成员国代表着世界80%以上的贸易量，而且成员数量每年都在增加。随着企业战略的发展，可以通过马德里体系方便地将商标保护扩大到新的市场。

（2）使用马德里体系，提交一件国际申请相当于提交了一组国家申请，可以有效节省时间和费用，不必缴纳多种语言的翻译费，也不必在多个成员国的国内注册程序上多花时间。

（3）马德里国际注册必须以国内商标申请或注册为基础。在马德里协定书项下，申请必须基于相同商标的国内注册或初步审定公告；在马德里议定书项下，申请必须基于相同商标的国家注册申请。

（4）申请人无法与指定注册国家的商标主管机构做任何沟通，在某种程度上会降低申请的成功率。

（5）如果在提出国际注册申请5年内，申请人在国内的商标被驳回、撤销，则国际申请无效。

3. 马德里国际注册的程序

(1)申请人通过本国的商标主管机构提交国际申请。在提交国际申请前,必须首先在本国取得商标注册或提交注册申请,该注册或申请称为基础商标。之后可以通过本国商标主管机构局向 WIPO 国际局提交国际申请。

(2)WIPO 进行形式审查。WIPO 对国际申请仅进行形式审查。一旦审查通过,商标将登记在国际注册簿中,并在《WIPO 国际商标公告》上公布。然后 WIPO 会给申请人发送国际注册证(该证书相当于国内的受理通知书),并通知申请人指定注册国家的商标主管机构。

(3)申请人指定注册国家的商标主管机构进行实质审查。当地的商标主管机构会在适用的时限内(12 个月或 18 个月),根据各自国内的法律进行实质性审查并作出决定。WIPO 将在国际注册簿上记录当地商标主管机构的决定并通知申请人。如果某个国家全部或部分拒绝保护(驳回)申请人的商标,该决定并不影响其他国家的决定。针对驳回决定,申请人可以根据当地法律提出复审。如果某个国家同意保护申请人的商标,会发出给予保护的声明。

马德里商标国际注册有效期为 10 年,每 10 年保护期届满,申请人可以直接向 WIPO 续展注册,在有关指定缔约方取得效力。

(二)欧盟商标

1. 欧盟商标概述

(1)欧盟商标的申请人不受地域限制,在欧盟国家、巴黎公约成员国、TRIPs 协议签署国的任何自然人和法人都可以申请欧盟商标,所以欧盟商标系统被称为开放的商标系统。中国是巴黎公约和 TRIPs 协议的成员国,在中国境内有住所或营业场所的自然人或法人都可以申请欧盟商标。

(2)负责受理和审查欧盟商标注册申请的是总部位于西班牙阿利坎特欧盟知识产权局(EUIPO)。

(3)获得 EUIPO 注册的商标,我们称为欧盟商标,在欧盟全境 27 个成员国统一有效。

2. 欧盟商标的特点

(1)保护范围广,申请人通过提交一份申请即可在欧盟 27 个成员国内得到对该商标的保护,商标争议处理方便,有关商标案件的裁决将在欧盟所有的国家得到执行。

(2)一般情形下,欧盟商标在任一成员国的使用将被视为在所有成员国的使用,只要商标在欧盟的任意一个国家使用,就可以对抗来自因未使用商标的撤销申请。

(3)欧盟商标的转让、变更或续展将在全部成员国范围内发生效力。

(4)注册费用较低,欧盟商标申请注册所需费用比逐一国家的相关费用便宜很多,续展费用也较低。

(5)对商标的显著性要求较高。只要27个成员国中一个成员国有人提出异议,且异议成立,将导致整个欧盟商标注册被驳回。欧盟商标被驳回后,商标可以转换为单国注册申请,而且能够保留原来的申请日,但是申请人应当向每个国家支付转换费用。因此,如果商标的显著性不是很强,不适合申请欧盟商标。

3. 欧盟商标注册程序

(1)申请和受理:申请人提交申请,欧知局受理后出具回执书面报告。

(2)形式审查和禁注禁用审查:欧知局进行形式审查,也就是审查申请文件、商标图样、给代理机构委托书等在形式上是否符合相关规定,同时对是否有绝对驳回理由进行审查,通过这步审查的,授予申请日和申请号。

(3)在先商标检索:欧知局自行对在先商标进行检索,同时将申请书给各成员国分别进行在先商标检索,各成员国在3个月内把检索结果反馈欧知局。欧知局和各国都会出具检索报告,并把检索报告发送给申请人。如果检索到在先商标,欧知局并不会依据在先商标驳回申请。

(4)公告:审查及检索完成后,商标被认为满足授予商标的所有条件时,会通过欧盟商标公告予以公布,任何有在先权利的第三方可在3个月的异议期内对商标提出异议。

(5)核准注册:3个月公告期满后,如果没有人提出异议或者异议失败,商标就可以核准注册了,申请人会获得欧盟知产局颁发的注册证书。

(6)转换申请系统:如果欧盟商标申请被驳回,申请人可以在3个月内转到各个国家单独申请,且可以以欧知局授予的申请日作为在各国的申请日。

欧盟商标有效期从申请日起算10年,注册有效期满需继续使用的,应在注册有效期满前6个月申请续展注册,每次续展注册有效期为10年。

## 结　语

无论通过何种途径进行商标国际注册,大部分周期都比较长,为了在目的国及时获得商标使用权,避免将来不必要的纠纷,保证企业市场战略的实施,提前进行商标国际注册是很有必要的。中国企业要顺利地扩张国际市场和有效地占领国际市场,应当先获得商标注册,确保无知识产权的后顾之忧,保护好了商标就等于保护好了企业的利润来源和持续发展。

# 三、知识产权与市场秩序保护

# 反不正当竞争法视角下的企业名称保护简析

## ——兼论反法一般条款之适用

王永红　吴婧倩*

*作者简介：

王永红，合伙人，中伦律师事务所广州办公室，

电邮为 wangyonghong@ zhonglun. com；

吴婧倩，律师，广州办公室。

## 一、引言:从三个案例讲起

随着市场竞争的日趋激烈,部分经营者为了获取更大的经济利益,不惜采用不法手段进行不正当竞争,其中不乏盗用、冒用、注册相似企业名称等侵权手段。近年来,关于企业名称的不正当竞争纠纷时有发生,自《反不正当竞争法》[①]实施以来,《最高人民法院公报》公布的涉及企业名称的典型案例已有十几件[②];2017 年 4 月,在上海市浦东新区人民法院公布的 2016 年度知识产权司法保护十佳案例中,更有三例涉及企业名称之不正当竞争纠纷。

案例一[③]:原告和被告均有从事农药出口业务,原告已在印度农业部登记其英文企业名称,被告使用原告该英文企业名称向印度出口农药。法院认为,虽然原告该英文企业名称未在我国依法登记,但该名称与其中文企业名称存在对应关系,已具有识别市场经营主体的作用,属于《反不正当竞争法》规定的企业名称,被告行为构成侵权。

案例二[④]:原告"上海国福龙凤食品有限公司"经营汤圆类商品,后更名企业名称为"宁波龙凤食品有限公司"的被告在汤圆系列商品包装上以较大的字号标注"宁波龙凤"字样,法院认为,被告以"龙凤"为字号,主观上具有攀附原告品牌知名度的故意,客观上易使相关公众对商品的来源产生混淆,构成不正当竞争。

案例三[⑤]:原告"中国银联股份有限公司"在信用卡服务上注册"银联"商标,被告企业名称登记为"银联电子(淮安)有限公司"并在其网店宣传"银联"等标识,法院认为,"银联"商标及字号在被告成立时已具有较高知名度,而被告仍注册该字号,且原被告经营范围存在紧密关联,被告行为构成擅自使用他人企业名称的不正当竞争。

---

① 本文所指《反不正当竞争法》、所引述条款、援引的案例均是基于《反不正当竞争法》(1993 年版)。

② 转引自李友根:《论企业名称的竞争法保护——最高人民法院第 29 号指导案例研究》,载《中国法学》2015 年第 4 期。

③ 参见上海市浦东新区人民法院(2015)浦民三(知)初字第 1887 号民事判决书,上海市浦东新区人民法院 2016 年度知识产权司法保护十佳案例之一。

④ 参见上海市浦东新区人民法院(2016)沪 0115 民初 11825 号民事判决书,上海市浦东新区人民法院 2016 年度知识产权司法保护十佳案例之三。

⑤ 参见上海市浦东新区人民法院(2016)沪 0115 民初 56492 号民事判决书,上海市浦东新区人民法院 2016 年度知识产权司法保护十佳案例之五。

那么,在司法实践中,如何运用《反不正当竞争法》对于企业名称进行保护,在法律适用上又有何选择与限制?有鉴于此,本文试图对企业名称的反不正当竞争法保护视角下的法律适用问题进行简析,以供探讨。

## 二、企业名称:反不正当竞争法视角下的纠纷表现形式

在对企业名称的法律规范上,存在双重的保护模式,一方面,通过权利化的规范基础,赋予其一定程度的排他权,使得企业名称能够作为民事权利受到保护;另一方面,则以行为模式为基础,通过禁止不正当竞争手段以保护经营者的竞争利益,基于此,侵犯企业名称权不仅是一种普通的民事侵权行为,而且也扰乱了正常的交易秩序,破坏了公平竞争的市场法则,构成了对公共利益的侵犯。

从企业名称保护角度来说,现行立法是比较深层次、全方位的,《反不正当竞争法》《民法通则》《商标法》《企业名称登记管理规定》与《企业法人登记管理条例》等在对企业名称的保护上相辅相成,协调统一,共同构成一个严谨的法律保护体系。

然而,从企业名称在反不正当竞争法视角下的纠纷表现形式来看,对于企业名称相关的纠纷,并不必然是从正面角度出发对企业名称进行保护的。在很多情况下,由于企业名称登记管理制度的局限性,企业名称反而成为竞争者进行不正当竞争行为的其中一环,需要从反面角度出发以反不正当竞争法对其进行规制。我们认为,可以从正反两面考虑如何合理适用反不正当竞争法,对下述涉及企业名称的不正当竞争行为进行规制:

1. 假冒他人企业名称(字号):指擅自使用与其他企业名称(字号)相同的企业名称(字号)的行为。

2. 仿冒他人企业名称(字号):指使用与其他企业名称(字号)相近似的企业名称(字号)的行为。所谓近似,是指两个同行企业,其各自的企业名称中的字号在字音、字形及字义上非常接近,容易使公众造成混淆或误认①。

3. 将企业名称中的字号注册成商标:指擅自将他人企业名称中的知名字号在相

---

① 参见张广良:《秩序与边界——知识产权相关竞争法问题研究》,知识产权出版社 2015 年版,第 34~36 页。

同或类似的商品或服务上进行商标注册。依据反不正当竞争司法解释①规定,知名企业名称中的字号可以作为企业名称受到保护,若未经许可擅自将该字号进行商标注册,引起相关公众的混淆误认,权利人不仅可提起不正当竞争纠纷之诉,也可以侵犯字号权这一合法的在先权利为由向商标局请求撤销该等商标②。

4. 企业名称(字号)侵权:指侵权人合法登记的企业名称(主要是字号)与他人企业名称(字号)或特有的商业标记相同或近似,并以其企业名称或字号对外宣传经营的行为。

## 三、擅用名称:具体条款下的法律解释及适用

如上文所述,企业名称不正当竞争纠纷主要涉及四种不同的表现形式,其中前三种表现形式主要适用的是《反不正当竞争法》(1993 年)的具体条款,即第五条第(三)项规定,"擅自使用他人的企业名称,引人误认为是他人的商品(包括服务)",属于经营者采用不正当手段从事市场交易损害竞争对手的行为。而其中的法律解释及适用问题,将具体结合本次上海浦东新区人民法院公布的典型案例稍作论述。

上述案例二的"龙凤"案及案例三的"银联"案均系假冒他人企业名称的类型。在案例二中,被告变更"宁波龙凤食品有限公司"这一企业名称时,原告的"龍鳳"商标及"国福龙凤"字号已经具有较高的知名度,被告仍以"龙凤"作为其字号,在主观上具有搭原告商标和字号知名度的故意,客观上易使相关公众对商品来源产生混淆误认,符合《反不正当竞争法》(1993 年)第五条第(三)项之构成要件,构成不正当竞争;在案例三中,被告在经营场所的装潢、宣传材料、交易文书等上,均擅自使用原告的企业名称和字号,甚至在与原告并无合作和授权关系的情况下,在其官网宣传其与原告之间有战略合作,并伪造印章和授权书,以原告上海分公司的名义推广开展相关业务,导致相关公众对其服务来源产生了混淆,在一定程度上扰乱了银行

① 《最高人民法院关于审理不正当竞争民事案件应用法律若干问题的解释》第六条:企业登记主管机关依法登记注册的企业名称,以及在中国境内进行商业使用的外国(地区)企业名称,应当认定为反不正当竞争法第五条第(三)项规定的"企业名称"。具有一定的市场知名度、为相关公众所知悉的企业名称中的字号,可以认定为反不正当竞争法第五条第(三)项规定的"企业名称"。

② 《商标法》第三十二条:申请商标注册不得损害他人现有的在先权利,也不得以不正当手段抢先注册他人已经使用并有一定影响的商标。第三十三条:对初步审定公告的商标,自公告之日起三个月内,在先权利人、利害关系人认为违反本法第十三条第二款和第三款、第十五条、第十六条第一款、第三十条、第三十一条、第三十二条规定的,或者任何人认为违反本法第十条、第十一条、第十二条规定的,可以向商标局提出异议。公告期满无异议的,予以核准注册,发给商标注册证,并予公告。

卡交易支付市场的正常经营秩序,构成不正当竞争。

上述案例一虽也是假冒他人企业名称的类型,但在法律适用方面存在较大的解释空间。在本案中,原告在开展对外贸易的过程中使用了外文企业名称,但该外文企业名称并未在中国依法登记,能否认定为《反不正当竞争法》(1993 年)第五条第(三)项规定的“企业名称”? 反不正当竞争法司法解释虽然明确了在中国境内的“商业使用”含义非常宽泛,不局限于工商部门登记注册的“经营范围”①,但对于不在中国境内使用的非登记注册的英文企业名称却缺乏精细的裁判规则。对于此种法律漏洞的填补,笔者持开放态度,纵观立法历史的变迁,最高人民法院对于“企业名称”这一概念的理解经历了不同的阶段②,从一开始以《反不正当竞争法》为依据对“企业名称”采取严格解释的方式,要求完整使用才有可能构成违法,到 2006 年发布的《关于审理不正当竞争民事案件应用法律若干问题的解释》第六条明确指出在中国境内进行商业使用的外国(地区)企业名称及知名企业名称中的字号,可以扩大解释为企业名称,再到现在通过指导案例的形式将“企业名称”扩大解释到企业名称的“简称”,不断赋予企业名称以新的内涵。《反不正当竞争法》颁布至今已有 24 年,市场形势发生了巨大的变化,各种纷繁复杂的情况层出不穷,我们有理由相信在日后的实践中,为进一步保障社会主义市场经济健康发展,“企业名称”将会被赋予更富有时代意义的新内容,上海市浦东新区人民法院该等司法观点无疑具有前瞻性。

## 四、违反诚信:一般条款之法律原则的合理适用

立法是被动的,任何法律规则的制定,都不可能具有一劳永逸的预见性,其滞后性的缺陷犹如“阿喀琉斯之踵”,将使其在技术革新的大背景下被无限放大。因此,在相关法律行为无法从《反不正当竞争法》(1993 年)具体条款中寻找到直接法律规范时,还可以考虑通过适用一般条款进行规制。正基于此,有关企业名称不正当竞争纠纷,除了第五条第(三)项的擅用企业名称条款外,还可以寻求一般条款的

① 《最高人民法院关于审理不正当竞争民事案件应用法律若干问题的解释》第七条:在中国境内进行商业使用,包括将知名商品特有的名称、包装、装潢或者企业名称、姓名用于商品、商品包装及商业交易文书上,或者用于广告宣传、展览及其他商业活动中,应当认定为反不正当竞争法第五条第(二)项、第(三)项规定的“使用”。

② 转引自李友根:《论企业名称的竞争法保护——最高人民法院第 29 号指导案例研究》,载《中国法学》2015 年第 4 期。

救济。

上述企业名称不正当竞争纠纷的第四种表现形式,乃是合法登记的企业名称涉嫌侵害他人合法权益的情形。《最高人民法院关于审理涉及驰名商标保护的民事纠纷案件应用法律若干问题的解释》从驰名商标保护角度对侵权人在企业名称上涉嫌侵权的行为进行了规制,最新《商标法》第五十八条更是规定了“将他人注册商标、未注册的驰名商标作为企业名称中的字号使用,误导公众,构成不正当竞争行为的,依照《中华人民共和国反不正当竞争法》处理”。然而,在司法实践中,大量原告方被侵害的合法权益的纠纷因相关原因往往难以从驰名商标角度进行保护,只能从反不正当竞争法中寻求保护依据。但是在此情况下,《反不正当竞争法》第五条第(三)项关于擅用企业名称的条款则往往难以适用。而从《反不正当竞争法》第五条第(二)项擅自使用他人知名商品/服务的特有名称角度甚至从《反不正当竞争法》第二条一般条款之违反诚实信用原则的角度出发进行保护则可以另辟蹊径,达到维护经营者合法权益及市场公平竞争秩序的目的。

特别是《反不正当竞争法》一般条款乃兜底条款,属于法律原则的适用,似乎各种不正当竞争行为均可涵盖其中,对原告方来说适用该条款将无往而不利。也正基于此,很多案例之中,原告对于该一般条款往往与其他条款混杂在一起适用,试图将其作为诉讼请求最兜底的后盾。当然,仅仅从诉讼策略上来说,该等做法对于具体各个不同的案件其利弊难以准确判断。但是,我们不得不注意到,虽然该条款可用于维护市场公平竞争,但同时应当注意严格把握适用条件,以避免不适当干预而阻碍市场自由竞争,在长期的司法实践中,《反不正当竞争法》的一般条款在法律适用上已经形成共识,其适用条件集中反映在最高人民法院的裁判观点之中,“适用反不正当竞争法第二条的原则规定认定构成不正当竞争,应当同时具备以下条件:一是法律对该种竞争行为未作出特别规定,二是其他经营者的合法权益确因该竞争行为而受到了实际损害,三是该种竞争行为因确属违反诚实信用原则和公认的商业道德而具有不正当性或者说可责性①”,该裁判观点也在《最高人民法院知识产权案件年度报告(2010)》(摘要)第25点中得到进一步的强调和重申。

第一个要件要求竞争行为未被规定于法律规则当中,该“法律规则”不仅包括《反不正当竞争法》第二章列举的11种具体行为,还包括《反不正当竞争法》以外的所有法律法规;第二个要件包含三个方面,首先要求受侵害的对象为其他经营者而

---

① 参见最高人民法院(2009)民申字第1065号民事裁定书。

非消费者，其次必须造成了其他经营者的实际损害结果，最后该合法权益的损害结果与该不正当竞争行为之间具有因果关系；第三个要件是对诚实信用以及商业道德的要求，其要求须按照特定商业领域中市场交易参与者的伦理标准来加以评判，它既不同于个人品德，也不能等同于一般的社会公德①。从 2002 年最初的《中国互联网行业自律公约》，到 2011 年中国互联网协会发布的《互联网终端软件服务行业自律公约》，再到 2012 年工业和信息化部公布的《规范互联网信息服务市场秩序若干规定》，均能对诚实信用原则及公认商业道德的认定提供坚实的实践基础和参照评价体系。

因此，对于《反不正当竞争法》一般条款应当合理适用，特别在新类型案件中要善于利用该一般条款，但是在适用时还是应当审核其是否符合适用条件，遵循利益平衡原则，以实现《反不正当竞争法》保障社会主义市场经济健康发展、鼓励和保护公平竞争、制止不正当竞争行为、保护经营者和消费者的合法权益的初衷。

① 参见张平：《〈反不正当竞争法〉的一般条款及其适用——搜索引擎爬虫协议引发的思考》，载《法律适用》2013 年第 3 期。

# 企业字号冲突典型案例

## ——北京爱奇艺科技有限公司诉台州爱奇艺电子商务有限公司不正当竞争纠纷案

马远超*

*作者简介：

马远超，合伙人，中伦律师事务所上海办公室，电邮为 myc@ zhonglun. com。

近日，浙江省高级人民法院就北京爱奇艺科技有限公司与台州爱奇艺电子商务有限公司关于“爱奇艺”字号使用不正当竞争纠纷案［案号：(2017)浙民终480号，中伦合伙人马远超团队代理权利人北京爱奇艺科技有限公司］作出终审判决，驳回台州爱奇艺电子商务有限公司上诉，维持原判。法院判决要求台州爱奇艺电子商务有限公司在判决生效之日起三十日内变更企业名称，变更后的企业名称中不得包含爱奇艺字样，并且需要赔偿北京爱奇艺科技有限公司经济损失以及发布消除影响声明。这是一件典型的字号冲突不正当竞争纠纷案。

## 一、案情简介

北京爱奇艺科技有限公司(以下简称北京爱奇艺公司)于2007年成立，以运营“爱奇艺”视频网站知名。台州爱奇艺电子商务有限公司成立于2013年，经营范围包括：利用互联网销售：纺织、服装及家庭用品、文化、体育用品、五金产品及电子产品、建材；工艺品设计，设计、制作、代理国内广告、自有媒体广告发布；企业营销策划、企业形象策划服务。2013年10月，台州爱奇艺公司的天猫旗舰店正式上线，在“品牌文化”栏目中突出使用了“爱奇艺电商”字样以及iQIYI。该天猫旗舰店主营衣帽架、花架、茶几、妆台等产品。

## 二、审判意见

一审法院审理认为，原告北京爱奇艺公司的“爱奇艺”字号经过使用及广泛宣传，在台州爱奇艺公司成立前就已享有相当高的市场知名度，台州爱奇艺公司的经营领域为互联网销售、电子商务等，和北京爱奇艺公司同属互联网行业。台州爱奇艺公司注册企业名称时使用“爱奇艺”、在销售中使用“爱奇艺”、在销售咨询中自称公司是“爱奇艺”，这些行为容易使相关公众认为其生产、销售的产品是北京爱奇艺公司的商品或误认为台州爱奇艺公司与北京爱奇艺公司具有许可使用、关联企业等特定联系，构成不正当竞争行为。台州爱奇艺公司不服一审判决，上诉至浙江省高院。二审法院经审理认为，台州爱奇艺公司作为当地电子商务促进会会员，台州爱奇艺公司法定代表人作为当地电子商务促进会会长，在申请注册企业名称时理应了解“爱奇艺”字号的知名度，但对知名度较高的“爱奇艺”字号仍未合理避让，主观恶意明显，台州爱奇艺公司上诉理由不能成立，驳回上诉，维持原判。

## 三、案例评析

### (一)企业名称与企业字号保护的差异

企业名称是企业之间的区别标识,构成企业名称的四项基本要素是行政区划、字号、行业或经营特点、组织形式。《反不正当竞争法》(1993 年)第五条规定:“经营者不得采用下列不正当手段从事市场交易,损害竞争对手:……(三)擅自使用他人的企业名称或者姓名,引人误认为是他人的商品。”《最高人民法院关于审理不正当竞争民事案件应用法律若干问题的解释》第六条规定:“企业登记主管机关依法登记注册的企业名称,以及在中国境内进行商业使用的外国(地区)企业名称,应当认定为反不正当竞争法第五条第(三)项规定的‘企业名称’……”根据上述法律条文及其司法解释,企业名称受到法律保护的条件是他人擅自使用企业名称达到“引人误认”的要求。

《最高人民法院关于审理不正当竞争民事案件应用法律若干问题的解释》第六条规定:“……具有一定的市场知名度、为相关公众所知悉的企业名称中的字号,可以认定为反不正当竞争法第五条第(三)项规定的‘企业名称’。”该解释确立了企业字号也可以受到法律保护,但是法律仅对具有知名度的企业字号给予保护。最高院司法解释中的“字号”是对“企业名称”的扩大化解释,即原本法律仅保护“企业名称”,不保护“字号”,但是当“字号”具有一定知名度时,视为《反不正当竞争法》第五条第(三)项规定的“企业名称”,也给予“企业名称”保护待遇。

由此可见,《反不正当竞争法》(1993 年)对“企业名称”的保护与“字号”的保护存在扩大化解释关系。《反不正当竞争法》(1993 年)对“企业名称”的保护仅有“引人误认”的要求,并没有“知名度”的要求。当两个企业名称在行政区划、行业、组织形式上十分类似,如处于同一行政区划、同一行业、或使用相同或近似的字号,受害人主张保护其企业名称的,对该企业名称没有知名度的要求。但当两个企业名称在行政区划、行业、组织形式上存在较大区别,从而导致难以判定两者构成近似时,如果两者“字号”存在近似性,且受害人的“字号”具有一定知名度,具有法律保护的必要性,可纳入“企业名称”的扩大化保护范围中。因此,受害人主张保护其企业“字号”的,对该“字号”有“知名度”的要求。

本案中,北京爱奇艺公司企业名称为“北京爱奇艺科技有限公司”,而台州爱奇艺公司的企业名称为“台州爱奇艺电子商务有限公司”,两者在企业名称中的行政区划和行业名称上有所差别,但两者均使用了“爱奇艺”字号。北京爱奇艺公司请求对其“爱奇艺”字号进行保护,因而其提供了大量关于北京爱奇艺公司市场影响力和知名度的证据,包括权威的数据统计中心、主流媒体等主体发布或报道的网络视频领域、视频市场份额、视频网站用户规模、视频网站品牌渗透率等排名,获得的众多业内认可的奖项,举办的多项大型活动的新闻报道等,以证明在台州爱奇艺公司成立前,“爱奇艺”字号经过北京爱奇艺公司的广泛使用和大力宣传就已经获得相当高的市场影响力和知名度,“爱奇艺”字号应当受到法律保护。

值得注意的是,2017 年 11 月 4 日审议通过的《反不正当竞争法》(2017 版)对企业名称、字号的保护规则做了一定的修正,其第六条规定:“经营者不得实施下列混淆行为,引人误认为是他人商品或者与他人存在特定联系:……(二)擅自使用他人有一定影响的企业名称(包括简称、字号等)、社会组织名称(包括简称等)、姓名(包括笔名、艺名、译名等)……”根据上述规定,企业名称、简称、字号受保护的门槛都必须达到“有一定影响”的标准,混淆的范围包括了“引人误认是他人商品”与“存在特定联系”两种情形。一方面提高了企业名称的受保护门槛,另一方面扩大了混淆的认定范围。

(二)经营者之间的竞争关系的认定

不正当竞争纠纷案件关键之一在于认定涉案主体之间是否存在竞争关系,但对于“竞争关系”的认定,《反不正当竞争法》及其司法解释均没有给出明确适用规则。在《反不正当竞争法》颁布初期,法院一般以“同业的竞争对手为争夺交易机会”的标准来判断涉案主体之间是否存在竞争关系,但随着时代的发展,越来越多的司法判例将“竞争关系”认定范围扩大。从法院判决来看,存在以下三种观点。

第一种观点是根据实际经营范围判断。在烟台开发区鲁蒙防水防腐材料有限责任公司(以下简称开发区鲁蒙公司)与鲁蒙控股集团股份有限公司(以下简称鲁蒙控股公司)擅自使用他人企业名称、姓名纠纷上诉案[(2016)鲁民终 814 号]中,二审法院认为,“鲁蒙控股公司注册登记的经营范围虽不含有‘防腐防水材料’内容,但其在实际经营中声称自己‘主营防水防腐涂料’以及‘您身边的防腐防水专家’,可以证实鲁蒙控股公司实际经营业务涵盖‘防腐防水材料’领域,其与开发区鲁蒙公司存在同业竞争关系”。该案中,虽两企业核准经营范围不同,但原审被告企业在实际经营过程中的宣传用语表明该企业也从事与原审原告企业相同的业务,法院据此认定两企业具有竞争关系。

第二种观点是根据核准经营范围判断。在成都好房通科技有限公司(以下简称好房通科技公司)与成都市好房通房地产经纪有限公司(以下简称好房通经纪公司)不正当竞争纠纷案[(2015)成知民初字第123号]中,法院认为,"(被告)好房通经纪公司的经营范围系从事房地产经纪业务,(原告)好房通科技公司虽未直接进行房地产经纪业务,但其营业执照核准的经营范围包括了房地产经纪业务,并且其实际从事的业务包括了房产O2O市场、房地产经纪营销管理系统软件等房地产经纪周边业务。同时基于商标此前又被用于'好房通ERP'房地产经纪营销管理系统软件上,好房通科技公司现系商标权利人等事实,好房通科技公司应属于房地产经纪市场的相关经营者。因此,好房通科技公司与好房通经纪公司之间存在间接竞争关系"。该案中,原被告虽然实际经营业务有所差别,但是原告核准经营范围包含了被告所从事的业务,原告从事的业务中也有与被告业务相关的周边业务,构成被告市场的相关经营者,因而认定原被告构成竞争关系。

第三种观点是根据是否存在利益的损害和攫取判断。在兰建军、杭州小拇指汽车维修科技股份有限公司(以下简称杭州小拇指公司)诉天津市小拇指汽车维修服务有限公司(以下简称天津小拇指公司)等侵害商标权及不正当竞争纠纷案[(2012)津高民三终字第0046号]中,一审法院认为,天津小拇指公司从事汽车维修行业,而杭州小拇指公司的经营范围并不包含汽车维修类,且其无证据证明自己为合法的汽车维修行业的经营者。因此,杭州小拇指公司与天津小拇指公司在汽车维修行业并不存在具体的竞争关系。但二审法院认为,杭州小拇指公司本身不具备从事机动车维修的资质,也未实际从事汽车维修业务,但从其所从事的汽车玻璃修补、汽车油漆快速修复等技术开发活动,以及经授权许可使用的注册商标核定服务项目所包含的车辆保养和维修等可以认定,杭州小拇指公司通过将其拥有的企业标识、注册商标、专利、专有技术等经营资源许可其直营店或加盟店使用,使其成为'小拇指'品牌的运营商,以商业特许经营的方式从事与汽车维修相关的经营活动。因此,杭州小拇指公司是汽车维修市场的相关经营者,其与天津小拇指公司之间存在竞争关系。该案二审法院明确指出,"反不正当竞争法所规制的不正当竞争行为,是指损害其他经营者合法权益、扰乱经济秩序的行为,从直接损害对象看,受损害的是其他经营者的市场利益"。该案作为最高人民法院知识产权审判案例指导,明确了《反不正当竞争法》并未限制经营者之间必须具有直接的或具体的竞争关系,也没有要求经营者从事相同行业。经营者之间具有间接竞争关系,行为人违背《反不正当竞争法》的规定,损害其他经营者合法权益的,也应当认定为不正当竞争行为。

在山东黄金金斯顿男子篮球俱乐部(以下简称金斯顿篮球俱乐部)与山东金斯

顿服饰有限公司(以下简称金斯顿服饰公司)不正当竞争纠纷案[(2005)济民三初字第5号]中,法院也明确指出,“对竞争关系的要求也并非狭义上的仅限于经营同类商品或替代商品的竞争对手争夺交易机会的行为,而是只要经营者以不正当的手段谋取竞争优势或者破坏他人竞争优势的行为,在谋取或破坏竞争优势的过程中可能损害了竞争对手,也可能损害了竞争对手之外的经营者,只要经营者在从事或者参与经济活动中损害了竞争秩序,就应当适用《反不正当竞争法》予以规范……本案的原告和被告之间是否存在竞争关系在于被告是否通过不正当手段获取竞争优势,而不取决于被告和原告是否从事同一行业”。

在本案中,尽管北京爱奇艺主营业务是作为视频平台向用户提供视频观看服务,但同时也提供开发设计、制作、发布广告服务,开办商城进行互联网销售、电子商务服务,台州爱奇艺公司虽然是通过互联网销售家具,但是其在天猫旗舰店中为生产商提供广告服务、提供互联网销售平台,从事电子商务。二者不论从实际经营范围还是核准经营范围均有重合。二审法院分别列举了北京爱奇艺公司与台州爱奇艺公司的经营范围,对比后据此认定两者在广告、互联网销售、电子商务等多个领域存在竞争关系。

(三)企业字号冲突的解决规则

经过工商行政机关审核登记的企业名称的取得、使用并不必然意味着合法,因此,包含与他人相同字号的企业名称即使经过核准登记也不意味着可以持续合法使用。实践中,企业字号的冲突往往表现为一是企业字号之间的冲突,二是企业字号与注册商标之间的冲突。

对于企业字号之间的冲突,法院在认定是否构成不正当竞争时,需要考量以下因素:(1)双方企业是否存在竞争关系;(2)保护在先权利,即原告的企业字号应当早于被告的企业字号进行使用;(3)原告的企业字号应当具有一定知名度;(4)可能导致相关公众发生误认。

本案中,北京爱奇艺公司作为互联网企业,使用“爱奇艺”字号在先,一经使用便迅速、广泛地传播,“爱奇艺”字号享有极高知名度;台州爱奇艺公司成立在后。另外,“爱奇艺”一词属于臆造词,该字号由北京爱奇艺公司创设,具有突出显著性,不存在被告使用巧合的可能性。两审法院均认为,台州爱奇艺公司作为一家互联网公司与北京爱奇艺公司存在竞争关系,理应了解“爱奇艺”字号的知名度,在申请注册企业名称时进行合理避让,台州爱奇艺公司的行为主观上明显具有攀附北京爱奇艺公司知名度的故意,客观上容易使得相关公众误认为其与原告存在关联关系,极易导致相关公众对商品或服务的来源产生误认,因而构成不正当竞争。

对于企业字号与注册商标之间的冲突,一般会同时涉及商标侵权和不正当竞争两个问题。较为常见的情形是在先注册商标权与在后注册的企业字号之间的冲突。

上海浦东新区人民法院"2016年度知识产权司法保护十佳案例"之一的上海国福龙凤食品有限公司(以下简称上海龙凤公司)诉被告宁波龙凤食品有限公司(以下简称宁波龙凤公司)等主体商标侵权及不正当竞争纠纷案中,上海龙凤公司在第30类的汤圆等商品上注册了第887059号"龍鳳"商标在先,宁波龙凤公司成立在后。上海龙凤公司的"龙凤"品牌获得较高的市场知名度,宁波龙凤公司在商品包装袋上标注企业名称时,突出标注"宁波龙凤"字样,易导致相关公众对商品来源的混淆,侵害了原告的商标权。宁波龙凤公司以"龙凤"为字号,主观上具有攀附原告品牌知名度的故意,客观上易使相关公众对商品的来源产生混淆,构成不正当竞争。法院据此判决宁波龙凤公司停止侵权、变更企业名称,变更后的企业名称中不得含有"龙凤"字样。

现实中,也存在企业字号与注册商标相同、企业字号之间相同但合法共存的情况。在四川滕王阁制药有限公司(以下简称滕王阁公司)与四川保宁制药有限公司(以下简称保宁公司)侵犯商标专用权纠纷上诉案[(2009)川民终字第155号]中,四川省高级人民法院认为,保宁公司基于历史因素使用"保宁"字号没有违反诚实信用原则,无证据证明保宁公司存在攀附滕王阁公司注册商标"保宁"的故意,也无证据证明两公司商品可能发生混淆,据此维持一审驳回滕王阁公司的诉讼请求的判决。在杭州张小泉集团有限公司(以下简称杭州张小泉)与上海张小泉刀剪总店(以下简称上海张小泉)侵害商标专用权以及不正当竞争纠纷案[(2004)沪高民三(知)终字第27号)]中,上海市高级人民法院在充分考虑和尊重相关历史因素的前提下,根据公平、诚实信用、保护在先权利的法律原则,判决杭州张小泉与上海张小泉两企业合法共存,公平合理地解决了本案争议,以促进"张小泉"这一民族传统品牌和老字号的健康发展。

## 四、建议

在信息化时代,全国范围内的企业名称检索与注册商标检索更加简便、快捷,这不仅更有利于新设企业在选择字号时避让他人已申请注册的商标和企业名称,也更有利于知名企业及早发现"山寨企业"的存在。

新设企业在选择字号时应当更加谨慎，不仅需要在本地域、行业内充分检索他人已申请注册的商标和企业名称，还需要扩大检索范围，在全国范围、相关行业领域检索他人已申请注册的商标和企业名称，对他人显著性、知名度较高的商标、企业字号进行合理避让。

知名企业可以通过采取发律师函、提起不正当竞争诉讼、商标侵权诉讼等多种方式，积极运用法律武器对搭便车的“山寨企业”进行打击。在举证方面，知名企业需提供足够的证据证明己方企业字号达到“知名度”要求，举证证明知名企业与“山寨企业”存在竞争关系，该“知名度”的范围及于该知名企业与“山寨企业”共同市场中的相关公众，举证证明“山寨企业”明知或者应知该知名企业的字号，仍不采取合理避让，因而说明该“山寨企业”主观恶意明显，其行为极易造成相关公众混淆、误认。对于前述竞争关系的证明，可根据两企业的实际经营业务、核准经营范围以及竞争利益多角度地进行论证，如两企业在经营过程中存在此消彼长的利益冲突，或“山寨企业”攀附知名企业字号的影响力从而获取了不正当的竞争优势等。如果“山寨企业”或其员工曾经与知名企业产生投资、雇佣、交易、合作、磋商等关系，该事实更有利于法院认定“山寨企业”具有明显的搭便车的主观恶意。

# “商品化权”应当缓行

## ——谈“商品化权”的未注册商标属性

马东晓*

* 作者简介：

马东晓，合伙人，中伦律师事务所北京办公室，电邮为 madongxiao@ zhonglun. com。

"商品化权"已经不是一个新的概念了,英美国家在20世纪50年代就有判例涉及这一问题,[①]我国最早在20世纪80年代末期从日本引入这一概念,[②]而日文的"商品化权"则是20世纪60年代初对merchandising right的直译。据笔者考证,国内最早提出这一概念的是梅慎实先生,[③]但至今已有二十多年,这一概念的内涵和外延似乎从未明确过,学者对其称谓也是五花八门,譬如"商品化权""形象权""公开权""角色商品化权""虚拟角色商品化权"等,还有学者认为,"商品化权"这个名称实乃误译,根据WIPO所发表Character Merchandising一文的描述,应该翻译成"角色促销"。[④]

这样一个在学术界充满争议的概念,近年来大踏步地走向了实务界,并被直接当作一种民事权利使用,不仅大量的诉讼中原告将其作为起诉的依据,甚至直接出现在法院的判决中作为权利客体予以保护,而没有考虑这样做对业界的负向激励、对现行商标制度的冲击以及对立法权的僭越。

笔者试图通过对检索到的近百件涉及"商品化权"的诉讼案件的实证研究,归纳出"商品化权保护"实际是一个伪命题,现行法律体系框架下已经可以对所谓"商品化权"提供保护。退一步讲,即使所谓的"商品化权益"值得保护,也可以通过其他方式而没有必要设立一个全新的民事权利。

## 一、从若干角度看"商品化权"的本质

### 1."商品化权"的客体

"权利以有形或无形之社会利益为其内容或目的,为此内容或目的之成立所必要之一定对象,为权利之客体。[⑤]"既然被命名为"商品化权",那么,商品化权的权利客体是什么呢?

归纳起来,主要有如下两种观点:

一为"形象说"。此种观点认为,凡是被付诸商业性使用之后,能增强商品或服务对消费者的吸引力,给商家带来利润的真实人物、虚构角色或其他财物的形象、

① 杜颖:《论商品化权》,载《民商法论丛》第13卷,法律出版社2000年版,第6页。

② 参见凯文·斯·马克斯:《姓名和肖像公开案件中著作权模式的评价》,梅慎实译,郑成思校,载《版权参考资料》1989年第3期。

③ 梅慎实:《使用"济公"活佛剧照侵犯游本昌的肖像权吗?》,载《版权参考资料》1988年第7期。

④ 刘银良:《角色促销:商品化权的另一种诠释》,载《法学》2006年第8期。

⑤ 史尚宽:《民法总论》,中国政法大学出版社2000年版,第248页。

名称等确认因素者都可以是商品化权的客体。①

二为“信誉说”,这种观点认为,商品化权的客体是一种信誉,此种信誉能够使公众产生消费需求,也就具有顾客吸引力。具体而言,它是名称、形象、标记等本身所具有的并为公众知晓的,能刺激公众消费需求的信誉,依附于角色、名称、片断或标志等之上。② 消费者见到商品、服务或宣传中使用的这些角色形象、名称、片断或标识,总是不由自主地联想到它们背后的那个抽象概念(信誉),也正是这个抽象概念吸引着消费者。③ 还有人称,商品化权的客体是一种能够创造大众需求的信誉。④

仔细分析这两种观点,可以惊讶地发现,这与“未注册商标的客体”存在着“标识说”和“商誉说”的分歧几乎一模一样。

一直以来,关于商标权的客体,一说认为是指依照我国商标法律可以作为商标注册的文字、图形、字母、数字、三维标志、颜色组合和声音等,以及上述要素的组合,我们姑且称之为“标识说”。另一说认为,商标权客体不应采标识说,它实际是指向该商标所承载的商誉,而对未注册商标予以保护,恰恰是商标法对商标所承载的商誉予以保护的突出体现,此说可以被称为“商誉说”。

2.“商品化权”的功能

目前理论界比较一致地认为,所谓“商品化权”包括虚构角色商品化权和真实人物商品化权两大类,前者诸如作品角色的形象、名称,甚至作品的名称或者其中的地名等(譬如超人的故乡“氪星”);后者主要指名人的姓名、肖像和声音等。

进一步考察这两类所谓“商品化权”,如果将知识产权分为智力成果类权利和商业标识类权利的话,这两类商品化权无疑都属于后者,都是具有标识意义的商业符号,其功能也都是区分商品来源、表彰商品信誉。而从理论界以及实务界提出对商品化权予以保护的观点来看,如果该标识符号已经成为注册商标显然不必再创设一个新的权利,因此主张“商品化权”者实际是在主张一个“未注册的商标权”,考虑到“商品化权”都是具有大众吸引力、并为公众知晓的形象或者名称,更确切地说他们是在主张一个“未注册的驰名商标权”。

---

① 王文英:《商品化权法律问题研究》,吉林大学 2003 年硕士学位论文。
② 王文英:《商品化权法律问题研究》,吉林大学 2003 年硕士学位论文。
③ 刘春霖:《商品化权论》,载《西北大学学报》(哲学社会科学版)1999 年第 4 期。
④ 杜颖:《论商品化权》,载《民商法论丛》第 13 卷。

3."商品化权"的形成过程

知名作品虚构的角色和形象或者真实公众人物的姓名和肖像,该作品(或者人物)即使知名但如没有使用于具体商品/服务之前,既不能区分商品来源也不能表彰商品信誉,仅仅是一个有知名度的标识符号,如同"长城""香格里拉""齐天大圣"等,只有将这些标识符号使用于具体商品或者服务之上,使之与特定商品/服务建立了对应关系,具有了"第二含义",才会具有值得保护的合法利益。这与"未注册驰名商标"的炼成又是如出一辙。

综上所述,从权利客体、使用功能以及形成过程看,所谓"商品化权"本质上与其他商业标识并无二致。进一步而言,无论是角色、形象还是名称、肖像,都不外乎商标法中所称的"文字、图形、字母、数字、三维标志、颜色组合和声音以及上述要素的组合",只不过相比于注册商标,"商品化权"对应的角色、形象或者名称、肖像在使用于具体商品或者服务之前,既未注册且已经被公众所熟知,具备了吸引公众注意力的足够知名度,因此,当我们揭开"商品化权"的面纱,看到的是一个个"未注册驰名商标"。

## 二、从具体判例看保护"商品化权"的法律适用

笔者从公开渠道收集了截至目前公开的带有"商品化权"或者相关关键字的判决书、裁定书、调解书共计97篇(包括同一案件的一审和二审判决书),其中民事案件57篇,行政案件40篇。①

1. 民事判决

上述57件民事判决书(裁定书、调解书)中,原告、被告或者第三人的起诉理由中出现了"商品化权"或者法院在判决中出现了"商品化权""角色形象权""姓名权""肖像权"等字样,其中44件案件涉及作品虚构角色形象等被侵害,法院均以侵犯著作权纠纷作为案由,判决认定的权利基础大部分为美术作品著作权,但具体称谓有所不同。值得注意的是,最高法院在"迪迦奥特曼"再审裁定书②中,使用了"角色形象美术作品的著作权"的表述;此外的13件涉及名人姓名、肖像、名称甚至商标等被侵害的情况,其中有5件直接以侵犯姓名、肖像、名称等人格权为由立案,另有8件以侵犯域名、商标权或不正当竞争等为由立案。

---

① 文中涉及的97件判决书的检索截止日期为2014年12月31日。

② (2013)民申字第368号,"上海世纪华创文化形象管理有限公司与武汉百家超级市场有限公司侵害著作权纠纷案"。

表1 民事判决一览表

| 类别 | 数量 | 备注 |
|---|---|---|
| 侵犯著作权 | 44 | 其中包括既侵犯著作权又属于不正当竞争的案件(案号略) |
| 侵犯人格权 | 5 | 1.(2004)长中民三初字第221号王跃文诉叶国军等著作权侵权、不正当竞争纠纷案<br>2.(2006)一中民终字第3240号中国人民解放军警卫第一师仪仗大队与深圳市信禾工艺品有限公司名称权、肖像权、名誉权侵权纠纷上诉案<br>3.(2012)鄂民三终字第137号姚明与武汉云鹤大鳖鱼体育用品有限公司侵犯人格权及不正当竞争纠纷案<br>4.(2013)一中民终字第05303号章金莱与蓝港在线(北京)科技有限公司肖像权、名誉权纠纷上诉案<br>5.(2013)长中民一终字第02518号湖南长沙中院判决黄人达等诉养天和集团姓名权纠纷案 |
| 其他 | 8 | 1.(2006)榕民初字第139号圆谷制作株式会社诉蒋宝云计算机域名纠纷案<br>2.(2005)深中法民三初字第779号DISNEYPRISES,INC(迪士尼企业公司)诉深圳市米奇乐实业有限公司商标侵权纠纷案<br>3~5.(2010)粤高法民三终字第274/275/276号晋江昆兴鞋业有限公司等与迪士尼企业公司(美国)侵犯注册商标专用权纠纷上诉案<br>6.最高人民法院(2010)民提字第113号张锠、张宏岳、北京泥人张艺术开发有限责任公司诉张铁成、北京泥人张博古陶艺厂、北京泥人张艺术品有限公司不正当竞争纠纷案<br>7.(2011)沪高民三(知)终字第55号岳彤宇与周立波域名权属、侵权纠纷案<br>8.(2013)晋民初字第7447号福建晋江万泰盛鞋服有限公司诉晋江市贝贝童儿童用品有限公司商标使用许可合同纠纷案 |

综上所述,就所谓侵犯"商品化权"的民事案件而言,大部分都是侵犯虚构角色形象权,而该等权利实际对应的是著作权法上的美术作品著作权,法院在判决中也全部作为著作权予以保护。

另有部分侵犯名人姓名、肖像的"商品化权",实际上并非是对其人格本身的侵害而是对其人格要素商业利益的侵害,因此以侵犯人格权为由起诉的案件中,有的获得支持有的并未获得支持①,而以对人格要素商业使用构成不正当竞争为由起诉的,全部得到支持,包括最高人民法院的一件再审案件中认定"北京泥人张"构成对

① (2013)一中民终字第05303号,章金莱与蓝港在线(北京)科技有限公司肖像权、名誉权纠纷上诉案。

“泥人张”的不正当竞争①。

这些案例至少说明，擅自将名人人格要素进行商业使用未必都能被法院认定侵害人格权，但是却全部被认定构成了不正当竞争，换句话说，如果原告选择提起不正当竞争诉讼而不是提起人格权诉讼，这些案例表明法院全部给予了保护；相反，个别案件中被告对原告的人格要素进行商业使用并不符合侵犯人格权的构成要件，法院因而驳回原告的诉讼请求不应理解为法律在此处的缺失。

2. 行政判决

在上述40篇商标授权确权行政判决书中，全部都是涉及将他人作品名称、角色名称、形象，以及真实人物的名称、肖像注册为商标的行为，其中相对人主张对其侵害的法律依据主要有《商标法》第十条第一款第（八）项、第十三条、第三十二条、第四十四条第一款，从上述40件判决看，原告将第十三条和第三十二条后半段作为支持其主张的理由从未获得支持。

**表2　商标行政判决一览表**

| 类型 | 数量 | 案件 |
| --- | --- | --- |
| 主张第十条第一款第（八）项 | 8 | 1.（2010）一中知行初字第404号姚蕻诉商评委商标行政纠纷案<br>2.（2010）一中知行初字第2808号丹乔有限公司（DANJAQ，LLC）诉商评委商标行政纠纷案<br>3～5.（2010）一中知行初字第430/431/432号贵州梵净山国家级自然保护区管理局诉商评委商标行政纠纷案<br>6～8.（2010）高行终字第777/776/775号凤凰古城旅游有限责任公司与贵州梵净山国家级自然保护区管理局商标争议行政纠纷上诉案 |
| 主张第三十二条前半段 | 2 | 1.（2013）一中知行初字第1493号苹果状告商评委“Team Beatles”案<br>2.（2011）高行终字第374号商评委等与丹乔有限公司（DANJAQ，LLC）商标异议复审行政纠纷上诉案 |
| 主张第四十四条第一款 | 6 | 1～6.（2011）一中知行初字第1228/1229/1230/1427/1428/1432江苏蜡笔小新服饰有限公司诉商评委商标争议行政纠纷案 |

① （2010）民提字第113号，张锠、张宏岳、北京泥人张艺术开发有限责任公司诉张铁成、北京泥人张博古陶艺厂、北京泥人张艺术品有限公司不正当竞争纠纷案。

续表

| 类型 | 数量 | 案件 |
|---|---|---|
| 主张第十三条和第四十四条,但未获支持 | 11 | 1～9.(2006)一中行初字第400/402/403/404/405/406/407/408/409号株式会社双叶社诉商评委注册商标纠纷案<br>10.(2007)行监字第31－1号日本株式会社双叶社诉商评委、第三人广州市诚益眼镜有限公司商标行政纠纷案<br>11.(2012)一中知行初字第287号丹乔有限公司诉商评委商标异议纠纷案 |
| 主张第十三条、第三十二条,但未获支持 | 2 | 1～2.(2009)高行终字第515、516号埃德加·赖斯·巴勒斯公司(Edgar Rice Burroughs, Inc.)与商评委"TARZAN"商标行政纠纷上诉案 |
| 主张第十条第一款第(八)项、第三十二条,但未获支持 | 3 | 1.(2013)一中知行初字第572号索尔列恩兹公司(THESAULZA-ENTZCOMPANY)诉商评委商标异议复审纠纷案<br>2.(2013)高行终字第1812号索尔列恩兹公司(THESAULZAENTZ-COMPANY)与商评委商标异议复审行政纠纷上诉案<br>3.(2012)高行终字第1507号巴博斯有限公司(BUBBLES INCORPO-RATED S. A.)等与商评委商标争议行政纠纷上诉案 |
| 主张第十条第一款第(八)项、第三十二条和第四十四条,但未获支持 | 8 | 1～5.(2012)一中知行初字第2646/2647/2649/2650/2651号耐克国际有限公司诉商评委商标争议行政纠纷案(一审)<br>6～8.(2013)高行终字第66/76/78号耐克国际有限公司诉商评委等商标争议行政纠纷案(二审) |

综上所述,就涉及"商品化权"的商标行政案件而言,主要与《商标法》第三十二条前半段的"在先权利"有关,包括符合著作权法独创性要求的虚构角色形象,以及符合民法要求的真人姓名等。但统计的案件中除了2件判决("TEAMBEATLES"①和"邦德007 BOND"②)肯定了该"在先权利"之外,其余均未获支持,其中8件判决认可了商品化权但未支持原告诉请("科比布莱恩特")③,另有2件判决以独创性不高或者不构成作品未认定原告商品化权("TARZAN"等)④。

---

① (2013)一中知行初字第1493号,苹果状告商评委"Team Beatles"案。

② (2011)高行终字第374号,商评委等与丹乔有限公司(DANJAQ, LLC)商标异议复审行政纠纷上诉案。

③ (2012)一中知行初字第2646号,耐克国际有限公司诉商评委商标争议行政纠纷案(一审)等系列案件。

④ (2009)高行终字第515号,埃德加·赖斯·巴勒斯公司(Edgar Rice Burroughs, Inc.)与商评委"TARZAN"商标行政纠纷上诉案。

上述案例中对于符合著作权法要求的虚构角色,属于《商标法》第三十二条前半段的“在先权利”自无争议,但对于独创性不高的角色形象(或者构不成作品的角色名称),法院也有明确认为其不构成商品化权而未予保护的例子。

同样,对于中国知名人物的姓名被抢注为商标的,按照《商标法》第三十二条前半段予以保护也无太大争议,但是对于外国知名人物的中文译名能否构成姓名权颇有争议,如果这些姓名有商业化使用可以适用《商标法》第三十二条后半段甚至《商标法》第十三条,作为未注册驰名商标阻却他人抢注的,但遗憾的是,上述案例中法院没有一件适用这两个条款予以支持,反而有勉强作为在先权利或者创设“商品化权益”以适用第三十二条前半段的,似乎有些舍本求末。

值得注意的是,上述案例中很大一部分属于权利人超过五年又对其角色形象或者姓名肖像主张权利的,这些案例中原告往往为了规避《商标法》第三十二条的时间限制而要求适用《商标法》第十条一款(八)项或者第四十四条第一款,这种针对特定民事权益要求保护却适用绝对事由的案件往往以“不良影响”为诉由,其中也会提到“商品化权”,最终也有一些判决以“不良影响”予以支持的,但这已经超出本文讨论的范围,不再评述。

## 三、关于“商品化权”保护路径的设想

经过上述分析,笔者认为所谓“商品化权”有两个层面的含义,其一是指角色、形象或者名称、肖像等标识构成要素(符号),在“商品化”之前,它们仅仅是美术作品、文字作品、甚至可能难以构成一个著作权法意义上的“作品”,又或者仅仅是某人的姓名、肖像甚至是构不成姓名权的某外国人的中文译名。其二是指该标识构成要素使用于具体商品/服务之上,即“商品化”之后,建立起对应具体商品的“第二含义”,即标识(符号)反射到具体商品/服务上的商业利益。此时,“商品化权”才能具备可保护的合法权益,其法律地位实际相当于“未注册驰名商标”,而作为未经注册却实际使用的商标,保护的重点应着眼于规范使用合理并存,而不应给予等同于注册商标一样的独占排他权,否则将使我国的商标注册制度形同虚设。

具体到当下的涉及商品化权的案件中,笔者认为,在民事侵权案件中,在角色形象或者姓名肖像被“商品化”之前,如果他人对角色形象或者姓名肖像标识构成要素本身擅自使用,可以依照著作权法或者人格权法对侵害作品或者侵害人格的行为予以制止;如果他人将角色形象或者姓名肖像使用于商品或者商业之上,应当区分情况对待,一种情况是权利人尚未在这些商品/服务之上形成反射利益,法律

不应予以保护;另一种情况是权利人通过长期使用已经建立起了在商业上的反射利益,对他人这种擅自商业化使用行为则应当依照反不正当竞争法予以制止,而不应当再依据著作权法或者人格权法加以保护,因为此时侵害的客体已经不是作品或者姓名,而是它们背后反射形成的商业利益。

同样,在商标确权行政案件中,如果“商品化”之前的角色形象或者姓名肖像的标识构成要素(符号)被抢注,该标识符号符合法律规定构成民事权利的,可以依据《商标法》第三十二条前半段作为“在先权利”予以制止;如该标识符号不能达到民事权利所要求的高度(如独创性不高的作品、外国人的中文译名等等),则不属于在先权利,此时如果其有实际使用行为,还可以依据《商标法》三十二条后半段作为“未注册商标”甚至依据第十三条“未注册驰名商标”予以制止;但此时该标识如果没有实际使用,则只能作为公有领域的普通标识,注册后才受保护,未经注册不予保护,因此不应将其扩张为“在先权利”去阻却他人的注册。

对于最后一种情况,可能会有人认为这是放纵商标抢注,姑息侵权行为,但笔者并不这样认为。

首先,我国商标法实行先注册原则,这一原则及其一系列制度设计保证了在先使用人有充足的时间提前申请商标注册,同时这一制度也有督促在先使用人积极申请注册的功能,如果在先使用人躺在权利上睡大觉、怠于申请商标,且他人的申请也不存在违法而应无效的事由,商标主管机关或者法院就不应在法律规定之外创设理由进行干预,尤其是商标申请确权程序乃行政行为,应当遵循“法不禁止即可为”的原则。

其次,允许他人申请商标并未给在先使用人造成损害。如果他人注册成功在先使用人的商标,且在先使用人也无合法理由证明该商标无效,基于现行商标法,两者可以共存、各自区别使用,所以在先使用人主动放弃申请商标注册仅仅失去的是其在先使用范围之外的领域,对于其已经在先使用的商业领域,并不会因为他人注册而受到限缩。

最后,允许他人申请商标并非意味着他人可以从事不正当竞争。他人获得商标注册后,依法应当规范使用注册商标,如果其在使用中有不正当竞争行为,如搭在先使用人便车、傍在先使用人名牌,现行反不正当竞争法仍旧可以规制,这方面的判例已经很多,不再赘述。

综上所述,将所谓“商品化权”回归为“未注册商标权益”,将“商品化权”的标识构成要素回归为著作权意义上的作品、人格构成要素或者公有领域的普通标识,如果仅仅侵害这些标识要素，可以依据著作权法、人格权法加以保护，或者不予保护，如果这些标识要素具有了商业上的反射利益，则可以通过申请注册，获得商标法保护，未申请注册的可以通过反不正当竞争法作为"未注册商标"获得保护。

## 后 记

笔者认为，"商品化权"问题的本质，是对于先注册的商标和先使用的商标在现行法律均有对应制度设计的情况下，那些既没有注册也没有使用的标识符号，仅仅因为特定主体带来的极高知名度，是否应当对该标识符号享有商业上独占和排他的权利？

本文从"未注册商标权益"角度解读"商品化权"，认为在现行法律框架之下足以解决对作品的角色形象、名称或者知名人物的姓名、肖像的抢注和侵害，背后还是基于商标注册和商标使用的关系作利益考量，结论是目前尚不必创设"商品化权"这样一个新的民事权利。

退一步讲，即使"商品化权"背后所代表的法益值得保护，而现行法律又不足以保护，法院在判决中也应当避免使用"商品化权"这一极具争议而又容易误解的概念，毕竟在我国的民法理论框架下，未经立法机关规定不能确立一项民事权利。

再具体到实践中涉及商品化权的各种情况（或案例），目前看也只有在商标授权确权阶段他人抢注在先虚构角色形象或者知名人物姓名这一种情况，需要引入所谓"商品化权"，而在这里引入商品化权的目的是为了匹配《商标法》第三十二条前半段的"在先权利"。如前所述，笔者认为，由于在先使用人的权利边界并不清晰，许多情况下的在先利益并不值得保护（甚至没有受到实际损害），即使确有必要修改法律对这些在先利益提供保护，那么修改《商标法》第三十二条将"在先权利"改为"在先权益"，而不用绕道设立一个概念不清范围不明的民事权利，岂不更好？在这一点上，最高人民法院显然已经注意到了。[①] 因此单从这个角度看，设立"商品化权"这样一个民事权利的意义似乎也不大。

---

① 2014年《最高人民法院关于审理商标授权确权行政案件若干问题的规定》（征求意见稿）第十七条即使用了"在先权益"一词。

# 如何保护知名商品的特有包装装潢

## ——兼评加多宝与广药集团“红罐之争”的终极一战

马远超*

*作者简介：

马远超，合伙人，中伦律师事务所上海办公室，电邮为myc@ zhonglun. com。

加多宝与广药集团的“红罐之争”始于2012年。双方在法院交手多次，多以加多宝失败告终。而这一场“对殴”堪称双方的终极一战，由加多宝首先动手，加多宝在法院先行起诉广药集团的孙子公司广州王老吉大健康产业有限公司，指责大健康公司侵害其红罐包装装潢权利，索赔3千余万元！广药集团立即还以颜色，指责加多宝侵害其红罐包装装潢权利，索赔1.5亿元！经最高人民法院指定，两案均由广东高院受理。2015年，广东高院对两案做出一审判决。广东高院不仅驳回了加多宝的全部诉讼请求，而且支持了广药集团的诉讼请求，判决加多宝不得使用红罐包装装潢，赔偿广药集团经济损失1.5亿元以及合理维权费用265,210元。加多宝上半场0:2完败，对两案提起了上诉。2017年8月，最高人民法院对两案做出二审判决，撤销了广东高院(2013)粤高法民三初字第2号判决，维持了(2013)粤高法民三初字第1号判决，其核心结论是加多宝与广药集团共同享有对红罐包装的权益，互不构成红罐包装装潢侵权。经过下半场，双方1:1战平！本案一审二审法院在知名商品的特有包装装潢保护问题上，既有相同观点，又有不同观点，留给我们诸多启示。

## 一、什么是知名商品的特有包装装潢？

《反不正当竞争法》(1993年版，下同)第五条第二项规定：“擅自使用知名商品特有的名称、包装、装潢，或者使用与知名商品近似的名称、包装、装潢，造成和他人的知名商品相混淆，使购买者误认为是该知名商品的，构成不正当竞争。”《最高人民法院关于审理不正当竞争民事案件应用法律若干问题的解释》第一条第一款规定：“在中国境内具有一定的市场知名度，为相关公众所知悉的商品，应当认定为反不正当竞争法第五条第二项规定的‘知名商品’。”

通过上述规定可知，准确理解知名商品的特有包装装潢权利内涵，需要把握以下三点：

1. 特有包装装潢附着在知名商品(包括服务，下同)之上，该权益指向的是特有包装装潢，而不是知名商品本身。保护的客体不是商品本身，更不是商品的知名度，而是该知名商品所附着的特有包装装潢。

2. 该特有包装装潢附着的商品，必须在中国境内具有一定知名度，为相关公众所知悉。如果在中国境外有知名度，在中国境内没有知名度，其特有包装装潢不受我国反不正当竞争法保护。如果该包装装潢虽然与众不同，但是商品尚未具有知名度，仍然不受保护。那么，商品具有什么样的知名度才符合条件呢？并非要求人尽皆知,也非要求全国有名,如果“小有名气”或者“圈内人士”都知道即可。

3. 该包装装潢是“特有的”。如果该包装装潢非常常见,早已有之,即使商品很知名,也不受保护。该包装装潢必须是与众不同的,与其他商品的包装装潢具有视觉上的较明显差别。换言之,这种与众不同并非是包装装潢功能上的,而是视觉上的。

在加多宝与广药集团“红罐之争”案件中,一审法院认为双方争议的知名商品为“王老吉凉茶”,既包括了加多宝生产的红罐王老吉凉茶,也包括了广药集团许可加多宝使用王老吉商标之前的王老吉凉茶。其理由是:在双方建立商标许可关系之前,广药集团生产的王老吉凉茶已经具有相当高的知名度。殊不知,加多宝生产的红罐王老吉凉茶与双方发生商标许可之前的广药集团生产的王老吉凉茶,两者承载的包装装潢不同,前者才是加多宝主张的包装装潢,因而二审法院纠正为“加多宝公司生产经营的红罐王老吉凉茶应为本案特有包装装潢所依附的商品”。此外,一审二审法院都从王老吉凉茶的知名度,以及该商品所附的包装装潢的特有性两个方面,论证了涉案的包装装潢属于《反不正当竞争法》所规制的“知名商品的特有包装装潢”。

双方主张的涉案“知名商品的特有包装装潢”的具体内容又是什么呢?换言之,红罐包装装潢所涉的权益究竟是包含黄色字体“王老吉”的红罐整体视觉形象,还是去除黄色字体“王老吉”之后剩余的红罐视觉形象?前者观点有利于广药集团,后者观点有利于加多宝。在这个问题上,最高院支持了广药集团观点,笔者非常认同。因为黄色字体“王老吉”的确是红罐包装装潢的组成部分,而且占据了显眼的位置,发挥了识别商品及其来源作用。如果加多宝起诉之初,即主张去除黄色字体“王老吉”之后剩余的红罐包装装潢为归属于加多宝的权益,法院是否会认定其主张的包装装潢构成“知名商品的特有包装装潢”?法院是否会在加多宝所主张的范围之外,强加黄色字体“王老吉”为涉案包装装潢的组成部分?事实上,加多宝是在审理过程中逐渐明确其主张的是去除黄色字体“王老吉”之后剩余的红罐包装装潢。这也是本案值得反复品味之处。

## 二、为什么要保护知名商品的特有包装装潢?

为什么要保护知名商品的特有包装装潢呢?因为,消费者不仅是根据商品的注册商标来识别商品及其来源的,同时也会根据商品的包装装潢来识别。当来自两个来源的不同商品具有相同或者相似的包装装潢时,很容易导致消费者混淆,从而损害消费者利益以及一方商品生产销售者的利益，让另一方获得非法利益。尤其是当一方商品为知名商品，拥有良好的社会声誉与消费者群体之时，就容易遭受其他同业竞争者模仿其包装装潢，被“搭便车”。

**图1　娃哈哈出品的“营养快线”与“营养抉线”饮料**

**图2　两种蜜炼川贝枇杷膏：“京都念慈庵”与“京都念慈堂”**

如上图娃哈哈出品的“营养快线”遭遇“营养抉线”，“京都念慈庵”遭遇“京都念慈堂”，都是让人哭笑不得而又现实存在的模仿。如果《反不正当竞争法》不规制此类模仿他人包装装潢的行为，必然损害社会公众利益以及合法商家利益。

## 三、谁是知名商品的特有包装装潢的权利人？

在日常生活中，知名商品有可能是由委托方委托承揽方加工，也有可能生产商购买外包装后对外销售，也有可能生产商委托第三方设计外包装装潢后自行生产包装装潢。面对如此众多的主体，究竟谁是知名商品的特有包装装潢的权利人？要回答这个问题，还得从知名商品的特有包装装潢所保护的权益与对象的本源进行考量。

《反不正当竞争法》之所以要保护知名商品的特有包装装潢，如前所述，一方面是要保护社会公众消费者的利益，另一方面是要保护知名商品所属方的利益。法律需要鼓励与保护那些通过诚信经营、辛勤付出而在消费者心目中产生的商品信赖，确保消费者所购买的正是他所真心信赖的商品。从这个意义上而言，商品的产品质量责任方，并且是商品的源头即商品的制造商，他们的合法权益，才是法律所要保护的对象。只有鼓励与保护他们的合法权益，才能让社会有越来越多的商家生产越来越多的优质商品。

知名商品的销售者通常不是知名商品的特有包装装潢的权利人。当然也有例外，即销售者在销售过程中，在商品上增加或者换上了新的特有包装装潢，通过该销售者的努力，消费者对其销售行为产生了较高信赖利益，当销售者自身的特有包装装潢承载了消费者对销售者的信任、赞赏之时，销售者的特有包装装潢就有可能得到保护。

知名商品的特有包装装潢的设计者，能否享有知名商品的特有包装装潢的权益，取决于该设计者与委托设计者（通常为商品的制造商）之间的约定，有约定服从约定。实践中，处于强势地位的委托方通常要求设计成果的知识产权归属于委托方。如果没有约定，而设计成果属于著作权法保护的作品，设计方可以主张著作权寻求保护；如果设计成果难以归类为著作权法保护的作品，而属于商品特有包装装潢的，其权益应当归属于委托方即商品实际制造者。理由是：一方面，如果允许设计者拥有特有包装装潢的权益，意味着其既可以自行使用，也可以再许可或者转让第三方使用，导致市场上出现包装装潢完全相同的、来自两个来源的商品，从而引发混淆、损害消费者利益；另一方面，特有包装装潢是消费者与商品制造者之间信赖关系的桥梁和载体，而非消费者与设计者之间信赖关系的桥梁和载体；还有一方面，特有包装装潢指向的商品之所以知名，之所以要防止混淆误认，通常是商品制造者努力经营的成果，而不是设计者，尽管可能包含了设计者的美观设计贡献。同理，商品的受托加工方，外包装的加工方，也不应成为知名商品的特有包装装潢的权利人。

在加多宝与广药集团的“红罐之争”中，谁是知名商品的特有包装装潢的权利人，成为了案件的核心焦点。最高院认为，由于双方没有对归属作出约定，商品厂商信息不能作为认定归属的依据，在先判决没有认定加多宝与广药集团合作期间内部的权利归属划分，加多宝与广药集团对涉案包装装潢权益形成都发挥了重要作用，消费者会将红罐王老吉凉茶与双方同时建立联系，因而认为涉案包装装潢权益由加多宝公司与广药集团共同享有。最高院可谓用心良苦，在加多宝、广药集团、消费者的利益冲突与平衡之间取了最大公约数。尽管如此，笔者并不完全赞同上述结论，理由如下：

1. 广药集团已经通过商标许可获得“王老吉”商标知名度对应贡献的收益。

广药集团通过将“王老吉”商标许可给加多宝使用，不仅依据合同收取了商标许可费，而且在收回商标使用权之后，收获了加多宝在“王老吉”历年品牌经营过程中累计的丰厚商誉。值得强调的是,在通常的商标许可关系中,许可人通常是商标价值的输送方,被许可人通过支付商标许可费换取商标蕴含的市场价值。本案的特殊之处在于,双方建立商标许可关系时,许可人是商标价值的输送方,双方终止商标许可关系时,由于被许可人创造的新增商标价值远远超出了起初的商标价值,成为商标价值"反向输送方"。在这个过程中,广药集团的收益已经远远超出了已经收取的商标许可费的范畴。

2. 知名商品特有包装装潢与注册商标专用权是两个相互独立的权利。

知名商品特有包装装潢与注册商标专用权的共性之处在于,都保护消费者与商品供应商之间的信赖利益。区别之处在于,前者往往是商品实际的供应商与消费者之间的信赖利益的连接点,后者既可能是商品实际供应商与消费者之间的信赖利益的连接点,也可能是商标许可方与消费者之间的利益连接点。当消费者是基于对商品实际供应商的信赖购买商品时,即为前一种情形;基于对商标许可方的信赖购买商品时,即为后一种情形。对于知名商品特有包装装潢归属问题,解决的是未来的消费者识别商品来源问题、保护当下的消费者信赖利益问题。对于商标专用权的保护,解决的是当下消费者对商标附着的市场信赖利益问题。广药集团作为"王老吉"商标的权利人,其贡献范围充其量在于商标的知名度与号召力,在双方没有约定的情形下,商标权利人的权利范围不应延伸到知名商品特有包装装潢权利范围。

3. 即使双方共有,广药集团与加多宝享有同等的共有权利,有失公允。

目前最高院的判决结果是双方共同享有红罐包装装潢权益,双方的权利是平等的、相同的。笔者理解,加多宝有权使用去除黄色字体王老吉之后的剩余红罐包装装潢,广药集团有权使用包含黄色字体王老吉在内的完整红罐包装装潢。在本案中,客观地说,双方商标许可关系建立早期或者在广东地区,消费者很有可能是基于对商标许可方即广药集团的信赖而购买红罐王老吉凉茶,在中后期或者在广东之外的地区,情况就大不一样。退一步讲即使双方共有该权益,由于双方就红罐包装装潢与消费者之间的信赖关系的贡献不同,也应有所区别。

最后,必须承认的是,最高院的判决是智慧的,在调和各方利益冲突方面,做出了极大努力,取得了最大公约数,有利于维护凉茶市场的稳定和有序,也为未来的良性竞争奠定了良好基础,市场和消费者将是加多宝与广药集团未来竞争的胜负裁判者。

# 从“乔丹案”谈“商业符号”利益之保护

马东晓　闫春辉*

* 作者简介：
马东晓，合伙人，中伦律师事务所北京办公室，电邮为 madongxiao@ zhonglun. com；
闫春辉，律师，北京办公室。

## 一、"乔丹案"始末

### 1. 一场持续四年的纷争

2012 年 2 月美国 NBA 篮球明星 Michael Jeffery Jordan(以下称迈克尔·乔丹)一纸诉状将仅距上市敲钟一步之遥的乔丹体育股份有限公司(以下简称乔丹体育)起诉到上海市第二中级人民法院,在诉状中迈克尔·乔丹声称"乔丹"是其姓名,乔丹体育侵犯其姓名权,法院经过开庭之后,将该案搁置至今。

2012 年 10 月,迈克尔·乔丹又向中国国家工商行政管理总局商标评审委员会(以下简称商评委)提出争议裁定申请,申请商评委撤销乔丹体育的 78 件相关注册商标,将双方的缠斗拉入第二阶段,到 2017 年 12 月 8 日最高人民法院就部分商标授权确权行政案件作出判决,这场旷日持久的拉锯战似乎仍未有接近尾声的迹象。

➢ 商评委阶段

本案共涉及 78 件争议商标,迈克尔·乔丹认为,其在世界包括中国范围内具有极高知名度,"乔丹"系原告姓名的中文译名,中国公众看到"乔丹"、"QIAODAN"、乔丹图形等标识,就会将标识与原告联系在一起,争议商标的注册造成了相关公众的混淆误认,产生不良影响,属于 2001 年修正的《商标法》第十条第一款第(八)项规定的"有其他不良影响"的情形;争议商标属于恶意大规模注册,属于《商标法》第四十一条第一款规定的以"其他不正当手段"取得注册的情形;另外,部分争议商标还侵犯了原告的姓名权或肖像权,属于《商标法》第三十一条前半段"损害他人现有的在先权利"所指情形,故请求对争议商标予以撤销。

尽管迈克尔·乔丹高调维权,但结果并不如愿。商评委在审理后认为:争议商标与迈克尔·乔丹的姓名、肖像存在一定区别,难以认定相关争议商标与迈克尔·乔丹存在一一对应关系。最终,商评委未支持迈克尔·乔丹的主张,维持了全部争议商标的注册。

➢ 一审和二审阶段

迈克尔·乔丹不服,向北京市第一中级人民法院提起行政诉讼,请求撤销被告商评委的裁定。后因未得到北京市第一中级人民法院的支持,又向北京市高级人民法院提起上诉。经审理,一审、二审法院均维持了商评委的全部争议裁定。

两级法院经审理后认为:首先,争议商标标志本身并没有对社会公共利益或公共秩序造成不良影响,如果仅损害特定民事权益不宜认定其属于具有其他不良影响的情形。其次,现有证据不足以证明乔丹体育属于用欺骗手段以外的扰乱商标注册秩序、损害公共利益、不正当占用公共资源或者以其他方式谋取不正当利益的手段。最后,争议商标中的“乔丹”并不唯一对应于“Jordan”,且“Jordan”为美国人的普通姓氏而不是姓名,故现有证据不足以证明“乔丹”确定性指向“Michael Jordan”和“迈克尔·乔丹”;肖像权是自然人基于其肖像而享有的人格权益,肖像应清楚反映人物的主要容貌特征,至少应清楚到社会公众能够普遍将该肖像识别为肖像权人,本案中,相关公众难以将争议商标中的形象认定为迈克尔·乔丹,故不存在“损害他人现有的在先权利”的情形。

➤ 再审阶段

迈克尔·乔丹仍然不服,就78件案件中的68件向最高人民法院提起再审申请。2015年11月,最高人民法院对全部68件案件进行了再审审查,并于2015年12月底,裁定驳回迈克尔·乔丹在50件案件的再审申请,裁定提审10件案件,裁定中止审理8件案件。

2016年4月26日,也即世界知识产权日当天,最高人民法院组成了以副院长陶凯元大法官为审判长的五人合议庭,以全网直播的方式对提审的10件案件进行了公开开庭审理。在这10件案件中,核心争议焦点为争议商标的注册是否损害了迈克尔·乔丹的姓名权,是否违反了2001年修正的《商标法》第三十一条关于“申请商标注册不得损害他人现有的在先权利”的规定。围绕该争议焦点,双方在近4个小时的时间里进行了充分的陈述和辩论。

2016年12月8日,最高人民法院对提审的10件乔丹再审案件进行了公开宣判。

2. 难言孰胜孰负的判决

最高人民法院对“乔丹案”的公开宣判,吸引了社会各界的广泛关注,其中最核心的问题也是最受瞩目的问题在于最高人民法院对如何划分姓名权与商标权的边界。最终,最高人民法院将10件再审案件分为了两种类型,关于3件涉及“乔丹”汉字的商标,最高人民法院认定此3件商标的注册损害了迈克尔·乔丹的在先姓名权,违反了《商标法》第三十一条“申请商标注册不得损害他人现有的在先权利”的规定,应予撤销①;而关于7件大写拼音“QIAODAN”以及小写拼音“qiaodan”与图形组合商标,最高人民法院认定,因再审申请人对拼音“QIAODAN”和“qiaodan”不

① 详见(2016)最高法行再27号行政判决书。

享有姓名权，此7件商标的注册未损害再审申请人的在先姓名权[①]。关于迈克尔·乔丹主张的争议商标构成《商标法》第十条第一款第（八）项规定的"有害于社会主义道德风尚或者有其他不良影响"，以及《商标法》第四十一条第一款"以欺骗手段或者其他不正当手段取得注册"等理由，最高院认为10件商标的注册均不属于相关情形。

很快，各家媒体纷纷对此次公开宣判进行了广泛报道，其中不乏"迈克尔·乔丹与乔丹体育打成平手""最高法院各打五十大板"这样的题目，也不乏类似"乔丹体育不能再使用'乔丹'商标""迈克尔·乔丹只是赢了个名字"等倾向于一方的描述。而本案的当事人迈克尔·乔丹和乔丹体育发布的声明，似乎均表示自己是最后的赢家。那么，这场诉讼最后究竟谁胜谁负呢？

从迈克尔·乔丹方面看，最高人民法院认定了迈克尔·乔丹就"乔丹"二字，可以在《商标法》第三十一条下享有姓名权保护。且通过此次公开宣判，中国的消费者能够更加清楚地知道迈克尔·乔丹与乔丹体育没有关联。可见，迈克尔·乔丹面对这一结果有值得欣慰的道理。

从乔丹体育方面看，此次被最高人民法院判定应予以撤销的三件涉及中文"乔丹"的注册商标，分别注册在第25类、第28类和第32类商品上，涉及的商品项目包括婴儿全套衣、婚纱、体育活动器械、无酒精饮料、豆类饮料、啤酒等，属于乔丹体育周边注册的防御性商标。而对于乔丹体育在主营业务，包括鞋、帽、服装等商品上已注册并使用的商标，由于相关商标的注册不违反《商标法》第十条第一款第八项和第四十一条第一款的规定，且在迈克尔·乔丹提起争议申请时已超过《商标法》第四十一条第二款规定的五年时限从而不适用《商标法》第三十一条，均已被最高人民法院维持了注册。另外值得注意的是，这些之前被最高人民法院维持注册的50件商标中，包含若干"乔丹"汉字商标。可见，乔丹体育并非完全不能使用"乔丹"文字商标，乔丹体育称其主营业务不受影响也有理由。

面对如此结果，案外人是雾里看花般的不明就里，当事人似乎也是水中望月般的一厢情愿，未来不论是乔丹体育已注册商标的使用，抑或是迈克尔·乔丹对已被认可的姓名的指代，双方在商业上的发展走向仍旧扑朔迷离。

抛开结果仅从案件本身来看，该系列案件为法院适用《商标法》第四十一条第一款、第十条第一款第（八）项等提供了明晰的指导；在一定程度上对名人"姓名权"

① 详见（2016）最高法行再31号行政判决书。

的保护边界问题、稳定市场竞争秩序的认定问题等一系列商标法领域的热点问题做出了集中回应。从社会影响看,最高人民法院的公开审理和公开宣判,不仅有利于展示最高人民法院公开透明的形象,也有利于增强我国司法保护的国际影响力。但是,在客观地分析"乔丹案"中法律问题的同时,我们也注意到了在互联网及信息大爆炸的时代,个人"商业符号"相关利益越来越受到重视,"明星""网红"们的"符号利益"保护面临着不小的困境,企业在市场博弈过程中对其品牌的保护面临诸多挑战。如果相关主体未来对此问题能够给予足够的关注,无疑将更有利于自身发展和利益的保护。

## 二、"乔丹案"折射出的理论难题

1. 迈克尔·乔丹究竟在主张什么?

"乔丹案"中,最有争议的问题在于争议商标的注册是否损害了迈克尔·乔丹的在先姓名权。从保护依据和性质来看,我国保护姓名权的主要依据是《民法通则》第九十九条第一款,该条位于《民法通则》第五章第四节"人身权"部分。从权利内涵来看,大陆法系传统民法下的姓名权是不包括其财产利益的,"人格上的精神利益不能以金钱加以计算,不具有财产的性质……姓名、肖像等被他人不法使用于商业广告时,依传统见解,其被侵害的,系人格尊严价值,而非具有财产权性质的利益"①。

从表面上,迈克尔·乔丹是在主张争议商标损害了其在先姓名权,但具体看其所依据的事实和理由,其所主张的"姓名权"实际上对传统民法意义上的姓名权进行了扩张。比如,主张姓名需要具有影响力和知名度、进而将该姓名作为与权利人建立对应关系的主体识别符号,主张姓名权的外延与代言、许可、是否造成相关公众混淆相联系等,这些为迈克尔·乔丹主张的姓名权赋予了更多财产性利益的内涵,使其更像是一种"商业符号"。

在再审判决中,最高人民法院认为:

"在适用《商标法》第三十一条关于'不得损害他人现有的在先权利'的规定时,自然人就特定名称主张姓名权保护的,该特定名称应当符合以下三项条件:其一,该特定名称在我国具有一定的知名度、为相关公众所知悉;其二,相关公众使用该

① 王泽鉴:《人格权保护的课题与展望——人格权的性质及构造:精神利益与财产利益的保护》,载《人大法律评论》2009年5月。

特定名称指代该自然人;其三,该特定名称已经与该自然人之间建立了稳定的对应关系。

……

在适用《商标法》第三十一条的规定保护他人在先姓名权时,相关公众是否容易误认为标记有争议商标的商品或者服务与该自然人存在代言、许可等特定联系,是认定争议商标的注册是否损害该自然人姓名权的重要因素。因此,在符合本院阐明的有关姓名权保护的三项条件的情况下,自然人有权根据《商标法》第三十一条的规定,就其并未主动使用的特定名称获得姓名权的保护,这不仅有利于保护自然人的人格尊严及其姓名所蕴含的经济利益,也有利于防止相关公众误认,籍以保护消费者的合法权益。”

可见,最高人民法院已经将“相关公众容易误认为标记有争议商标的商品或者服务与该自然人存在代言、许可等特定联系”纳入侵犯姓名权的情形。然而,这部分以姓名为名的财产性利益是从姓名中延伸出来的,已经超出了我国现有法律体系下“姓名权”的内涵。该部分利益在我国尚未被明确类型化,反而更属于近期在学术和实务界被热烈讨论的“商品化权”,更准确的说法可能是美国部分州的法律所保护的“公开权”所保护的范畴。但是,目前“商品化权”或“公开权”并非我国法定的权利类型,其权利的内涵和边界也没有在我国理论和实务界形成共识,这就给法院在保护相关法益时带来了不小的难题。

2.“商品化权”及“公开权”的法律内涵

“商品化权”一词作为一个舶来品最初是从日本引进的,而日文的“商品化权”则是20世纪60年代初对 merchandising right 的直译。随后,我国学者也开始直接翻译英美商品化权的案例及学说,并且在翻译的过程中结合相关汉语的具体含义对这一概念加诸了自己的见解,由于对权利内涵和外延的理解和认识存在差异,我国学界出现了“商品化权”“形象权”“公开权”“角色商品化权”“虚拟角色商品化权”等诸多称谓。例如,“角色商品化权”则是对 WIPO 所发表《Character Merchandising》一文的翻译,在该报告中,将“角色”分为三类,包括真实人物形象、虚拟角色以及视听角色。[①] 还有学者认为,“商品化权”这个名称实乃误译,根据 WIPO 所发表

① WIPO, Character Merchandising, http://www.wipo.int/copyright/en/activities/pdf/wo_inf_108.pdf, p. 6.

《Character Merchandising》一文的描述,应该翻译成"角色促销"。①

在美国,一般将虚构性角色的商品化权和真实人物的商品化权分开论述,前者称为"角色权"(Right in Character),后者称为"公开权"(Right of Publicity)。对于角色权,美国的司法实践通常是采用版权法、商标法和反不正当竞争法交叉保护。而"乔丹案"涉及的则是对真实人物迈克尔·乔丹的"公开权"保护问题。

公开权起源于美国的隐私权(right of privacy)制度,该权利阻止任何对个人姓名、肖像等识别符号的未授权商业使用。在美国,公开权通常通过州法律保护,仅仅一半的州明确认可公开权。以伊利诺伊州为例,根据伊利诺伊州的公开权法:公开权是指"控制和选择是否以及如何为商业性目的使用一个人的身份特性(Identity)的权利"②。其中身份特性的定义是"任何个人的特性,这种特性可以使一个普通的理性的观察者或听众辨认出此人。包括但不限于姓名、签字、照片、肖像、声音等③"。不认可公开权的州通常在隐私权中概括保护相关权益。《侵权法(第二次)重述》规定了四种对隐私权的侵犯方式:(1)无理侵扰他人(intrusion);(2)非法占用或挪用他人姓名或肖像(appropriation of name or likeness);(3)不合理公开(unreasonable publicity);(4)歪曲报道(false light)。可见,侵犯公开权与侵犯隐私权的第(2)种方式类似。另外,也有的州通过反不正当竞争法保护相关权益。④

可见,从概念上看,所谓"商品化权"所保护的法益,目前在我国并未形成确定统一的称谓,对权利内涵和外延的理解和认识也不尽相同;从保护上看,即便在美国也仅有一半的州明确认可"公开权",其他的州对相关法益的保护方式更是五花八门。

3. 现阶段引入"商品化权"或"公开权"仍存在障碍

不能否认的是,美国、日本等国家先后确立了人格利益进行商品化保护的制度。但我国属于大陆法系国家,大陆法系每一项民事权利都有其深厚的历史沉淀,

---

① 刘银良:《角色促销:商品化权的另一种诠释》,载《法学》2006年第8期。

② (765 *ILCS* 1075) *Right of Publicity Act*. "Sec. 10. Recognition of right of publicity. The right to control and to choose whether and how to use an individual's identity for commercial purposes is recognized as each individual's right of publicity."

③ (765 *ILCS* 1075) *Right of Publicity Act*. "Sec. 5. Definitions. As used in this Act: …'Identity' means any attribute of an individual that serves to identify that individual to an ordinary, reasonable viewer or listener, including but not limited to (i) name, (ii) signature, (iii) photograph, (iv) image, (v) likeness, or (vi) voice."

④ 详见:https://www.law.cornell.edu/wex/publicity,最后访问时间:2016年12月27日。

在民事法律体系中都有自己特定的位阶，不考虑体系化地创设权利，会造成体系的混乱。很明显，“商品化权”或“公开权”不是一个封闭的权利，而是一个“权利束”，现阶段创始这类权利就可能导致诸多问题：

首先，“商品化权”或“公开权”没有清晰的边界；其次，“商品化权”或“公开权”的保护期限难以明确，保护的合理性标准难以统一；最后，“商品化权”或“公开权”既可能同时包含人身权和财产权的成分，又与商标权、著作权等存在交叉，因此在纳入既有权利体系时可能会带来困扰。因此，现阶段我国立法创设“商品化权”时机仍不成熟。

虽然人格财产利益是人格权在现今时代的延伸和发展，在个案中可能“商业符号”所承载的财产权益确有必要予以保护，但鉴于我国现行《民法通则》只规定了人格权的精神利益，在人格财产利益未经成文法类型化的情况下，法院难以在现实纠纷中用“商品化权”或“公开权”等概念裁断纠纷，否则将有“法官造法”之嫌，这也是目前实践中虽然法院在极个别案例中认可了商品化权（如“功夫熊猫”案①、“TEAM BEATLES”案②），但却遭到学界质疑的原因。

正是因为存在上述问题，2016年5月北京市高级人民院在《当前知识产权审判中需要注意的若干法律问题》中指出：

——关于形象的商业化利益保护问题。近年来，关于形象的商业化利益，或者俗称“商品化权”的保护呼声在商标授权确权行政诉讼中越来越高。但是，关于形象的商业化利益的保护对象、保护范围，无论在实践中还是在学术上均有较大争论，因此将该利益作为《商标法》第三十二条规定的“在先权利”予以保护应当慎重。首先，应当坚持权利法定原则，即对形象的商业化利益的保护，不是对法定权利的保护，我国并无法律规定形象的商业化利用“权利”，因此只有对形象的商业化利益进行分析确定其属于可受法律保护的利益时，才能纳入《商标法》第三十二条在先权利的保护范围。其次，对形象的商业化利益的保护范围应当慎重研究、严格划定，除非必要，对该利益的保护不应超出未注册驰名商标的保护。各院需要对形象的商业化利益进行保护的，必须事先层报高院民三庭审查。

该表述可以折射出北京市高级人民法院对形象的商业化利益进行保护时的慎重态度。

---

① 详见（2015）高行（知）终字第1969号行政判决书。

② 详见（2013）一中知行初字第1493号行政判决书。

在“乔丹案”中，最高人民法院在判决书中明确指出“姓名权是自然人对其姓名享有的人身权。而商标的主要作用在于区分商品或服务来源，属于财产权，与姓名权是性质不同的权利”，同时又指出“体现了我国法律对包括姓名权在内的人身权益中所蕴含的经济利益的承认和保护……鉴于商标的主要作用在于区分商品或者服务的来源，故未经许可擅自将他人享有在先姓名权的姓名注册为商标的，不仅会损害该自然人的人格尊严，而且容易导致相关公众误认为标记有该商标的商品或者服务与该自然人之间存在代言、许可等特定联系”。这里，最高人民法院试图将姓名权扩张为包括“代言、许可利益”，从而在姓名权框架下保护“商业符号”所承载的财产性权益，似乎可以解读为最高人民法院在“商品化权”或“公开权”并非类型化权利的情况下解决现有法律框架下姓名权的人身权属性与姓名上承载有“商业符号”财产性利益之间冲突的折衷路径。从逻辑自洽的角度看，最高人民法院在判决中提出了在适用《商标法》第三十一条关于“不得损害他人现有的在先权利”的规定时，争议商标损害姓名权的条件和自然人就特定名称主张姓名权保护的三个条件，在一定程度上解决了名人姓名的财产性权益在商标法下保护的边界问题，在一定程度上避免了姓名权在商标法下的肆意扩张导致商标注册制度被“架空”的后果，同时也将“在先姓名权”限制于“在适用《商标法》第三十一条关于‘不得损害他人现有的在先权利’的规定时，自然人就特定名称主张姓名权保护”的范围内，似乎在某种程度上也给区分通常属于人身权的“姓名权”与构成《商标法》第三十一条下“在先权利”的“姓名权”留下了解释的空间。

值得注意的是，最高人民法院于 2017 年 1 月 10 日发布了《关于审理商标授权确权行政案件若干问题的规定》，其中第二十条对认定“诉争商标损害其姓名权”“以其笔名、艺名、译名等特定名称主张姓名权”的条件进行了明确，且相关条件与“乔丹”商标案件中的认定标准保持了一致；第二十二条则明确了“角色形象著作权”“作品名称、作品中的角色名称等”的两种保护方式，即对于“角色形象著作权”，法院按照“在先著作权”相关规定进行审查，而对于“作品名称、作品中的角色名称等”（本身可能难以构成著作权法下的作品），在“具有较高知名度”“将其作为商标使用在相关商品上容易导致相关公众误认为其经过权利人的许可或者与权利人存在特定联系”时予以保护，但该条中将保护对象表述为“在先权益”，并未创设新的权利类型。

## 三、“乔丹案”带来的现实启示

1. 人格要素的“商业符号”利益被确认为民事权利了吗？

虽然在个案中“商业符号”利益确有被保护的必要，但目前我国尚未设立“商品化权”或“公开权”制度。最高人民法院在“乔丹案”的判决中，虽然认可了自然人基于特定名称享有的姓名权财产权益在商标法下可以获得姓名权保护，但也是在姓名权的框架下进行。在最高人民法院于2017年1月10日发布的《关于审理商标授权确权行政案件若干问题的规定》第二十条、第二十二条中，也采用了“姓名权”“著作权”“在先权益”等措辞。同时，《关于审理商标授权确权行政案件若干问题的规定》对相关权利/权益设定了不同的保护条件。而这些条件，不论是“具有一定知名度”“相关公众指代”“稳定的对应关系”，还是“具有较高知名度”，都对相关权利/权益的保护设立了较高的“门槛”。因此，我们认为，在现有法律框架下，权利人如欲保护自己的“人格要素商业利益”仍需要更多采取申请商标注册等传统路径进行保护，切不可当然地认为在“乔丹案”和《关于审理商标授权确权行政案件若干问题的规定》之后，“商品化权”（“公开权”或者“姓名权”等其他商业符号利益）已经被类型化和确认为一项民事权利。

2. 仍应运用多种方式保护自己的“商业符号”利益

自然人和企业所有的“商业符号”，主要是指自然人的人格要素（如姓名、肖像，其上承载着财产性利益）、企业使用的名称、字号、自然人或企业在生产经营过程中使用的标语、口号、作品名称、微博名称、公众号名称等。此外，上述过程还会产生虚拟人物名称、造型、经典动作、声音、对白等。相关“商业符号”可能都会产生类似商标的作用，或者使得相关公众将其对相关“商业符号”的认知和情感移情于与“商业符号”所结合的商品或服务上，进而产生一定的商业利益。但在实践中，很多自然人或企业对自身“商业符号”的保护意识不强，而在相关“商业符号”遭到侵犯时，又难以获得足够的救济。例如，在企业名称方面，传统企业、特别是老字号企业等往往过于依赖“名称权”“字号权”等，但相关“名称权”“字号权”并不当然具有绝对的排他性，特别是在应对商标“抢注”等行为时往往感到相当吃力。对此，相关企业应当重视商标注册的重要性，通过主动注册商标获得商标专用权的强保护。

对于“商业符号”，首先，在满足条件时可以获得著作权法保护，如虚拟角色形象、作品标题、声音等，如果构成受著作权法保护的作品，而他人又擅自对该作品进行商品化利用，则落入了著作权的保护范围，有可能侵犯了企业的复制、发行、信息网络传播等权利。这一点也得到了《关于审理商标授权确权行政案件若干问题的规定》第二十二条第一款的肯定。《关于审理商标授权确权行政案件若干问题的规定》第二十条、第二十一条、第二十二条等还对当事人就姓名(包括笔名、艺名、译名)、字号、作品名称、角色名称等主张在先权益阻碍在后商标注册进行了规定。其次,对于虚构角色的名称、造型、作品的名称、经典对白等,只要此类权利要素具备识别性且不违反相关禁止性条款,即便在著作权法下难以构成作品,也可能通过申请获得商标注册,进而获得商标法的保护。如果相关“商业符号”具有足够的知名度,可以构成“未注册驰名商标”,同样可以在商标法下获得相当程度的保护(通过《商标法》第十三条第二款等)。最后,对于造型、图案设计等,如果构成对产品的形状、图案或者其结合以及色彩与形状、图案的结合所作出的富有美感并适于工业应用的新设计,则可以通过外观设计专利权予以保护。

值得注意的是,2018 年 1 月 1 日起实施的《反不正当竞争法》第六条对擅自使用他人有一定影响的企业名称(包括简称、字号等)、社会组织名称(包括简称等)、姓名(包括笔名、艺名、译名等)、域名主体部分、网站名称、网页等的行为进行了规制。因此,除了上文提到的保护路径,尤其是上述路径难以充分保护相关“商业符号”利益时,自然人和企业在一定条件下依据反不正当竞争法对其笔名、艺名、字号、公众号名称等进行保护和维权也不失为一种好办法。

3. 不应做“躺在权利上睡觉的人”

不论是个人还是企业,都应当及时行使和维护自己的权利。需要承认的是,市场经济是个自由进入的平台,不同的市场主体起点不同。部分主体基于其在先事业或领域内的成就,在进入市场并开展商业活动的初期具有先天的优势或优势要素。但需要注意的是,市场经济也营造了一个自由的、随着竞争而不断发展变化的环境。与此同时,适当的模仿自由也是市场经济环境下的一个现象,毕竟没有一项创新不是站在先人的肩膀上。因此,一开始处于优势地位的市场主体应当通过积极获得授权、及时行权将优势要素“固化”。否则该优势要素有可能流入公有领域,法律也没有理由为怠于行使权利的市场主体一直预留空间并限制其他市场主体的发展。

本案中,迈克尔·乔丹在乔丹体育最早的商标注册十多年之后,再向商标行政主管机关申请撤销,虽然最终通过最高人民法院撤销了乔丹体育周边注册的 3 件防御性商标,但乔丹体育的另外至少 57 件商标却获得了最高人民法院的维持(仍有 8 件商标处于中止审理状态),其中主要的原因是这些商标大部分都已经超过了商标法规定的五年的争议期限。由此给那些享有“商业符号”利益的权利人一个重要启示就是，一定要尽早积极维护自己的权益，不可对自己的维权行为懈怠，任何法律也不会保护“躺在权利上睡觉的人”，“放水养鱼”“等羊肥了再宰”更是违背诚信的做法，难以得到法院的支持。

## 结　语

不论是从理论上还是从实践中，“乔丹案”带来的影响都远远超出了案件本身。在我国现行民事权利体系下，姓名权并不包括财产利益，但随着社会和经济的发展，“商业符号”利益就如同从姓名权中生长的触手，已经在一定程度上突破了传统民法为姓名权划定的范围。尽管有的国家将这些“触手”予以类型化保护，但我国目前理论上并没有统一的认识，立法上也没有做好充分的准备。最高人民法院在本案中选择在一定程度上将姓名权范围扩大以解决个案中的问题，或许可以平息商标抢注等注册环节中的乱象，但是否是最合理的做法，仍有待历史考验。而对于“商业符号”利益而言，尤其是“明星”“网红”的名称等上承载的商业利益，目前最为有效的保护方法仍是依赖其他非姓名权的现有路径，将“商业符号”利益转化为法定的民事权利予以综合保护。并且，尤其需要格外注意保护时效性和合法性，并及时行权，如此，才能最大限度地保护好自己的“商业符号”利益或得到充分的救济。

# 统一、竞争与限制

## ——技术标准化的反垄断规制

张白沙　方宁珊*

*作者简介：

张白沙，合伙人，中伦律师事务所广州办公室，

电邮为 baisha_zhang@ zhonglun. com；

方宁珊，律师，广州办公室。

## 引　言

反垄断法旨在促进创新与竞争，鼓励企业通过不同技术、专利、产品的创新，相互之间进行有效的竞争；但是随着科技推广、使用及发展，各种发明创新及专利在一定规范性程序中经筛选淘汰，统一选定某些技术、专利为标准，方便推广使用，如现时人们使用的DVD、MP3、GSM、3G、4G、USB接口等都是技术标准化成功的案例。但是由于专利等知识产权的私有属性，一旦形成标准，有可能形成垄断力量，限制创新与竞争，因此技术标准化也成为知识产权法以及反垄断法规制中不容忽视的问题。虽然技术标准化毋庸置疑地会产生某些效率，如不同商家的产品可以实现相互兼容，技术、质量的统一会为消费者带来利益，企业也可以实现规模经济等，但在技术标准从形成到实施的过程中，存在技术标准与专利法之间的矛盾，也有技术标准与反垄断法之间的冲突，极有可能导致诸如专利陷阱、不公平高价、拒绝许可等限制市场竞争的滥用行为。本文将通过分析技术标准化对相关市场竞争带来的限制，同时结合近期相关案例，梳理反垄断法对技术标准化的规制。

## 一、技术标准化、专利权与反垄断法

### （一）标准与技术标准化

根据国际标准化组织（International Organization for Standardization，ISO）的定义，标准是指，“经协商一致制定并经一个公认机构批准，为在一定的范围内获得最佳秩序，对活动和其结果规定共同的和重复使用的，经过协商一致制定并经公认机构批准的规制、导则或特性的文件”。[①] 标准涉及很多类型，包括质量标准（确定产品的安全、用途、功效等特征）、信息标准（确定产品哪些信息应被标示出来）、统一标准（减少产品不同的种类，如大小、规格）、职业守则或资格标准、兼容性标准（interoperability or compatibility standards，两个或以上的相关产品、程序能相互兼容）等。

这些不同类型的标准有可能成为限制竞争的手段，如未能达到质量标准的产品则有可能被排除在相关市场之外，或不能获得标准化组织的证书，而统一标准则

① 参见ISO月IEC 1991年联合发布的第二号指南（ISO/IEC Guide 2）《标准化和有关领域的通用术语及其定义》，转引自吴太轩：《技术标准化的反垄断法规制》，法律出版社2011年版，第15页。

有可能减少消费者的选择,同时减少潜在的竞争技术而方便竞争者合谋;而兼容性标准也可能会减弱标准化产品的发展以及不当地限制产品设计的创新。① 本文的焦点集中于技术标准,技术标准与知识产权紧密相关,其有可能包含大量的专利权,因其双重的垄断性质会对相关市场造成更大的负面影响。

(二)标准的制定

标准的制定可分为由标准制定组织或行业协会制定的标准、由政府强制制定的标准以及在技术使用过程中形成的事实标准。

由标准制定组织或行业协会制定的技术标准都属于行业内部的协作,其过程一般需要遵守某些程序、规则,包括哪些人可以对新的或已修改的标准进行投票或提供投入;标准发展的每一步程序;需要披露何种商业利益信息(如知识产权),以及何时披露这些信息;若需要有成功的结果需要各方成员达成何种一致;如何设置反对意见的投票作用等。② 此类型标准是由相关市场中的经营者或其他利益相关方联合制定的,极有可能构成限制竞争的行为,如专利陷阱等技术标准化过程中特有的问题。

这个问题我国反垄断执法机构也给予关注。在2017年3月23日国务院反垄断委员会办公室发布的《关于滥用知识产权的反垄断指南(征求意见稿)》(以下简称《指南(征求意见稿)》)中,规定在标准的制定过程中,可以考虑一系列因素以评估该标准的制定是否具有排除、限制竞争的效果。根据《指南(征求意见稿)》第十条,具体考虑因素包括:(1)是否排除其他特定经营者;(2)是否排斥特定经营者的相关方案;(3)是否约定不实施其他竞争性标准;(4)对行使标准中所包含的知识产权是否有必要、合理的约束机制。

政府的强制设定标准对于市场上的经营者来说,一般不会引发反垄断责任,因为该责任是由政府确认和建立的,并由政府强制相关市场中的所有经营者必须遵守的。若经营者游说某项政府制定的标准,根据美国 Noerr - Pennington 原则,个人或企业试图影响法定标准选择的情愿行为可以免予追究其反垄断法责任,即使他们的游说的法案可能是反竞争的。③

---

① OECD, Policy Roundtables, Standards Setting, 2010, pp. 21 - 23.

② OECD, Policy Roundtables, Standards Setting, 2010, pp. 23 - 25.

③ Eastern Railroad Presidents Conference v. Noerr Motor Freight, Inc., 365 U. S. 127, 135 (1961); United Mine Workers v. Pennington, 381 U. S. 657, 670 (1965).

通过技术使用过程中所形成的事实技术标准一般与专利池相似，同时除非事实标准的拥有者放弃该标准所包含的专利权，否则事实标准的限制竞争问题与专利池的限制竞争问题基本相同。

因此，就标准制定的方式而言，本文着重讨论的是通过标准制定组织、行业协会组织制定技术标准所引起的特有的限制竞争行为。

（三）技术标准与专利

技术标准和专利之间具有既矛盾又统一的关系。因为技术标准是在某一特定领域为维持最佳秩序，而需要广泛、重复使用的技术，因此技术标准的性质应对是公开的，具有普遍适用性，即该技术标准的内容应当公开，需要使用该技术标准的人在一定的条件下应当可以使用，甚至免费使用。而专利权、专利池都属于私人权利，是在一定范围内合法的垄断权利，这与技术标准的本质是相冲突的。因此早期的标准制定组织在制定技术标准时，一般会选择非专利技术，以便于推广该标准。

技术标准一般应是一个时期内技术水平的代表，需要吸纳相关的专利权为其所用，而专利一般都是科学技术发展商业化的最前沿，因此现今的技术标准选用专利、专利池已经十分普遍。美国司法部和美国公平贸易委员会在2007年联合发布的《反垄断执法和知识产权：推动创新和竞争》中提到，专利池能带来多种效率，其中包括减少技术标准化过程中的“套牢”（hold up）问题或“敲竹杠”（hold out）问题，[①]有利于技术标准化的实现。若某项产品的技术标准需要使用多种专利，如果标准制定组织只获得了其中一部分专利而未能获得其他专利，会导致该标准不能成功制定或生产企业不能使用该标准，而专利池可以“一揽子”地解决这个问题。若标准制定组织在标准制定的过程中只剩下一个专利未获得，而该专利权人要价极高，这便是“敲竹杠”问题。专利池的整体性减少了标准化中的阻力。

但是，成为了标准的专利有利于专利的推广，作为行业标准，意味着大大减少了其他替代性专利的竞争，而标准也会增强专利、专利池的垄断性。在没有技术标准的情况下，商品制造商可以自由选择实现特定效果的专利技术，从而可以规避某项专利技术，但标准的制定很可能会导致商品制造商必须使用某一专利技

① U. S. Department of Justice & the Federal Trade Association, Antitrust Enforcement and Intellectual Property Rights: Promoting Innovation and Competition, 2007, p. 64.

术,无法规避某一专利技术,因此技术标准与专利技术的结合使专利的垄断性因技术标准的锁定效应而大大加强。[①] 技术标准也使专利权在专利过期后能以标准的形式延续其价值。所以在评价技术标准的某一限制竞争行为时,标准的公开性和专利的排他性都应考虑在内。而技术标准化与专利的结合会为专利权人带来滥用知识产权的机会,如下文所提及的专利陷阱、索取过高专利许可费率等行为。

(四)标准必要专利(SEPs)及非标准必要专利(Non - SEPs)

如果一个技术标准需要使用到某一个或多个专利,如上所述,其他替代性专利的竞争将会被大大削弱甚至排除,为了实现该标准的生产商在生产时必须使用该专利,该标准必要专利(standards - essential patents,SEPs)是技术标准化反垄断审查中至关重要的一方面。如在国家工商行政管理总局制定的、2015 年 8 月 1 日起实施的《关于禁止滥用知识产权排除、限制竞争行为的规定》第十三条第三款对标准必要专利作了界定:“本规定所称标准必要专利,是指实施该项标准所必不可少的专利。”2017 年 3 月的《指南(征求意见稿)》也有相同的规定。

在华为诉美国 InterDigital 公司一案中,广东省高级人民法院[②]在二审判决中认为,“当某一专利技术成为必要专利被选入标准后,参与该行业竞争的产品制造商/服务提供商就必须提供符合标准的商品/服务,这意味着其不得不实施相关必要专利技术,而无法做规避设计以绕过该必要专利。这种标准带来的封锁效应与专利权自身具有的法定垄断属性相结合,使必要专利成为产业参与者唯一且必须使用的技术,产业参与者不得不寻求必要专利权人的许可,否则将丧失参与竞争的前提和条件。因此,必要专利与一般专利不同,其并不存在充足的实际的或潜在的近似替代品”。必要专利必须与相关的标准技术有直接的关系,如果是有其他专利可以替代的专利通常不会被认为是必要专利。同时,即使不存在替代专利,如果该专利不是实现该技术标准所必要的,也不能被认为是必要专利。

标准必要专利涉及相关标准实施时的多个反垄断问题,包括若标准必要专利权人拒绝许可、导致整个标准不能被使用,或过高专利许可费率、价格歧视、搭售非必要专利等。因此,标准必要专利的认定成为一个基础性的问题。美国对几个专利

① 叶若思、祝建军、陈文全:《标准必要专利权人滥用市场支配地位构成垄断的认定——评华为公司诉美国 IDC 公司垄断纠纷案》,载《电子知识产权》2013 年第 3 期。

② (2013)粤高法民三终字第 306 号。

池/技术标准的必要性审查使用了几个不同的判断标准，而法院判例对必要专利的界定也与执法机构的标准有差异。在 MPEG－2 的审查函中，必要专利是指根据某一标准规格制造产品时，技术上所必要的专利；而在 DVD 专利池的审查函中，必要专利除了上述技术上必要的专利，还包括了实际操作中（或经济上）必要的专利。①而在 U. S. Philips v. ITC 案中，对于非必要专利的界定，法院认为是"仅当存在'商业上可用'的替代性技术"才能被认为是非必要专利。至此，必要专利的范围进一步扩大，有可能涵盖至对于实施技术制造产品非必需的，但没有"商业上可用"的替代性技术。在某项技术标准中被认定为必要的专利，其专利权人必须承诺按照"FRAND"（公平、合理、非歧视，或称 RAND）原则进行授权，避免造成标准必要专利的拒绝许可，或在技术标准中非必要专利的搭售行为，保证有需要的被许可人使用该标准必要专利时不会受到阻碍，②下文将详细分析该原则。

另外，对于非标准必要专利（non－standard－essential patents/non－SEPs），反垄断法对其也有相应的限制，非标准必要专利在极为特殊的情况下，也会受到反垄断调查，但调查方需要承担较重的举证责任。非标准必要专利对某一标准来说，不是必要的专利，可能只是实施某标准的其他附属条件或商业上的必要条件等。若非标准必要专利是一项不可或缺的技术，而这项技术若拒绝许可会消除相邻市场上的竞争，同时拒绝许可没有正当理由，该非标准必要专利也可能需要按照 FRAND 原则被强制许可。③

如在欧委会 2004 年对微软的调查中，微软拒绝向竞争对手提供 Windows 个人电脑操作系统的兼容信息，使竞争对手的工作组服务器操作系统无法与之兼容，该行为被认定为滥用市场支配地位。④ 后微软同意通过许可方式向竞争对手提供兼容信息，但要求获得被许可人由相关产品获得营业额 6.85% 的许可费用。欧洲法院认为该许可费用不合理，要求微软降低该专利许可费用。在本案中，Windows 个人电脑操作系统兼容信息并非标准必要专利，但是对于生产工作组服务器操作系

① U. S. Department of Justice & The Federal Trade Association, *Antitrust Enforcement and Intellectual Property Rights: Promoting Innovation and Competition*, 2007, p. 77.

② Contreras, Jorge L., *Fixing FRAND: A Pseudo－Pool Approach to Standards－Based Patent Licensing* (March 13, 2013). Antitrust Law Journal, Fall 2013, Forthcoming. Available at SSRN: http://ssrn.com/abstract=2232515. or http://dx.doi.org/10.2139/ssrn.2232515.

③ 根据欧委会 IT、互联网及消费者电子设备反垄断组官员 Nicholas Banasevic 于 2014 年 11 月在国际律师协会东京年会上的讲话。

④ Case COMP/C－3/37.792 —Microsoft.

统来说是不可或缺的,而且拒绝许可会消除在相邻市场(工作组服务器操作系统)上的竞争,微软也没有正当理由拒绝许可。对于过高的许可费用,欧洲法院进行了相应的调整。

同时,值得注意的是,在诺基亚/微软并购案中,我国商务部分别对标准必要专利和非标准必要专利做出相应的救济措施,表明在我国非标准必要专利也可能受到反垄断法规制。

## 二、技术标准中的相关市场界定

相关市场界定是反垄断法中的基础问题之一,在分析某行为对竞争的影响前,我们需要界定相关市场的范围。对于技术标准化,除了反垄断法中一般的相关商品市场和相关地域市场,因其含有技术、专利等相关因素,涉及的相关市场可能还包括技术标准特有的相关技术市场和创新市场。《关于禁止滥用知识产权排除、限制竞争行为的规定》规定了技术市场,如"在涉及知识产权许可等反垄断执法工作中,相关商品市场可以是技术市场,也可以是含有特定知识产权的产品市场"。对于相关技术市场,是"由行使知识产权所涉及的技术和可以相互替代的现有同类技术之间相互竞争所构成的市场"。[①] 因技术标准中涉及的大量专利权因素,在本文中我们认为技术标准中现有技术竞争的市场为相关技术市场。而相关商品市场是指,"根据商品的特性、用途及价格等因素,由需求者认为具有较为紧密替代关系的一组或一类商品所构成的市场。"[②]在技术标准的产业链中,使用技术标准生产的商品处于下游市场,因此对于相关商品市场,我们着重分析的是技术标准的下游商品市场。而相关地域市场、技术标准及其涉及的专利会有使用地域限制,一般会有约定的使用范围,因此相关地域市场应以专利权限制的地域范围进行分析。

## 三、技术标准的市场力量

在技术标准的相关市场界定后,技术标准、标准必要专利是否具有市场支配地位,也是一个值得探讨的问题。根据过往几个具有代表性的涉及标准必要专利的反垄断案件,一般来说,每一项标准必要专利许可被认定单独构成一个独立的相关

① 《关于禁止滥用知识产权排除、限制竞争行为的规定》第三条第二款。

② 《国务院反垄断委员会关于相关市场界定的指南》第三条第二款。

商品市场，并且该项标准必要专利的专利权人在该相关市场拥有100%的市场份额。但是，根据《指南（征求意见稿）》，专利、乃至标准必要专利，并不意味着该专利的专利权人必然在相关市场上具有市场支配地位。对于标准必要专利，根据《指南（征求意见稿）》第十三条，在衡量其是否具有市场支配地位时，除了对专利需要考虑的因素外，[①]还需要考虑以下因素：

"（一）标准的市场价值、应用范围和程度；

（二）是否存在具有替代关系的标准，包括使用具有替代关系标准的可能性和转换成本；

（三）行业对相关标准的依赖程度；

（四）相关标准的演进情况与兼容性；

（五）纳入标准的相关技术被替换的可能性。"

因此，对于标准必要专利，需要结合整个行业、上下游、技术发展、制定过程等因素，全面评估其具有的市场力量。

## 四、技术标准对竞争产生的效率与限制

### （一）效率

技术标准化在其制定和实施的过程中，通过统一及规模经济获得更大的经济效益和社会效益。具体来说，技术标准化对经营者、消费者、技术市场都能带来效用。

通过技术标准化，经营者生产产品的技术有统一的标准，在减少了技术障碍的情况下，更有可能达到规模经济，减少单位成本从而产生更多效率。技术标准同时也会降低经营者研发新技术的风险，在消费者比较了解这项技术标准的情况下，在此基础上研发的新技术更容易被消费者接受，扩大相关产品的需求量。

对于消费者来说，技术标准能使多个经营者的产品相互兼容，消费者可以随意选择具有相同功能的不同产品，有更多的选择权。另外，技术标准也有利于保障消费者使用产品的安全。

---

① 《指南（征求意见稿）》第十三条第一款第（一）项至第（三）项：
（一）交易相对人转向具有替代关系的技术或者商品等的可能性及转换成本；
（二）下游市场对利用知识产权所提供的商品的依赖程度；
（三）交易相对人对经营者的制衡能力。

对于技术市场来说,技术标准有可能推进相关市场的竞争和技术发展。一方面,技术标准会对竞争市场进行一次洗牌,未能达到按技术标准进行生产经营的经营者会被市场淘汰,从整体上提高整个市场技术水平;另一方面,技术标准的广泛推广也可减少技术水平一般的经营者与技术先进水平者之间的差异,使该市场的经营者在同一技术水平上竞争。

在更多经营者使用该技术标准的基础上,经营者在使用技术标准的过程中会对该技术进行优化革新,推动技术的发展,刺激相关创新市场竞争发展。

(二)技术标准的限制行为

技术标准化虽然可以带来一定的促进竞争的效率,但如果没有法律的规制,就很有可能被滥用,而损害多个相关市场中的竞争。

1. 专利陷阱

在技术标准制定过程中,对作为该标准基础或关键的技术享有或正在申请专利的企业,如果隐瞒或迟延披露其享有知识产权的事实,而在该标准确立并相关经营者进行了大量投资后,却宣布、主张其权利,包括不遵循 FRAND 原则,要求高价专利许可费用、诉以侵权等行为,就是所谓的“专利陷阱(patent ambush)”问题。①

专利陷阱在已申请专利但仍未获得批准的专利中更容易出现,因为企业作为行业内部的成员,对于技术标准的发展有着切实、实时的掌握,其有可能利用专利申请体系中的迟延性和灵活性,调整正在申请专利的相关时间点及性质。② 而一旦该标准被采用并被广泛推广后,转换至其他标准的成本会变得非常高,此时设置专利陷阱的公司会披露其之前隐藏的专利,以专利侵权诉讼为威胁要求高额的专利费率。而标准化制定组织、使用标准的经营者已在该标准上投入了大量的人力、财力,转换成本十分巨大,被逼迫接受专利权人的要求。

通过设置专利陷阱,本来可能并未拥有市场支配地位的经营者借以标准的制定获得市场支配地位,排挤其他竞争技术,锁定下游经营者及消费者,对整个技术标准化体系会造成极大的负面影响。首先,对于相关技术市场,在制定技术标准之前,选定某一专利作为必要专利成为标准的一部分,其他竞争专利就失去了竞争的

① Competition: Commission welcomes changes in ETSI IPR rules to prevent “patent ambush”, http://europa.eu/rapid/press-release_IP-05-1565_en.htm.

② OECD, Policy Roundtables, Competition, Patents and Innovation Ⅱ, 2009, p. 34.

优势,难以继续发展与被选中的专利竞争,相关技术市场中现有竞争的替代性技术减少,而成为技术标准的专利权利人由此获得了更多的市场力量。而对下游的相关商品市场的影响更深。由于在标准制定前以及标准制定之初,使用该专利的生产商为该标准投入了大量的沉没成本,包括机器设备的投资,配套零部件的投资设计生产等,其转换成本十分巨大,而在专利权人通过专利陷阱获得市场支配地位、拥有谈判优势之后,提出高价许可费用等其他要求,相关生产厂商除非放弃之前的投入,否则就要接受这些要求。这些过高的许可费率最终会转嫁至消费者身上,使消费者承受更高的价格。而对于创新市场,专利陷阱会拖慢技术标准化的进程,相关经营者会抗拒技术标准化,同时在研发市场上减少对特定技术的投入以减少其沉没成本。

2. 过高许可费用

在技术标准制定、并推广使用一段时间后,在缺少替代技术竞争的情况下,标准中的专利权人可能加强了其控制价格的能力并获得了市场支配地位,则在技术标准实施的过程中,专利权人有可能向使用标准的生产商收取过高的专利许可费率。该行为的实质是反垄断法违法行为滥用市场支配地位中的不公平高价行为,实施滥用行为的专利权人有可能通过专利陷阱,或在有披露的前提下,通过技术标准化将使用标准的生产商套牢,滥用其在相关市场中的市场支配地位收取不公平不合理的专利许可费率。该滥用行为对相关市场的竞争有排除、限制的负面作用。

如 2002 年的 DVD3C、6C 专利池对我国 DVD 生产商收取专利许可费一案,掌握了 DVD 专利的外国厂商对我国 DVD 机生产商按件计算收取专利许可费用,在 DVD 机销售价格不断走低的情况下,使用其标准专利的生产商除了需要缴纳占生产成本 20% ~30% 的专利许可费用外,还要承担外国厂商提出的追偿专利许可费率的要求。因此,我国大部分 DVD 生产商都纷纷破产倒闭。

而在 2013 年,美国 InterDigital 公司也就其拥有的 2G、3G、4G 标准下的专利对我国华为公司提出过高的许可费率。与 InterDigital 公司授权给苹果、三星等公司的专利许可条件相比,不论是按一次性支付专利许可费用还是按专利许可使用费率为标准,其授权给华为公司的专利许可都远高于上述两家公司,华为对 InterDigital 提起了反垄断诉讼,同时发改委也启动了对 InterDigital 的反垄断调查,该案件将会在下文详细分析。

由此,过高专利费用对相关市场的影响主要集中在相关下游产品市场,专利权人一方面会通过标准收取垄断利润,另一方面,通过高额的专利许可费用增加使用标准生产商的成本,对不同的生产商进行价格歧视,使部分生产商被迫退出市场,从而限制了相关下游产品市场的竞争,最终损害了消费者利益。

## 五、反垄断法对技术标准化限制的规制

尽管技术标准化有可能成为经营者实施垄断行为的手段,但其可以推动科技水平的发展、带来一定的效率,因此对技术标准化的垄断行为要予以相应的规制。在《关于禁止滥用知识产权排除、限制竞争行为的规定》中,对于技术标准化中的限制竞争问题,包括专利披露以及公平、合理、无歧视实施专利原则,我国进行了相关规制:

"第十三条　经营者不得在行使知识产权的过程中,利用标准(含国家技术规范的强制性要求,下同)的制定和实施从事排除、限制竞争的行为。

具有市场支配地位的经营者没有正当理由,不得在标准的制定和实施过程中实施下列排除、限制竞争行为:

(一)在参与标准制定的过程中,故意不向标准制定组织披露其权利信息,或者明确放弃其权利,但是在某项标准涉及该专利后却对该标准的实施者主张其专利权。

(二)在其专利成为标准必要专利后,违背公平、合理和无歧视原则,实施拒绝许可、搭售商品或者在交易时附加其他的不合理交易条件等排除、限制竞争的行为。

……"

我们可以通过反垄断法规制一般垄断行为的经验,结合技术标准化中涉及的知识产权的特殊性,分析讨论对技术标准化的反垄断规制。

### (一)相关专利的披露

因专利陷阱对相关市场中的竞争会造成极大的限制,各国反垄断执法机构对专利陷阱的危害都给予高度的重视,对专利陷阱采取一定的应对措施,标准制定组织一般要求其成员在标准制定前要进行专利披露,同时在必要时对已实施专利陷阱的公司进行一定的惩罚。

欧盟委员会于2007年向Rambus公司发出声明(Statement of Objections),初步认为Rambus因滥用了其在动态随机存储器芯片市场上的支配地位,从而可能违反

了《欧盟运行条约(Treaty on the Functioning of the European Union)》第102条的规定。Rambus在JEDEC固态技术协会制定标准过程中有意隐瞒了其所持有的相关专利和专利申请,而后要求就这些标准专利收取高额的专利许可费用,构成专利陷阱。为了消除欧盟委员会的担忧、避免处罚,Rambus作出以下承诺:对其构成专利陷阱的SDR和DDR芯片标准,不收取任何专利费用,对于JEDEC以后更新的标准(DDR2和DDR3),Rambus征收每单元销售价格1.5%的专利许可费用,远远少于之前Rambus对DDR收取的3.5%标准。欧盟委员会接受了Rambus的承诺。这一因专利陷阱引起的案件说明了在标准制定过程中,相关的专利权人必需披露其相关权利,否则将会受到反垄断法的规制。

为了避免在制定了技术标准后出现专利陷阱,标准制定组织一般都会有一系列的规则,要求在采用某项专利技术作为标准之前,参与制定的成员必须披露潜在的知识产权、专利费率以及许可条款等,以减少标准制定后的专利陷阱。在标准制定前要求行业成员对其知识产权进行披露,可以给予标准制定组织及行业成员考虑标准的选择,若某一候选技术是专利技术,同时其专利权人要求高额的专利许可费率,则标准制定组织和行业成员可转向另一替代性、特别是非专利技术,同时有相应的筹码与候选专利技术的拥有者谈判,以获得更低的专利许可费率。

在这项专利披露规制中,披露的范围应当是参与制定标准的所有成员披露其相关的专利。除了希望自己拥有的专利成为标准的专利权人,参与制定标准的成员还要包含标准制定组织认为可能成为标准的候选专利的拥有者。这可以避免了"非故意不披露",即专利权人未能对待制定的标准有准确的预见,认为自己的技术不能进入标准,但在最后确被选为了标准中的必要专利。[①] 这种情况也会形成专利陷阱。因此,披露行为的主体应当包括所有参与制定标准的行业成员。另外,应当披露的相关专利在这里不仅包括了专利权人现时已获得的专利权,还应包含其正在申请的未决专利。虽然未决专利并未真正获得合法的专利权,过早的披露有可能造成技术被公开,若最终未能成为有效专利,则技术拥有者会失去了将该项技术作为商业秘密的机会。但如上文所述,在行业的发展中,行业成员本身往往比执法机构更能掌握行业的发展动态,若对未决专利在标准制定中在披露的范围之外,则很容易被行业成员,特别是希望成为标准中必要专利的成员所利用,通过调整未决

① 吴广海:《专利权行使的反垄断法规制》,知识产权出版社2012年版,第332页。

专利在申报过程中的时间及发展方向,规避标准制定的披露规制。因此,现在很多标准制定组织对披露规则限定了比较广泛的范围,一般都要求披露已取得专利权的专利,以及正在申请的未决专利。甚至有些组织,如 ITU 及 VITA,除了上述要求,还要求成员披露其所知道的、与标准制定有关的第三人的专利及未决专利,尽可能地避免专利陷阱的出现。同时,对于在正在申请的未决专利,有学者建议在一定的范围内保护专利权人的私有权利,即"知识产权人只向负责制定标准的工作组(而不是成员大会)披露其知识产权状况。工作组应该就这些信息保密,并保证只将这些信息作为协助标准化组织判断拟采纳的技术方案之用。"①

我国《关于禁止滥用知识产权排除、限制竞争行为的规定》第十三条第二款第(一)项就是针对专利陷阱所制定的规定,该项明确了我国反垄断执法机构对技术标准化中专利陷阱的规制,并在《反垄断法》的基本框架下,对于该行为有已量化的法律责任:"经营者滥用知识产权排除、限制竞争的行为构成滥用市场支配地位的,由工商行政管理机关责令停止违法行为,没收违法所得,并处上一年度销售额百分之一以上百分之十以下的罚款。"②

(二)专利许可规则:FRAND 原则

针对专利费率过高及拒绝许可的问题,标准制定组织一般都要求成为标准的专利遵循一定的专利许可规制。其中 FRAND(fair, reasonable and non - discriminatory)原则是标准制定组织中要求的专利许可原则。FRAND 原则是公平、合理、无歧视原则,即专利权人在其专利成为标准中的必要专利时,需以公平的许可条件、合理及无歧视的专利许可费率许可给标准的使用者。但在实际操作中,FRAND 原则的公平、合理、无歧视确不是那么容易确定。对于如何认定"合理"的许可费率,早在 20 世纪 70 年代,美国法院在 Georgia - Pacific 案③中,在确定专利侵权损害赔

① 吴太轩:《技术标准化的反垄断法规制》,法律出版社 2011 年版,第 103 页。

② 《关于禁止滥用知识产权排除、限制竞争行为的规定》第十七条第二款。

③ Georgia - Pacific v. United States Plywood 318 F. Supp. 1116, 1119 - 20 (S. D. N. Y. 1970).

偿过程中,列举了“假定协商”的情况时,应予考虑15个因素以确定“合理的专利费率”①,这15个考虑因素对FRAND的合理许可费用有极大的参考意义,在2013年微软诉摩托罗拉案中仍有参考适用。有观点认为是在该专利成为标准化技术之前,由专利权人和被许可人在独立而公平的条件下进行协商(in an arm's length negotiation)而确定。②

同时,对于合理的专利费率的解释,有观点认为其重点在于成为标准的专利因其成为标准、排斥了其他竞争性技术而获得增加价值,这部分增加价值在专利权人和潜在技术被许可人之间合理分配问题,该增加部分应当有专利权人和潜在技术

---

① 15个因素包括:

(1)专利权人对涉诉的专利收取的许可费用证明许可费率的存在;

(2)被许可人对其他专利支付的许可费率与该涉案专利作比较;

(3)该许可的性质和范围,如是排他性的还是非排他性的,对地域是否有限制,对制造出来的产品的销售去向是否有限制;

(4)专利权人现有的授权条款或营销策略是否会维持其专利的垄断性,如拒绝许可他人使用该专利或必须在特定的条件下才能许可以维持其垄断地位;

(5)专利权人和被许可人之间的商业关系,如他们是否在同一地区、同一行业中为竞争者,或者他们为发明者和推广者;

(6)该专利许可专利权人其他产品销售的促销结果;该项专利作为专利权人销售其非专利产品的诱因,对专利权人现有的价值;以及这种衍生、传导销售的程度;

(7)专利的有效期以及许可期限;

(8)使用该专利所造产品现有的盈利能力,在商业上是否成功,以及其现时的受欢迎程度;

(9)若有相同功能的旧款模式或设备,涉案专利与之比较的功能和优势;

(10)该项专利的性质,专利权人对该专利所拥有、生产出来的商业价值的性质、使用该项专利带来的效率;

(11)侵权者使用该专利的程度,以及是否有证据证明该非法使用获得的价值;

(12)该专利或其他类似专利在个案或类似商业交易中可能获得的利润部分或销售价格;

(13)因该专利而获得的可实现利润部分,应区别于非专利因素、制造过程、商业风险或者有侵权人增加的显著特点、改造等;

(14)专家意见;

(15)若双方均合理、自愿地尝试取得一致意见,专利权人和被许可人(如侵权人)在侵权行为开始时有可能达成的价格,即一个谨慎的被许可人对其希望获得许可以制造、销售某一使用该专利的产品并获得合理利润的商业计划,愿意支付的许可费率,以及一个谨慎的专利权人对专利授权愿意接受的专利费率。而目前,对于许多标准必要专利的纠纷,其主要的焦点在于如何确定一个合理的专利许可费率。

② Suzanne Michel, *Bargaining for RAND Royalties in the Shadow of Patent Remedies Law*, 77 ANTITRUST L. J. 889(2011); U. S. FederalTradeCommission, THE EVOLVING IPMARKETPLACE: ALIGNING PATENT NOTICEANDREMEDIES WITH COMPETITION 192 (2011); Mark Lemley & Carl Shapiro, Patent Holdup and Royalty Stacking, 85 Tex. L. Rev. 1991(2007).

被许可人之间共同分享,而不应由任何一方独享,[①]以确保技术标准的推广。实践中普遍认为,合理的专利许可费率通常不超过专利产品净售价的5%。对于技术标准中的专利许可费用,通常要受到标准化组织的事先限定。如3G技术的W-CDMA标准的专利许可费用标准是:(1)2007年和2008年每一终端产品按其净售价的1.5%(最低不少于1.5美元)或3美元取其低者,2008年之前每两年修订一次授权条款;(2)其他四类产品(基站、无线网络控制器、核心网络、测试设备)按每一必要专利收取净售价的0.1%累进,但累计最高不超过净售价的5%。[②] 但是,在美国2007年的《反垄断执法和知识产权:推动创新和竞争》中,对于专利许可费用是否过高的判断,美国的执法机构认为,"专利费率为下游产品价格构成的重要部分,也并不必然引起限制竞争的担忧,必须要有其他合谋的证据提交给执法机构,才会进行进一步的调查。"[③]

而对于非歧视原则,传统的观点是专利池在对外许可时不得以专利权为手段阻碍新进入者,不得因不同的被许可人收取不同的许可费率、不得私设限制特定被许可人使用某项专利的规定等。该原则的目的是为了使所有被许可人在获得专利许可的方面在下游市场中进行大体公平的竞争,因此,有观点认为该原则是为了规制一个与下游企业具有纵向结合关系的专利权人利用价格歧视将其在上游市场的优势地位传导至下游市场,限制下游企业竞争对手的竞争。[④] 非歧视原则也不应是僵化的,在《反垄断执法和知识产权:推动创新和竞争》中,美国执法机构认为不能因对不同的被许可人(如池内成员和池外被许可人)收取不同的专利费率就推定该行为是限制竞争的,反竞争效果是需要根据个案情况考量……[⑤]如在交叉许可的情况下,两方专利权人互相将其所拥有的专利许可给对方,当双方技术价值相当的情况下,双方可以选择以免费的方式进行。但如果根据僵化的非歧视原则,技术标准中的这类促进竞争的免费交叉许可将被阻止,因此适用FRAND的非歧视原则,还需考虑个案情况。

---

① 吴广海:《专利权行使的反垄断法规制》,知识产权出版社2012年版,第340页。

② 詹映:《专利池管理与诉讼》,知识产权出版社2013年版,第69页。

③ U.S. Department of Justice & The Federal Trade Association, Antitrust Enforcement and Intellectual Property Rights: Promoting Innovation and Competition, 2007, p.83.

④ 吴广海:《专利权行使的反垄断法规制》,知识产权出版社2012年版,第341页。

⑤ U.S. Department of Justice & The Federal Trade Association, *Antitrust Enforcement and Intellectual Property Rights: Promoting Innovation and Competition*, 2007, p.83.

我国目前对标准必要专利的FRAND原则通过《关于禁止滥用知识产权排除、限制竞争行为的规定》第十三条第二款第(二)项进行明确,规定了标准必要专利的FRAND原则,一旦一项专利成为标准必要专利后,专利权人违反FRAND原则,实施拒绝许可、收取过高的专利许可费用、搭售行为,会构成滥用知识产权行为,需要承担包括没收违法所得、上一年度销售额百分之一以上百分之十以下的罚款等法律责任。同时,对于衡量FRAND原则的合理许可费率,可以根据《反垄断法》第十七条第一款第(一)项:"禁止具有市场支配地位的经营者从事下列滥用市场支配地位的行为:(一)以不公平的高价销售商品或者以不公平的低价购买商品;……"以及国家发改委颁布的《反价格垄断规定》中对"不公平的高价"的规定作为衡量标准。《反价格垄断规定》第十一条第二款规定:

"认定'不公平的高价'和'不公平的低价',应当考虑下列因素:

(一)销售价格或者购买价格是否明显高于或者低于其他经营者销售或者购买同种商品的价格;

(二)在成本基本稳定的情况下,是否超过正常幅度提高销售价格或者降低购买价格;

(三)销售商品的提价幅度是否明显高于成本增长幅度,或者购买商品的降价幅度是否明显高于交易相对人成本降低幅度;

(四)需要考虑的其他相关因素。"

《指南(征求意见稿)》第十四条对于专利以及标准必要专利的合理许可费,也提出了一系列的考量因素,[①]以评估是否存在以"不公平的高价"进行许可的问题。

对于标准必要专利的专利权人,还有可能通过禁令救济达到从被许可人获得不公平许可费率、不合理许可条件等目的,限制或排除相关市场的竞争,反垄断法

---

① 《指南(征求意见稿)》第十四条:以不公平的高价许可知识产权具有市场支配地位的经营者,可能滥用其市场支配地位,以不公平的高价许可知识产权,排除、限制竞争。分析其是否构成滥用市场支配地位,可以考虑以下因素:

(一)许可费的计算方法,及知识产权对相关商品价值的贡献;

(二)经营者对知识产权许可作出的承诺;

(三)知识产权的许可历史或者可比照的许可费标准;

(四)导致不公平高价的许可条件,包括限制许可的地域或者商品范围等;

(五)在一揽子许可时是否就过期或者无效的知识产权收取许可费。

分析经营者是否以不公平的高价许可标准必要专利,还可考虑符合相关标准的商品所承担的整体许可费情况及其对相关产业正常发展的影响。

也必须对此进行规制。根据《专利法》第六十六条以及《最高人民法院关于对诉前停止侵犯专利权行为适用法律问题的若干规定》，申请禁令救济是专利权人的正当救济程序，即专利权人有证据证明他人正在实施或者即将实施侵犯专利权的行为，如不及时制止将会使其合法权益受到难以弥补的损害的，可以在起诉前向人民法院申请采取责令停止有关行为的措施。但是，在标准必要专利的情况下，标准必要专利的专利权人有可能滥用禁令救济这一权利，在与被许可人谈判的过程中，故意违反 FRAND 原则，导致双方就标准必要专利的许可无法达成一致，对必须使用标准必要专利的被许可人提出停止侵害的要求，因没有可替代技术标准的存在，这意味着被许可人在相关下游市场的竞争中被排除出去，因此标准必要专利的权利人存在构成滥用市场支配地位的情况，限制或排除了相关市场的竞争。在 2016 年的《最高人民法院关于审理侵犯专利权纠纷案件应用法律若干问题的解释（二）》中，我国已开始关注标准必要专利的专利权人滥用禁令救济的行为。[①] 在《指南（征求意见稿）》第二十六条中，我国反垄断执法机构进一步提供了衡量该行为竞争影响的因素，具体包括：

“（一）谈判双方在谈判过程中的行为表现及其体现出的真实意愿；

（二）相关标准必要专利所负担的有关禁令救济的承诺；

（三）谈判双方在谈判过程中所提出的许可条件；

（四）申请禁令救济对许可谈判的影响；

（五）申请禁令救济对下游相关市场竞争和消费者利益的影响。”

因此，反垄断法也对标准必要专利人的禁令救济权利进行了一定的限制。

对于标准必要专利的许可实施，近年来随着科技的发展，国内外在通讯科技领

---

① 《最高人民法院关于审理侵犯专利权纠纷案件应用法律若干问题的解释（二）》第二十四条：推荐性国家、行业或者地方标准明示所涉必要专利的信息，被诉侵权人以实施该标准无需专利权人许可为由抗辩不侵犯该专利权的，人民法院一般不予支持。

推荐性国家、行业或者地方标准明示所涉必要专利的信息，专利权人、被诉侵权人协商该专利的实施许可条件时，专利权人故意违反其在标准制定中承诺的公平、合理、无歧视的许可义务，导致无法达成专利实施许可合同，且被诉侵权人在协商中无明显过错的，对于权利人请求停止标准实施行为的主张，人民法院一般不予支持。

本条第二款所称实施许可条件，应当由专利权人、被诉侵权人协商确定。经充分协商，仍无法达成一致的，可以请求人民法院确定。人民法院在确定上述实施许可条件时，应当根据公平、合理、无歧视的原则，综合考虑专利的创新程度及其在标准中的作用、标准所属的技术领域、标准的性质、标准实施的范围和相关的许可条件等因素。

法律、行政法规对实施标准中的专利另有规定的，从其规定。

域涌现了多个关于标准必要专利的专利权人违反 FRAND 原则的案例，对知识产权的滥用，特别是标准必要专利限制竞争的案件成为反垄断法的热点。

1. 华为诉 InterDigital 以及国家发改委对 InterDigital 的反垄断调查

美国 InterDigital 公司在 2G、3G、4G 的技术标准中拥有大量的标准必要专利和专利申请，我国相关生产商在生产无线通信终端产品时，均需获得 InterDigital 的标准必要专利许可，由此引发了 InterDigital 作为标准必要专利权人应以 FRAND 原则进行许可的相关案例。

2013 年华为公司诉美国 InterDigital 公司一案体现了 FRAND 原则在我国的适用。InterDigital 在与华为公司进行专利许可谈判时，对华为的报价均明显高于对其他公司的许可，甚至高达百倍；针对全球手机销量远不如苹果、三星等的华为公司索要高价明显缺乏正当性、合理性，同时为迫使华为免费许可其名下所有专利给 InterDigital 使用，反而提起 337 调查和诉讼，强迫给予免费交叉许可。深圳市中级人民法院一审判决认为 InterDigital 滥用其市场支配地位，迫使华为接受其过高的专利许可条件，同时还将其必要专利与非必要专利搭售。有评论认为“本案原告（华为公司）与被告（InterDigital）均是 ETSI 标准组织的成员，被告方在加入 ETSI 时，明确承诺要将其必要专利以公平、合理、无歧视的原则授权给标准组织的其他成员使用……在进行必要专利的授权许可谈判时，必要专利权人掌握其必要专利达成许可条件的信息，而谈判的对方不掌握这些交易信息，由于双方信息不对称，故必要专利许可合同交易的实现，依赖于必要专利权人在合同签订、履行是均应遵循公平、合理、无歧视的原则……”①而 InterDigital 以远高于其他公司的交易价格许可给华为，并同时要求华为将其所有的专利都免费许可给 InterDigital，以获得过高的专利许可使用费对价，这都表明了 InterDigital 违背了公平、合理、无歧视的义务。②

在 2013 年 10 月，广东省高级法院对该案作出终审判决，根据《反垄断法》第十七条第一款第（一）项关于禁止具有市场支配地位的经营者以不公平的高价销售商品的规定，判定美国 IDC 公司的过高定价行为构成滥用市场支配地位行为，赔偿华为公司 2000 万元人民币。广东省高级人民法院支持了华为公司对 InterDigital 不公

① 叶若思、祝建军、陈文全：《标准必要专利权人滥用市场支配地位构成垄断的认定——评华为公司诉美国 IDC 公司垄断纠纷案》，载《电子知识产权》2013 年第 3 期。

② 叶若思、祝建军、陈文全：《标准必要专利权人滥用市场支配地位构成垄断的认定——评华为公司诉美国 IDC 公司垄断纠纷案》，载《电子知识产权》2013 年第 3 期。

平高价的指控，认为 InterDigital 对华为提出的过高的专利许可费率构成了不公平的高价销售行为，而在 InterDigital 的专利成为必要专利、其成本已经基本稳定后，其收取的专利许可费率已逐步下降，因此该不公平高价行为缺乏正当性。同时，InterDigital 要求华为将其所有的专利都免费许可给 InterDigital，并在美国提起相关诉讼，进一步加强了过高定价的不合理性和不公平。同时，对于 InterDigital 将非必要专利的搭售、强制一揽子许可的问题，广东高院也予以支持，因此，通过该案，我国法院认为标准必要专利的专利权人违反 FRAND 原则，属于滥用市场支配地位的行为，受我国《反垄断法》约束。

在华为起诉 InterDigital 的同时，2013 年 6 月国家发改委根据举报也对 InterDigital 涉嫌滥用其在无线通信标准必要专利市场支配地位的行为启动了反垄断调查。而后 InterDigital 向国家发改委承诺消除涉嫌垄断行为的不良影响，主要包括：不对我国企业收取歧视性的高价许可费、不将非标准必要专利与标准必要专利进行捆绑许可、不要求我国企业将专利向其进行免费反许可、不直接寻求通过诉讼方式迫使我国企业接受其不合理的许可条件等。[①] 国家发改委于 2014 年 5 月作出了中止调查的决定。由此可见，在我国对于标准必要专利的反垄断规制，无论是私人诉讼，还是反垄断公共执法，FRAND 都是至关重要规制原则。

2. 微软诉摩托罗拉

2012 年微软诉摩托罗拉也是标准必要专利过高许可费用的一个典型案例。摩托罗拉是 802.11 无线局域网标准及 H.264 视频编码标准必要专利的专利权人。微软的 Xbox 360 以及其使用微软 Windows 的个人电脑都需要使用上述两项技术标准。摩托罗拉向微软提出，使用上述两项标准必要专利的专利许可费用是微软所售出的终端产品价格的 2.25%。这导致微软须每年向摩托罗拉支付高达 40 亿美元的专利许可费用。微软认为，该专利许可费用过高，违反了向 IEEE 和 ITU 作出的根据 RAND 原则许可其专利的承诺。2013 年 4 月，美国华盛顿西区法院作出判决，[②]认为一些摩托罗拉的专利在这些标准中只有很少的贡献，在微软相关产品中对于产品整体的功能只是未足轻重，其要求的专利许可费用过高，在 802.11 标准中的必要专利的专利权人有约 92 个，若他们都如摩托罗拉要求获得 1.15% ~1.73% 的专利许可费用，单独用于该无线网络标准的成本将超过 Xbox 的价格。法院认为

① http://www.sdpc.gov.cn/xwzx/xwfb/201405/t20140522_612465.html.

② Microsoft Corp. v. Motorola, Inc., No. 10-cv-1823 (W.D. Wash.).

该专利费用应当以 RAND 原则确定，将该费用降低至每年约 180 万美元。

虽然该案仍在上诉当中，该案是首例美国法院确定标准必要专利在 FRAND 原则下，专利许可费率及范围的案件，对知识产权以及反垄断业界确定 FRAND 有一定的指导作用。因标准必要专利有别于某一特定专利，法院在上述 Georgia - Pacific 案中通过“假定协商”确定专利侵权损害赔偿案件中合理的专利费率的相关考虑因素的基础上，加以修改，以确定在 FRAND 原则下，标准必要专利的合理许可费用。法院认为，“RAND 原则下的专利许可费用应该确定在与标准化组织推广使用该标准的目标一致的水平上”，同时，“应考虑若其他标准必要专利权人也向标准实施者要求专利许可费用累计的专利费用总额，以正确的方法解决专利费用叠加的风险问题。”①“RAND 承诺应当理解为，将专利权人的合理专利许可费用限制在其专利技术的经济价值本身，而不应计入该专利技术纳入标准而产生的价值。”②在对 Georgia - Pacific 案中“假定协商”的考虑因素加以修改，法院假定从当事人双方对 RAND 专利许可费进行协商的角度出发，考量该标准必要专利对该标准的重要性、该标准的重要性和该标准必要专利对涉案产品的重要性。

对比起 Georgia - Pacific 案的 15 点考虑因素，在微软诉摩托罗拉案中，对 FRAND 原则下专利许可费率的有以下不同：

（1）FRAND 原则下的专利许可费率可以参照专利联营中的费率标准，因专利联营的许可费率通常会低于双方协商的结果；

（2）FRAND 原则下专利权人不能选择性许可以维持其垄断地位，而应当以 FRAND 的条件下许可；

（3）这点在 FRAND 原则下也不适用，专利权人不能因其与被许可人之间的竞争关系而实施差别待遇；

（4）判断 FRAND 原则下的合理专利费用，应当注重该专利技术本身的价值，而不是该专利技术纳入标准后的整合价值，同时也要考虑该专利对标准实现的技术手段的贡献以及其他技术手段对被许可人及其产品的贡献，这是因为标准本身具有巨大的价值；

（5）在 FRAND 原则下的假定协商是考虑在标准制定及实施前，其他有可能被纳入标准的专利技术；

---

① Microsoft Corp. v. Motorola, Inc., No. 10 - cv - 1823 (W. D. Wash.).

② Microsoft Corp. v. Motorola, Inc., No. 10 - cv - 1823 (W. D. Wash.).

(6)参考其他的专利利润、销售价格必须是基于FRAND承诺许可的专利;

(7)在假定协商中,为了避免套牢及专利费用叠加的问题,标准必要专利权人必须基于FRAND承诺许可其专利。对于套牢问题,考虑因素是该专利对标准实现的技术手段的贡献以及其他技术手段对被许可人及其产品的贡献;对于专利费用叠加问题,考虑整个专利许可行业的环境以及标准及被许可人的产品。同时为了促使一个具有价值的标准的制定,RAND原则也必须保证专利权人获得合理的专利许可费用。

综上,在判断标准必要专利的专利许可费用的合理性时,需结合多方面因素,尤其是该专利技术本身对标准的价值进行考量。

(三)事前协商原则

除了上述相关专利披露、FRAND原则两种方式规制因技术标准引起的滥用行为,将其因技术标准化中通过专利的垄断性而导致锁定效应的负面影响降至最小,一般标准制定组织会要求在标准制定前进行事前协商(ex ante negotiation)。根据事前协商原则中,在技术标准制定的过程中,专利权人应该做出比FRAND原则更明确具体的许可承诺,应该包括专利权人就其专利成为标准而希望获得(或最高)的许可条件,如最高专利许可费率、或限制最大的许可条件等。如果专利权人报价过高而谈判难以进行下去,标准制定组织可以放弃这一技术、转而选择其他替代性技术,增加未来专利许可费率的透明性。

但是,采用事前协商原则,也有可能导致一些限制竞争问题的出现。如美国在OECD 2010年关于技术标准化的圆桌报告中提到,事前协商原则在提高披露程度的同时,会增加了被许可人(购买方)的议价能力;另外该原则的适用也有可能成为潜在竞争者进行价格固定的平台。[①] 因此,美国反垄断执法机构认为对事前协商原因应当考虑其可能带来的显著效率,使用合理分析的原则分析,其中具体的措施包括:[②]

1. 专利权人自愿、单方地披露其许可条件,包括专利许可费率,并不是违反反垄断法的联合行为;同时在标准制定前仅对标准制定组织披露费率的行为也不会被认为是排斥行为。

---

① OECD, Policy Roundtables, Standards Setting, 2010, p. 12.

② U. S. Department of Justice & The Federal Trade Association, *Antitrust Enforcement and Intellectual Property Rights: Promoting Innovation and Competition*, 2007, pp. 54 - 56.

2. 单个专利权人和单个标准组织成员的双方事前协商也不会受特殊的反垄断审查。

3. 一般来说,为了减少“套牢”的情况,反垄断执法机构一般以合理原则来衡量“买方”(众多标准潜在的被许可人)和“卖方”(及众多有竞争关系的专利权人)在技术市场仍存在竞争、并没有人因此已获得更多的市场支配地位时,双方的联合协商行为。对于已选定的专利技术许可方案,如果在标准制定的过程中该方案维护了技术间的竞争,执法机构不会对其进行审查。

4. 但如果事前的协商是只是幌子,为了掩盖专利权人方或被许可人方的固定价格行为,就是本身违法的行为。例如,如果标准化商品的制造商对其销售商品的价格进行协商,而不是对其购买该项标准化技术的价格进行协商,就极大可能是本身违法的固定价格行为。

因此,事前协商原则虽然是解决技术标准化中专利滥用行为最有效的方法,但在适用时,也需要注意其本身可能引起的反垄断法律风险。

## 结　语

技术标准化对科技发展起到了巨大的作用,从技术的研发创新、推广、商业化,到再创新各个环节都可能产生效率。但因技术标准中专利权特有的排他性,再结合技术标准化对技术专利的锁定效应,专利权人就有可能利用技术标准获得或增加市场支配地位、滥用市场支配地位以限制相关市场中的竞争。因此对技术标准需要从反垄断的角度进行规制。我国《反垄断法》及相关配套法律法规、执法指南都在对知识产权乃至技术标准的反垄断规制进行逐步地完善。本文从知识产权和反垄断法学理、国外相关规制作为参考,结合在我国的案例,尝试为技术标准化在我国的发展从反垄断规制方面指明方向。

# 企业进行商业秘密维权的几个重要问题*

马东晓**

** 作者简介：
马东晓，合伙人，中伦律师事务所北京办公室，电邮为 madongxiao@zhonglun.com。

* 本文首发于《商法》2017 年 11 月刊。

根据中国裁判文书数据显示,自2012年至2017年审结的商业秘密(技术秘密)民事案件中,一审原告的胜诉率只有14%。同时,中国对商业秘密侵权行为又可以追究行政责任和刑事责任。那么,在中国进行商业秘密维权到底需要注意哪些问题?

在商业秘密民事案件中,原告的胜诉率之所以低,最主要原因是权利人的证据薄弱,无论是权利人自己收集的证据还是法律设定的举证责任都对原告造成挑战,还有一个原因就是具有商业秘密办理经验的律师太少,大部分律师不能有效地指导权利人有效准备证据。

笔者在代理原告烟台万斯特有限公司的商业秘密纠纷案①中,烟台市中级人民法院一审判决认定被告侵犯商业秘密,并判决500万元侵权赔偿额,是比较少见的高额赔偿。在笔者代理的另一起上海凯赛生物技术研发有限公司与山东瀚霖生物技术有限公司等当事人的商业秘密侵权案件②中,最终上海凯赛成功在济宁市公安局取得刑事立案,拘捕了侵权人。

如果企业或权利人希望通过法律手段对侵犯商业秘密的行为进行维权,以下几个重要问题就十分值得关注:

1. 秘密点的确定

通常,法院在确定涉案的商业秘密时,会要求权利人对商业秘密的内容有明确界定并有适当的载体予以体现。秘密点的确定也是商业秘密的权利基础,无论是判断相关信息是否构成商业秘密还是进行后续的相似性比对,都要围绕确定的秘密点而展开。

实践中,秘密点的确定遇到的最大挑战是权利人起诉时要求保护的商业秘密范围不明确或过于宽泛,即便经过了司法鉴定甚至技术比对,当事人对秘密点也依然会有争议。因此,法庭原则上会要求原告明确提供秘密点的截止时间,在证据交换结束或已经进入法庭辩论阶段,原告再请求扩大或者改变其秘密点的范围,一般不予准许。

在刑事案件中,有的公安机关往往忽视这个问题,经常出现将公知技术掺杂作为商业秘密的情况,导致案件在法院被推翻。笔者在代理的一起发生于大连

---

① (2013)烟民三初字第192号。

② (2012)淄民三初字第183号。

的商业秘密刑事辩护案件[①]中,就以此理由成功使得当事人在法庭判决后立即释放。

2. 有效的保密措施

法律对可给予保护的商业秘密的前提要求是,当事人已采取了保密措施。按照最高人民法院司法解释的要求,这种保密措施应当是“与该秘密的商业价值等具体情况相适应的合理保护措施”。

所谓合理的保密措施,第一,并不要求非常严格和充分,只要达到必要即可;第二,可以根据秘密点载体的特点而采取,并无法定的形式;第三,应当能够被义务主体所识别;第四,应当达到不能被轻易获得的程度。总之,法律并没有要求保密措施的固定形式,一般掌握“足以防止信息泄露”即可。

3. 侵权比对与判定

在原告证明对涉案商业秘密享有权利并采取了有效保密措施的情况下,原告还需要举证证明被告实施了侵犯商业秘密的行为。民事案件中,在被告接触了原告商业秘密的情况下,如果证明被告的信息与原告的商业秘密构成实质性相同,且被告没有证明其信息的合法来源,则可以直接推定被告侵犯商业秘密。

在这一过程中,对原告比较困难的是证明被告的信息中是否包含与原告相同的秘密点。这往往需要通过专业的鉴定机构来完成,而实践中比较容易出问题的恰恰是这个环节。

4. 刑事和行政保护的问题

对于给权利人造成直接经济损失数额在五十万元人民币以上的案件,权利人可以选择通过刑事手段维权。刑事维权的优点在于,公安机关的介入能够在一定程度上降低原告的取证困难,更加容易和快捷地追究被告人的侵权行为。

但通过刑事诉讼解决商业秘密纠纷也有其不足。一是立案比较困难,通常而言,二三线城市相比于一线城市更容易立案。二是因为采取刑事手段维权不能获得赔偿。因此,在公安机关没有立案的情况下,权利人采取刑事自诉的方式追究侵权人的刑事责任的案件,这也是当事人可以选择的一个维权方式之一。

值得说明的是,按照中国的相关法律,对商业秘密的维权还可以选择行政保护。笔者在代理北京市师化精细化工科技开发有限公司商业秘密案件[②]中,即是通

---

① (2013)甘刑初字第184号。

② (2008)丰行初字第32号。

过北京市房山区工商行政管理机关对案件进行了查处，在随后的行政诉讼中也赢得胜诉。

总之，对于商业秘密纠纷案件，权利人应当根据案件的具体情况，审慎评估各种因素，借助专业的律师，合理选择纠纷解决方式。只有这样，方能最大限度地保护自身合法权益。

# 四、“互联网+”与知识产权

# 《网络安全法》解读

陈际红 *

* 作者简介：

陈际红，合伙人，中伦律师事务所北京办公室，

电邮为 chenjihong@ zhonglun. com。

## 一、法律适用与管辖

2016 年 11 月 7 日,全国人大常委会表决通过了《网络安全法》,并决定自 2017 年 6 月 1 日起正式实施,该法构成我国网络空间安全管理的基本法律。《网络安全法》采取了有限的域外管辖原则,依照该法第七十五条,境外的主体实施入侵或攻击境内关键信息基础设施的活动,造成严重后果的,依法追究法律责任,且中国执法机关可实施财产冻结等制裁措施,这是为应对日益严重的全球网络安全威胁的需要。

在法律体系上,《网络安全法》与《国家安全法》《反恐怖主义法》《刑法》《保守国家秘密法》《治安管理处罚法》《关于加强网络信息保护的决定》《关于维护互联网安全的决定》《计算机信息系统安全保护条例》《互联网信息服务管理办法》等现行法律法规共同构成中国关于网络安全管理的法律系统。考虑到《网络安全法》是一部框架性的法律,很多条款需要制定配套的法律法规来执行,可以预见,在 2017 年 6 月 1 日起正式实施之前,国务院及相关部门会制定和颁布一系列的配套法律法规,如网络安全等级保护制度、关键信息基础设施的认定和保护办法、数据跨境传输的安全评估办法、网络产品和服务的国家安全审查制度等,数量上可能会达十余部。这些配套的法律法规会具体细化《网络安全法》相关条款的解释,对企业而言具有重要的意义,需要密切关注。

## 二、网络安全等级保护制度

根据《网络安全法》第二十一条的规定,国家实行网络安全等级保护制度。网络运营者承担的实施网络安全等级保护制度相关的安全保护义务包括:

(1)制定内部安全管理制度和操作规程,确定网络安全负责人,落实网络安全保护责任;

(2)采取防范计算机病毒和网络攻击、网络侵入等危害网络安全行为的技术措施;

(3)采取监测、记录网络运行状态、网络安全事件的技术措施,并按照规定留存相关的网络日志不少于六个月;

(4)采取数据分类、重要数据备份和加密等措施;

(5)法律、行政法规规定的其他义务。

在《网络安全法》颁布之前,我国已经实行信息系统安全等级保护制度。1994

年国务院颁布的《计算机信息系统安全保护条例》规定我国的计算机信息系统实行安全等级保护。1999年，公安部组织制定的《计算机信息系统安全保护等级划分准则》发布。2007年，公安部、国家保密局、国家密码管理局、国务院信息化工作办公室制定了《信息安全等级保护管理办法》，明确了信息安全等级保护的具体要求。我们理解，基于信息系统安全等级保护制度已经普遍实施的现状，在《网络安全法》实施之后，其确立的网络安全等级保护制度应当会与目前的信息系统安全等级保护制度相衔接和融合，而不会成为两个并行的制度体系。

## 三、关键信息基础设施

《网络安全法》第三十一条对关键信息基础设施进行了规定，法律公布后，社会的关注热点是如何准确地理解关键信息基础设施的范围。

在立法过程中，关键信息基础设施如何定义及确定其范围也一直是争议的焦点。《网络安全法（草案）》一审稿采用了列举的方式界定关键信息基础设施的外延，即"提供公共通信、广播电视传输等服务的基础信息网络，能源、交通、水利、金融等重要行业和供电、供水、供气、医疗卫生、社会保障等公共服务领域的重要信息系统，军事网络，设区的市级以上国家机关等政务网络，用户数量众多的网络服务提供者所有或者管理的网络和系统"，构成关键信息基础设施；二审稿删除了列举方式，直接采用危害后果的方式来界定，即"一旦遭到破坏、丧失功能或者数据泄露，可能严重危害国家安全、国计民生、公共利益的关键信息基础设施"。在《网络安全法》正式文本中，综合了一审和二审稿，采用了列举加危害后果双重界定的方式，即"国家对公共通信和信息服务、能源、交通、水利、金融、公共服务、电子政务等重要行业和领域，以及其他一旦遭到破坏、丧失功能或者数据泄露，可能严重危害国家安全、国计民生、公共利益的关键信息基础设施，在网络安全等级保护制度的基础上，实行重点保护"。《网络安全法》授权国务院另行制定关键信息基础设施的具体范围和安全保护办法。

2016年6月，中央网络安全和信息化领导小组办公室制定了《国家网络安全检查操作指南》，并于2016年7月在全国范围内启动了关键信息基础设施网络安全检查工作。按照《国家网络安全检查操作指南》的规定，"关键信息基础设施是指面向公众提供网络信息服务或支撑能源、通信、金融、交通、公用事业等重要行业运行的信息系统或工业控制系统，且这些系统一旦发生网络安全事故，会影响重要行业正常运行，对国家政治、经济、科技、社会、文化、国防、环境以及人民生命财产造成严重损失。关键信息基础设施包括网站类,如党政机关网站、企事业单位网站、新闻网站等;平台类,如即时通信、网上购物、网上支付、搜索引擎、电子邮件、论坛、地图、音视频等网络服务平台;生产业务类,如办公和业务系统、工业控制系统、大型数据中心、云计算平台、电视转播系统等”。从以上定义可以看出,《国家网络安全检查操作指南》下关键信息基础设施的范围是比较广泛的,如即时通信系统和电商平台都有可能成为关键信息基础设施,其对我们理解《网络安全法》下关键信息基础设施的范围具有一定的借鉴意义。

一旦被认定为关键信息基础设施,设施运营者将会承担相应的网络安全保护法定义务,包括:

(1)关键信息基础设施的建设要求(第三十三条);

(2)关键信息基础设施运营者的安全保护义务(第三十四条);

(3)采购关键信息基础设施产品和服务的国家安全审查要求(第三十五条)

(4)采购关键信息基础设施产品和服务的保密要求(第三十六条);

(5)个人信息和重要数据的本地化要求(第三十七条);

(6)关键信息基础设施的网络安全年度检测评估(第三十八条)。

## 四、数据保护

《网络安全法》对于数据的保护包括个人信息保护、用户信息保护和商业秘密保护。

《网络安全法》之前,我国已经有若干的法律法规来规范个人信息的收集和使用,包括《全国人大常委会关于加强网络信息保护的决定》《消费者权益保护法》《电信和互联网用户个人信息保护规定》《关于审理利用信息网络侵害人身权益民事纠纷案件适用法律若干问题的规定》和《刑法修正案(九)》等。《网络安全法》关于个人信息保护的条款与以往法律法规相比,保护原则没有实质性的改变,但增加了一些保护内容,比如个人信息主体的删除权和更正权等。

依照《网络安全法》第七十六条之定义,个人信息是指以电子或者其他方式记录的能够单独或者与其他信息结合识别自然人个人身份的各种信息,包括但不限于自然人的姓名、出生日期、身份证件号码、个人生物识别信息、住址、电话号码等。该定义基本与《电信和互联网用户个人信息保护规定》的规定一致。基于以上定义,个人信息必须具备身份的识别性,如果信息和个人身份相分离,则不再构成个人信息。需注意,即使某信息不能单独识别个人身份,但如果其与其他信息结合,具备识别个人身份的功能，仍然构成个人信息。在大数据和数据融合广泛应用的当下，对于存在识别个人身份可能性的信息，尤其应当谨慎判断其是否构成个人信息。

考虑到推动大数据应用已成为我国的一项国家战略，在立法征求意见时，很多专家提出应当为大数据的发展留下空间。在二审稿之后，增加了一个例外的规定（《网络安全法》第四十二条），即对于个人信息的利用的限制条款，"个人信息经过处理无法识别特定个人且不能复原的除外"。这一例外规定被一些业界人士视为是对大数据发展的一项利好规定。

《网络安全法》引入了"用户信息"的概念，第二十二条第三款规定，网络产品、服务具有收集用户信息功能的，其提供者应当向用户明示并取得同意；并在第四十条中要求网络运营者应当对其收集的用户信息严格保密，并建立健全用户信息保护制度。但法律对于"用户信息"并没有进一步的定义。我们理解，在用户使用产品或服务过程中收集的信息构成用户信息，包括IP地址、用户名和密码、用户身份、上网时间、Cookie信息等。如果用户信息具备身份识别的功能，则构成用户的个人信息。可见，用户信息的范围相比个人信息更广泛一些。

《网络安全法》建立了关于关键信息基础设施产品和服务采购的国家安全审查制度（第三十五条）、数据跨境传输的安全评估制度（第三十七条）等，这些制度的实施，都需要网络运营者和其他主体向有权机关提交相应的审查内容，其中可能包括受知识产权保护的软件代码、加密算法、商业计划和商业秘密等。立法机构为了响应社会对知识产权和商业秘密保护的关切，在征求意见二审稿中，增加了一条，规定：国家网信部门和有关部门在关键信息基础设施保护中获取的信息，只能用于维护网络安全的需要，不得用于其他用途。而在法律正式文本的第三十条中，又把获取信息的范围从"在关键信息基础设施保护中"扩展到"在履行网络安全保护职责中"，并在第七十三条中规定了有关行政部门违反法律规定将信息用作其他用途的法律责任，有效地满足了企业（尤其是外企）的合理诉求。

## 五、数据本地化

依照《网络安全法》第三十七条的规定，关键信息基础设施的运营者在中华人民共和国境内运营中收集和产生的个人信息和重要数据应当在境内存储。因业务需要，确需向境外提供的，应当按照国家网信部门会同国务院有关部门制定的办法进行安全评估；法律、行政法规另有规定的，依照其规定。数据本地化要求包括个人信息和重要数据。对于个人信息的范围，目前法律定义基本明确，但是对于重要数据，仍然留有较大的不确定性，比如是否会区分业务数据和商业信息数据等，需要进一步的配套法律法规加以明确。另外一个不确定性在于安全评估办法的具体内容和评估程序，是否会给相关企业增加严重的合规负担。从目前的立法内容看，国家网信办（或会同工信部）很可能成为安全评估办法的制定机构与评估和实施机构。

对于涉及国家安全和社会稳定的数据提出本地化要求是一个趋势，也符合国际上的立法惯例。但是，如果数据本地化要求过于泛化，会对企业（尤其是跨国企业）的业务带来负担。因此，下一步有关部门制定对关键信息基础设施的认定和数据跨境传输的安全评估办法时，如何把握数据安全和商业便利两者的平衡关系非常重要。

对数据本地化的法律规制，除了《网络安全法》的规定，以下的数据（或设施）亦明确有本地化的法律要求：

（1）我国网络安全和保密相关的法律禁止涉及国家秘密和国家安全的数据跨境传输；

（2）征信数据（《征信业管理条例》第二十四条）；

（3）个人金融信息（《中国人民银行关于银行业金融机构做好个人金融信息保护工作的通知》第六条）；

（4）地图数据（《地图管理条例》第三十四条）；

（5）网络出版服务所需的必要的技术设备（《网络出版服务管理规定》第八条）；

（6）网约车业务相关数据和信息（《网络预约出租汽车经营服务管理暂行办法》第二十七条）。

## 六、网络实名制

《网络安全法》再一次确立了网络实名制在中国的实施，第二十四条规定，网络运营者为用户办理网络接入、域名注册服务，办理固定电话、移动电话等入网手续，或者为用户提供信息发布、即时通信等服务，在与用户签订协议或者确认提供服务时，应当要求用户提供真实身份信息。用户不提供真实身份信息的，网络运营者不得为其提供相关服务。

在此之前，我国已经有相关的法律法规对实名制进行规定。2016 年 1 月 1 日实施的《反恐怖主义法》规定,电信、互联网、金融、住宿、长途客运、机动车租赁等业务经营者、服务提供者,应当对客户身份进行查验。对身份不明或者拒绝身份查验的,不得提供服务。2015 年的《互联网用户账号名称管理规定》规定,互联网信息服务提供者应当按照"后台实名、前台自愿"的原则,要求互联网信息服务使用者通过真实身份信息认证后注册账号。2016 年的《移动互联网应用程序信息服务管理规定》,要求移动互联网应用程序提供者按照"后台实名、前台自愿"的原则,对注册用户进行基于移动电话号码等真实身份信息认证。

## 七、网络运营者的企业制度建设要求

《网络安全法》就网络安全保护对网络运营者设定了一系列的法定义务,有些义务需要网络运营者建立企业的管理制度和操作规程,以满足法律合规性的要求,避免法律风险,主要包括如下:

(1)与实施网络安全等级保护制度相关的义务和制度建设,包括制定内部安全管理制度和操作规程,确定网络安全负责人等(第二十一条);

(2)健全用户信息保护制度(第二十二条和第四十条);

(3)落实网络实名制(第二十四条);

(4)网络安全事件应急预案(第二十五条);

(5)关键信息基础设施的安全保护义务,包括:设置专门安全管理机构和安全管理负责人,并对该负责人和关键岗位的人员进行安全背景审查;定期对从业人员进行网络安全教育、技术培训和技能考核;对重要系统和数据库进行容灾备份;制定网络安全事件应急预案,并定期进行演练;法律、行政法规规定的其他义务(第三十四条);

(6)采购关键信息基础设施产品和服务的保密制度(第三十六条);

(7)关键信息基础设施安全性的年度评估(第三十六条);

(8)个人信息的收集和利用规则及制度(第四十一条和第四十二条);

(9)个人信息泄露事件的报告制度(第四十二条);

(10)违法使用个人信息删除和错误个人信息更正制度(第四十三条);

(11)网络运营者对用户非法信息传播的监管(第四十七条);

(12)网络信息安全投诉、举报制度(第四十九条)。

## 八、法律责任

《网络安全法》第六章规定了详尽的法律责任。对网络运营者,根据违法行为的情形,主要的法律责任承担形式包括责令改正、警告、罚款,责令暂停相关业务、停业整顿、关闭网站、吊销相关业务许可证或者吊销营业执照,对直接负责的主管人员等进行罚款等;并且,有关机关还可以把违法行为记录到信用档案。对于违反法律第二十七条的人员,法律还建立了职业禁入的制度。

除了以上的行政处罚外,网络运营者还应当关注违法行为所导致的民事责任和刑事责任。网络运营者如果因违反《网络安全法》的行为给他人造成损失的,该行为具有民事上的可诉性,网络运营者应当承担相应的民事责任。《刑法修正案(九)》规定的拒不履行信息网络安全管理义务罪,指网络服务提供者不履行法律、行政法规规定的信息网络安全管理义务,经监管部门责令采取改正措施而拒不改正,具有法律规定的情形之一的,构成本罪。《网络安全法》为网络运营者设定了诸多的网络安全保护义务(如网络安全等级保护和关键信息基础设施保护等),如果由于不履行法律的规定而导致严重后果的,可能会受到刑事追诉,从而承担拒不履行信息网络安全管理义务罪的后果。

# “互联网 + ”时代的企业知识产权管理和挑战

程　芳　王广巍　杜雨楠*

*作者简介：

程芳，合伙人，中伦律师事务所上海办公室，电邮为 helencheng@ zhonglun. com；

王广巍，合伙人，中伦律师事务所上海办公室，电邮为 will wang@ zhonglun. com；

杜雨楠，律师，上海办公室。

“互联网 + ”是指创造性地运用互联网工具,充分发挥互联网在生产要素配置中的优化和集成作用,把互联网的创新成果与经济社会各领域深度融合,从而提升实体经济的创新力和生产力,推动技术进步、效率提升和组织变革。“万物互联”是“互联网 + ”时代的重要特征。全球化的互联网平台扩大了企业投放商品和服务的范围,知识和技术的高速流转促进了自主创新,大数据和云计算分析帮助企业了解市场需求,实现精准营销,数据和信息的即时交换提高了效率,帮助企业在短时间内快速配置资源。“互联网 + ”在带来上述新变化、推动产业变革的同时,也给企业知识产权的保护带来了新的挑战。

## 一、“互联网 + ”时代对知识产权的影响

“互联网 + ”环境中,信息传播方式、交易模式、智力成果使用方式等都发生了重大的变革,对知识产权的地域性、价值周期造成了冲击,同时使得知识产权问题变得更为复杂。

### (一)知识产权地域性淡化

知识产权受国家界限限制,具有地域性,除本国加入的国际条约另有规定外,企业在某个国家获得的权利效力通常不及于其他国家。与之相对,“互联网 + ”的重要特征在于打破包括地域在内的一切界限。依托于覆盖全球的互联网,信息能在顷刻间传播至世界各地,企业得以更为便捷、高效地在全球范围内开展商业活动。当前,支付宝在超过 190 个国家和地区提供支付及相关服务,亚马逊 AWS 为全球超过一百万家企业提供云计算服务,各种电子商务平台实现了商品和服务的全球交换。知识产权随之在全球范围内传播,地域性逐渐淡化。

### (二)知识产权转化为经济收益的周期缩短

知识产权保护具有期限性,在保护期限内,权利人享有专有权,其他任何人未经权利人许可均不得实施其知识产权,从而确保权利人能够有充足的时间通过实施其知识产权回收成本,创造收益。在“互联网 + ”时代,互联网平台扩张了企业推广商品和服务的地域边界,丰富了企业经营模式,企业推广的准确度也有所提高,基于此,企业将智力成果转化为经济收益的周期缩短。传统电视剧播放模式通常为每天播放固定数量的剧集,全部播放完毕需要持续数个星期。移动客户端视频播放软件诞生后,网剧剧集可以实现全剧同时上线,与此同时,视频服务提供商推出会员服务,通过跳过广告、提前观看全部剧集等功能吸引用户,增强用户黏性,创造新的收益增长方式。音乐播放软件、图书、漫画阅读软件,省略了刻录、出版、印

刷、包装、运送、上架等过程,直接让音乐、文学、绘画作品以“非物质化”形式呈现在读者面前,缩短了作品从创作到获利的周期。

(三)知识产权问题复杂化

“互联网+”时代,知识产权问题的复杂化表现在多个方面。

创新是“互联网+”时代的重要特征,新事物的出现不可避免地带来新鲜的问题。阿尔法围棋(AlphaGo)战胜诸多人类围棋高手引发了人们对人工智能的兴趣和关注,与之相关的各种法律问题随之出现。目前,人工智能已经能够撰写诗歌、谱写音乐、进行绘画创作,单从表象上,人们甚至无法将人工智能“作品”与人类作品区别开来,那么,人工智能的“作品”是否构成著作权保护的对象?如果构成,权利归属如何确定?针对诸如此类的问题众说纷纭,至今未有定论。

“互联网+”时代,知识产权不必依附于有形物质载体而存在,传播途径增加、传播速度变快、表现形式和利用方式更为丰富,与之相对应的,知识产权侵权形式也更为多样,如侵权人通过微信等社交媒体销售侵权产品、通过网络直播平台播送电影等,对侵权行为的监测愈加困难,知识产权的实施愈加脱离权利人的控制。

此外,“互联网+”时代知识产权问题的复合性增强。“《梦幻西游》侵权案”中,网易公司对《梦幻西游》游戏本身及多个美术作品进行了著作权登记,并对包括游戏名称“梦幻西游”在内的25个商标进行了注册,网易公司发现侵权行为后,通过提起侵害著作权、商标权及不正当竞争纠纷诉讼全方位地维护自身权益,并获得了法院支持。可见,“互联网+”时代,不同类型的知识产权并非完全独立,而是存在各种交叉,使得知识产权问题具有复合性而变得更为复杂。

## 二、“互联网+”时代企业知识产权保护的挑战

“互联网+”带来的产业变革和创新对传统知识产权造成了冲击,同时也给企业开展知识产权保护工作带来了挑战。

(一)跨地域知识产权保护难度大

“互联网+”时代,知识产权地域性的淡化不可避免地引发知识产权的跨地域保护问题。知识产权跨地域传播和使用使得知识产权侵权行为的影响范围扩大。以著作权为例,许多字幕组、翻译论坛等将国内外的文学作品、影视作品等自行翻译成不同的文字,上传到互联网,传播到不同国家和地区,扩大了侵权作品的传播范围。知识产权法属于国家法,不同国家的知识产权制度之间存在差异。就专利申请制度而言,美国采用先发明制,专利权授予先做出发明创造的人,并要求专利申

请必须由发明人提出,而我国采用先申请制,将专利权授予先提出申请的人,专利申请人可以是发明人以外的人。诸如此类制度上的差异给企业在不同国家获取和维护知识产权制造了不小的困难。除了侵权影响范围扩大、知识产权制度的国家差异问题,在实践中,企业开展跨国维权还可能面临不同国家保护力度上的差异、维权成本增加等难题。

(二)知识产权价值周期缩短

"互联网+"时代,企业借助互联网平台在全球范围内推广商品和服务的同时,凝结在商品和服务上的知识产权快速传播,在更短的时间内催生出相似的或者替代性的智力成果。自2014年四名北大毕业生创立ofo后,共享单车野蛮生长,除了较早入局的摩拜、ofo外,2016年全年至少涌现出了25个相似的共享自行车或电动自行车的品牌,均通过手机应用软件提供无桩单车或电动单车租赁技术和服务。企业的智力成果在短时间内被大量模仿,在一定程度上给企业造成了更大的竞争压力。知识和技术的快速流转和更新推动新兴智力成果的创造和出现,企业知识产权在更短的时间内被替代,虽然知识产权的法定保护期限没有改变,但企业能够实施其知识产权创造经济收益的周期事实上可能缩短。

"互联网+"环境对商标的影响也非常明显。2004年,权利人申请注册"拍客"商标时,"拍客"作为一个臆造词汇而具有较强的显著性,而随着"拍客"成为网络词汇被大量使用后,其被用于指代爱好拍摄图像或视频并分享到互联网上的一类人群,并且这一指代作用逐渐超过其作为商标指示商品或服务来源的作用,商标的显著性大为减弱,保护范围也随之限缩,商标的价值大为下降。

由此可见,"互联网+"时代,互联网平台的信息在帮助用户更快速、更精准地推广商品和服务的同时,也加速了知识产权更新的进程,企业知识产权的价值周期随之缩短。

(三)知识产权保护复杂化

知识产权本身具有显著的技术性和综合性特征,专业性非常突出。"互联网+"背景下,传统产业与互联网进一步融合,企业知识产权得以以更快的速度在更广的范围内传播,使用方式也更为多样,知识产权保护随之变得更为复杂。地域上,互联网的全球性与知识产权的地域性存在冲突,知识产权跨地域保护存在困难;客体上,新技术的发展催生出了新的客体问题,如尚在争论中的人工智能"作品",尚无先例的新问题往往让企业感到无所适从;侵权方式上,侵权的途径同样从线下发展到了线上,许多侵权行为人通过电子商务平台向世界各地销售侵权产品,侵权行为的影响范围扩大,侵权获利数额也可能随之增大,同时,计算机技术的发展也带来了诸如设置深度链接、开展网络直播等新的可能的侵权方式;侵权认定上,鉴于知识产权问题具有超越一般法律问题的专业性,在知识产权侵权认定中往往会涉及诸多专业性的问题,需要专业人士做出专业解答。礼来公司诉常州华生制药有限公司侵害发明专利权纠纷案中,最高人民法院首次指派技术调查官参与案件,琼瑶诉于正侵害著作权纠纷案首次在著作权案件中引入专家辅助人,知识产权保护向更为专业化的方向发展,对企业的要求也更高;知识产权保护方式上,以往企业往往认为著作权、商标权、专利权之间是相互独立的,认为对于一项智力成果采用一种固定的保护方式就够了,但在"互联网+"环境下,不同类型的知识产权之间常常会发生交叉,采用单一的保护方式可能无法实现知识产权的充分保护。

综上所述,"互联网+"时代下的知识产权保护向更为专业化、复合化的方向发展,同时需要面对实践中跨地域维权、客体多样化等问题,变得更为复杂。

## 三、"互联网+"时代企业知识产权保护策略

"互联网+"时代,面对愈加浓厚的自主创新氛围、复杂的知识产权保护环境和层出不穷的新兴问题,企业应当制定恰当的知识产权保护策略,妥善保护知识产权。

### (一)开展符合企业实际的知识产权战略布局

知识产权是企业的重要资产和竞争工具。"互联网+"时代,知识产权作为无形资产对企业的重要性更为突出。与此同时,知识产权保护形势亦更为复杂。为了在激烈的市场竞争中保持优势地位,企业应当进一步提高对知识产权的重视程度,强化知识产权发展和保护意识。在制定企业未来发展规划时,应当结合企业内外部环境,明确自身的定位,并据此针对知识产权研发、设权、维权等重要环节制定符合企业特点的、全局性的知识产权战略。"互联网+"时代,自主创新成为企业发展的重要主题,企业在为知识产权战略谋篇布局时,应当重视对知识产权的研发,对一定时期内的知识产权研发计划进行统筹安排。同时,面对快速更新的技术和市场环境,企业应当提早把如何将知识产权转化为经济收益纳入战略布局当中,从而抓住时机,在更短的时间内实现知识产权的经济价值。当然,技术发展日新月异,企业面对的市场环境也不可能一成不变,企业的知识产权战略也应当是动态变化的,随着市场环境变化和自身发展需要而及时进行调整。

（二）制定完善的知识产权管理制度

知识产权战略为企业开展知识产权保护工作提供了指导性的思路，落实到具体实践中，知识产权管理制度就是企业开展知识产权工作的具体依凭和规则。知识产权管理制度应涵盖知识产权研发、申请、注册、登记、维持、保护等各个方面和阶段，具体包括：科研设施、科研资料的登记、管理制度；保密制度；员工培训制度；专利权申请、商标权注册、著作权登记制度；知识产权档案管理制度；知识产权转让制度；商业秘密保护制度；知识产权信息查新制度；知识产权资产评估制度；侵权监测制度等。

其中，知识产权信息查新制度包括对知识产权情报以及法律法规、政策的关注和更新。"互联网＋"时代，在自主创新推动下，新鲜的知识、技术、创作层出不穷。通过获取和分析知识产权最新情报，企业能够及时掌握市场上已有的技术、缺乏何种技术、何种技术更具有市场竞争力等，可以作为课题立项的重要参考，同时，关注相关法律动态，企业能够及时利用相关规定获取权利、维护权益。例如，2017 年 8 月 1 日起施行的《专利优先审查管理办法》规定属于"涉及互联网、大数据、云计算等领域且技术或者产品更新速度快"①等情形的专利申请或复审案件可以请求优先审查，企业在得知该办法时就可以对比自身情况，对于有需求的专利及时请求优先审查，确定权利。知识产权作为无形资产，其价值评估较为困难，建立知识产权资产评估制度可以帮助企业了解自身知识产权价值，更有针对性地进行管理，同时也能更科学地实施知识产权许可和转让。

（三）打造专业的知识产权管理团队

完善的制度需要由专业的团队来实施才能充分发挥价值。企业建立知识产权团队主要有两种方式：一是在企业内部设置专门人员；二是与专业的外部知识产权公司、事务所等合作。企业内部人员仅为企业服务，能够及时有效地完成知识产权的日常管理工作，并负责信息查新、侵权监测等需要定期开展的工作。外部知识产

---

① 《专利优先审查管理办法》第三条：有下列情形之一的专利申请或者专利复审案件，可以请求优先审查：（一）涉及节能环保、新一代信息技术、生物、高端装备制造、新能源、新材料、新能源汽车、智能制造等国家重点发展产业；（二）涉及各省级和设区的市级人民政府重点鼓励的产业；（三）涉及互联网、大数据、云计算等领域且技术或者产品更新速度快；（四）专利申请人或者复审请求人已经做好实施准备或者已经开始实施，或者有证据证明他人正在实施其发明创造；（五）就相同主题首次在中国提出专利申请又向其他国家或者地区提出申请的该中国首次申请；（六）其他对国家利益或者公共利益具有重大意义需要优先审查。

权团队在长年的服务过程中，为不同的客户解决不同类型的问题，积累了丰富的经验，具有更强的专业性，尤其是在企业发生知识产权纠纷的情况下，企业通常缺少处理类似问题的经验，而外部知识产权团队能更快地做出反应，并提供行之有效的解决方案。许多外部知识产权团队在海内外均设有办公机构，集合了擅长在不同法域下从事知识产权工作的专业人员，当企业面对跨地域的知识产权问题时，外部知识产权团队能够提供更为专业的服务。采用不同的方式建立知识产权管理团队有不同的优势，企业可以结合实际需要、预算、战略规划等进行选择或组合。

（四）培养员工的知识产权保护意识

发展和保护知识产权需要从每一个员工抓起。首先，企业应当培养员工的知识产权意识。企业可以定期给员工开展培训，强调知识产权在"互联网+"时代的重要作用，增加员工对知识产权的认识，培养员工的创新意识，鼓励员工进行发明创造。其次，企业应当培养员工的法律意识。企业员工在工作中能够接触到各种各样的保密或非保密信息，尤其是研发类人员、高级管理人员等，能够接触到企业最为核心的知识产权信息。"互联网+"时代，员工频繁使用手机、平板电脑等移动客户端分享信息、获取信息，如果员工保密意识不强，可能会通过社交软件、直播平台等泄露商业秘密，因此，必须加强员工保密意识的培养。另外，企业可以通过与员工签署保密协议、知识产权归属协议等方式明确员工的保密义务、职务发明及作品等的权利归属等问题，如有必要，企业还可以与员工签订竞业限制协议，从而尽量避免引发与员工之间的知识产权争议。

## 结　语

"互联网+"时代行业融合、万物互联的特点，淡化了知识产权的地域性，缩短了知识产权转化为经济收益所需的时间，同时使知识产权保护变得更为复杂。在"互联网+"自主创新的氛围中，面对跨地域知识产权保护难度大、知识产权价值周期缩短、知识产权问题复杂化等挑战，企业应当充分认识到知识产权的重要性，将知识产权开发和保护作为企业发展的重要环节，投入充足的人力、物力，结合企业的实际情况，进行恰当的知识产权战略布局，并及时根据企业内外部环境的变动进行调整。在具体措施上，企业应当建立完善的知识产权管理制度和团队、通过培训和教育培养员工的知识产权意识，从而适应并借助"互联网+"环境，谋求更好的发展。

# 大数据应用中数据收集的合法性分析

陈际红*

* 作者简介：
陈际红，合伙人，中伦律师事务所北京办公室，电邮为 chenjihong@ zhonglun. com。

## 引　言

在"大数据"时代,大量的数据涉及个人信息和商业信息,遵守相关的法律和政策、对个人信息和商业秘密进行适当和充分的保护,是企业必须面对的挑战。本文立足于大数据应用的整体环境,结合最新出台的法律法规,对数据收集的合法性进行深入浅出、条分缕析的说明,进而为企业在个人信息保护、著作权保护、不正当竞争、计算机系统保护等方面提出法律风险提示和控制措施。

国务院于二〇一五年九月发布《国务院关于印发促进大数据发展行动纲要的通知》(以下简称《纲要》),《纲要》旨在推动大数据在政府和产业的广泛应用,同时亦指出我国大数据发展存在顶层设计和统筹规划、法律法规建设滞后等诸多问题。大数据应用的基础资源是包括个人信息和商业数据在内的海量数据,因此需要保持数据获得的便利性和充分流动性,而信息社会对个人信息保护和商业秘密保护提出了更高的需求,需要防止个人信息的滥用,在数据获取中应遵循法定的规则。在数据流动和私权保护间寻找适度的平衡,对业者提出了挑战。

大数据应用中数据来源各有不同,包括用户数据的收集、数据交易、网络公开数据的收集等,可能涉及的法律问题主要包括个人信息保护、不正当竞争、商业秘密保护、著作权保护及计算机信息系统安全等。

## 一、个人信息的保护

### (一)个人信息的范畴

根据《网络安全法》的规定,个人信息是指以电子或者其他方式记录的能够单独或者与其他信息结合识别自然人个人身份的各种信息,包括但不限于自然人的姓名、出生日期、身份证件号码、个人生物识别信息、住址、电话号码等。个人信息不仅包括可以单独识别自然人个人身份的信息,如姓名、身份证号码、电话号码等,还包括与其他信息结合可以识别自然人个人身份的信息,如住址、工作单位、邮箱地址等。

是否具有"身份可识别性"是判断信息是否属于个人信息范畴的核心要件。随着大数据等相关技术的发展,"身份可识别性"的界限越发难以判断,并且必然会随着技术的发展而有所变化。目前我国并没有形成统一或具体的判断标准,因此实践中应当根据数据所属行业、具体的识别方法和手段合理性等因素综合判断。

(二)信息主体的授权

个人信息一般来讲属于私权的范畴,在立法和司法中应充分尊重信息主体的自决权,尊重信息主体和信息收集方达成的协议安排。根据《网络安全法》第四十一条的规定,网络运营者收集、使用个人信息,应当遵循合法、正当、必要的原则,公开收集、使用规则,明示收集、使用信息的目的、方式和范围,并经被收集者同意。网络运营者不得收集与其提供的服务无关的个人信息,不得违反法律、行政法规的规定和双方的约定收集、使用个人信息,并应当依照法律、行政法规的规定和与用户的约定,处理其保存的个人信息。因此,对于属于个人信息的数据,其收集、使用和处理都需要经过信息主体的同意,即应遵从知情同意原则。

《信息安全技术公共及商用服务信息系统个人信息保护指南》(GB/Z 28828 - 2012)作为我国首个个人信息保护国家指导性标准,将个人信息分为个人一般信息和个人敏感信息,并提出默许同意和明示同意的概念。对于个人一般信息的处理可以建立在默许同意的基础上,只要个人信息主体没有明确表示反对,便可收集和利用。对于个人敏感信息,则需要建立在明示同意的基础上,在收集和利用之前,必须首先获得个人信息主体明确的授权。根据标准定义,个人敏感信息指的是一旦遭到泄露或修改,会对标识的个人信息主体造成不良影响的个人信息。各行业个人敏感信息的具体内容根据接受服务的个人信息主体意愿和各自业务特点确定。个人敏感信息可以包括身份证号码、手机号码、种族、政治观点、宗教信仰、基因、指纹等。个人一般信息则是指除个人敏感信息以外的个人信息。

例如,在上诉人北京百度网讯科技有限公司与被上诉人朱烨隐私权纠纷一案的民事判决[案号:(2014)宁民终字第5028号]中,法院已经考虑到了个人信息主体授权的完整性和信息技术创新发展的平衡。法院考虑到"百度网讯公司已经明确说明cookie技术、使用cookie技术的可能性后果以及通过提供禁用按钮向用户提供选择退出机制",因此认为"朱烨在百度网讯公司已经明确告知上述事项后,仍然使用百度搜索引擎服务,应视为对百度网讯公司采用默认'选择同意'方式的认可",并进而认定"……将个人信息区分为个人敏感信息和非个人敏感信息的一般个人信息而允许采用不同的知情同意模式,旨在保护个人人格尊严与促进技术创新之间寻求最大公约数"。

(三)脱敏数据交易

对于收集后的信息,根据《网络安全法》第四十条、第四十二条、第四十四条的规定,网络运营者应当承担严格的保密责任(包括必要的保密措施、补救措施及泄露后的通知义务),未经信息主体的同意,不得向他人提供个人信息,但是经过处理无法识别特定个人且不能复原的除外。任何个人和组织不得窃取或者以其他非法方式获取个人信息,不得非法出售或者非法向他人提供个人信息。

《网络安全法》首次明确认可了“脱敏数据交易的合法性”,但其前提是数据经过处理后无法识别特定个人且不能复原。与个人信息的“身份可识别性”相同,目前我国并没有统一的“不能复原”的判断标准,因此实践中应当根据数据所属行业、具体的识别方法和手段合理性等因素综合考虑。

(四)法律责任

因个人信息收集、处理、使用产生的民事责任主要包括侵权责任和违约责任。如果包括隐私在内的个人信息未经信息主体同意而被相关企业收集、使用或处理,信息主体可以依据《侵权责任法》、《全国人民代表大会常务委员会关于加强网络信息保护的决定》及《关于审理利用信息网络侵害人身权益民事纠纷案件适用法律若干问题的规定》主张隐私权或个人信息侵权责任[如北京百度网讯科技公司与朱烨隐私权纠纷案,(2014)宁民终字第5028号]。如果信息收集者/处理者是基于与信息主体的用户协议或其他协议收集、处理、使用信息主体的信息,则违反协议约定或超出协议授权范围的收集、处理行为同时将产生违约责任,信息主体有权选择向信息收集者/处理者主张违约责任。

随着《网络安全法》的实施,非法收集、处理个人信息所产生的行政责任更加明确。根据《网络安全法》第六十四条的规定,网络运营者、网络产品或者服务的提供者违反该法第四十一条至第四十三条规定,侵害个人信息依法得到保护的权利的,由有关主管部门责令改正,可以根据情节单处或者并处警告、没收违法所得、处违法所得一倍以上十倍以下罚款,没有违法所得的,处一百万元以下罚款,对直接负责的主管人员和其他直接责任人员处一万元以上十万元以下罚款;情节严重的,并可以责令暂停相关业务、停业整顿、关闭网站、吊销相关业务许可证或者吊销营业执照。违反该法第四十四条规定,窃取或者以其他非法方式获取、非法出售或者非法向他人提供个人信息,尚不构成犯罪的,由公安机关没收违法所得,并处违法所得一倍以上十倍以下罚款,没有违法所得的,处一百万元以下罚款。

2015年11月,《刑法修正案(九)》将“出售、非法提供公民个人信息罪”和“非法获取公民个人信息罪”整合为“侵犯公民个人信息罪”,扩大了犯罪主体和侵犯个人信息行为的范围。于2017年6月1日起施行的《最高人民法院、最高人民检察院关于办理侵犯公民个人信息刑事案件适用法律若干问题的解释》明确了侵犯公民个人信息罪的具体定罪量刑标准,刑事打击侵害公民个人信息行为的力度更大。

## 二、著作权保护

互联网业者在大数据应用中,往往希望了解消费者的消费习惯、其他业者的操作方式等,因此也会考虑在各个互联网平台上收集数据或信息,所收集的数据或信息有可能构成著作权法项下的保护客体。

第一类是用户制作和提供的内容,即 UGC(User Generated Content),比如针对互联网电商平台销售产品的用户评价、旅游网站旅行者的体验报告和订餐网站对餐厅和菜品的评价等。此类信息可能是一个简单的好或坏的评价,也可能是具有独创性的文字作品或摄影作品,包括用户的深度评论或日记、用户上传的照片、视频等,而这些可能会构成著作权保护的客体。第二类是平台或平台商户创作的具有独创性的文字作品和摄影作品,包括文字性的介绍、照片等。第三类是平台运营者收集和整理的数据库,通过汇编和整理(对其内容的选择或者编排体现出独创性),有可能成为汇编作品。

著作权自作品完成之日起产生,未经著作权人(用户、平台或平台商户)许可,第三方通常不可以商业化使用其作品。实践中,互联网平台或应用运营者通常会通过用户协议或隐私条款要求用户将其在平台上发布/发表的任何形式的信息(包括评论和图片)的著作财产权免费授权或转让给平台或应用运营者,因此,平台或应用的运营商有可能作为著作权人向侵权人主张用户作品的著作权。而对于平台或平台商户创造的文字作品、摄影作品和数据库等,作为著作权人的平台运营者或具体商户同样有权行使其对于相关作品的著作权。

根据《著作权法》第四十八条的规定,未经著作权人许可,复制、发行、表演、放映、广播、汇编、通过信息网络向公众传播其作品的,应当根据情况,承担停止侵害、消除影响、赔礼道歉、赔偿损失等民事责任;同时损害公共利益的,可以由著作权行政管理部门责令停止侵权行为,没收违法所得,没收、销毁侵权复制品,并可处以罚款;情节严重的,著作权行政管理部门还可以没收主要用于制作侵权复制品的材料、工具、设备等;构成犯罪的,依法追究刑事责任。

## 三、不正当竞争

### (一)商业秘密

商业秘密主要指不为公众所知悉、能为权利人带来经济利益、具有实用性并经权利人采取保密措施的技术信息和经营信息。根据《反不正当竞争法》(1993 年)第十条的规定:经营者不得采用下列手段侵犯商业秘密:(一)以盗窃、利诱、胁迫或者其他不正当手段获取权利人的商业秘密;(二)披露、使用或者允许他人使用以前项手段获取的权利人的商业秘密;(三)违反约定或者违反权利人有关保守商业秘密的要求,披露、使用或者允许他人使用其所掌握的商业秘密。第三人明知或者应知前款所列违法行为,获取、使用或者披露他人的商业秘密,视为侵犯商业秘密。监督检查部门将责令相关经营者停止违法行为,并可以根据情节处以罚款。商业秘密的权利人可以向侵权人主张侵权责任(包括停止侵害、损害赔偿等)。

如果相关数据是平台或应用运营者在运营过程中产生的数据,包括访问量、注册用户数量、用户浏览记录等一般用户无法获取的经营数据,相关运营者同时采取了保密措施(如设置防火墙、加密),则此类数据应当属于商业秘密的范畴,相关运营者应当视为商业秘密的权利人。未经商业秘密权利人同意,任何第三方不得以不正当手段获取、使用其商业秘密,否则将承担相应的民事责任或行政责任,构成犯罪的,依法追究刑事责任。

(二)商业道德和诚实信用

如果相关数据是平台或应用运营者在运营过程中产生的但却是一般用户都可以浏览或利用的数据,比如用户的简单评论或评价、用户的评论数、商户的基本信息及评分等,由于该类数据不具有秘密性,或者运营者并没有采取任何保密措施,所以不属于商业秘密的范畴。其中由用户点评或评论产生的数据,由于不具有“身份可识别性”,应当不属于个人信息的范畴,简单的文字评价或评分也不足以成为著作权下的作品。

该类数据的所有权目前并不明确,虽然该类数据多由用户完成,但是其单独的评论或评价并不会产生显著的价值。很多平台或应用的经营者都会通过用户协议或隐私条款明确要求该类数据的所有权及处分权益归经营者所有,从现有案例来看,该类协议的有效性并没有被法院或监管机关所质疑,比如上海汉涛公司诉北京爱帮公司不正当竞争纠纷[(2011)一中民终字第 7512 号],主审法院对用户协议及平台数据权利的合法性给予了认可,认为“汉涛公司通过与用户签订协议,获得用户点评和商户简介的著作财产权益,并通过对上述信息搜集、整理,为公司带来更多合法利益”,“大众点评网的商户简介和用户点评,是汉涛公司搜集、整理和运用商业方法吸引用户注册而来。汉涛公司为此付出了人力、财力、物力和时间等经营成本,由此产生的利益应受法律保护”。

根据目前的法律实践,数据抓取行为和数据使用行为都有可能因为违反商业道德和诚实信用而构成不正当竞争行为。其中违法的数据抓取行为包括三类,第一类是超出协议范围的数据抓取行为:平台与合作方(数据抓取方)签署了正式的合作协议或 API 协议,平台向合作方提供数据共享接口,但是合作方超出协议范围获取或利用非法技术手段抓取了平台的数据,该数据抓取行为可能构成不正当竞争行为[如北京淘友天下技术有限公司等与北京微梦创科网络技术有限公司的不正当竞争纠纷,(2016)京 73 民终 588 号]。第二类是违背行业内公认准则的数据抓取行为,网站通过 Robots 协议可以告诉搜索引擎哪些内容可以抓取,哪些内容不能抓取。在法院已有的案例中,Robots 协议被认为是互联网行业普遍遵守的规则,故搜索引擎违反 Robots 协议抓取网站的内容,可能会被认定为违背公认的商业道德,从而构成不正当竞争[如北京百度网讯科技有限公司等与北京奇虎科技有限公司等不正当竞争纠纷,(2013)一中民初字第 2668 号]。第三类是采用违法手段进行的数据抓取行为,如通过侵入或破坏计算机信息系统进行的数据抓取行为,在不考虑其刑事违法性的条件下,其数据抓取显然构成不正当竞争行为。

如果数据抓取的技术手段是合法的,对于获取数据的使用行为同样有可能违反诚实信用原则或公认的商业道德。在上海汉涛信息咨询有限公司与北京百度网讯科技有限公司不正当竞争纠纷[(2015)浦民三(知)初字第 528 号]中,法院认定,“由于 Robots 协议是互联网行业普遍遵守的规则,故搜索引擎违反 Robots 协议抓取网站的内容,可能会被认定为违背公认的商业道德,从而构成不正当竞争。但并不能因此认为,搜索引擎只要遵守 Robots 协议就一定不构成不正当竞争。Robots 协议只涉及搜索引擎抓取网站信息的行为是否符合公认的行业准则的问题,不能解决搜索引擎抓取网站信息后的使用行为是否合法的问题。本案中,百度公司的搜索引擎抓取涉案信息并不违反 Robots 协议,但这并不意味着百度公司可以任意使用上述信息,百度公司应当本着诚实信用的原则和公认的商业道德,合理控制来源于其他网站信息的使用范围和方式。百度公司拥有强大的技术能力及领先的市场地位,若不对百度公司使用其他网站信息的方式依法进行合理规制,其完全可以凭借技术优势和市场地位,以极低的成本攫取其他网站的成果,达到排挤竞争对手的目的”。因此,对涉及信息使用的市场竞争行为是否具有不正当性的判断,应当综合考虑多重因素,包括:涉案信息是否具有商业价值,能否给经营者带来竞争优势;信息获取的难易程度和成本付出;对信息的获取及利用是否违法、违背商业道德或损害社会公众利益;竞争对手使用信息的方式和范围等。

## 四、计算机信息系统保护

如果通过侵入他人计算机信息系统或者采用其他技术手段，获取该计算机信息系统中存储、处理或者传输的数据，该获取数据的行为不仅可能构成上述的不正当竞争行为，给他人财产造成损失的，应当依法承担民事责任，情节严重的，则有可能构成非法侵入计算机信息系统罪或破坏计算机信息系统罪（《刑法》第二百八十五条和第二百八十六条），进而需要承担刑事责任。

## 五、法律风险的控制措施

如前所述，大数据应用者不仅应当关注数据的抓取行为，同时应当注意数据使用的合规性，避免使用任何未经授权的个人信息、商业秘密或著作权作品。对于来源于网络平台的普通数据，企业在使用时也应当注意自身对数据的使用方式和范围，避免违反诚实信用的原则和公认的商业道德，构成不正当竞争行为。

此外，为控制风险，建议大数据应用企业可以采取以下措施：

(1)完善与数据供应商的协议，明确供应商对数据来源合法性的担保责任；

(2)明确数据供应商对个人信息的授权和脱敏责任，明确数据供应商的保密义务等；

(3)同时，企业在选择数据供应商时，要对供应商的数据流程进行法律合规性评估，并基于评估结果选择供应商；

(4)在获得数据后，企业内部应当对数据采取必要的保密措施，进行数据分类处理，确定特定的使用目的，避免数据的扩散或泄露；

(5)数据进行交易或流转之前，对数据进行必要的处理，尤其应当注意对于个人信息的脱敏。

# 云服务器提供商的知识产权侵权责任认定“六步法”

## ——兼评国内首例云服务器提供商被判侵权案一审判决

马远超*

*作者简介：

马远超，合伙人，中伦律师事务所上海办公室，电邮为myc@ zhonglun. com。

2017年5月,乐动卓越公司诉阿里云公司侵犯信息网络传播权一案作出一审判决。北京市石景山区人民法院经审理认定,阿里云公司在收到乐动卓越公司两次通知后,未能对侵害乐动卓越公司著作权的《我叫MT畅爽版》采取必要措施,因而根据《侵权责任法》第三十六条应当承担连带侵权责任,需赔偿乐动卓越公司经济损失和合理费用约26万元。本案一审判决之后,立刻引起了业内广泛关注与讨论,被称为"国内首例云服务器提供商被判侵权案"。阿里云不服一审判决提起上诉,该案目前正在二审审理中。

本文拟从云服务器提供商的服务内容及其特点入手,就云服务器提供商在知识产权侵权责任认定中的法律地位、法律义务、法律责任等问题进行探讨,兼评上述案件一审判决的可圈可点之处。

## 一、云服务器提供商的服务内容及其特点

国内若干云服务器提供商官方网站显示,云服务器提供商除了向客户提供网络服务器租赁基础服务之外,还可以提供几十种其他增值服务,如云计算、CDN、数据库、安全维护、大数据应用与分析、管理与监控、云通信、日志邮件等应用服务、互联网中间件等,也可以为客户提供特定行业或者满足特定需求的"一揽子"解决方案。这些增值服务或者解决方案可由客户进行菜单式选择,按月、按小时或按数量等方式计费。以当下热门的网络游戏行业为例,某知名云服务器提供商对外宣传自己的"游戏行业数据运营方案覆盖行业全链路各个环节,游戏设计阶段建立科学的数值平衡模型,游戏推广阶段精准定位游戏玩家画像、降低游戏用户获取成本,游戏运营阶段实现玩家流失预测和诊断,助力游戏厂商获得全方位数据洞察力"。

传统服务器提供商向客户提供的服务主要是服务器租赁、托管、安全维护等。两者相比,云服务器提供商的服务内容与能力远远超出了传统服务器提供商,客户与云服务器提供商之间可以建立更深度的合作,客户选用的增值服务越多,对云服务器提供商的依赖就越大。

传统信息存储空间服务提供商,主要分为两类,一类是网盘、云盘等形式,主要以提供网络存储空间为主,有时也提供网络链接分享等功能;另一类是内容存储推广平台,用户可将视频、音频、文字、游戏等数字内容上传到平台,但其真正目的是在该平台上推广该内容,吸引其他用户访问、使用、下载其内容。与云服务器提供商相比,传统信息存储空间服务提供商的服务重点在于为客户提供内容存储空间、分享、传播平台。

可见，当云服务器提供商向客户提供的仅是网络服务器租赁服务时，与传统服务器提供商相比，并无区别；与传统信息存储空间服务提供商相比，其提供的是更底层的服务器租赁服务。但是，客户之所以选择云服务器提供商，并非仅仅看中其可以提供网络服务器租赁等基础服务，更重要的是，看中了云服务器提供商可以提供其他一系列增值服务，以此提升自己在技术层面、内部管理层面的竞争力。

## 二、云服务器提供商的知识产权侵权责任认定“六步法”

传统网络服务器提供商、传统存储空间服务提供商，是与云服务器提供商较为接近的两类网络服务提供主体。通过与类似主体的比较分析，有助于我们理解云服务器提供商与它们之间存在哪些异同，由此在知识产权侵权责任认定上，结合其个性进行区别化对待。笔者尝试总结出一套云服务器提供商知识产权侵权责任认定的“六步法”，以期抛砖引玉。

第一步，查明云服务器提供商与客户之间的合作内容与范围。

从纵向看，云服务器提供商的服务内容具有多层级性，其服务既包括底层的服务器租赁服务，又可以包括大数据分析，甚至包括打造游戏生态联盟等增值服务，体现了明显的金字塔型、多层级性服务能力特点。从横向看，云服务器提供商可以为客户提供名目繁多的各类技术服务或者非技术服务；以技术服务为例，包括但不限于云数据库、大数据分析、云计算、CDN、域名解析、云通信等各类网络产品服务运营者所需的各类互联网网络服务。

如果“一刀切”式地讨论云服务器提供商的法律地位，很可能缺乏针对性、脱离实际。查明双方的合作内容与范围，不仅有助于查明云服务器提供商是否存在主观过错，也有助于判断云服务器提供商的法律地位，也是进一步讨论是否适用“避风港”原则、注意义务大小、应对措施及时性、应对措施必要性等一系列问题的前提。

如何查明云服务器提供商与客户之间的合作内容与范围？一方面，权利人在诉讼中，应该尽可能搜集此类证据、进行充分举证。权利人证明云服务器提供商与客户之间的合作内容越多、范围越广，对权利人越有利，云服务器提供商面临的可责性就越强。但是，将云服务器提供商与客户之间的内部合作通过合法证据予以固定、予以外显化，对权利人而言并非一件易事。在乐动卓越公司诉阿里云公司纠纷案件中，权利人也仅仅举证证明阿里云公司为客户提供了最底层的网络服务器租赁服务。另一方面，权利人可以通过将云服务器提供商及其客户列为共同被告（或者事后追加为共同被告），法院可以利用职权主动询问、调查此节事实，甚至法院要求云服务器提供商提供双方的合作内容、合作历史、合作范围记录，这些方法都有助于查明此节事实。法官在举证责任的分配上，应当视原告的搜集证据能力、穷尽与否，以及被告披露相关信息的可操作性、合法合理性等角度，具体案件具体判断。

第二步，查明云服务器提供商采取的应对措施情况。

法院可从以下两方面切入，审查云服务器提供商采取措施的具体情况：

1. 云服务器提供商采取应对措施的时间

云服务器提供商负有举证责任证明自己在接到权利人通知后（甚至之前），在何时开始采取应对措施。采取应对措施的时间既可以是内部反应时间，也可以是对外反应的时间。内部反应时间，可以是内部流转、商讨、请示、决策的时间，甚至次数；外部反应时间，既可以是与权利人联系、核实、询问的时间，也可以是与客户方转送通知、询问、告知后续风险的时间，还可以是组织双方协商、调解的时间。一般而言，云服务器提供商采取应对措施的时间越早、次数越多，越能说明云服务器提供商积极处置的态度。

2. 云服务器提供商采取应对措施的具体内容

如前所述，这种应对措施既可以是内部应对措施，也可以对外应对措施。内部应对措施，主要是云服务器提供商内部讨论、决策制订与实施的过程。外应对措施包括：(1)对权利人采取的应对措施，可以是告知权利人通知不合格及其理由，或者云服务器提供商现阶段已经对其客户方采取的具体措施，或者难以采取进一步措施的原因，或者如果进一步采取措施所需满足的前提条件。(2)对客户采取的应对措施，不仅仅限于《侵权责任法》第三十六条列举的"删除、屏蔽、断开链接"措施，也可以采取其他其认为必要的措施，如停止提供除服务器存储、安全维护等底层技术服务之外的增值服务，或者依据云服务器提供商与客户之间的合同约定采取其他措施。

第三步，认定云服务器提供商注意义务的高低。

如果有证据证明云服务器提供商在与客户深度合作过程中，在收到权利人的通知之前，已经明知或者应知客户利用其产品服务从事知识产权侵权活动，此时云服务器提供商就不应享受"避风港"待遇，权利人可直接要求其承担侵权连带责任。在司法实践中，权利人一般都是通过发出侵权通知，证明网络服务提供者从收到通知之时起明知或者应知网络用户的侵权行为。在乐动卓越公司诉阿里云公司侵犯信息网络传播权一案中，即是如此。

如果云服务器提供商可以享受“避风港”待遇，影响其注意义务高低的因素至少包括：

1. 云服务器提供商与客户之间的合作内容与范围

根据云服务器提供商提供的具体服务内容，可以判断云服务器提供商是否有可能、有能力鉴别客户的行为是否构成侵权。例如，客户的数据信息已被客户自己加密，云服务器提供商未经客户许可无法解密客户数据信息。一般而言，之所以权利人能够发现该客户的侵权行为，客户数据信息往往具有外显性，意味着云服务器提供商也能合法地获取其客户的数据信息。

2. 权利人主张的知识产权类型与内容

众所周知，“通知—移除”规则起源于美国 1998 年出台的《千禧年数字版权法》，但我国《侵权责任法》第三十六条的适用范围不仅仅限于版权侵权，而是包括了专利侵权、商标侵权、商业秘密侵权、人身权侵权在内的所有侵权纠纷。云服务器提供商对不同权利类型的侵权判断能力是不一样的。在判断是否侵权上，各类知识产权权利也存在难易差异。一件知识产权案件的审理判决，需要经过一系列程序与较长周期。对于云服务器提供商而言，无论从周期上还是能力上，要求其法务团队具备超过专业知识产权法官的能力与效率，就过于苛求了。

因而，笔者认为法院应当综合各项因素，结合案件的实际情况，对云服务器提供商在个案中的注意义务高低做出个案化的判断。

第四步，查明权利人通知是否合格。

在云服务器提供商享受“避风港”待遇的情形下，权利人通知是否合格，是判断云服务器提供商采取的应对措施是否及时、是否合理的前提。如果权利人提供了完备的权利证据、侵权证据，甚至提供了侵权判断的依据、分析与方法，显然有助于云服务器提供商做出判断。如果权利人的通知中，权利范围不清晰，侵权内容范围与定位不清晰，就不利于云服务器提供商及时做出判断。

在乐动卓越公司诉阿里云公司侵犯信息网络传播权一案中，一审法院从权利人通知发送方式是否合理、内容是否完整清晰、是否送达被告三方面进行了认定，最终认定乐动卓越公司的通知为有效通知。

第五步，判断云服务器提供商采取的应对措施是否及时、是否合理。

通过查明云服务器提供商与客户之间的合作内容范围，如果认定云服务器提供商不享受“避风港”待遇，就需要查明云服务器提供商在没有收到权利人通知或者收到权利人通知之前，是否采取了应对措施，是否及时、是否合理。如果认定云服务器提供商享受“避风港”待遇，就需要查明云服务器提供商在收到权利人的合格通知之后，根据其注意义务高低，判断其采取的应对措施是否及时、是否合理。在判断应对措施是否“合格”的问题上，法官具有一定的自由裁量权，具有一定的主观性。我们可从以下方面来讨论判断应对措施是否“合格”：

首先，“合格”的必要措施，一定是同时具备“及时性”与“必要性”两个要件。如果过迟地采取必要措施，仍应在迟缓范围内承担责任；如果是及时采取了错误的应对措施，仍视为未能履行自己阻却侵权继续发生的义务。

其次，“及时性”与“必要性”一定是相对的、具体的，而不是绝对的、固化的。判断是否及时、是否必要，需要根据已经查明的云服务器提供商扮演的角色、发挥的作用、拥有的控制力、执行力、通知的准确程度、知识产权权利种类与内容、侵权判断难易程度等因素具体问题具体分析，综合判断。例如，在乐动卓越公司诉阿里云公司案件中，一审法院认为阿里云公司在收到乐动卓越公司通知后八个月内没有采取任何措施，远远超出了合理的反应时间。阿里云公司抗辩称，其之所以此段期间内没有采取措施，是因为乐动卓越公司所发通知不合格、涉案网站与其无关、其不得擅自透露用户信息、无权擅自读取、透露服务器数据等理由。如果阿里云在合理时间内采取了一定措施，如转通知其客户，要求其客户对权利人的通知做出回应，或者根据权利人的指引自行对其客户正在其服务器上运行的游戏与权利人游戏进行比对，随后在自己力所能及的范围内做出一定的判断后决定做出何种反应，很有可能免于承担赔偿责任。

第六步，确定云服务器提供商是否承担侵权责任、承担何种法律责任。

假设云服务器提供商没有能够及时采取必要措施，需要承担法律责任的，那么，云服务器提供商可能会被判决什么样的法律责任呢？

1. 侵权人承担的侵权责任方式最大范围限于《侵权责任法》第十五条列举的范围之内：停止侵害、排除妨碍、消除危险、返还财产、恢复原状、赔偿损失、赔礼道歉、消除影响、恢复名誉。具体到云服务器提供商可能承担的侵害知识产权的侵权责任方式，一般是指停止侵害、赔偿损失、赔礼道歉、消除影响。

在乐动卓越公司诉阿里云公司侵权纠纷案件中，乐动卓越公司的诉讼请求中就包含了“将储存在其服务器上的《我叫 MT 畅爽版》游戏数据库信息提供给原告”的内容。阿里云公司对此态度非常明确，鉴于法律并未赋予其擅自读取云服务器租用人存储于云服务器数据信息的权利，因而拒绝承担该责任。一审法院认为，被告阿里云公司的不作为，造成原告乐动卓越公司经济损失的扩大，损害了原告作为

《我叫 MT Online》游戏著作权人和运营商的合法权益,其应当承担采取补救措施及赔偿损失的民事责任。但鉴于被告阿里云公司在诉讼中已将涉案的服务器主机关停并提供了相关租用人的信息,且被告服务性质决定了其客观上无法事先知晓并控制他人租用其服务器继续提供盗版游戏的行为,因此对于原告乐动卓越公司第一项诉讼请求,不予支持。

笔者认为,一审法院认为被告应当承担采取补救措施的民事责任,以及驳回原告第一项诉讼请求的理由,均值得商榷。因为,根据《民法通则》的规定,补救措施仅仅是违反合同的民事责任承担方式之一,在《侵权责任法》中补救措施仅是产品缺陷责任案件中生产者、销售者的自赎方式,是判断是否承担侵权责任的前提要素之一。在《著作权法》《信息网络传播权保护条例》中也没有关于补救措施的规定。因而,一审法院认定被告阿里云公司应当承担采取补救措施的民事责任,没有法律依据。一审法院也可直接以原告的第一项诉讼请求没有法律依据为由,驳回该项诉讼请求。

2. 云服务器提供商承担停止侵害的民事责任范围,应当限于必要措施范围之内。在实践中,原告可能要求云服务器提供商对客户停止一切服务。法院应当审查原告该要求的合理范围,判令被告云服务器提供商停止一切服务还是部分服务,应当结合该服务与侵权后果、侵权获利之间的因果关系、帮助作用予以综合考虑,最终在一个恰当的范围内支持原告的诉讼请求。如果被告在诉讼过程中已经停止了该行为,法院一般不再支持原告的该项诉讼请求。

3. 云服务器提供商承担赔偿损失的民事责任范围,存在两种情形:(1)根据《侵权责任法》第三十六条第二款,云服务器提供商的赔偿损失责任范围,从收到权利人通知后未及时采取必要措施起算,并就此时开始的损害扩大部分承担赔偿责任。换言之,原告应当举证证明此时开始存在损害扩大,如果不能证明,被告则无须承担赔偿责任,如果能证明存在损害扩大、不能证明具体的扩大金额的,法官可以根据案情自由裁量决定。(2)根据《侵权责任法》第三十六条第三款,云服务器提供商的赔偿损失责任范围,应以其"知道网络用户利用其网络服务侵害他人民事权益、未采取必要措施"期间,与侵权网络用户承担相同的、连带的责任。此种情形下,原告需要举证证明在其没有向云服务器提供商发出通知的情况下,云服务器提供商已经明知或者应知其客户正在利用其网络服务从事侵权行为。

在乐动卓越公司诉阿里云公司侵权纠纷案件中,原告未能举证证明阿里云公司在其发出通知之前已经明知或者应知其客户存在侵权行为,因而一审法院在审查原告通知合格后,适用《侵权责任法》第三十六条第二款判令被告承担赔偿损失责任。一审法院认定"被告承担(赔偿)责任的时间应当从其接到原告通知时起,到其采取措施时止"略有瑕疵。体现在:(1)起算的时间点应是从被告接到原告通知、再扣除给予被告一定合理的反应时间后起算;(2)没有论证在被告接到原告通知后,其用户的侵权行为仍在持续、原告的损失仍在扩大,尽管不一定能查明继续扩大损失的金额,但至少应当查明损失仍在扩大的事实,并以此作为要求被告承担赔偿责任的前提与重要考虑因素。

## 结 语

云服务器提供商作为一种综合性的网络服务提供者,适应了互联网企业的网络服务需求,提供一站式网络服务,有利于中小互联网企业的创业与发展。在考量云服务器提供商是否需要承担侵权责任、承担何种侵权责任时,应首先查明其提供的具体服务、查明其扮演的真实角色、发挥的真实作用,从而拨开其看似神秘的身份迷雾,然后依据现有法律规则,给予其适当的法律定位。

# 五、交易视角下的知识产权问题

# 中国企业海外并购中的知识产权调查与保护

顾　萍*

*作者简介：

顾萍，合伙人，中伦律师事务所北京办公室，电邮为 guping@ zhonglun. com。

知识产权作为企业抢占竞争优势的关键性资源，已经成为中国企业开展海外并购活动的重要标的①。然而，涉及知识产权的海外并购是一个十分复杂且高风险的过程，即便是大型跨国公司也曾出现过失误，比如苹果公司购买唯冠公司 iPad 商标②。基于知识产权获取的并购活动包括并购前、并购中和并购后三个阶段中知识产权并购风险的准确甄别，以最大化获取和保护企业自身权益为目标，有效实现知识产权转移、重组和价值创造。

## 一、并购前的调查

### （一）知识产权相关性与协同性调查

本项调查的目的是明确目标知识产权和企业现有资产的相关性与互补性，帮助中国企业制定海外并购战略。在基于知识产权的并购战略制定中，首先要解决的就是并购意图，也就是需要确定何种原因或者目标，促使并购者基于知识产权进行并购。并购意图的确定，有助于确定并购目标的选择标准。实践操作中，要进行海外并购的中国企业向外部律师咨询之前，会有自己的目标与期望，调查人员最好与企业充分沟通，以便有针对性地进行下一步的知识产权尽职调查。

一般来说，基于知识产权的并购意图，可能是因为从外部获取知识产权的交易成本过大，需要通过并购的形式从内部获取知识产权。如专利技术的外部交易成本过高，或者内部创新的成本较高或者风险较大等，通过并购拥有与并购者发展战略相匹配的知识产权资源的目标公司，从而实现内部的知识产权获取或转移。也可能是基于海外市场开拓的需要，通过并购海外拥有一定知名度的品牌及其营销渠道，即获取商标及附着于商标资产之上的市场资源，从而实现海外市场的快速开拓。当然，还有一种比较常见的情况就是市场需求时不我待，知识产权并购无疑是迅速获取所需资源，进入目标领域和目标市场的快速战略。

在确立并购战略之后，就是以并购意图或者说是并购动机为基础确立并购目标。在基于知识产权的并购目标选择中，一般要综合考虑如下因素：

1. 看重目标公司何种类型的知识产权，是专利技术、商标还是商业秘密，或者是

---

① 深圳市知识产权局《企业知识产权海外维权指引》第二十五条：【知识产权布局】企业应加快知识产权海外布局的步伐，重点在重要市场国、目标市场国和竞争对手所在国等申请或获取相关知识产权，为商业竞争做好准备。

② 由于转让协议签署的瑕疵以及未能及时向中国商标局办理转让核准，苹果最终以 6000 万美元和解金额获得了 iPad 商标所有权。

把其中的几种要素同时作为考虑的标准。

2. 根据自己的公司并购战略选择特定类型的目标公司，一般来说，如果以专利技术为并购的关键要素，往往会选择小型创新性公司作为目标公司；如果是以商标为并购的关键要素，往往会选择大型高知名度公司作为目标公司。

基于知识产权的并购交易成功与否取决于并购者如何有效地评价并购目标的价值和潜在的知识产权协同效应。搜集广泛的、准确的、必要的信息对成功并购起到关键的作用。信息在这里可以被界定为对维护和增强知识产权并购决定起必要作用的一系列事实和资料。

应该说，基于知识产权的并购是企业基于资源观点的发展，并购者必须了解目标公司是否拥有有价值的知识产权资产，且这些有价值的知识产权资产的价值性，必须强调其与并购者发展战略的需要相匹配，无论是技术开发战略还是市场拓展战略。也就是说，在进行信息的搜集和筛选时，必须注重目标公司的知识产权资产与并购者之间的适配性和互补性。北京市知识产权局发布的企业海外知识产权预警指导规程中有具体的指导①，该指导虽然更多的是从预警角度进行分析建议，但知识产权预警的日常运作对知识产权并购也会起到关键的指导作用，预警发现的问题或者潜在问题往往就是并购的动机，预警中所做的分析也部分解决了相关性和协同性问题。

综合分析上述所有因素，基本可以确定目标公司和目标知识产权。根据并购目标公司的不同分为横向、纵向并购两种形式。横向并购包括并购竞争对手的专利、商标，形成正向的协同效应；也包括用防御性的策略弱化竞争对手的 IP 应用，建立自身专利、商标的市场影响。纵向并购主要目的是延长产业链，优化产业布局，提升产业整合程度。

（二）知识产权价值调查（知识产权尽职调查）

随着知识产权的相关交易在公司并购中的比重越来越大，甚至成为一些企业收购的核心目标，有关知识产权法律风险的意识和评估越发重要，其对于商业目标实现的战略意义也越发凸显。

---

① 北京市知识产权局《企业海外知识产权预警指导规程》第五条：企业预警机构的职能一般包括：（一）定期与研发、市场等相关部门进行沟通和交流，了解并确定企业重大研发方向和目标市场；（二）搜集和检索与公司经营生产相关的专利信息，掌握竞争对手的境外专利布局；（三）对检索到的专利进行重点分析，自行或委托外部专利律师出具专业的分析报告，确定风险等级，拟定应对方案；（四）遇到专利风险时，迅速制订预警预案，将结果尽快反馈给决策层，并且制订和调整相关策略。

涉及知识产权的公司并购在法律上必然导致知识产权权属的转移。知识产权作为无形资产,其转移涉及的法律问题相较于传统实物资产的转移更为复杂。比如,在先权利的审核,转移的程序性管理,权利价值的确认等,在交易前后均存在诸多的不确定性和纠纷隐患。对于知识产权调查的方向,北京市知识产权局也给出了一些参考维度。

并购目标越明确,调查的针对性就越强,实现并购目标的可能性也就越大。

如果并购方的首要目标是获得被收购方的骨干员工和技术秘密,那么需要对员工情况进行重点调查,比如员工是否都签署了保密协议,是否约定了发明创造成果所有权的归属,哪些是骨干员工,已使用哪些激励方法来激励骨干员工,骨干员工是否愿意留下来继续为并购方工作,是否有竞业限制条款防止骨干员工离职后使用保密信息从而损害目标公司利益。

如果并购方的首要目标是获得关键技术,那么调查重点将集中在技术相关的方面,比如目标公司采用哪些措施来保护关键技术,是否开展了适当步骤来保护知识产权,关键技术的实施及其产品是否侵犯第三方知识产权,并购方是否可以先获得技术许可(即便并购仍在谈判中)。

如果并购方首要目标是通过并购获得驰名或新兴的品牌,从而进入一个新市场或者扩大市场份额,那么调查的重点则在于目标公司的品牌是否获得了全面的权利保护。

除了有针对性的调查之外,普遍而言在公司并购中需要重点关注的知识产权法律风险主要有以下四种:

1. 知识产权所有权权属瑕疵风险

公司并购如果涉及知识产权的权属转移,首先要审查的是该知识产权的权属问题。如果权属存在瑕疵将直接导致收购失败。为了识别所有权权属瑕疵风险,通常需要全面审查目标公司签署的与知识产权相关的合同,包括许可协议、销售合同、供货订单、代理协议、协议、员工职务发明协议、知识产权质押贷款协议等。

一般来说,目标企业使用的知识产权可能存在三种所有权形式:企业所有的知识产权、与他人共有的知识产权以及第三方(雇员、独立合同方或其他第三方)所有的知识产权。在后两种情况下,知识产权的权属瑕疵风险较大,应予以注意:

(1)共同所有的知识产权

一般而言,知识产权的共有人之间的权利和义务采取约定优先的原则。在公司并购中,如果目标企业存在共同所有的知识产权,需要审查该知识产权按约定或规定是否需要共同所有人全部同意方可转移。因此,需要仔细审查共同所有权的内容,如各方的许可权限、知识产权转移的条件、对知识产权有效性的维持以及侵权发生时的救济方式等约定。

如果被收购或者被并购的目标企业的知识产权在美国,交易时要特别注意。因为美国的专利权共有人不需要通知其他共有人就可以单独处分共有专利,并且收益无须与其他共有人分享。

(2)雇员所有的知识产权

如果目标企业的雇佣合同明确规定,专利发明归雇员所有,该企业就不是该项专利的所有权人。因此,应当仔细审查目标企业相关劳动合同中对于发明创造的专利权的约定条款,以确定专利权的权属状况,查明是否需要补偿以及如何补偿相关的雇员发明人。

(3)独立合同方所有的知识产权

如果目标企业所使用的专利技术或其他知识产权是由独立合同方在帮助企业设计和研发产品过程中做出的,在确定该等知识产权的权属时,应仔细审查相关的独立合同(如委托开发合同)中对研发过程中的知识产权权属的规定。

(4)其他第三方所有的知识产权

如果目标企业所使用的知识产权来自于第三方,在并购时必须认真审查相关的使用许可合同,查明许可种类,以及合同中是否存在被许可人可以对许可技术进行修改的约定,是否存在对二次开发的权利归属的约定,是否存在控制权变更条款。

因此,公司并购中的知识产权权属瑕疵风险主要来自于相关的合同风险以及相关国家的知识产权法律冲突(如果存在)。在并购过程中,应仔细审查和评估所涉知识产权的性质,区别所有权与使用权。

2. 知识产权地域性风险①

知识产权具有严格的地域性,是公司并购中的一个重要风险源。知识产权的地域性意味着,按照一个国家或地区的法律产生的知识产权,只在该国家或地区范围内有效。同一项技术可以在很多国家或地区取得专利,同一个商标也可以在很

---

① 北京市知识产权局《企业海外知识产权预警指导规程》第二十二条:专利权具有地域性,每个国家和地区都有自身的专利法以及审判体系,企业应全面了解并合理运用产品出口相关国家或地区的专利侵权判断原则,才能获得准确的专利侵权分析结果。

多国家或地区注册。因此，大型跨国公司一般都会在很多国家或地区申请专利，所谓“专利圈地”，其产品也会销售到很多国家或地区，并在其产品销售地注册商标。

并购目标企业在某一个国家或地区获得了技术专利或产品（服务）商标，并不意味着当然获得该企业在其他国家或地区就同一技术或产品的专利权或商标权。如果公司的战略目标是多地区甚至全球范围内的专利或商标，就必须审查该专利或商标在哪些国家或地区已获得权属。

需要说明的是，就商标国际注册而言，只需向欧盟商标注册局递交一份单一申请就可能在所有成员国拥有注册商标。同样，向世界知识产权组织（WIPO）递交一份单一申请就可能获得全球范围的商标注册。就国际专利申请而言，按照专利合作条约（PCT），在任何一个 PCT 成员方提出的一项专利申请，可以视为在指定的其他成员方同时提出了申请。这取决于申请人的发展选择、战略需要和付费能力。

知识产权地域性特点决定了海外并购中目标所在国知识产权律师的介入必要性。

3. 知识产权时间性风险

知识产权具有严格的权利保护期限。超出这一界限，法律对于相应的知识产权不再给予垄断性保护。

在公司并购过程中，应当确定所要收购的知识产权是否在法律保护的有限期限内以及其有效期限至何时为止，是否可以续展以及如何续展，是否存在障碍和续展的费用等。转让方是否按时缴付了专利的年费，专利是否仍然有效，商标是否还在保护期内。以上直接决定了该项知识产权保护的范围和强度，并且会对收购价格的形成产生影响。

4. 知识产权诉讼或无效争议风险

在并购前，应评估目标公司近五年内作为原告或被告参与的、已结案的或正在审理的诉讼案件情况，包括调查案件性质、诉讼法律关系和结案情况，以了解目标公司知识产权经营管理的状况和基础。

如果目标公司知识产权的所有权或/和有效性被第三方提出法律质疑，收购方应当分析其中的争议焦点和可能的结果，尤其是目标公司可能要承担的责任的大小、其对目标公司知识产权的影响，以及对收购方购买、运营所涉知识产权会造成何种影响。

对于目标公司涉及的国际专利诉讼，应当对原告的具体诉讼目的进行分析，是为了确定权属，或是迫使目标公司与之商谈许可事宜，或是通过诉讼获得高额赔偿等,从而进一步评估并购中的知识产权法律风险的强弱。

此外,收购方还应当调查和评估目标公司正在申请、审查过程中的知识产权状况。例如,驰名商标的申请与认定情况,发明专利的申请与审查情况等。通过调查官方的审查意见、目标公司的答辩意见和利益相关人的质疑意见,查明可能存在的知识产权争议风险。

对于上述四种法律风险的评估主要通过知识产权尽职调查完成。公司应首先确定目标企业的目标知识产权;其次选择交易方式(资产收购或者股权收购);再次应确定交易中具有实质意义的知识产权,审查该知识产权的相关材料,注重评测上述四种可能的法律风险;最后方能确定并购价格,基于尽职调查的结果制定最终的并购方案。

(三)知识产权法律调查

知识产权法律调查主要是对目标企业所在国与并购有关的法律法规进行调查,包括所在国的各项法律规制、技术进出口管制条例和各类涉及安全的审查与调查程序等,同时还需要关注法律法规未涉足的风险,以及法律未禁止规定和政策稳定性、连续性等问题。

以美国为例,美国商务部公布的管制清单规定航空发动机、先进导航系统、激光器、水下摄像机及推进器等多个大类的美国高科技产品及其技术不得对中国出口。美国的这种出口管制有一整套体系,其商务部通过《出口管制条例》(Export Administration Regulations,EAR)对高科技技术进行管制;而国务院则通过《国际管制武器条例》(International Traffic in Arm Regulations)对军事方面的技术进行管制。就管制民用技术的《出口管制条例》来说,为确保国家安全,美国商务部耗费巨资制定了一套严密的出口管制条例。通过数千页精心设计的文件、数据,从流程、分类、法制、国别将个人和组织的出口行为和涉及美国原产地、美国知识产权的技术和产品都纳入了管制范围。

需要特别注意管制条例中的出口(Export)不仅包括传统意义的出口活动,而且还包括在美国国内把美国的技术转移给外国人的行为,即"Deemed Exports"。

此外,从权利主体看,目前有不少专利技术在其发明创造过程中,往往有很深的政府资助背景,在接受资助时往往需要同意具体的国家安全控制,这些专利的对外许可和转让就会受到技术资助开发协议和国家相关部门的审查和许可。

所以,中国企业海外并购外国企业的过程中要想成功获得其先进的技术,并购方(中方)的知识产权尽职调查中必须重视研究目标企业所在国的出口管制条例对国际并购交易产生的影响。在并购中，企业要详细排查相关协议和相关法律、政策，具体到该主体所在的地方法规、政策等，排除所有转让限制。

同时，也需要注意目标企业已有的知识产权许可等协议是否存在违反法律的风险。中国企业并购海外企业，尤其要注意目标公司签署的知识产权许可等协议是否违反所适用的反垄断法等相关法规，比如限制研发改进，限制购买竞争技术，限制被许可方购买非必需的技术、原材料、产品、设备、服务以及接收非必需的人员限制被许可方实施技术生产产品或者服务的数量、品种、价格、销售渠道和出口市场限制被许可方购买原材料，产品及设备的渠道或者来源，禁止知识产权接受方对合同标的技术知识产权的有效性提出异议等。这些条款都是明显违法无效的，一旦发生诉讼势必会直接损害并购方中国企业的利益。

## 二、并购中的管理

并购中管理是知识产权并购过程中的重要内容之一，主要涉及并购谈判、并购交易条款的确定、并购价格的确定等。

（一）知识产权谈判和准备收购协议

完成知识产权尽职调查后，知识产权律师在随后的知识产权谈判中，还需要进一步确定知识产权的交易结构，准备收购协议中相关的知识产权交易条款，确保交易安全。

当出卖方仅出卖部分业务，而不是公司全部时，应与目标企业商谈知识产权的交易结构，明确出售部分的知识产权与不出售业务部分知识产权，确认收购方所获知识产权的权利范围和使用方式，以及目标企业仍继续使用的知识产权的权利范围和使用方式。

在收购协议条款中必须包含目标公司对知识产权的陈述和保证。陈述和保证设计、撰写得越严密、越周全就越有利于购买者。经过尽职调查，有针对性地设计陈述和保证，保证购买者获得期望的知识产权。陈述和保证虽然不能对抗第三方，但能够敦促目标公司履行承诺。

但仅仅依靠陈述和保证，依靠对权利的声明和放弃远远不够。在中国的知识产权法律体系下，专利和商标的转让必须经过知识产权局和商标局的批准后才生效，专利和商标的许可合同也是经过备案后才能对抗第三人。版权的转让虽然无须版权局批准，但经过版权保护中心登记变更版权所有人并公告后的公信力才会更强，权利的法律状态才会更稳定。所以在知识产权谈判并准备收购协议时，务必把知识产权转让合同的生效或许可合同的备案作为整个交易的前提条件之一，或者至少需要明确约定转让方在转让备案、登记、变更等程序中提供必要协助的义务。目前实务界比较常用的办法是，在签订转让协议的同时，就转让后续需要完成的官方事项，提前做出安排，一次性签署所有需要签署的文件。

（二）并购价格

并购价格取决于目标公司所拥有的知识产权资源量，包括数量和质量。基于知识产权的并购，并购价格往往是溢价交易，虽然溢价交易与并购是否能为并购者创造价值之间没有明显的相关性，但从并购绩效的角度，并购者必须考虑并购后所获得的知识产权能产生的预期协同的当前价值大于支付溢价。

并购价格的确定往往是一个谈判问题，但在双方认可的情况下，也可以参考第三方评估机构的评估价格。并购方为了了解拟受让知识产权的市场价值，也可以自行聘请国内有资质的无形资产评估机构进行价值评估，不过目前的现实情况是国内知识产权评估制度正处于形成阶段，评估中的技术问题、评估的可操作性等基本问题还有待解决，针对知识产权的特殊性，还应当从评估方法的应用、评估标准的完善、折现率的选取、必要信息的披露等方面做出努力，以期知识产权评估日渐规范化和科学化。①

## 三、并购后的整合

并购后的知识产权整合战略实质上是目标公司与并购者之间的知识产权资源转移及价值创造过程。中国企业海外并购完成以后，应根据企业自身的发展战略与并购目标，对并购企业进行整合并不断完善知识产权管理制度。②

并购后的企业整合方式主要有三种：

1. 吸收整合

在这种整合方法下，被并购公司的组织完全融入并购公司中，随着组织的转移，目标公司所拥有的知识产权资源也随之转移到并购公司中，与并购者之间的知

① 2014年11月5日，国务院总理李克强主持召开国务院常务会议作出相关部署，其中提到，要建立国家科技重大专项和科技计划知识产权目标评估制度，促进创新成果转移转化。针对重大产业规划、政府重大投资活动等开展评议，规避知识产权风险。

② 深圳市知识产权局《企业知识产权海外维权指引》第二十九条：【管理能力提升】企业应建立并不断完善知识产权管理制度，重视知识产权战略，提升知识产权检索分析能力、侵权判断能力和谈判能力等，在开拓国际市场中不断利用已建立的知识产权制度有效化解风险，保护自身权益。

识产权资源形成互补优势，从而创造可持续的竞争优势。这种方法多用于以商业秘密的获取为目标的并购。

2. 控制整合

在控制型整合中，并购者与被并购者的战略依赖性不强，组织独立性也不强。通常情况下，由于这种不强的依赖性和独立性，导致目标公司的组织可能很难真正融入并购公司中。那么，并购者的知识产权资源也因此失去了其市场作用，包括其在并购前对并购者造成的威胁。一般来说，以扫除技术研发和产品创新中的专利阻碍或者市场开拓中的商标障碍为并购意图的并购比较适合采用这种整合方法，从而消除其对并购者可能存在的阻碍。如大量的小型创业型创新公司，由于拥有阻碍大公司发展的障碍专利而可能被并购，并购后的整合往往采取控制型整合方法。

3. 共生整合

并购者与被并购者之间的战略依赖度较强。同时，两者的组织独立性也要求较高。这就使得各自所拥有的知识产权资源依然在不同的组织中进行运作，只是在不断的组织协调过程中发生知识产权资源的优化配置和融合，从而慢慢实现知识产权资源的转移和价值创造的过程。在原有的技术基础上进行相关产品的新开发或者新市场的开发，如海外市场的开拓中，为了获取新的研发资源或者市场资源而进行的以获取专利技术或者商标为并购意图的并购活动适合于此种并购整合方法。

此外，海外并购后还需要对知识产权进行监测和预警，具体包括以下三个方面：

1. 维护及续展

针对商标问题，需要根据东道国法律要求及时做好日常维护（交纳维护费用等）、续展工作及其他当局要求的工作，防止被取消。以商标问题为例，通常东道国可能会规定在三年内如果不使用会被取消。

2. 侵权监控

如果发现涉嫌侵权行为及时通过当地行政管理部门，或采取司法救济手段对相关知识产权进行有效保护。

3. 侵权预警

可参考北京市知识产权局制定的《企业海外知识产权预警指导规程》、深圳市知识产权局制定的《企业知识产权海外维权指引》，建立和完善预警机制。

最后,并购后还应该定期开展专利稽核,大企业在知识产权方面的支出越来越成为公司财务的重要负担。据统计,跨国公司从获得一项专利开始,到专利超过有效期失效为止一般花费是25万~50万美元。一家有上百件专利的公司,专利的维护费用巨大。然而,仔细分析并购的专利资产组合会发现大量专利属于不必要的"垃圾"专利,大部分公司拥有的上千个专利都有很大的删除空间。为此,专利稽核的价值和意义显得格外突出。美国陶氏化学公司通过专利稽核,减少了1.3万项专利,立即节省了将近5000万美元的许可费用和税款。中国企业海外并购成功之后,也应当定期开展专利稽核,清理不必要的专利,减轻企业负担。

# 知识产权投融资法律服务研究

何　丹　郑旋律　郭志霄*

* 作者简介：
何丹，合伙人，中伦律师事务所武汉办公室，电邮为 hedan@ zhonglun. com；
郑旋律，律师，武汉办公室；
郭志霄，律师，武汉办公室。

## 一、前言

知识产权投融资是知识产权运营的一种方式，分为知识产权质押、知识产权引资、知识产权出资、知识产权信托、知识产权运营基金等。对于企业来说，知识产权投融资对于盘活其无形资产、提高企业竞争力具有十分重要的作用。目前，总体上看，我国企业知识产权投融资情况不够理想，一方面是由于知识产权权利体系不稳定、法律体系不稳定、经济价值不稳定等，带来评估难、风控难、处置难等问题①；另一方面国内知识产权法律服务方式单一、缺乏配套服务也是其重要原因。

当前的知识产权法律服务，集中在传统代理、争议解决等方面，在知识产权价值评估、知识产权投融资对接、知识产权布局、知识产权预警、知识产权分析、知识产权交易等方面尚处于起步阶段，难以为知识产权投融资提供高质量、全方位的服务。这就需要法律服务市场进行适度创新，以适应当前国内知识产权投融资的需求。我们在分析知识产权投融资疑难问题和法律服务现状的基础上，结合法律实践，认为加强知识产权信息分析（以专利信息分析为例）是提升知识产权投融资法律服务水平的关键因素。

## 二、知识产权投融资疑难问题分析

由于知识产权本身具有无形性，因研发成果权属不清引发的权属纠纷屡见不鲜，影响了知识产权的权利稳定性；知识产权会因未及时缴纳相关费用或授权期限届满而失效，法律规定的主体还可以申请专利权无效、商标权撤销，被异议的知识产权可能因此被宣告自始无效，影响了知识产权的法律状态稳定性；与其他资产可以设定用于融资相比，知识产权的价值很难通过通用的公式进行计算获得，知识产权的价值常常处于变动状态，权利人对其进行支配过程中实施的行为可能导致知识产权的价值波动。基于上述原因，知识产权融资中出现了评估难、风控难、处置难等问题，最终导致国内知识产权投融资状况不理想。下文将针对每一种知识产权投融资模式逐一展开论述。

### （一）知识产权质押

知识产权质押融资是指企业以知识产权为质押标的物，向银行申请贷款的一种融资方式。债务人或者第三人将其知识产权作为质权的担保向债权人取得贷

---

① 王立军、范国强：《知识产权金融服务体系构建研究》，载《现代商业》2016年第25期。

款,当债务人不履行债务时,债权人有权依法以该知识产权折价或者拍卖取得的价款优先受偿。

知识产权质押融资是目前知识产权融资业务中开展最多的融资方式。尽管越来越多的银行开始接触此类业务,但由于开展知识产权质押融资业务时面临知识产权价值评估难、贷后监控难、质物处置难等状况①,银行业全面开展知识产权质押融资仍存在意愿不足的问题。当前知识产权质押融资业务的繁荣,更多是由政府推动的,其体现为政府主导型知识产权质押融资模式较市场主导型更为常见,扶持政策中政府补贴、政府担保等工具使用较为频繁。对于某些知识产权不发达地区来说,政府主导型知识产权质押融资模式较为常见,但是由于知识产权的不稳定性,缺乏市场意愿、单靠政府推动的质押融资模式往往显得后劲不足,一旦政府支持力度减弱,该类模式质押融资的热度必将减退。

(二)知识产权信托

知识产权信托是指知识产权权利人将其知识产权委托给信托机构,由信托机构进行管理或者处分,以实现知识产权价值的一种信托业务。实践中知识产权信托主要分为知识产权直接信托、知识产权信托贷款和知识产权支持证券。

2000年武汉市国际信托投资公司曾经有以专利转化为信托目的的实务尝试,由于当时专利信托的各项制度和市场条件不完善,该项目很快就失败了,随后涉及知识产权的信托业务几乎处于停滞状态②。知识产权信托在实践操作中面临很多难题,其中尤为关键的因素是,由于信托机构尚未建立关于知识产权的风险评价体系,很难辨别知识产权带来的多重风险,因此无法搜寻到高质量的知识产权③。此外,即使企业拥有高质量的知识产权,采用信托这种复杂模式,其融资成本也相对更高。

(三)知识产权出资

知识产权出资是指拥有知识产权的企业或者个人,通过知识产权的价值评估,以出资的形式投入公司形成股权,其又分为以知识产权出资成立新公司和以知识产权出资增持公司股权。

知识产权出资是知识产权融资模式中最为成熟的一种。股东以知识产权出资

① 孙少敏:《关于知识产权质押问题的具体分析》,载《经济研究导刊》2017年第10期。
② 胡挺:《专利信托法律问题研究》,华侨大学2008年硕士学位论文。
③ 贾红:《保险资金运用之信托分析》,中国人民大学2008年硕士学位论文。

可以减少资金占用,使被投资企业快速获得核心技术。由于知识产权作为无形资产,每年应进行摊销,还可以起到抵扣企业所得税的作用。然而,对于被投资企业及货币的股东来说,会担忧用于出资的知识产权存在权属纠纷(如职务发明或职务作品问题)、侵权纠纷(将他人商业秘密通过专利公开)、权利状态不稳定(如专利可能会被无效)、估值虚高等问题。因为这些问题易引发股权纠纷,因此在实践中,被投资方对股东以知识产权出资换取股权持谨慎的态度,往往导致知识产权出资交易受阻。同时,知识产权出资也是企业 IPO 或挂牌新三板时发审委或股转系统重点关注的问题,存在较大的风险。

(四)知识产权引资

现代企业获得外部资金支持主要通过股权和债权两种融资途径。对科技型中小型企业(尤其是研发生命周期较短产品或技术的初创型科技型中小企业)来说,由于其信誉、规模以及财务状况很难满足商业银行的要求,因此很难获得债权融资。风险投资是伴随现代高新技术产业兴起而发展起来的一种股权融资途径,在促进高新技术企业技术创新方面发挥了重要作用。中小企业已经获得的知识产权是风投机构进行投资决策的一个备选项,这些企业从事的研究开发和产品创新,具有投资大、风险高但收益也高的特点,如果能将其拥有的具有一定优势的知识产权引入创业投资,吸引风险资本金投入,这些企业将获得发展的机遇。①

就知识产权引资而言,创投机构的投资逻辑之一即为企业拥有一定的技术优势,有助于企业估值快速上升,最终通过并购或 IPO 的方式实现溢价退出。然而,机构投资者往往很难判断该企业知识产权的价值。在这种情况下,创投机构只能沿用过去股权投资的做法,从产品的功能层面进行上下游及同行业的外围访谈。这种外围访谈仅仅停留在个人的主观判断,既无法了解可能存在的知识产权侵权纠纷的风险,也无法判断所涉知识产权的技术含量。这样一来,企业知识产权的价值仅仅是创投机构进行投资决策的一项参考因素,而非决定性因素。

(五)知识产权运营基金

国内的知识产权运营基金主要采取以下几种模式:一是投资国内高等校院拥有的具有潜力的科研项目,研究中所产生的符合投资需求的专利按合同约定归基金所有;二是在特定领域收购高价值的专利资产,建立专利库,再通过专利许可、转

① 郑旋律、朱雪忠:《专利审查高速路对后续申请审查质量的影响研究》,载《情报杂志》2013 年第 7 期。

让和技术转移等途径进行专利运营;三是股权投资,具体又有三种情形,知识产权运营基金提供知识产权服务从而换股权、现金收购股权、股债联动 + 期权模式。其中股债联动 + 期权模式,是指基金以现金或服务收购一部分被投资企业股权,并以债权的形式借给企业一笔款项,并通过协议约定基金享有对企业的期权,如果企业估值达到某个数值以上,基金有权以低于该数值的价格实现债转股。[①] 与一般创投基金所不同的是,国外的知识产权运营基金更关注企业的知识产权状况,即便通过股权方式进行投资,企业拥有的核心知识产权也是其核心决策因素。

尽管理论上存在上述三种运营模式,然而目前国内少数几家专利运营基金很少采取前两种模式进行运作,更多还是沿用股权投资即第三种模式。也就是说,当前国内大多数知识产权运营基金,不过是打着知识产权运营旗帜的股权投资基金而已。只不过相比传统创投机构,知识产权运营基金在投资决策时,对被投资企业知识产权状况更为关注,本质的原因仍是知识产权评估难、估值容易虚高、权利状态不稳定等问题。

综上,当前我国企业知识产权投融资情况不够理想,知识产权权利状态不稳定、法律状态不稳定、经济价值不稳定等带来的评估难、风控难、处置难等问题[②]是其主要原因。

## 三、知识产权投融资法律服务的现状

当前我国的知识产权法律服务,集中在传统代理、争议解决等方面。以专利领域为例,对大多数律师来说,并不具备理工科背景,难以对相关技术深入理解;对多数代理人来说,只具备了相关领域的代理知识和技能,忙于应付大量的申请任务,在企业日益需求的知识产权战略制定、预警、布局、贯标等方面缺乏有效应对。传统的知识产权律师机构,其业务集中在知识产权保护的范围,以知识产权诉讼为重点;传统的知识产权代理机构,其业务集中在知识产权的申请,以知识产权的创造为重点[③],这是因为知识产权法律服务涉及技术、法律、会计、统计、财务管理、营销管理等多学科知识,而国内目前少有具备多学科背景的知识产权法律服务团队。

---

① 吴珂:《专利运营:为知识产权插上资本的翅膀》,载《中国高新技术导报》2016 年第 11 期。

② 冯晓青:《我国企业知识产权资本运营策略探讨》,载《上海财经大学学报》2012 年第 12 期。

③ 何丹:《知识产权法律服务的困境与破解之道》,载《中伦视界》2017 年第 12 期。

实践中，企业获得知识产权融资成功率不高，同时产业资本、金融机构要进行知识产权投资或基于知识产权的股权、债权投资，又很难搜寻到相关投资标的。基于上述知识产权融资的实施困境，目前国内外领先的知识产权法律服务机构或团队已完成服务模式的创新。

（一）知识产权尽职调查服务

在知识产权投融资中，知识产权法律服务团队对知识产权进行基础的尽职调查服务是必不可少的，这种知识产权尽职调查服务，不仅仅局限于知识产权评估，前者的内涵和外延都要远远大于后者。基础的知识产权尽职调查，一是指对知识产权的权属状态和法律状态进行调查，二是指评估知识产权经济价值，商业银行、知识产权运营基金、创投机构、为权利人提供反担保的担保机构、社会保险机构、知识产权出资中的被投资企业等可能都需要获得一份尽职调查报告，用于其风险控制以及商业决策。

（二）基于知识产权的交易中介服务

在知识产权法律服务团队提供第一种模式知识产权服务的基础上，还可以提供交易中介服务，其又分为两种，一为资本中介，二为技术中介。

在资本中介服务中，知识产权法律服务团队负责为中小高新技术企业进行知识产权引资，其流程为：第一，为企业撰写知识产权尽职调查报告；第二，从财务、行业、法律角度对企业进行尽职调查，撰写尽职调查报告和商业计划书；第三，利用自身资源联络投资机构、产业资本、商业银行、信托机构等，并发送上述材料；第四，上述机构若有意向，则派尽调团队对企业再次进行尽职调查，撰写尽调报告和风控报告，将尽调报告和风控报告递交投资机构投资决策委员会、风控机构或相关决策机构，由有权决策机构决定是否进行相应投资或发放贷款。在上述过程中，知识产权法律服务团队往往要参与企业与投资者的谈判，撮合双方成交。

由于知识产权法律服务团队长期为高新技术企业服务（如知识产权申请、知识产权布局、知识产权尽职调查服务），因此掌握了大量的客户信息资源，同时知识产权法律服务团队对行业技术发展动态也较为了解，因此具备为产业资本、金融机构等机构提供技术中介的条件。知识产权法律服务团队可根据上述相关机构的需求，寻找特定领域的知识产权、拥有特定知识产权的团队或企业，从而协助相关机构完成少数股权投资、并购或知识产权收购。

（三）基于知识产权的并购交易服务

有资料统计，20 世纪 90 年代美国高新技术企业的设备、厂房等有形资产占整个资产的比重约60%,知识经济时代已经下降到不足30%,可见在经济发展的过程中知识产权等无形资产逐渐取代有形资产,并成为关键因素。因此,实践中通过并购企业以达成获得被并购企业核心知识产权的案例比比皆是。

实践中,投资人可能会因为收购知识产权而向知识产权法律服务团队寻求专业服务,此时团队会引导投资者转而采用并购的方式获得知识产权。对于客户来说,通过并购企业获得其知识产权有其一定的优势。首先,并购方自身并无与拟获得的知识产权相配套的机器设备、人才及生产经营系统,即便获得了知识产权,也无法立刻产生经济效益,而通过并购的方式,可以即刻使被并购方与并购方在生产经营中产生现金流及协同效应;对于上市公司而言,被并购方的收入可于合并日纳入合并报表,如果是通过现金方式收购,按照每股收益 = 税后净利润/股份数量、股价 = 每股收益 * 市盈率的公式,短期内就可提升股价,如果通过发行股份购买资产的方式收购,短期内每股收益可能会被摊薄,但并购产生的协同效应也能给予投资者一定的良好预期,从而可以在长远的未来提振股价或有助于上市公司发行新股募集资金。其次,通过相对控股的方式并购目标企业,相比直接收购知识产权,可能成本更为低廉,其可以因此节省一大笔收购费用。对于知识产权法律服务团队来说,不仅可以获得知识产权尽职调查等收入,还能获得企业并购尽职调查、谈判、交易价格设计等收入,达到一种多赢的结局。

知识产权法律服务团队在该类业务中,不仅要提供上文所述的一系列知识产权服务,还要对目标企业的状况进行全面的尽职调查。此外,在交易阶段,知识产权法律服务团队应协助并购公司参与并购谈判、协助签订并购合同;在并购实施阶段,出具相关的法律意见书、履行有关报批手续、办理各项变更登记、重新登记、注销登记等手续;并购完成后整合阶段,处理原目标公司签订的重大合同、提供诉讼仲裁等法律服务,在该阶段,知识产权法律服务团队可能会成为并购方或被并购方新的常年法律顾问。

(四)其他衍生服务

知识产权法律服务团队在为企业进行尽职调查时,或许会发现对企业的竞争对手提出知识产权诉讼或专利无效或商标异议的机会,从而有助于提升企业知识产权的稳定性,从而使知识产权获得更高的估值,也更容易获得融资。此外,知识产权法律服务团队也可以在知识产权尽职调查后,根据企业的特定情况,为企业提供技术咨询顾问服务,从而帮助企业明晰研发方向。

## 四、知识产权信息分析(以专利信息分析为例)是获取、鉴别高质量知识产权成果,提升投融资法律服务水平的关键步骤

无论是何种知识产权法律服务模式,知识产权标的物的质量是基础。知识产权法律服务团队应将工作的重点放在如何获得高质量的知识产权成果,利用信息挖掘技术,在知识产权创造、运用环节进行深度的知识产权信息分析,帮助企业打造高质量的知识产权,帮助社会资本鉴别什么是高质量的知识产权成果。

专利信息分析是指对来自专利文献中大量或个别的专利信息进行加工及组合,并利用统计方法或数据处理手段使这些信息具有纵览全局及预测的功能,并通过专利分析使他们由普通的信息上升为企业经营活动中有价值的情报。专利导航、专利分析评议、专利预警分析、行业专利趋势分析、产业专利分析等均是专利分析的下位概念。

在专利法律服务中,专利信息分析是产生高质量专利法律服务的关键步骤。只有对所涉专利信息进行详尽的挖掘、分析之后,才能有的放矢,更好地完成专利布局、涉及专利的并购交易等服务。例如,在专利预警中,专利信息分析能够在新产品销售或新工艺使用前,获取相关的专利信息,分析该产品或工艺是否存在侵权风险。若存在侵权风险,则进一步分析相关专利是否有可能通过获得对方的实施许可或者被认定无效从而规避该风险;在交易的尽职调查中,专利信息分析主要是对一个企业所拥有专利信息所做的系统、全面的揭示、确认、记录和估价。专利信息分析能从专利的保护范围、稳定性、技术价值、与产品的结合程度以及对外许可情况,对专利的价值进行评估,从而有助于解决交易双方的信息不对称问题,促成交易。在专利引资和专利运营基金两种融资模式中,可根据客户需求提供专利侵权分析、与同行业的技术对比分析服务。一方面可帮助创业企业获得股权投资的谈判筹码,另一方面也有助于创投机构、专利运营基金的投资决策。专利信息分析有助于知识产权法律服务团队为企业提供技术咨询顾问服务,从而帮助企业明晰研发方向,例如,Byungun Yoon,Yongtae Park① 提出了一种把文本挖掘技术和联合分析、形态分析相结合的专利分析方法,利用专利信息发现新的、潜在的技术机会。

① Byungun Yoon, Yongtae Park. Development of new technology forecasting algorithm: hybrid approach for morphology analysis and conjoint analysis of patent information. IEEE Transactions on Engineering Management, 2007.

专利常常被企业作为维权的武器。例如,当A企业掌握了某一产品的专利权,而B企业一旦生产或销售该产品,则构成专利侵权,A企业可以以该专利权对B企业的侵权产品提起诉讼。而在诉讼过程中,B企业可以通过证明该专利权无效将专利诉讼中止,即使当B的无效请求被驳回时,B也可以提起行政诉讼,或通过更换证据或理由再次证明A的专利无效,从而继续拖延诉讼的进程,甚至将诉讼进程拉长至数年。类似情况在我国的专利诉讼案件中大量存在,例如双环和本田的外观设计专利案件就持续了十多年的时间才获得终审判决。

其实,如果针对该产品进行专利撰写时进行了非常周全的布局,形成了专利网,不仅数量大且专利网中每个专利的申请文件非常完备,B公司则难以将这些专利网中的专利全部无效,从而更有利于维护A公司的权益。

知识产权法律服务团队在帮助企业进行知识产权融资过程中,会发现一些初创型企业由于法律意识淡薄,即便申请了相关知识产权,也没有进行系统的知识产权布局,从而出现由于企业的知识产权不稳定而不符合金融机构要求的尴尬局面。此时,知识产权法律服务团队可以为企业提供知识产权布局方案并通过知识产权申请落实,增强企业知识产权的稳定性,使企业的知识产权状况尽早符合金融机构的投资要求。

而对于如何形成优秀的专利网,就需要专利信息分析。专利信息分析能够帮助形成针对某一产品或技术方案的、严密的专利网,实现对产品的全方位保护。常见的专利信息分析的类型包括技术生命周期分析、技术集中度分析、技术发展路线分析以及技术功效分析,它们分别从不同的角度揭示技术的价值。

技术生命周期分析指主要通过分析专利技术所处的发展阶段,了解相关技术领域的现状,即技术是处于萌芽期、发展期、成熟期还是衰退期。技术生命周期分析主要通过从宏观层面上判断一个技术方案是否处于萌芽期或发展期而判断技术方案的价值。

通过专利信息分析可以了解技术趋势、技术分支、技术关系等状况,有助于确定挖掘方向、启发挖掘思路、激发新的创意、规避专利侵权、提高研发技术的质量,从而发现新的技术领域和技术手段,也可以在技术相对密集的领域发现技术发展机会点,以及对现有技术进行改进,最终促进创新活动,推进技术研发并转化为相应专利成果①。

① 王兴旺等:《国内外专利地图技术应用比较研究》,载《情报杂志》2007年第8期。

以下举例介绍专利信息分析的具体应用：

这里以笔者团队代理的多起专利诉讼以及多次被提起无效的源德盛自拍杆为例，简要介绍自拍杆这一技术主题的专利信息分析应用。

1. 技术生命周期分析

通过检索，获得所有标题中包含“自拍杆”或“自拍装置”的中国专利，并比较其每年的专利数量。

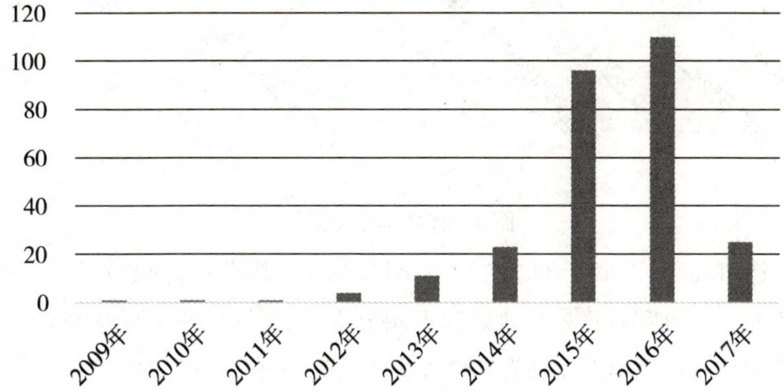


**图1　技术生命周期分析**

从上图可以看出，这类专利在2007～2015年的申请量一直处于上升趋势，尤其是2014～2015年，呈现了爆发式增长（源德盛自拍杆专利诞生于2014年）（由于专利的公开一般需要18个月的时间，因此2016～2017年的专利申请数据显示不准确，因此看上去似乎数量有所下降）。从上图可知，该技术仍处于发展期，具有专利布局的价值。

2. 技术集中度分析

针对该专利技术前几位主要申请人的专利申请量在行业内的占比情况进行分析，以掌握主要申请人所掌握的专利数量，确定行业技术垄断态势以及行业准入门槛的高低；确定该行业内布局的角度以及本企业是否已经掌握了足够在该领域进行布局的技术/人员/设备储备。

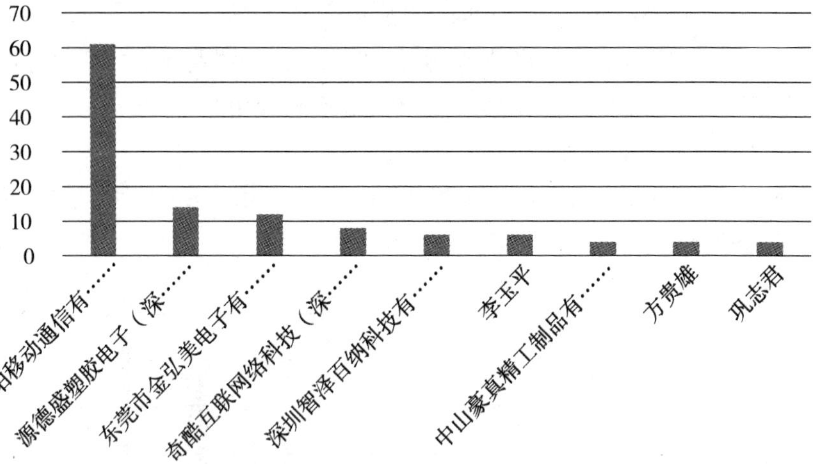


**图2　技术集中度分析**

由上图可知，位于第一名的广东欧珀移动通信有限公司（OPPO的生产商）的专利数量为60个，而后面几名的数量都不相上下，该领域呈现了百花齐放的竞争形势。这说明该技术领域的专利尚未被大企业垄断，尚存在竞争的空间。

3. 技术发展路线分析

对各技术分支，结合技术出现的关键事件，找出关键事件对应的核心专利；或者按照技术发展时序对各阶段的重点专利进行比较和分析。技术发展路线分析能为技术开发战略和政策优先顺序提供知识，确定某一技术领域的未来发展方向。

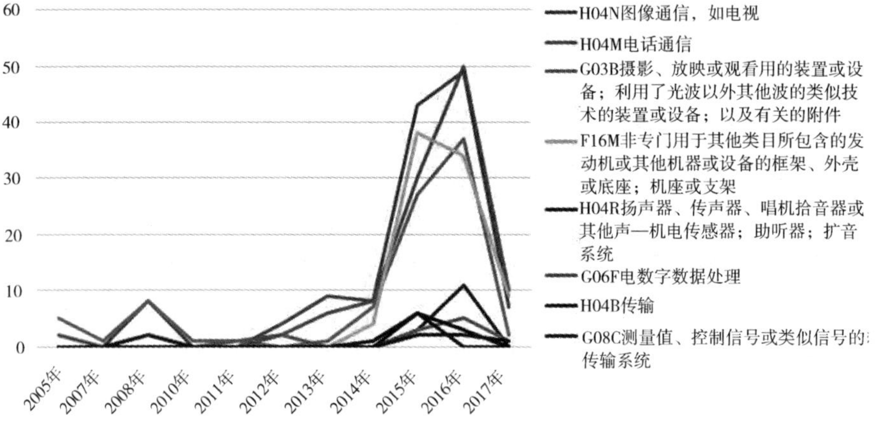


**图3　技术发展路线分析**

从上图可以看出，分类号为H04M电话通信类的专利在2016年增长十分明显，这可能是由于蓝牙技术的普及，更加方便且带有通信功能的自拍杆专利也越来越多。可以预期，目前在该技术领域的挖掘和布局存在相当的潜力，而已经处于下落趋势的F16M类存在的专利布局价值已经不多了。

4. 技术功效分析

将技术特征和技术效果分别模拟为横坐标和纵坐标，从而构建为矩阵图进行分析。技术功效矩阵展现了专利申请在关键技术点上不同的技术需求的集中度情况，较集中的部分可确定为重点/热点技术，集中度较低甚至申请量为零的部分，可以认为是技术薄弱点/技术空白点/技术盲点，还可结合技术发展的阶段和演进路线确定技术难点/瓶颈，寻找技术的空白点。

可以以功能改进为目标，在专利技术功效矩阵图中查看现有产品的主要功能，分析在现有功能基础上，还可以增加何种功能，为达到这种功能，目前主要采用何种技术手段，研发人员可以此为基础进行改造，从而对现有技术改进形成新的专利申请。也可以直接以改进技术为目标，通过功效图分析现有技术手段。通过改进现有技术或利用新技术，改善功能或实现新的功能，从而对现有技术改进形成新的专利申请。

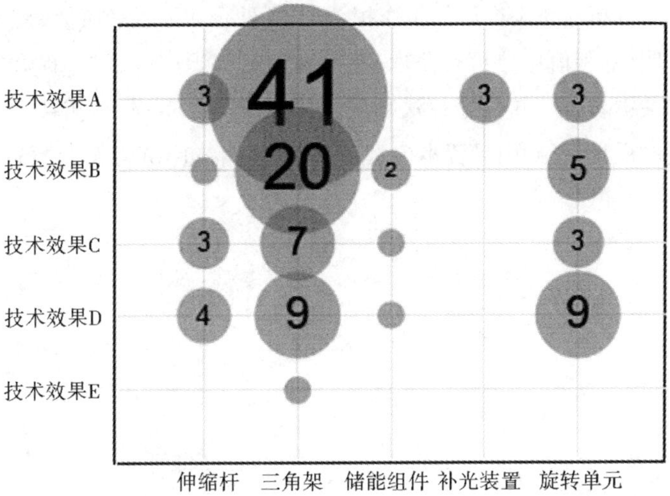


**图4　技术功效分析**

经专利信息检索，得到上图，横坐标分别代表技术特征包括伸缩杆、三角架、储能组件、补光装置和旋转单元的专利，而纵坐标则表示这些专利具有的技术效果。图中气泡面积最大的区域出现在技术效果A与三角架结合的地方，这个地方属于技术密集区，该区域的技术相对比较成熟，但雷区也较多，如果申请专利，则很容易由于被现有技术破坏新颖性和创造性而无法授权；如果准备研发的产品已经处于该区域，则应当在借鉴已有专利的基础上采取规避设计，寻找适当的研究空间。图中气泡面积较小的区域出现在技术效果A与补光装置结合的地方，这个地方属于技术稀疏区，由于技术处于发展阶段，专利数量比较少；如果待研发的产品或待申请的专利处于该区域，则应当从实现该区域目标功效出发，改进或设计新的方案，尽量在该区域形成主导之势。而图中也出现了多个空白点，例如技术效果E与伸缩杆、补光装置和旋转单元的结合都是空白，这个地方属于技术空白区，研发空间很大，但相对的，无人布局也有可能是研发成本或技术瓶颈的问题难以被克服；如果待研发的产品或待申请的专利处于该区域，首先要对该区域实现的可能性进行评估，在能克服现有瓶颈的基础上，大胆尝试利用或改进该区域的相关技术，以实现相关功效，从而填补专利布局上的空白点，抢先在该技术领域进行布局。

综上，知识产权法律服务团队可以将分析结果运用于专利申请的布局策略，通过将专利信息分析与研发人员的工作相结合，帮助企业形成高质量的专利网。

实践证明，专利信息分析是获取、鉴别高质量知识产权成果，提升投融资法律服务水平的关键步骤。知识产权法律服务团队应高度重视，切实帮助企业提高知识产权创造的质量，正确引导资本向真正具有价值的知识产权进行投资。

# 技术贸易和货物贸易的叠加风险与预防

阮思宇*

*作者简介：

阮思宇，合伙人，中伦律师事务所深圳办公室，电邮为 ruansiyu@ zhonglun. com。

所谓货物贸易,常见于商品的买卖合同、代理销售合同关系之中。如果作广义的理解,在特许经营合同、加工承揽合同关系中,也可以见到商品交易的部分内容。

技术贸易,则包括技术的转让、许可、咨询、服务等内容。技术贸易的标的,可以是专利、专利申请、技术秘密或者某些配套技术,也可以是技术服务。

单纯的货物贸易合同,或者单纯的技术贸易合同,其法律关系相对单一,交易结构相对简单,风险更容易防范。

然而,在技术贸易合同需要配置相关专用设备或材料,或者货物贸易必须提供配套技术支持和服务的情况下,两种合同关系就会交织在一起,互相牵扯,互相制约,带来更多的法律风险。

本文要探讨的问题,正是如何处理好技术贸易与货物贸易两种合同的关联关系,降低交易风险,保障交易安全。

## 一、技术贸易和货物贸易的组合变化

### (一)交易方向与合同主体的不同组合

1. 技术、货物交易的方向相同

即技术和货物的卖方都是同一个主体,买方也是同一个主体。例如,在某种设备销售合同中,甲方把设备销售给乙方的同时,也将该设备的使用操作技术一并转让给乙方,并提供技术培训服务。

2. 技术与货物交易的方向相反

例如,在某种产品的加工承揽合同中,甲方订购乙方加工的某种产品,但是甲方亦同时许可乙方使用相关的专利技术。这种情况下,货物自乙方向甲方转让,技术自甲方向乙方转移。

3. 技术与货物在多个主体之间多边交易

例如,在高铁车厢生产技术的引进过程中,国外厂商掌握了高铁车厢的成熟生产技术;国内高铁运营公司从国外厂商购买极少数量的整车车厢;国内制造厂从国外厂商购进少数车厢的大散件,在国内组装;国外厂商将车厢配件的生产和组装技术一并转让给国内制造厂;国内制造厂将组装好的车厢销售给国内高铁运营商。通过上述技术贸易与货物贸易的三角组合,完全实现了高铁车厢生产的国厂化,促进了相关领域的技术进步,是技术贸易与货物贸易相结合的成功范例。

（二）技术贸易与货物贸易的不同侧重组合

1. 以技术为主的组合关系

例如，在一种环保涂料生产方法专利的技术转让合同关系中，主要转让的是环保涂料的生产方法和工艺流程，但是也附带转让了生产涂料使用的原材料、设备和工具。在这种技术贸易与货物贸易的关系中，侧重点在技术转让，以技术为主，以货物为辅。

2. 以货物为主的组合关系。

例如，在某种注塑机械设备的销售合同中，主要目的是大量销售机械设备，附带转让原材料的选型和配比技术。

## 二、技术贸易与货物贸易的风险类型

（一）合同双方的违约风险

违约风险是合同关系中的基本风险。而技术贸易与货物贸易的组合，使得其中任何一种交易发生违约，都可能会影响到整体交易的顺利进行。两种贸易的组合，实际上增加了违约风险，交易安全的控制更加重要。

（二）交易双方之间的侵权风险

在技术贸易关系中，如果实际使用技术的期限、具体技术项目超出了约定的范围，技术使用方就很可能侵犯了对方的知识产权。当然，这也属于合同法上所谓的侵权与违约竞合的情形，即同一行为既构成侵权，也构成违约。

（三）侵害第三人知识产权的风险

技术或设备的受让方，是否会因为使用相关技术或设备、生产出相关产品而侵害第三人的知识产权，是一种不确定的风险。常见的情形如：知识产权权属争议；受让的专利技术落入在先专利的保护范围；受让的技术来源违法，侵犯他人技术秘密等。

（四）产品质量责任风险

货物贸易合同关系中，本身就存在产品质量责任，货物销售方应该加以注意。而通过受让技术和设备之后，制造出来的产品，再销售到市场上，如果因为技术不成熟，质量不过关，造成了他人的财产或人身损害，也会引起产品质量责任纠纷。

（五）公法领域的法律风险

1. 行政处罚的风险

在技术和货物贸易中，如果违反了《反垄断法》《反不正当竞争法》的相关规定，不仅影响合同的稳定性，可能会导致合同解除、合同无效或部分无效，也可能会因此被主管行政机关给予行政处罚，造成不确定的影响和损失。

2. 司法制裁的风险

在技术与货物贸易中，如果严重违反了刑事法律规范，就应当受到刑事处罚。例如利用受让的网络技术传播淫秽视频；销售的视频设备主要功能用于盗链和下载他人视频网站的作品；侵犯他人商业秘密等，都涉嫌刑事犯罪，应该注意预防。

## 三、风险预防与审核

### （一）合理性审查

在斤斤计较的商业谈判之中，我们常常容易忽略的是——交易结构的不合理，会导致权利义务的失衡，从而成为违约的诱因，为不安全的交易埋下祸根——这本来是商业利益分配是否合理的问题，不是法律上的问题，但却是造成法律问题的根本原因之一。

合理的交易结构能够从根本上降低诱发违约的风险。所以，在技术贸易和货物贸易的合同谈判和订立过程中，应当作如下几个方面的合理性审查：一是交易标的应该合理。交易的技术、货物或服务是否真正是买方需要的东西，是否存在强制推销、强制搭售的情形。二是交易对价应该合理。除了普遍的市场行情会影响对价之外，特殊的市场地位也会影响对价的确定，如果涉及标准必要专利的许可费用，则应该考虑是否符合“公平、合理、无歧视”的原则。三是交易条件应该合理。设定完成某项合同义务应该具有可行性，具备合理的条件，例如“合理期间”的预见与具体量化安排。四是权利义务关系公平合理对等。畸形的权利义务关系不值得庆幸，很可能只是埋下了违约或者提前解约的隐患。

### （二）合规性审查

涉及技术合同的合规性审查，除了应符合知识产权领域相关法律规范之外，还应该符合《合同法》的规定。应该注意审查是否存在导致合同无效的原因，是否存在合同显失公平、欺诈、胁迫等情形，避免合同存在不正常终止、变更、撤销、无效的隐患。

相关的合同关系，应当符合《反不正当竞争法》的规定，例如必须符合有关商业秘密保护要求等。技术贸易和货物贸易的买卖双方，应特别注意遵守《反垄断法》的规范，避免签订价格垄断协议；具有市场支配地位的经营者，不得滥用市场支配地位，以不公平的高价销售商品或者以不公平的低价购买商品；没有正当理由限定交易对象;没有正当理由搭售商品,或者在交易时附加其他不合理条件等。另外,合规性审查还应该涉及其他行政法律规范和刑事法律规范。

(三)侵权责任预防

1. 对拟受让的技术作必要的研究分析

对拟受让的技术是否属于真正意义的新技术,是否存在影响权利稳定的因素,是否存在侵犯在先权利的可能性,都可以委托专业机构检索查新,出具评价分析报告。通过类似的尽职调查,可以有效降低侵犯第三人知识产权的风险,同时也对拟受让技术的市场地位有一个比较全面清晰的了解和把握。

2. 侵权责任归属约定

技术和货物转让双方对可能产生的知识产权侵权问题,甚至可能存在的产品质量责任问题,都可以在合同中加以约定,明确划分责任范围。即使发生侵犯第三人权利的案件,也应该有证据证明侵权产品或技术的合法来源,尽量减轻潜在的法律责任。

(四)责任范围与责任限额

技术合同与货物合同是否互为违约的条件,两种合同的违约责任是否叠加计算,是否选择限定赔偿责任的最高额,其实都是“双刃剑”。责任过轻或者过重,都会带来权利义务的失衡。

一般来说,两种合同互为违约的条件有其合理性,因为在技术的实施与货物的使用效果密切相关的情况下,只要其中一种合同违约,就难以顺利实现合同的整体目的。两种合同的违约责任如果叠加计算,违约方会受到更重的惩罚。而如果约定赔偿责任限额,则等于为违约行为划定了可以预期的安全线,降低了违约的潜在成本,这也不一定是好事。

类似的问题,属于当事人意思自治的约定范畴,除了受合同文本的设计安排等因素影响之外,更重要的是取决于谈判双方的优劣势地位,以及技术和货物的真实市场供求关系。

总体而言,技术贸易与货物贸易的组合,虽然增加了交易的风险,但也仍然是可以预防的,该类合同的设计安排,既要考虑技术的创新性与实用性,也要考虑履行合同的经济效益;既要考虑合同法、知识产权法的基本要求,又要符合其他相关法律的规范;既要尊重市场规律,又要有维护诚实信用的商业道德的具体策略和措施。

# 尽职调查中几个需特别关注的IP风险
## ——以私募股权投资基金为视角

蔡 鹏 吴晓旭*

* 作者简介：

蔡鹏，非权益合伙人，中伦律师事务所北京办公室，电邮为 caipeng@ zhonglun. com；

吴晓旭，律师，北京办公室。

对于绝大多数私募股权投资基金而言,由于有存续期间以及投资回报的压力,投资者非常注重退出机制,因此风险控制在整个投资过程中都是必须关注的重点。在当下的投资环境中,技术密集型企业是大家关注的重点,但由于这类企业往往涉及很多技术层面的问题,而这些问题往往既隐蔽,又与法律问题交叉,所以这样的企业既有可能让投资人获得巨额回报,也有可能成为投资人的滑铁卢。如何拨开技术表面的层层迷雾,探究其中隐藏的真正风险,是知识产权尽职调查中不可缺少的,也是最有价值含金量的部分。本文结合律师在相关项目中的有关经验,并辅以相关的司法实践,就技术企业知识产权尽职调查中的核心风险,抛砖引玉。

## 一、关于职务发明的问题

职务发明问题几乎是大部分技术型企业经常面临的法律问题,原因主要来自于这些企业的创始人或者技术骨干均为成熟的技术人才,他们在创办企业之前,往往是业内知名企业的技术中坚,承担大量的技术研发和管理任务。私募股权对此类企业进行投资时,往往会担心目标公司高管在创办企业之前的经历会对投资产生不利影响,从而引发巨大风险。

有一种比较常见的情况是,目标公司自成立就开始申请了大量的专利。根据目标公司所提供的专利持有情况,通过检索发现,其大量的专利都处于申请阶段。而且,核心专利的发明人主要集中在某些核心管理层以及技术人员中。可以看出,目标公司从成立初始就进行了专利申请,其专利的研发应该在公司成立之前便在进行中,那么发明人在研发时的劳动关系如何,是否为发明人在原工作单位的职务发明,这是对该目标公司的专利是否存在权属纠纷进行调查的重点。

一般而言,对于离职的核心人员作出的发明创造是否属于职务发明,主要考虑以下要点:

(1)发明创造作出的时间点;

(2)发明创造与离职人员在原单位承担的本职工作或者分配任务的相关性。

由于专利的申请日对于判断专利申请的新颖性和创造性具有重要的作用,而且对于初创企业而言,企业专利的数量和质量也是决定其企业价值和竞争力的重要指标。因此在实务中,职务发明的风险也都是那些专利申请日在离职人员离职1年内的专利所引发。

根据《专利法实施细则》的规定,1年内为作出发明创造的时间,并非专利的申请时间。因此,只要是离职员工在离职1年内作出的,即使在1年后才进行专利申请,应该同样为职务发明。如在(2004)沪二中民五(知)初字第117号案中,原告信联公司与被告史某于1998年6月订立劳动合同,2001年2月28日被告从原告公司辞职,并于2002年12月23日申请了涉案专利。法院认为本案关键在于需要查明被告以个人名义申请的涉案专利是其在原告任职期间执行单位任务开发完成的,还是其离职后依靠个人能力开发完成的。经过技术鉴定,被告在离职1年后作出的发明创造与其在原告处完成的发明创造完全相同,该发明创造应属于被告执行原告单位的课题研究任务,在本职工作中所完成的发明创造。因此法院判决专利权归公司所有。

除了发明人从原单位离职的时间外,另一个需要调查的重点是发明人在原工作单位具体工作内容。原工作内容与现有发明是否具有相关性,发明人是否利用了原工作单位的便利条件等各项要素,并综合考虑,才可判断其所作出的发明创造是否为原单位的职务发明。

有一种比较复杂的情况是,涉案专利由多个发明人共同完成,且其中部分发明人已从原单位离职1年,而部分发明人离职未超过1年,此时,在分析工作内容与涉案专利技术方案的相关性之前,还需要先判断谁对发明创造的实质性特点作出了创造性贡献。

《专利法》第十七条规定,发明人或者设计人有权在专利文件中写明自己是发明人或者设计人。《专利法实施细则》第十三条规定,专利法所称发明人或者设计人,是指对发明创造的实质性特点作出创造性贡献的人。在完成发明创造过程中,只负责组织工作的人、为物质技术条件的利用提供方便的人或者从事其他辅助工作的人,不是发明人或者设计人。

在原告运机公司与被告中机公司的专利权权属纠纷一案[(2016)鄂民终504号]中,涉案专利包括三个发明人,其中,发明人辛某、毛某都曾任职原告运机公司。涉案专利的申请时间距离辛某从运机公司离职已经超过一年,而距离毛某的离职时间则在一年内。一审法院认为,辛某、毛某虽曾为运机公司的员工,但涉案专利申请的时间距辛某从运机公司离职已经超过一年,且运机公司没有提交相关的证据证实涉案专利的作出时间在辛某离职一年内。故辛某发明涉案专利亦不属于“执行本单位的任务”的情形。虽然毛某曾为运机公司员工,在离职一年内作出的与原本职工作相关的发明,但涉案专利系三个发明人共同作出的发明创造,因此,不属于执行运机公司任务的情形。二审法院则认为,判断专利权的归属,主要是判断谁是对发明创造的实质性特点作出创造性贡献的主体,应从创造性贡献的角度来判断涉案专利与涉案图纸设计是否存在实质区别。运机公司已初步举证证明涉案专利的实质性特点源自该公司前员工毛某设计或编制的图纸。中机公司却无法就其他发明人辛某、覃某对涉案专利技术作出的创造性贡献进行举证。由于其他发明人是否对涉案专利的实质性特点作出创造性贡献并无证据证明,在此情形下,二审法院认定涉案专利技术方案为毛某执行运机公司的任务所完成的职务发明创造。

但在现实实践中,存在大量的发明人挂名现象,导致专利申请书记载的发明人并非都是对发明创造的实质性特点作出实质性贡献的人。因此,针对这种情况,就不能简单地认定专利申请书中的发明人都是实际作出创造性劳动的人,否则难以进一步分析发明人的本职工作或分配任务与涉案专利的相关性,导致无法得出准确的结论。

还有一种比较特殊的情况,就是目标公司的创始人或核心人员的技术背景与其在目标公司完成的技术发明并不相同,那么此时该技术发明可能会存在比较大的隐患,即该技术人员是否仅为挂名抑或利用在原单位工作之便利,从而完成的发明创造？在[(2015)苏知民终字第00145号]案件中,法院认为:在职务发明认定过程中,判断发明创造与发明人在原单位工作内容之间是否具有关联性时,除了可依据发明人在原单位所从事的本职工作、单位给其分配的任务等证据进行正向判断之外,还可以从发明人在进入原单位工作前所具有的专业知识背景与其所作出的发明创造之间的匹配程度进行反向审查。即如果发明人在进入原单位时的学历背景、工作经历,与其所作出的发明创造的技术内容和创新高度并不相符,且发明创造与原单位的研发内容或方向具有相当程度的相关性,则亦可认定该发明创造与发明人在原单位工作内容之间具有关联性,除非发明人能够就此提出相反证据予以推翻。

可见,在对职务发明进行尽职调查时,发明创造的完成时间以及涉案专利的内容与原单位工作的相关性,是整个尽职调查工作的关键点。但在尽调过程中,目标公司为了融资目的或出于其他目的,往往仅简单地答复发明创造的完成时间,且该时间往往为发明人加入该公司的一年后。一般情况下,在没有证据证明发明创造实际作出时间的情况下,则往往将申请日推定为最晚的作出时间。此时,则需要专业律师对目标公司进行补充检索分析,调查是否存在核心技术人员于原单位离职1年内申请的专利或完成的发明创造。此外,在分析原单位的工作内容与涉案专利相关性的时候,由于专利文件的技术性较强,且基于保密原因,核心技术人员也不可能提供其在原单位工作内容的详细技术文件,因此,往往需要律师通过面谈或问卷的方式进行调查。但是核心技术人员一般都会否认其发明创造与原工作单位的关系。为防止核心技术人员对事实故意隐瞒导致无法了解实际情况,在专业律师无法详细获知核心技术人员在原单位的工作内容的情况下,可以通过对专利文献的进一步检索分析,以弥补面谈或问卷可能存在的真实性缺陷。

在实际操作中,专业检索分析的结果是基于专利库中的大量数据,客观性比较强,因此在一定程度上能够反映出上述核心人员在原单位的工作内容。根据检索的结果,通过比对该技术人员作为发明人所申请的涉案专利的具体内容和核心要素,与其作为发明人的原单位专利内容,来判断该核心技术人员在原单位的本职工作或分配任务与涉案专利的相关性,尽可能地提高知识产权尽职调查结果的真实性与准确性,从而进一步减少投资人对其技术风险可控性的担心,也便于在投资协议等文件中对相关条件进行准确的规范。

## 二、技术开发合同的缺陷带来的问题

对于初创企业而言,市场和技术同样重要,在争取市场份额的时候,有的初创企业往往会作为合同的乙方,签署或者接受甲方的强制性条款。而此时对于投资人而言,如何筛查此类合同中存在的隐患和风险,并做相应的规范,显得尤为重要。

比如,在某目标公司的委托开发合同中,该目标公司作为技术研发的受托方,另一家科技生产公司为委托方。双方约定,由目标公司对某一产品进行研发,研发的所有成果均归委托人所有,且该目标公司并没有享有免费的使用权,委托人可以基于研发成果享有专利申请权、专有技术所有权等所有知识产权。由于合同中研发的产品与该目标公司的主营产品一样,在签订本合同后,如目标公司的后续研发为基于此研发成果进行的,而目标公司并未取得授权,这就可能会引发相应的侵权纠纷。

在王兴某、王振某、吕某诉无线电一厂专利实施许可合同纠纷申请再审案[(2006)民三提字第2号]中,被许可人使用了改进后的专利技术,因此发生了纠纷。王兴某与无线电一厂签订专利实施许可合同一份,双方约定由于工艺或生产等其他方面的需要,双方均可对专利进行技术改进设计,但不影响和改变专利的属性,不影响本合同的执行。合同签订后,无线电一厂投入了生产。随后,无线电一厂在被许可专利的基础上进行自主研发出新型的多款浴箱,并获得专利权。后无线电一厂与王兴某签订终止合同协议书。在本案中,由于被许可专利为王兴某、王振某、吕某共有,且终止合同协议书的签订,王兴某并未获得授权,因此,终止合同协议书无效。无线电一厂需要继续支付相应的专利使用费。虽然本案并没有对无线电一厂是否构成对专利权的侵犯作出认定,但是,法院认为无线电一厂生产改进后的产品仍是对被许可专利的使用,因此无线电一厂需要继续向王兴某、王振某、吕某支付专利使用费。可见,由于升级改进的产品是以被许可专利为基础,根据“全面覆盖”的专利侵权判定原则,在改进的产品包含被许可专利的全部技术特征的情况下,若被许可人与专利权人不存在相关的专利许可协议,被许可人仍构成对专利权的侵犯。

在技术委托开发合同中,对于开发成果的所有权以及使用权的约定至关重要。对于投资人来说,如果在知识产权尽职调查中发现此类问题,应当积极采取以下措施:

1. 评估该委托开发合同对目标公司主营产品或相关市场的影响,评估未来发生诉讼的可能性;

2. 目标企业与委托开发合同的委托方进行沟通和谈判,签署知识产权条款的补充协议或谅解备忘;

3. 对相关技术方案进行重新设计,避免落入侵权陷阱。

## 三、买卖合同中蕴藏的知识产权风险

在普通的尽职调查中,买卖合同往往只审查其交易的真实性和公平性等方面,对于知识产权风险的评估并不重视。但是,考虑到目标企业的技术密集程度,市场销售范围以及在其关键零部件采购中可能涉及的知识产权侵权风险,投资人必须对其中的知识产权问题予以关注。

某科技公司为一家境内高新技术企业,其产品依靠互联网,行销欧美、东南亚等地区。该公司主要产品的生产方式为研发+组装的模式,基于成本的需要,其产品的零部件采购均会考虑到高性价比。该科技公司在美国被诉侵权,主要由于其产品中外购的零部件侵犯了他人的专利权。律师在对该公司进行调查中发现,该公司由于市场竞争关系,在与提供该零部件的厂家签署的合同中没有相应的知识产权条款。该案如果不应诉,该公司将会面临败诉的风险,从而失去美国市场;如果该公司应诉,那么聘请律师等相关法律费用将高达数百万元美金。那么在现有诉讼未决的情况下,该公司是否还有其他机会呢?

根据《合同法》第一百五十条的规定,出卖人就交付的标的物,负有保证第三人不得向买受人主张任何权利的义务,但法律另有规定的除外。《合同法》此条为权利瑕疵担保条款,权利瑕疵包含几种情形:一是标的物的所有权全部或一部分属于第三人;二是买受人取得的所有权负担有第三人的合法权利,如抵押权、留置权或租赁权等;三是标的物本身侵犯他人的知识产权。

那么,对于标的物本身侵犯他人知识产权的问题,对于未决的诉讼,权利瑕疵是否可以成立呢?根据最高人民法院在[(2016)最高法民申1942号]判决中的论述:“所谓权利瑕疵,即第三人对标的物的权利主张阻碍受让方取得合同约定之权利。但此处第三人对标的物的权利主张,应当有合法的权利依据,或基于法律规定,或基于合同约定,该主张成立,方能产生阻碍受让方取得标的物权利的效果。第三人针对标的物提出主张但无合法依据,其主张最终被否定,则不能称之为有效的权利主张。”因此,对于未决的诉讼案件,考虑到结果的不确定性,很难被认定为有效的权利主张,权利瑕疵的主张难以成立。因此,这家初创公司不得不面临如此两难的境地,由于细微瑕疵而引发的巨大风险也可能让投资人止步不前。

“千里之堤,溃于蚁穴。”对于极为看重风险的私募股权投资人而言,平静海面之下涌动的潜在问题最让人担心。而知识产权的风险,“不发而已,一发则动全身”,如何尽早地通过专业律师的调查和判断,找到问题所在,才是安然躲过漫漫投资中各种“巨石暗礁”的法宝。